Edition KWV

Die „Edition KWV" beinhaltet hochwertige Werke aus dem Bereich der Wirtschaftswissenschaften. Alle Werke in der Reihe erschienen ursprünglich im Kölner Wissenschaftsverlag, dessen Programm Springer Gabler 2018 übernommen hat.

Weitere Bände in der Reihe http://www.springer.com/series/16033

Stephanie Busch

Pionier-Vorteile am Beispiel der Internet-Ökonomie

Eine empirische Untersuchung von Mechanismen des frühen Markteintrittszeitpunkts

Stephanie Busch
Hamburg, Deutschland

Bis 2018 erschien der Titel im Kölner Wissenschaftsverlag, Köln
Dissertation Freie Universität Berlin, 2004

Edition KWV
ISBN 978-3-658-24327-2   ISBN 978-3-658-24328-9   (eBook)
https://doi.org/10.1007/978-3-658-24328-9

Die Deutsche Nationalbibliothek verzeichnet diese Publikation in der Deutschen Nationalbibliografie; detaillierte bibliografische Daten sind im Internet über http://dnb.d-nb.de abrufbar.

Springer Gabler
© Springer Fachmedien Wiesbaden GmbH, ein Teil von Springer Nature 2005, Nachdruck 2019
Ursprünglich erschienen bei Kölner Wissenschaftsverlag, Köln, 2005
Das Werk einschließlich aller seiner Teile ist urheberrechtlich geschützt. Jede Verwertung, die nicht ausdrücklich vom Urheberrechtsgesetz zugelassen ist, bedarf der vorherigen Zustimmung des Verlags. Das gilt insbesondere für Vervielfältigungen, Bearbeitungen, Übersetzungen, Mikroverfilmungen und die Einspeicherung und Verarbeitung in elektronischen Systemen.
Die Wiedergabe von Gebrauchsnamen, Handelsnamen, Warenbezeichnungen usw. in diesem Werk berechtigt auch ohne besondere Kennzeichnung nicht zu der Annahme, dass solche Namen im Sinne der Warenzeichen- und Markenschutz-Gesetzgebung als frei zu betrachten wären und daher von jedermann benutzt werden dürften.
Der Verlag, die Autoren und die Herausgeber gehen davon aus, dass die Angaben und Informationen in diesem Werk zum Zeitpunkt der Veröffentlichung vollständig und korrekt sind. Weder der Verlag, noch die Autoren oder die Herausgeber übernehmen, ausdrücklich oder implizit, Gewähr für den Inhalt des Werkes, etwaige Fehler oder Äußerungen. Der Verlag bleibt im Hinblick auf geografische Zuordnungen und Gebietsbezeichnungen in veröffentlichten Karten und Institutionsadressen neutral.

Springer Gabler ist ein Imprint der eingetragenen Gesellschaft Springer Fachmedien Wiesbaden GmbH und ist ein Teil von Springer Nature
Die Anschrift der Gesellschaft ist: Abraham-Lincoln-Str. 46, 65189 Wiesbaden, Germany

Geleitwort

Aufgrund der vielen Misserfolge von Unternehmungen in der Internet-Ökonomie hat sich das öffentliche Interesse an diesem Bereich unternehmerischer Tätigkeit während der letzten Jahre etwas reduziert. Seit dem Börsencrash des Jahres 2000 halten sich sowohl Kapitalgeber als auch potenzielle Gründer mit Engagements in der Internet-Ökonomie zurück. Unverkennbar ist aber, dass die Bedeutung der Internet-Technologie für ökonomisches Handeln während der letzten Jahre zunehmend an Bedeutung gewonnen hat. Es ist also durchaus Erfolg versprechend, Lehren aus den Erfahrungen der frühen Internet-Pioniere zu ziehen und zukünftigen Existenzgründern in der Internet-Ökonomie zu übermitteln.

Frau Busch setzt sich mit ihrer Arbeit das Ziel, die Vorteilhaftigkeit von Pionier-Strategien in der Internet-Ökonomie empirisch zu ergründen. Unter Bezugnahme auf zwei theoretische Grundlagen, den markt- und den ressourcenbasierten Ansatz des Strategischen Managements, untersucht sie mittels qualitativer Verfahren Faktoren, die bei einem Markteintritt als Pionier in der Internet-Ökonomie den Erfolg beeinflussen können. Damit thematisiert sie in doppelter Hinsicht eine anspruchsvolle Aufgabe. Zum einen unterfüttert sie das oft als theorielos bezeichnete Konzept des Pioniervorteils mit aktuellen theoretischen Ansätzen aus dem Bereich des Strategischen Managements. Zum anderen unternimmt sie mit der Ergründung des Erfolgs von Startups in der Internet-Ökonomie eine Arbeit von hoher praktischer und wirtschaftspolitischer Bedeutung. Nicht zuletzt waren die mit ihrem Thema zusammenhängenden spannenden Fragestellungen ausschlaggebend dafür, dass ihr Projekt zunächst durch die Friedrich-Naumann-Stiftung und später durch die Studienstiftung des deutschen Volkes gefördert wurde.

Die vorliegende Studie ist wohldurchdacht, sorgfältig ausgeführt und stellt eine Bereicherung der deutschen Existenzgründungsdebatte und -literatur dar, so dass sie nicht nur eine Orientierung für die weiterführende Forschung zur Verfügung stellt, sondern ebenfalls Orientierungen für zukünftige Startups. Als wichtige Moderatoren einer First-Mover-Strategie in der Internet-Ökonomie erweisen sich Marktgegebenheiten wie Wachstumspotenziale, Zahlungsbereitschaft der Abnehmer und eine möglichst lange Alleinstellung. Bedeutsame Ressourcen sind die unternehmerischen Fähigkeiten der Gründer und Mitarbeiter, flexible Geschäftsmodelle und die Fähigkeit zur Kundenbindung. Im Bereich der zu wählenden Wettbewerbsstrategie finden diese Markt- und Ressourcengegebenheiten ihre Entsprechung in einer auf kreativem Marketing beruhenden Differenzierungs- und Nischenstrategie. Diese Ergebnisse liefern Theorie und Praxis wesentlich konkretere Anhaltspunkte als die bisher üblichen Erklärungen von Pioniervorteilen, die meist nicht viel mehr als eine eher willkürlich anmutende Zusammenstellung angebots- und nachfragebezogener Faktoren darstellen.

Berlin, im Februar 2005   Univ.-Prof. Dr. Rudi K. F. Bresser

Vorwort

Ein Dissertationsvorhaben weist gewisse Ähnlichkeiten mit der Pionier-Strategie auf. So betritt ein Absolvent zunächst das ihm unbekannte Feld wissenschaftlicher Forschung, in dem es gilt, eine innovative Idee bzw. neue wissenschaftliche Fragestellungen zu entwickeln. Analog zu Markteintrittsbarrieren stellen sich einem Doktoranden von Beginn der Dissertation an viele Unwägbarkeiten in den Weg. Diese Hürden habe ich nur deshalb überwinden können, weil mich die nachfolgenden Personen unterstützt haben. Diesen möchte ich an dieser Stelle ausdrücklich danken.

Zuerst sei meinem Doktorvater, Herrn Professor Rudi Bresser, gedankt, ohne dessen Ermutigung ich mich nicht an die Promotion gewagt hätte. Während aller Phasen dieser Arbeit stand mir Herr Bresser stets als freundlicher und kompetenter Ansprechpartner für fachliche Fragen zur Seite. Ferner unterstützte er mich maßgeblich mit seiner persönlichen Erfahrung sowohl bei der Bewerbung um ein Stipendium als auch bei der Planung der empirischen Untersuchung.

Herrn Professor Jörg Sydow möchte ich nicht nur für seine Anregungen zur theoretischen Fundierung meiner Arbeit, sondern vor allem auch dafür danken, dass er sich trotz seines Forschungssemesters im Ausland die Zeit genommen hat, ein Zweitgutachten zu erstellen.

Ohne das Promotionsstipendium der Studienstiftung des deutschen Volkes wäre diese Arbeit nicht realisierbar gewesen. In diesem Zusammenhang möchte ich besonders Herrn Professor Fred Wagner erwähnen, der mir nicht nur im Auswahlgespräch, sondern auch in anschließenden Diskussionen wertvolle Hinweise zur Umsetzung meiner Ideen gegeben hat.

Einen besonderen Anteil an der Entstehung dieser Arbeit haben auch die 25 Gründer, Mitarbeiter und Experten, die mir in ausführlichen Gesprächen zu den Entwicklungen in ihren Unternehmungen bereitwillig Auskunft gaben. Ohne sie hätte die empirische Überprüfung der ermittelten Thesen nicht durchgeführt werden können.

Annette Biedermann, Holger Lüdeke, Markus Rommetsch und Reynaldo Valle Thiele danke ich für die konstruktive Diskussion unserer jeweiligen Forschungsvorhaben und ihre Unterstützung bei der Vorbereitung der Disputation. Tobias Braun gab mir wichtige Hinweise zu inhaltlichen Fragen, Abgabeformalitäten und zur anschließenden Veröffentlichung der Arbeit. Auch ihm möchte ich herzlich danken.

Sybille Graf verdient große Anerkennung für ihre Mühe bei der Formatierung und Redigierung der Arbeit sowie für ihre moralische Unterstützung während der gesamten Zeit.

Mein größter Dank gebührt meiner Familie, die in vielfältiger Weise zum Gelingen dieser Arbeit beigetragen hat. So haben meine Eltern meine Ausbildung stets gefördert und standen mir – nicht nur während meiner Promotion – mit viel Verständnis und Liebe zur Seite. Gleiches gilt für meine Schwester, die nebenbei dafür sorgte, dass ich Zerstreuung von meiner Arbeit fand und meinen Schokoladenhaushalt auffüllen konnte. Mein Verlobter Oliver, der seine Dissertation zur gleichen Zeit beendete, hat mich durch die Höhen und Tiefen der Arbeit begleitet. Er bot mir nicht nur fachlichen Beistand und diskutierte geduldig die einzelnen Fragen meiner Dissertation, sondern zeigte auch großes Verständnis in allen Phasen der Arbeit. Seine moralische Unterstützung hat mir die Motivation und Zuversicht gegeben, auf dem richtigen Weg zu sein.

Berlin, im Februar 2005   Stephanie Busch

Inhaltsverzeichnis

Abbildungsverzeichnis XVI

Tabellenverzeichnis XVII

1 Einführung 1
  1.1 Bedeutung von Timing-Strategien in der Internet-Ökonomie 1
  1.2 Zielsetzung der Arbeit 4
  1.3 Methodik 6
  1.4 Aufbau 7

2 Grundlagen 10
  2.1 Grundsätzliche Überlegungen zum Eintritt in neue Märkte 10
  2.2 Grundmuster des zeitlichen Markteintritts 15
      2.2.1 Merkmale der Pionier-Strategie (First-Mover-Strategie) 15
      2.2.2 Merkmale der Folger-Strategien (Follower-Strategie) 20
          2.2.2.1 Frühe Folger (Early Mover) 21
          2.2.2.2 Späte Folger (Late Mover) 23
      2.2.3 Fazit zur Markteintrittsstrategie 24
  2.3 Mechanismen des Pionier-Vorteils 25
      2.3.1 Angebotsbezogene Pionier-Vorteile 28
          2.3.1.1 Technologische Führerschaft 29
          2.3.1.2 Besetzung knapper Ressourcen 33
      2.3.2 Nachfragebezogene Pionier-Vorteile 38
          2.3.2.1 Produktdifferenzierung 39
          2.3.2.2 Asymmetrisches Marketing 40
          2.3.2.3 Wechselkosten 41
          2.3.2.4 Qualitätsunsicherheiten 43
          2.3.2.5 Psychologische Wettbewerbsvorteile 44
          2.3.2.6 Dominantes Design (Standard) 46
          2.3.2.7 Netzeffekte 47

- 2.4 Mechanismen des Pionier-Nachteils ... 48
  - 2.4.1 Kostenbezogene Faktoren (Free-Rider-Effekte) ... 50
  - 2.4.2 Risikobezogene Faktoren (Auflösung von Ungewissheit) ... 51
  - 2.4.3 Lerneffekte bzw. Trägheit des Pioniers ... 54
- 2.5 Fazit ... 55

3 Forschungsstand ... 57
- 3.1 Empirische Befunde zum Erfolg der Pionier-Strategie ... 58
  - 3.1.1 Strömungen der empirischen Analyse von Pionier-Vorteilen ... 59
    - 3.1.1.1 Direkte Beziehungen ... 59
    - 3.1.1.2 Modelle mit moderierenden Variablen ... 61
    - 3.1.1.3 Modelle mit markt- und ressourcenbasierten Variablen ... 62
  - 3.1.2 Untersuchungsdesigns empirischer Studien zu Pionier-Vorteilen ... 66
    - 3.1.2.1 Querschnittsuntersuchungen und PIMS-Studien ... 66
    - 3.1.2.2 Längsschnittuntersuchungen und Historische Studien ... 72
  - 3.1.3 Fazit und Überblick zur empirischen Pionier-Forschung ... 74
- 3.2 Berücksichtigung von Pionier-Vorteilen in der Theorie ... 79
  - 3.2.1 Spieltheoretische Erklärungsansätze ... 79
  - 3.2.2 Marktbasierte Elemente ... 82
    - 3.2.2.1 Darstellung wichtiger Elemente des Market-based View ... 82
    - 3.2.2.2 Kritik am MBV und Weiterentwicklungen ... 90
    - 3.2.2.3 Anknüpfungspunkte des MBV an das First-Mover-Konzept ... 92
  - 3.2.3 Ressourcenbasierte Elemente ... 93
    - 3.2.3.1 Darstellung wichtiger Elemente des Resource-based View ... 93
    - 3.2.3.2 Kritik am RBV und Weiterentwicklungen ... 98
    - 3.2.3.3 Anknüpfungspunkte des RBV an das First-Mover-Konzept ... 102
  - 3.2.4 Ergänzungen durch die Österreichische Schule der Ökonomie ... 105
    - 3.2.4.1 Grundzüge der Österreichischen Schule ... 105
    - 3.2.4.2 Kritik an der Österreichischen Schule und Weiterentwicklungen ... 108
    - 3.2.4.3 Verknüpfung der Österreichischen Schule mit dem Konzept der First-Mover-Advantages ... 110

3.2.5 Bewertung des theoretischen Forschungsstands 112
3.3 Fazit und Konsequenzen für die eigene empirische Untersuchung 116

4 Untersuchungshintergrund 118
4.1 Untersuchungshintergrund Internet-Ökonomie 118
4.2 Untersuchungsgegenstand Internet-Startups 120
4.3 Historischer Abriss der Internet-Ökonomie in Deutschland 122
4.4 Marktumfeld von Internet-Pionieren 125
    4.4.1 Veränderungen in der generellen Umwelt 126
    4.4.2 Veränderungen in der Aufgabenumwelt 128
        4.4.2.1 Markteintrittsbarrieren 128
        4.4.2.2 Rivalität 130
        4.4.2.3 Bedrohung durch Substitutionsprodukte 132
        4.4.2.4 Verhandlungsmacht der Kunden 133
        4.4.2.5 Verhandlungsmacht der Lieferanten 134
        4.4.2.6 Veränderung der Branchenstruktur von Internet-Pionieren . 135
    4.4.3 Wettbewerbsstrategien in der Internet-Ökonomie 137
4.5 Ressourcen von Internet-Pionieren 140
    4.5.1 Gründer 141
    4.5.2 Geschäftsmodell 144
    4.5.3 Ausgewählte Ressourcenfaktoren 146
        4.5.3.1 Mitarbeiterfähigkeiten, Unternehmungskultur und Organisation 146
        4.5.3.2 Finanzielle Ressourcen 148
        4.5.3.3 Standortfaktoren 149
        4.5.3.4 Technologie 150
        4.5.3.5 Kundenbeziehungen 150
        4.5.3.6 Markenaufbau und Reputation 152
        4.5.3.7 Strategische Partnerschaften 154
4.6 Vermutete Wirkungszusammenhänge von Pionier-Mechanismen in der Internet-Ökonomie 155
    4.6.1 Potenzielle angebotsbezogene Pionier-Vorteile in der Internet-Ökonomie 155
        4.6.1.1 Technologische Führerschaft 155

4.6.1.2 Besetzung knapper Ressourcen 158
4.6.2 Potenzielle nachfragebezogene Pionier-Vorteile in der Internet-Ökonomie 160
    4.6.2.1 Produktdifferenzierung 160
    4.6.2.2 Asymmetrisches Marketing 161
    4.6.2.3 Wechselkosten 162
    4.6.2.4 Qualitätsunsicherheiten 163
    4.6.2.5 Psychologische Wettbewerbsvorteile 164
    4.6.2.6 Dominantes Design (Standard) 164
    4.6.2.7 Netzeffekte 165
4.6.3 Potenzielle Pionier-Nachteile in der Internet-Ökonomie 166
    4.6.3.1 Kostenbezogene Faktoren (Free-Rider-Effekte) 166
    4.6.3.2 Risikobezogene Faktoren (Auflösung von Ungewissheit)... 167
    4.6.3.3 Lerneffekte bzw. Trägheit des Pioniers 168
4.7 Zusammenfassung der vermuteten Wirkungszusammenhänge 168

5 Methodik der empirischen Untersuchung 173

5.1 Forschungsmethoden für empirische Studien 173
5.2 Grounded Theory nach Glaser und Strauss 176
5.3 Fallstudienforschung 177
   5.3.1 Fallstudienmethode nach Robert Yin 178
      5.3.1.1 Gütekriterien von Fallstudien 180
      5.3.1.2 Kritik an der Fallstudienmethode nach Yin 182
   5.3.2 Fallstudienmethode nach Kathleen Eisenhardt 182
      5.3.2.1 Aufbau der Fallstudienmethode nach Eisenhardt 184
      5.3.2.2 Kritik an der Fallstudienmethode Eisenhardts 186
5.4 Kritik und Bewertungen der methodischen Überlegungen 187
5.5 Ablauf der eigenen empirischen Untersuchung 190
   5.5.1 Einstieg in das Thema (Getting Started) 190
   5.5.2 Auswahl der Fälle (Selecting Cases) 191
   5.5.3 Auswahl der Instrumente und Protokollierung (Crafting Instruments and Protocols) 194
   5.5.4 Datenerhebung (Entering the Field) 195

	5.5.5	Datenanalyse (Analyzing Data) 198
	5.5.6	Hypothesenbildung (Shaping Hypothesis) 200
	5.5.7	Einbeziehen der Literatur (Enfolding Literature) 201
	5.5.8	Erreichen eines Schlusses (Reaching Closure) 201
5.6	Fazit zur eigenen Methode 202	

6 Ergebnisse der empirischen Untersuchung 205

6.1 Ergebnisse der Single-Case-Analysen 205

- 6.1.1 Zielgruppenspezifische Geschäftsmodelle 206
  - 6.1.1.1 KinderCampus AG – Cobra Youth Communications 207
  - 6.1.1.2 Ovivo AG 210
- 6.1.2 Vermittler von Dienstleistungen im Internet 214
  - 6.1.2.1 WorkXL AG 215
  - 6.1.2.2 Yellout AG 219
- 6.1.3 Online-Auktionshäuser 223
  - 6.1.3.1 Alando AG – eBay GmbH 224
  - 6.1.3.2 Ricardo AG 229

6.2 Ergebnisse der Cross-Case-Analysen 233

- 6.2.1 Gründer 234
- 6.2.2 Geschäftsmodell 236
- 6.2.3 Ausgewählte Ressourcenfaktoren 240
  - 6.2.3.1 Mitarbeiterfähigkeiten 240
  - 6.2.3.2 Organisation 240
  - 6.2.3.3 Unternehmungskultur 241
  - 6.2.3.4 Finanzielle Ressourcen 242
  - 6.2.3.5 Standortfaktoren 243
  - 6.2.3.6 Technologie 243
  - 6.2.3.7 Marketing und Markenaufbau 245
  - 6.2.3.8 Strategische Partnerschaften 247
  - 6.2.3.9 Controlling 248
- 6.2.4 Marktfaktoren 248
  - 6.2.4.1 Allgemeine Marktcharakteristika 248
  - 6.2.4.2 Markteintrittsbarrieren 249
  - 6.2.4.3 Rivalität 249

6.2.4.4 Bedrohung durch Substitutionsprodukte 250
6.2.4.5 Verhandlungsmacht der Kunden 251
6.2.4.6 Verhandlungsmacht der Lieferanten 251
6.2.4.7 Wettbewerbsstrategie 252
6.2.4.8 Internationale Expansion 253
6.3 Fazit und Übersicht der Ergebnisse 253

7 Diskussion und Implikationen 258
7.1 Pionier-Strategien in der Internet-Ökonomie 258
    7.1.1 Angebotsbezogene Pionier-Vorteile in der Internet-Ökonomie 258
        7.1.1.1 Technologische Führerschaft 258
        7.1.1.2 Besetzung knapper Ressourcen 260
    7.1.2 Nachfragebezogene Pionier-Vorteile in der Internet-Ökonomie 263
        7.1.2.1 Produktdifferenzierung 263
        7.1.2.2 Asymmetrisches Marketing 263
        7.1.2.3 Wechselkosten 264
        7.1.2.4 Qualitätsunsicherheiten 265
        7.1.2.5 Psychologische Wettbewerbsvorteile 265
        7.1.2.6 Dominantes Design (Standard) 266
        7.1.2.7 Netzeffekte 266
    7.1.3 Pionier-Nachteile in der Internet-Ökonomie 267
        7.1.3.1 Kostenbezogene Faktoren (Free-Rider-Effekte) 267
        7.1.3.2 Risikobezogene Faktoren (Auflösung von Ungewissheit) ... 268
        7.1.3.3 Lerneffekte bzw. Trägheit des Pioniers 268
    7.1.4 Fazit zu den Pionier-Mechanismen in der Internet-Ökonomie 269
7.2 Faktoren für den Erfolg von Internet-Pionieren 273
    7.2.1 Ressourcen der Unternehmung 274
        7.2.1.1 Eigenschaften der Gründer und Mitarbeiter 274
        7.2.1.2 Merkmale des Geschäftsmodells 275
        7.2.1.3 Fähigkeit der Kundenbindung 276
    7.2.2 Produkt-Markt-Charakteristika 277
        7.2.2.1 Wachstumspotenzial der Marktsegmente 277
        7.2.2.2 Zahlungsbereitschaft der Abnehmer 278
        7.2.2.3 Ausnutzen der Alleinstellung 279
    7.2.3 Wettbewerbsstrategie 280

		7.2.3.1 Fokus/Differenzierung...280	
		7.2.3.2 Kreatives Marketing...281	
	7.2.4	Fazit zu den Erfolgsfaktoren..281	
7.3	Beitrag der vorliegenden Arbeit für die Pionier-Forschung.........................282		
	7.3.1	Einordnung der erzielten Ergebnisse in die empirische Pionier-Forschung 283	
	7.3.2	Verknüpfung der Ergebnisse mit vorhandenen theoretischen Konzepten..284	
	7.3.3	Weiterer Forschungsbedarf..289	
7.4	Zusammenfassung der Ergebnisse zu Pionier-Vorteilen in der Internet-Ökonomie 291		

8 Zusammenfassung und Ausblick 293

Literaturverzeichnis 299

Anhang 336

Abbildungsverzeichnis

Abbildung 2.1: Interdependenzen der Markteintrittsplanung 12
Abbildung 2.2: Alternative Markteintrittsstrategien 13
Abbildung 2.3: Endogene Entstehung von First-Mover-Advantages 26
Abbildung 2.4: Mechanismen des Pionier-Vorteils 28
Abbildung 2.5: Mechanismen des Pionier-Nachteils 49
Abbildung 3.1: Das Grundmodell der empirischen Pionier-Forschung 60
Abbildung 3.2: Direkte und indirekte Erfolgswirkung der Markteintrittsstrategie 61
Abbildung 3.3: Umfassendes Strukturmodell zur Analyse von Pionier-Vorteilen 63
Abbildung 3.4: Die Branchenstrukturanalyse nach Michael Porter 84
Abbildung 3.5: Die generischen Strategien nach Michael Porter 87
Abbildung 3.6: Das Modell der Wertkette nach Michael Porter 89
Abbildung 4.1: Branchenstrukturanalyse in der Internet-Ökonomie 136
Abbildung 5.1: Der Ablaufplan nach Yin 180
Abbildung 5.2: Leitfaden des Gesprächs 197
Abbildung 7.1: Erfolgsfaktoren von Pionieren in der Internet-Ökonomie 274

Tabellenverzeichnis

Tabelle 3.1: Überblick über die empirischen Studien zu Pionier-Vorteilen............ 75
Tabelle 4.1: Vermutete Wirkungszusammenhänge von Pionier-Mechanismen in der Internet-Ökonomie... 170
Tabelle 5.2: Ablaufschema für die Fallstudienbearbeitung nach Eisenhardt 183
Tabelle 6.1: Zusammenfassung der Ergebnisse 254
Tabelle 7.1: Wirkung von Pionier-Mechanismen in der Internet-Ökonomie 270

1 Einführung

1.1 Bedeutung von Timing-Strategien in der Internet-Ökonomie

Seit Mitte der 90er Jahre wird die globale wirtschaftliche Entwicklung zunehmend von der **Internet-Technologie** geprägt.[1] Diese ursprünglich für militärische Zwecke entwickelte Technologie ermöglichte die weltweite, digitale Vernetzung von Informations- und Kommunikationssystemen. Obwohl das Internet genau genommen lediglich eine technologische Erfindung darstellte, war es aufgrund seiner unerwartet hohen Diffusionsgeschwindigkeit in der Lage,[2] weitreichende ökonomische Veränderungen zu bewirken.[3] Bereits Ende der 90er Jahre zeichnete sich ab, dass der Einsatz der Internet-Technologie Auswirkungen auf sämtliche Wertschöpfungsstufen einer Unternehmung haben konnte.[4] Viele Unternehmungen suchten daher nach Möglichkeiten, die Chancen des Internets zu nutzen. Euphorische Stimmen sprachen gar von der Entstehung einer neuen Ökonomie, der „Internet-Ökonomie", die mit einem neuen Paradigma der Wirtschaft und neuen ökonomischen Gesetzmäßigkeiten einhergehen sollte.[5]

Im amerikanischen Silicon Valley nutzten innovative Startup-Unternehmungen[6] die Internet-Technologie bereits seit 1994 und revolutionierten dabei mit innovativen Anwendungsprogrammen die gesamte amerikanische High-Tech-Industrie. Alle diese jungen Unternehmungen wiesen ähnliche Entwicklungspfade mit hohen Zuwachsraten auf, weshalb viele von ihnen mit großem Erfolg an die Börse gebracht wurden. Auf Deutschland übertrug sich der Gründerboom erst Ende der 90er Jahre. Angeregt von den Erfolgsgeschichten ihrer amerikanischen Vorbilder suchten viele Gründer nach internetnahen Geschäftsideen und finanzieller Unterstützung für deren Umset-

---

1   Vgl. Kelly (1998); Shapiro/Varian (1999); Zerdick et al. (2001).
2   Zum Vergleich: Das Radio brauchte 30 Jahre, um 50 Millionen Nutzer zu erreichen, das Fernsehen 12 und das Internet lediglich 4 Jahre; vgl. Lammerskötter/Klein (2001), S. 48.
3   Vgl. Hutzschenreuter (2000), S. 20; Nevens (1999), S. 145ff.
4   Vgl. Haertsch (2000), S. 31; Bresser/Heuskel/Nixon (2000).
5   Zum Begriff der Internet-Ökonomie vgl. bspw. Fritz (2000a), S. 13 sowie die Ausführungen in Abschnitt 4.1.
6   Startup-Unternehmungen sind selbständige Unternehmungsgründungen; vgl. Remmerbach (1988), S. 23 sowie die Ausführungen in Abschnitt 4.2.

zung. Da sich mit der Einrichtung des Neuen Marktes eine interessante Exit-Option[7] für potenzielle Kapitalgeber bot, wurde die Internet-Begeisterung von den Risikokapitalgesellschaften mit entsprechenden Finanzzusagen honoriert. Die meisten deutschen Internet-Startups entstanden zwischen 1998 und 2000. Sie waren mit hohen Wachstumserwartungen verbunden und wurden von Politik und Presse sowie an den Aktienmärkten dank stark steigender Aktienkurse hoch gelobt.

Beobachtungen der Internet-Ökonomie ergaben, dass vor allem **Pionier-Startups** eines jeweiligen Marktsegments wie z. B. Online-Auktionen hohe Erfolgschancen aufweisen konnten.[8] Untersuchungen aus anderen Hoch-Technologie-Märkten, die auch von immer kürzeren Produktlebenszyklen sowie dem Problem eines raschen Preisverfalls geprägt waren, gaben der Pionier-Strategie den generellen Vorzug gegenüber der Strategie eines späteren Markteinstiegs.[9]

Seit Ende der 70er Jahre beschäftigte sich die wirtschaftswissenschaftliche Forschung intensiv mit dem Thema des optimalen **Markteintrittszeitpunkts**. Besondere Beachtung fand hierbei die Arbeit von Lieberman und Montgomery (1988), die potenzielle Vorteile von Pionier-Unternehmungen hinsichtlich des Erreichens überdurchschnittlicher Marktanteile und Profite im Vergleich zu nachfolgenden Unternehmungen systematisierte. Diese Pionier-Vorteile oder First-Mover-Advantages[10] erstrecken sich auf klare Kostenvorteile (z. B. Skalen- und Erfahrungskurveneffekte), Vorteile in der Allokation von Ressourcen (Inputfaktoren, Mitarbeiter, Kapital) sowie Wahrnehmungsvorteile bei potenziellen Kunden (Image- und Bekanntheitsvorsprünge). Ferner wird Pionier-Unternehmungen ein maßgeblicher Einfluss auf die Entwicklung eines Marktes bzw. einer Produktkategorie zugeschrieben.[11]

Vor allem in den frühen Phasen der Internet-Ökonomie wurde der Pionier-Strategie u. a. aufgrund der Erfolge von den Unternehmungen Yahoo, Amazon und eBay eine besondere Bedeutung unterstellt.[12] Die generelle Vorteilhaftigkeit wurde vor allem damit begründet, dass sich beim Angebot von Informationsgütern (wie z. B. Software)

---

7   Bei der Exit-Option kann ein Kapitalgeber seine Unternehmungsanteile über die Börse veräußern, um dadurch sein Rentabilitätsziel (Rückfluss des eingesetzten Kapitals zuzüglich Kapitalgewinne) zu realisieren; vgl. Schefczyk (2000), S. 17.
8   Vgl. Shapiro/Varian (1999), S. 139ff; Finger/Samwer (1998), S. 26; Coltman et al. (2001), S. 57ff.
9   Vgl. Oelsnitz (2000a), S. 109; Hutzschenreuter (2000), S. 212f.; Hartman/Sifonis/Kador (2001), S. 26.
10 Beide Ausdrücke werden im Folgenden synonym verwendet.
11 Vgl. Kerin/Varadarajan/Peterson (1992), S. 33ff.
12 Vgl. hierzu z. B. Coltman et al. (2001), S. 72ff; Scheer/Erbach/Thomas (2000), S. 6.

Netzeffekte[13] ergeben würden. Pioniere sollten aufgrund des Zeitvorsprungs vor ihren Wettbewerbern Standards setzen und eine ausreichend große Kundenbasis aufbauen können.[14] Im Extremfall wurde sogar der Markteintritt mit einer „40 %-Lösung" anstelle eines ausgefeilten Produktes favorisiert, da bei der Marktdynamik des Internets ohnehin keine optimale Planung und Entwicklung der Angebote möglich sei.[15]

Zu Beginn des Jahres 2000 häuften sich Probleme und daraus resultierende Konkurse von Internet-Unternehmungen.[16] Die Börsenwerte vieler Startups fielen unter ihren Ausgabekurs. Aufgrund der sich abzeichnenden **Pionier-Nachteile**[17] stellte sich die Frage, ob vorsichtiges Abwarten und Lernen aus den Fehlern des Pioniers nicht eine sinnvollere Markteintrittsstrategie darstellen könnte.[18] Bereits Lieberman und Montgomery hatten auf mögliche Nachteile einer Pionier-Strategie hingewiesen.[19] Die Risiken eines Pioniers liegen demnach in der hohen Unsicherheit bezüglich der technologischen Entwicklung, der geringen Kenntnis der Kundenbedürfnisse und der Trägheit bei einer erforderlichen Anpassung an Marktveränderungen. Es war also nicht verwunderlich, dass einige Internet-Pioniere scheiterten, wobei auch ihre Nachfolger nicht automatisch zu Marktführern wurden.[20] So entstand eine **Kontroverse** darüber, welche Timing-Strategie in der Internet-Ökonomie wirklich Erfolg versprechender sein könnte. Befürworter der Folger-Strategie begründeten ihre Meinung mit dem hohen Maß an technologischem Wandel in der Internet-Ökonomie, unsicheren Prognosen über die Kundengewinnung und der geringen Zahlungsbereitschaft der Nutzer, wodurch die Erfolgsaussichten von Pionieren signifikant gemindert würden.[21] First-Mover-Advantages für Internet-Pioniere wurden daher zeitweise eher als Mythos bezeichnet.[22]

Bereits bevor die Timing-Diskussion in der Internet-Ökonomie einsetzte, konnte empirisch nicht eindeutig belegt werden, dass Pioniere grundsätzlich erfolgreicher agieren als Folger und so in der Lage sind, ihre potenziellen Vorteile auszunutzen.[23]

---

13 Netzeffekte liegen vor, wenn der Nutzen eines Gutes für den Konsumenten mit steigender Nutzerzahl zunimmt; vgl. hierzu Katz/Shapiro (1985) sowie die Ausführungen in Kapitel zwei.
14 Vgl. Specht (2001), S. 111f.
15 Vgl. Cirillo (2000), S. 18; Freedman (2001).
16 Vgl. Albers/Panten/Schäfers (2002b), S. 35; Meffert/Böing (2001), S. 453ff.
17 Vgl. z. B. Lieberman/Montgomery (1988), S. 47ff.; Golder/Tellis (1993), S. 163ff. sowie die Ausführungen in Abschnitt 2.4.
18 Vgl. Rigdon (2000), S. 462ff.
19 Vgl. Lieberman/Montgomery (1988), S. 47ff.
20 Vgl. Clement/Peters/Preiß (1998), S. 50.
21 Vgl. Oelsnitz/Heinecke (1997), S. 35; Aaker/Day (1986), S. 418; Specht (2001), S. 2.
22 Vgl. Odlyzko (2001), S. 92f.
23 Vgl. dazu die Ausführungen in Abschnitt 3.1 sowie Golder/Tellis (1993).

Es stellte sich vielmehr die Frage, ob sich der Erfolg der Pioniere wirklich nur an der Reihenfolge des Markteintritts festmachen lässt oder vielmehr durch andere Faktoren begründet wird. Bei der Betrachtung der Marktentwicklungen in der Internet-Ökonomie lassen sich einige sehr erfolgreiche Internet-Pioniere identifizieren, denen eine mindestens ebenso große Zahl insolventer Pionier-Unternehmungen gegenübersteht. Die Timing-Strategie kann daher nicht die einzig ausschlaggebende Variable für den Unternehmungserfolg sein. Vielmehr muss es eine Kombination bestimmter situativer Faktoren und Entscheidungen geben, die die Entwicklung von Pionier-Unternehmungen beeinflusst. An diesem Punkt setzt die vorliegende Arbeit an.

Die Arbeit distanziert sich dabei zum einen von der ablehnenden Haltung gegenüber der Internet-Technologie als Folge der negativen Kursentwicklungen am Neuen Markt und zum anderen von der Annahme, Pionier-Vorteile seien generell nur eine Illusion.[24] Trotz der Rückschläge der letzten Jahre belegen zahlreiche Beispiele, dass die Internet-Technologie zunehmend an Bedeutung gewinnt.[25] Auch der Vergleich mit der Durchsetzung des Radios als Massenmedium zeigt, dass dieses ebenfalls zunächst scheiterte, um dann in der Folge sein volles Potenzial zu entfalten.[26] Es ist also erforderlich, aus den Erfahrungen der ersten Internet-Pioniere Lehren zu ziehen und hieraus Handlungsempfehlungen für künftige Gründer in neuen Marktsegmenten der Internet-Ökonomie abzuleiten.

1.2 Zielsetzung der Arbeit

Der Erkenntnisstand zu Pionier-Vorteilen wird in der wissenschaftlichen Diskussion als unbefriedigend bezeichnet.[27] Dies trifft um so mehr für die Unternehmungen der Internet-Ökonomie zu. Nachdem zunächst ein früher Markteintritt postuliert wurde, herrscht heute generelle Unsicherheit über die optimale Eintrittsstrategie in neue Technologiemärkte. Aufgrund vieler Misserfolge halten sich inzwischen sowohl Kapitalgeber als auch potenzielle Gründer mit Engagements im Internet zurück. Die vorliegende Arbeit will hier sowohl den wissenschaftlichen Erkenntnisstand durch eine empirische Untersuchung erweitern als auch helfen, die Unsicherheit in der Praxis abzubauen.

---

24 Vgl. Lieberman (2002), S. 3; Porter (2001), S. 68f.
25 Vgl. Holtrop/Döpfner/Wirtz (2004).
26 Vgl. Cooper (2001), S. 159 + 166.
27 Vgl. z. B. Bresser (1998), S. 437; Lieberman/Montgomery (1998), S. 1111.

Ziel dieser Arbeit ist es, die Vorteilhaftigkeit einer Pionier-Strategie in der Internet-Ökonomie zu ergründen. Der Fokus der Betrachtung soll dabei auf neu gegründeten Startup-Unternehmungen[28] und auf Faktoren liegen, die bei einem Markteintritt als Pionier den anschließenden Erfolg beeinflussen. Dabei werden auch bisherige Forschungsergebnisse zu Pionier-Vorteilen sowie zum Untersuchungshintergrund Internet-Ökonomie eingeschlossen. Unberücksichtigt bleiben hingegen die möglichen Vor- und Nachteile etablierter gegenüber neu gegründeten Unternehmungen bei einem Markteintritt und die optimale Markteintrittsstrategie einer etablierten Unternehmung in einen neuen Markt.

Nach einer Zusammenstellung der wichtigsten Mechanismen, die zu Vor- bzw. Nachteilen der Pionier-Strategie führen können, soll das im Ursprung theorielose Konzept des Pionier-Vorteils anhand geeigneter theoretischer Strömungen betrachtet werden. Als theoretische Grundlagen hierzu dienen der marktbasierte Ansatz (Market-based View, im Folgenden MBV abgekürzt),[29] der auf die Unternehmungsumwelt bzw. die Branche fokussiert und der ressourcenbasierte Ansatz (Resource-based View, im Folgenden RBV abgekürzt),[30] der eine unternehmungsinterne Sicht vornimmt. Mit Hilfe dieser Theorien wird eine Analyse interner und externer Faktoren von Internet-Pionieren durchgeführt. Damit stellt bereits der konzeptionelle Teil dieser Arbeit eine Erweiterung des bisherigen Pionier-Verständnisses von Internet-Unternehmungen dar.

Die anschließende empirische Untersuchung dient der Bereicherung der wissenschaftlichen Auseinandersetzung mit der Internet-Ökonomie. Hierbei wird die Relevanz derjenigen Markt- und Ressourcenfaktoren von Pionier-Startups, die voraussichtlich Einfluss auf deren Erfolg oder Misserfolg haben könnten, in den Mittelpunkt gestellt. Die Ergebnisse der Untersuchung sollen eine fundierte Aussage zur Bedeutung und Wirksamkeit von Pionier-Vorteilen in der Internet-Ökonomie sowie zur Gültigkeit bestimmter theoretischer Denkgebäude für das zugrunde liegende Pionier-Konzept ermöglichen.

---

28 Zu anderen Eintrittsformen, wie bspw. Franchising, Joint-venture oder Ausgründung, vgl. Remmerbach (1988), S. 20ff; Fritz (2000b), S. 228.
29 Vgl. z. B. Porter (1980), (1985).
30 Vgl. z. B. Peteraf (1993); Wernerfelt (1984), (1995); Barney (1991).

1.3 Methodik

Die Wahl des Untersuchungsgegenstands sowie der Untersuchungsmethode der vorliegenden Arbeit orientiert sich an bisher offenen Forschungsfragen. Beispielsweise kritisieren Lieberman und Montgomery, dass in der empirischen Forschung fast ausschließlich Großunternehmungen betrachtet und Startup-Unternehmungen ausgeschlossen würden.[31] Darüber hinaus bemängeln sie die fehlende Internationalität vieler Pionier-Studien. Bisherige Untersuchungen stammten fast ausschließlich aus dem US-amerikanischen Raum. Wichtig seien jedoch vor allem vergleichende Studien mit anderen Ländern sowie nationale Studien in anderen Ländern, da Unterschiede im Marktverhalten der einzelnen Länder zu vermuten seien. Bei den in dieser Arbeit gewählten Untersuchungsobjekten handelt es sich um Internet-Startups, die zwischen 1998 und 2000 in Deutschland gegründet wurden. Damit wird ein Gegenpol zu den amerikanischen Studien gebildet.

In der bisherigen empirischen Pionier-Forschung dominieren die Ergebnisse großer Querschnittsuntersuchungen (insb. PIMS-Studien).[32] Die solchen Untersuchungen immanente Problematik führte in der Vergangenheit jedoch oftmals zu einer Verzerrung der Ergebnisse.[33] Die vorliegende Arbeit berücksichtigt diese Mängel insofern, als eine qualitative Forschungsmethode, die Fallstudienmethode von Kathleen Eisenhardt,[34] gewählt wird. Untersuchungsobjekte sind sechs Startups der Internet-Ökonomie, die sich in erfolgreiche und nicht erfolgreiche Pionier-Unternehmen unterteilen. Die Fallstudien umfassen jeweils eine intensive historische Analyse der verfügbaren Daten (z. B. Unternehmungsberichte, Pressemitteilungen), Interviews mit Gründern und Mitarbeitern sowie anschließende Gespräche mit Experten.

---

31 Vgl. Lieberman/Montgomery (1998), S. 1122.
32 PIMS (= Profit Impact of Market Strategy) bezeichnet ein in den 60er Jahren begonnenes Forschungsprojekt des Strategic Planning Insitute. Vgl. hierzu die Ausführungen in Abschnitt 3.1.2.1.
33 Den PIMS-Studien lag eine relativ ungenaue Pionier-Definitionen zugrunde. Gleichzeitig führten vor allem die Selbsteinschätzung der Befragten, die Auswahl von ausschließlich Fortune-500-Unternehmungen und Probleme in der Wahl des Vergleichsmaßes (in der Regel Marktanteil) zu Verzerrungen und Bias in den Messungen. Vgl. die Kritik bei Golder/Tellis (1993); Lieberman/Montgomery (1988); Oelsnitz (2000a); Clement/Litfin/Vanini (1998) sowie die Ausführungen in Kapitel 3.1.2.1.
34 Da bisher noch keine deutschsprachigen Studien über die Auswirkungen der Pionier-Strategie in der Internet-Ökonomie existieren, empfiehlt sich die Forschungsmethode von Eisenhardt zur Untersuchung neuer Forschungsgebiete. Vgl. Eisenhardt (1989), S. 548 und die Ausführungen in Abschnitt 5.3.

1.4 Aufbau

Die vorliegende Arbeit umfasst acht Kapitel. Im Anschluss an die Einführung werden im zweiten Kapitel die begrifflichen und sachlichen Grundlagen von Pionier-Vorteilen dargestellt und in Kapitel drei deren empirischer und theoretischer Forschungsstand ermittelt. Aufbauend auf entsprechenden theoretischen Ordnungsschemata beleuchtet das vierte Kapitel den Untersuchungsgegenstand der Internet-Ökonomie. Es werden erste Vermutungen über die Wirksamkeit von Pionier-Vorteilen angestellt. Hierauf folgt eine eigene empirische Untersuchung, deren methodische Überlegungen und Ablauf zunächst in Kapitel fünf erläutert und deren Ergebnisse im sechsten Kapitel vorgestellt werden. Hieran schließt sich eine Diskussion der Ergebnisse und die Beurteilung der gewonnenen Erkenntnisse in Kapitel sieben an. Die Arbeit endet mit Kapitel acht und einer Zusammenfassung der wichtigsten Erkenntnisse. Im Einzelnen stellt sich der Aufbau der Arbeit nach der Einführung (Kapitel eins) wie folgt dar:

Kapitel zwei: Dieses Kapitel bildet die Grundlage für das Verständnis von Pionier-Vorteilen. Nach einer begrifflichen Einordnung in das Konzept der Eintrittsplanung folgen die Definition von und die Abgrenzung zu alternativen Markteintrittsstrategien (Pionier- und Folger-Strategien).[35] Anschließend werden Mechanismen von First-Mover-Advantages und -Disadvantages, d. h. Variablen, aufgrund derer sich für Marktpioniere Vor- bzw. Nachteile ergeben können, detailliert herausgearbeitet.

Kapitel drei: Das dritte Kapitel spiegelt den aktuellen Forschungsstand zu First-Mover-Advantages wider und gliedert sich in zwei Hauptteile. Der erste Teil enthält eine Zusammenfassung der empirischen Befunde zum Erfolg der Pionier-Strategie,[36] wobei sowohl inhaltliche Strömungen (direkte, moderierte, situative Beziehungen) als auch die methodischen Untersuchungsdesigns,[37] Querschnitts- und Längsschnittsuntersuchungen, dargestellt werden. Der zweite Teil befasst sich mit dem Vorwurf der fehlenden theoretischen Untermauerung des First-Mover-Konzeptes.[38] Sowohl spieltheoretische Einflüsse[39] als auch weitere Verknüpfungsmöglichkeiten zwischen theoretischen Strömungen des Strategischen Managements und einer Pionier-Strategie

---

35 Vgl. z. B. Oelsnitz (2000a); Schnaars (1986).
36 Vgl. Clement/Litfin/Vanini (1998), S. 211ff.
37 Vgl. Buzzel/Gale (1989); Golder/Tellis (1993).
38 Vgl. Lieberman/Montgomery (1998), S. 1111.
39 Vgl. z. B. Gal-Or (1985), S. 649f.; Lieberman (1987).

werden in diesem Zusammenhang untersucht, wobei der MBV[40] sowie der RBV[41] und schließlich die Österreichische Schule der Ökonomie[42] als Rahmen erläutert und Überschneidungen mit der existierenden Argumentation zu Pionier-Vorteilen aufgezeigt werden. Auf dieser Basis lassen sich Ordnungsschemata ableiten, die die Grundlage für die folgende Untersuchung von Pionier-Vorteilen in der Internet-Ökonomie darstellen.

Kapitel vier: Das vierte Kapitel dient der Definition der elementaren Begriffe des Untersuchungshintergrunds „Internet-Ökonomie" sowie des Untersuchungsgegenstands „Internet-Startups".[43] Ein historischer Abriss der Entwicklung der Internet-Ökonomie in Deutschland unterstützt das Verständnis der weiteren Ausführungen. Der in Kapitel drei vorgenommenen Unterteilung in Markt- und Ressourcenfaktoren folgend werden anschließend die in der aktuellen Literatur zu diesem Forschungsgebiet aufgezeigten Besonderheiten von Internet-Startups in der New Economy dargestellt. Aufbauend auf die Gliederung von Pionier-Mechanismen in Kapitel zwei werden zum Ende des Kapitels Vermutungen über die Wirkung von Pionier-Vorteilen und -Nachteilen in der Internet-Ökonomie angestellt, auf die in der in Kapitel fünf folgenden empirischen Untersuchung Bezug genommen wird.

Kapitel fünf: Dieses Kapitel leitet die eigene empirische Untersuchung methodisch ein. Zunächst werden die grundsätzlichen Möglichkeiten empirischer Arbeit (quantitative und qualitative Forschung) vorgestellt.[44] Hieran schließt sich eine Begründung der Methodenwahl für die vorliegende Arbeit sowie eine Erläuterung der Grundlagen der ausgewählten Fallstudienmethode und ihre Kritik an. Im zweiten Teil werden die Fallstudienmethode nach Eisenhardt vorgestellt und das eigene empirische Vorgehen erläutert.[45]

Kapitel sechs: Das sechste Kapitel beschreibt die Ergebnisse der empirischen Studie, unterteilt in Singel-Case- und Cross-Case-Analysen. Erstere zeigen individuelle Entwicklungen und Besonderheiten der befragten Unternehmungen auf und vermitteln so ein grundlegendes Verständnis der Untersuchungsobjekte. Die Ergebnisse der Cross-Case-Analysen lassen sich in die in Kapitel vier ermittelten relevanten Markt- und

---

40 Vgl. bspw. Porter (1980).
41 Vgl. z. B. Wernerfelt (1984); Barney (1991); Peteraf (1993).
42 Vgl. bspw. Kirzner (1978); Schumpeter (1997); Jacobson (1992).
43 Vgl. Shapiro/Varian (1999); Zerdick et al. (2001); Wirtz (2001).
44 Vgl. Mayring (1990a); Lamnek (1988).
45 Vgl. Eisenhardt (1989); Yin (1989).

Ressourcenfaktoren der New Economy unterteilen und geben Aufschluss über fallübergreifende Erfolgsvariablen.

Kapitel sieben: Im siebten Kapitel werden die Ergebnisse der eigenen Untersuchung mit den Wirkungszusammenhänge der First-Mover-Advantages im Umfeld der New Economy aus Kapitel vier verglichen, diskutiert und kritisch beleuchtet. Ferner erfolgt eine Darstellung empirisch generierter Erfolgsfaktoren von Internet-Pionieren sowie deren Gegenüberstellung mit dem bisherigen Erkenntnisstand. Anschließend wird die eigene empirische Untersuchung in die bisherige Forschung zu Pionier-Vorteilen eingeordnet und weiterer Forschungsbedarf aufgezeigt.

Kapitel acht: Das letzte Kapitel dient der Zusammenfassung der Arbeit, wobei die wichtigsten Erkenntnisse im Überblick dargestellt und in einem Ausblick die Bedeutung von innovativen Unternehmungsgründungen aufgezeigt werden.

2 Grundlagen

2.1 Grundsätzliche Überlegungen zum Eintritt in neue Märkte

Die Diskussion möglicher Eintrittsentscheidungen begann in den 70er Jahren für etablierte Großunternehmungen aufgrund des zunehmenden Verdrängungswettbewerbs in vielen Märkten. Unternehmungen sahen sich durch die steigende Globalisierung des konsumtiven und investiven Güterangebots sowie das Stagnieren der Ertragsquellen in den angestammten Märkten gezwungen, systematisch neue Absatzmärkte zu erschließen, um den langfristigen Unternehmungserfolg zu sichern. Diese Tendenz schlug sich auch in der relevanten Strategie- bzw. Marketingliteratur nieder.[46] Lukrativ erschienen vor allem expansive Märkte, denen ein hohes Marktwachstum vorausgesagt wurde. Derartige Wachstumserwartungen ließen sich in der Regel darauf zurückführen, dass sich die Märkte in einer frühen Entwicklungsphase befanden.[47] Bei diesen als „jung" bezeichneten Märkten besteht allerdings eine hohe Wahrscheinlichkeit neuer Markteintritte von Unternehmungen, die durch den frühen Eintrittszeitpunkt ebenfalls ihre Überlebenswahrscheinlichkeit zu erhöhen hoffen.[48] Da gleichzeitig hohe Ungewissheit über die weitere Marktentwicklung herrscht, beinhalten solche Markteintritte ein großes Risiko in der unternehmerischen Entscheidung.

Vor diesem Hintergrund stellte sich in der wissenschaftlichen Forschung und der unternehmerischen Praxis vermehrt die Frage nach den wesentlichen Determinanten eines erfolgreichen Markteintritts für die mittel- bis langfristige Behauptung in einem jungen Markt.[49] Ein **Markteintritt** liegt nach Remmerbach dann vor, wenn eine Unternehmung auf einem Absatzmarkt tätig wird, auf dem sie es bislang nicht war. Diese Definition betrifft sowohl diversifizierende als auch Startup-Unternehmungen. Gleichzeitig weist Remmerbach darauf hin, dass Startup-Unternehmungen in nahezu allen empirischen Untersuchungen bis zum Aufkommen der High-Tech-Diskussion überhaupt nicht berücksichtigt wurden.[50] Dieser Mangel soll mit der vorliegenden

---

46 Vgl. Remmerbach (1988), S. 1f.; Porter (1980), S. 339ff.; Hamel/Prahalad (1990), S. 81ff.
47 Vgl. zur Literatur zum Marktlebenszyklus: Kotler/Bliemel (1999), S. 563ff.; Levitt (1965), S. 81ff.; Aaker/Day (1986), S. 410ff.
48 Vgl. Agarwal (1997), S. 581f.
49 Vgl. Oelsnitz (1996b), S. 108; Oelsnitz (1996a), S. 181.
50 Vgl. Remmerbach (1988), S. 8.

Arbeit insofern beseitigt werden, als der **Markteintritt von Startup-Unternehmungen** im Zentrum dieser Arbeit stehen wird.

Die Notwendigkeit einer systematischen Markteintrittsplanung wird also insbesondere dann deutlich, wenn man das hohe **Risiko** und die Unsicherheit einer unternehmerischen Entscheidung beim Markteintritt (speziell in junge Märkte) betrachtet. Ein Unternehmer weiß z. B. weder fundiert, welche Technologie sich in dem neuen Feld als Industriestandard durchsetzen wird, noch ist ihm bekannt, nach welchen Regeln sich der Wettbewerb am Markt entwickeln wird.[51] Um zu klären, ob ein Markteintritt erstrebenswert ist, wird er versuchen, die Marktungewissheiten durch Annahmen, Schätzungen und entsprechende Untersuchungen zu minimieren. Dennoch resultieren aus der Ungewissheit Gefahren, die eine hohe Insolvenzrate, insbesondere bei neu gegründeten Unternehmungen, zur Folge haben. Beispielsweise kann die strategische Ressourcenausstattung trotz eines innovativen Produktes nicht ausreichend entwickelt sein, wodurch Fehlschläge und Fehleinschätzungen der Innovation auftreten.[52]

Im Mittelpunkt der **Markteintrittsplanung** stehen die Fragen OB, WIE und WANN in einen neuen Markt eingetreten werden soll (siehe Abbildung 2.1), d. h. in welchen Markt die Unternehmung mit welcher Strategie, welcher Geschwindigkeit und zu welchem Zeitpunkt eintreten will.

Ein erster Schritt ist die **Markteintrittsentscheidung** für einen bestimmten Markt an sich und damit das **OB** bzw. die „Go-or-no-go-Entscheidung" des Markteintritts, die auf Basis der wirtschaftlichen Ziele der Unternehmung definiert wird. Dabei sollte nach einer sorgfältigen Zielmarktselektion mit Hilfe interner und externer Einflussgrößen untersucht werden, ob ein Markteintritt überhaupt erstrebenswert ist. Ist dies der Fall, wird der Zielmarkt anhand eines Chancen-Risiko-Profils genauer analysiert. Gleichzeitig ist zu überprüfen, ob die Unternehmung über die für den Markteintritt erforderlichen Ressourcen und Fähigkeiten verfügt.[53]

---

51 Vgl. Remmerbach (1989), S. 173.
52 Vgl. Remmerbach (1988), S. 3f.
53 Vgl. Remmerbach (1989), S. 174. Da Fragen der Marktevaluation und -auswahl in dieser Arbeit keine Berücksichtigung finden, vgl. für eine allgemeine Darstellung Kotler/Bliemel (1999), S. 425ff.

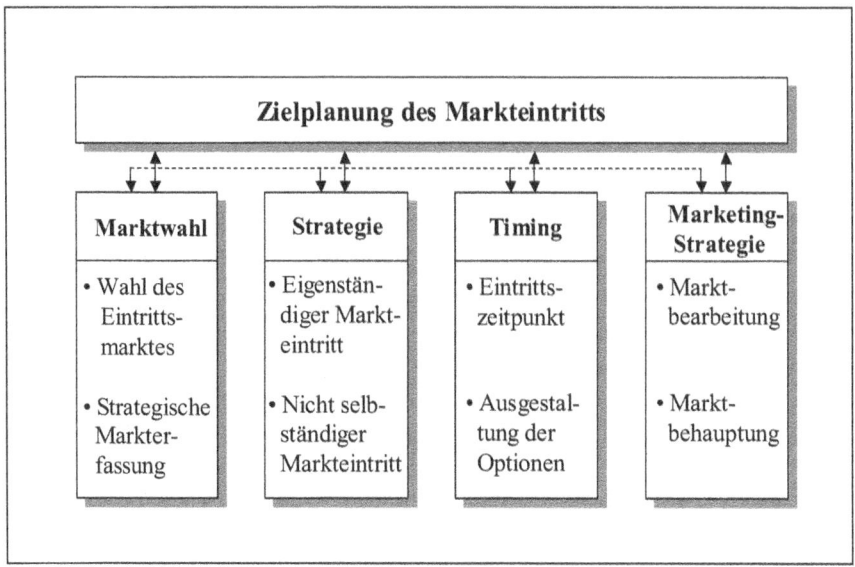

Abbildung 2.1: Interdependenzen der Markteintrittsplanung
Quelle: In Anlehnung an Remmerbach (1988), S. 29

In einem zweiten Schritt wird mit der **Markteintrittsstrategie** die Frage gestellt, **WIE** der Markteintritt in den neuen Markt erfolgen soll. Eine bereits am Markt tätige Unternehmung hat dabei ein breites Spektrum an Möglichkeiten. Diese reichen von einem eigenständigen Markteintritt in Form einer Diversifikation oder Ausgründung bis zu einem nicht selbständigen Markteintritt aufgrund einer Akquisition oder Kooperation.[54] Abbildung 2.2 liefert einen Überblick über mögliche Arten des Markteintritts. In der hier vorliegenden Arbeit soll ausschließlich die Eintrittsoption eines eigenständigen Markteintritts von neu gegründeten Startups betrachtet werden.

---

54 Zu den unterschiedlichen Möglichkeiten vgl. die detaillierten Darstellungen von Remmerbach (1988), S. 20ff.; Kühn (1995), Sp. 1761ff.

Grundsätzliche Überlegungen zum Eintritt in neue Märkte 13

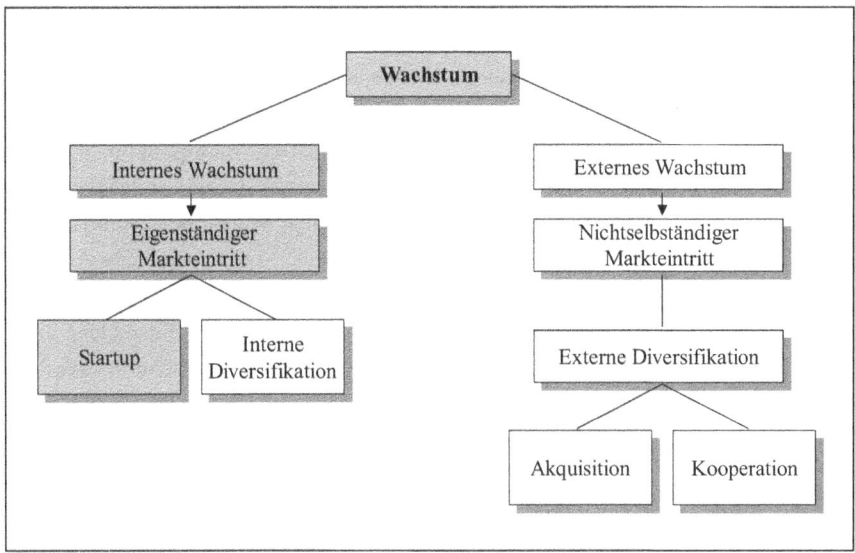

Abbildung 2.2: Alternative Markteintrittsstrategien
Quelle: In Anlehnung an Remmerbach (1988), S. 23

Wenn geklärt ist, ob und wie die Unternehmung einen Markteintritt bewerkstelligen will, stellt sich die Frage nach dem WANN und somit nach dem Markteintrittszeitpunkt. Dass Zeit ein bedeutender strategischer Erfolgsfaktor sein kann, wurde von Simon detailliert erörtert.[55] Besondere Bedeutung erhält die Zeit in Bezug auf die Geschwindigkeit bei der Einführung neuer Produkte. Dabei wird vor allem die Reihenfolge des Markteintritts als besonderes Chancen- bzw. Risikopotenzial angesehen.

Die Timing-Strategie des Markteintritts stellt eine der Kernfragen einer erfolgreichen Markteintrittsplanung dar. Unter Timing wird dabei die Planung und Realisation des Eintrittszeitpunkts verstanden.[56] Als grundlegende zeitliche Eintrittsoptionen einer neu gegründeten ebenso wie einer expandierenden Unternehmung werden in der Literatur im Wesentlichen die Timing-Alternativen Pionier sowie früher und später Folger angeführt.[57] Pionier oder First-Mover ist der Anbieter, der als erster ein neues Produkt

---

55 Vgl. Simon (1989), S. 70ff.
56 Vgl. Meffert/Remmerbach (1988), S. 334.
57 Vgl. Remmerbach (1989), S. 177; Oelsnitz (2000a), S. 200f.; Robinson/Fornell (1985), S. 305ff.

am Markt anbietet. Folger treten eine gewisse Zeit nach dem Pionier in den Markt ein.[58]

Die Wahl einer bestimmten Timing-Strategie hat Auswirkungen auf alle nachfolgenden Entscheidungen und wird in vielen Arbeiten als maßgeblicher Einflussfaktor auf den späteren Unternehmungserfolg bezeichnet.[59] Der Erfolg der Pionier-Strategie resultiert dabei aus einer dominierenden und dauerhaften Marktposition, die sich zumeist am höchsten Marktanteil messen lässt.[60] Die entsprechende Erfolgshypothese lautet vereinfacht: Je früher eine Unternehmung in einen neuen Markt eintritt, desto erfolgreicher wird sie auf Dauer in diesem Markt sein.[61] Diese pauschale Aussage wurde sowohl durch Beispiele aus der Praxis als auch durch wissenschaftliche Untersuchungen widerlegt.[62] Der generelle Vorzug eines frühen Markteintritts konnte nicht bestätigt werden. Vielmehr wurde deutlich gezeigt, dass die Markteintrittsentscheidung differenzierte Auswirkungen auf den Erfolg der Unternehmung hat.

Bereits in den 70er Jahren wurde von Abell der richtige Zeitpunkt für einen Markteintritt als Strategisches Fenster oder „Strategic Entry Window" dargestellt.[63] Danach ist nicht allein der Eintrittszeitpunkt für den Erfolg einer Unternehmung verantwortlich, sondern es gilt vielmehr, den optimalen Fit zwischen den strategischen Anforderungen des Marktes und der spezifischen Kompetenz der Unternehmung herzustellen. Sobald alle genannten Faktoren übereinstimmen, kann vom optimalen Markteintrittszeitpunkt gesprochen werden, der die Unternehmung zum Erfolg führen wird. Oft existiert nur eine begrenzte Zeitspanne, innerhalb der die Erfolgsaussichten für einen potenziellen Pionier optimal sind.[64]

Abell zufolge ist das Timing eine Art strategische Klammer. Sie legt Größe und Dauer des Eintrittsfensters und damit die Ausgestaltungsmöglichkeiten der zur Verfügung stehenden Optionen fest.[65] Ein derartiges strategisches Fenster bezieht sich vor allem

---

58 Zur näheren Beschreibung der einzelnen Optionen vgl. bspw. Robinson/Fornell (1985), S. 305ff.; Schnaars (1986), S. 30f.
59 Vgl. Remmerbach (1989), S. 176. Nach der Entscheidung hinsichtlich des Markteintrittszeitpunkts stehen der Unternehmung weitere strategische Optionen, wie z. B. die Auswahl der Marketinginstrumente, zur Verfügung. Diese Optionen sollen hier jedoch nicht weiter berücksichtigt werden.
60 Vgl. Kerin/Varadarajan/Peterson (1992), S. 33.
61 Vgl. hierfür stellvertretend Clement/Litfin/Vanini (1998), S. 206; Szymanski/Troy/Bharadwaj (1995), S. 17ff.
62 Vgl. Golder/Tellis (1993); Lieberman/Montgomery (1988), S. 47ff.; Kerin/Varadarajan/Peterson (1992), S. 47.
63 Vgl. Remmerbach (1989), S. 176; Abell (1978), S. 21ff.; ähnlich auch Mattson (1985), S. 87ff.
64 Vgl. Abell (1978), S. 21ff.
65 Vgl. Remmerbach (1989), S. 176, und zu den strategischen Optionen auch die Ausführungen von Remmerbach (1988), S. 75ff.

auf Bereiche wie finanzielle Ressourcen, Marketing-Know-how, Zugang zu Distributionskanälen, vorhandene Technologie und Innovationskraft.[66] Einige Unternehmungen verfolgen aufgrund des spezifischen Fits zwischen den eigenen Ressourcen und den Marktgegebenheiten eher eine Pionier-, andere eher eine Folger-Strategie.[67]

Keine der genannten Eintrittsstrategien kann als optimale bzw. Universal-Strategie in allen Situationen angesehen werden.[68] Aus diesem Grund sollen im folgenden Abschnitt die Merkmale der einzelnen Eintrittsoptionen genauer betrachtet werden.

2.2 Grundmuster des zeitlichen Markteintritts

2.2.1 Merkmale der Pionier-Strategie (First-Mover-Strategie)

Beim Konzept der Pionier- bzw. Folger-Strategie besteht weitgehend Uneinigkeit hinsichtlich der verwendeten **Definitionen** sowie der Abgrenzung und Operationalisierung der verschiedenen Eintrittstypen.[69] Oelsnitz beispielsweise vertritt die Meinung, dass die Unterscheidung von Pionieren und Folgern jeweils einzelfallbezogen nach strategischen, technologischen oder auch abnehmerseitigen Kriterien erfolgen muss.[70] Dies führt zu einer gewissen Willkür bei der Systematisierung. Remmerbach orientiert seine Definition an der jeweiligen Lebenszyklusphase[71] des neuen Marktes. Pionier und frühe Folger treten demnach in der Einführungs- und Entstehungsphase, späte Folger frühestens in der Wachstumsphase in einen neuen Markt ein.[72] Diese Abgrenzung ist ebenfalls kritikwürdig, da auch wesentlich spätere Markteintritte von frühen Folgern denkbar sind.[73] Im Marktumfeld der Internet-Ökonomie kommt hinzu, dass die Identifizierung der jeweiligen Phase über den Gewinn oder das Erreichen des

---

66 Vgl. Abell (1978), S. 24.
67 Ebenso unterschiedlich sind die Reaktionen der Unternehmungen: einige verfolgen eher Angriffs-, andere eher Verteidigungsstrategien; vgl. Kerin/Varadarajan/Peterson (1992), S. 40; Remmerbach (1988), S. 100ff.
68 Vgl. Schnaars (1986), S. 31.
69 Vgl. Lieberman/Montgomery (1988), S. 50ff. Wissenschaftler, die mit der PIMS-Datenbank arbeiten, verwenden eine recht breite Definition, der zufolge sich eine Unternehmung als First-Mover qualifiziert, wenn sie „one of the pioneers" bei Markteintritt ist. Tellis und Golder dagegen definieren einen Pionier präziser als „...the first to sell in a new product category..." (Tellis/Golder, 1996, S. 66). Zu den PIMS-Studien vgl. Abschnitt 3.1.2.1.
70 Vgl. Oelsnitz (1996b), S. 108.
71 Zur Theorie des Lebenszyklus vgl. Levitt (1965), S. 81ff.; Kotler/Bliemel (1999), S. 563ff.; Greiner (1972), S. 37.
72 Vgl. Remmerbach (1988), S. 51f. Bei den Abgrenzungsversuchen nach dem Lebenszykluskonzept fällt auf, dass die Differenzierung in Pionier- und Folger-Unternehmungen eher der Reihenfolge des Eintritts folgt. Die Unterscheidung in späte und frühe Folger ist hingegen durch ein absolutes Zeitintervall definiert. Daraus lassen sich vor allem für Pionier-Unternehmungen kaum Hilfen für die Bestimmung des optimalen Eintrittszeitpunktes generieren; vgl. Oelsnitz (2000b), S. 138.
73 Vgl. Oelsnitz (1996b), S. 108f.

Break-Even-Punkts schwierig ist, da die Unternehmungen in Internet-Märkten vielfach noch keine Gewinne erzielt haben, aber z. B. aufgrund hoher Umsatzzahlen oder Marktanteile durchaus als erfolgreich gelten können.[74]

Trotz der zuvor beschriebenen Definitionsprobleme herrscht insbesondere in der empirischen Literatur Einigkeit über die grundsätzlichen Merkmale des Pioniers.[75] **Pionier** ist derjenige Marktteilnehmer, der als erster ein neues Produkt[76] am Markt anbietet. Diese Definition deckt sich mit der von Robinson und Fornell „A market pioneer is defined as the first entrant in a new market"[77]. Es bedarf jedoch einer noch klareren Abgrenzung, da per definitionem ein Pionier nicht in einen Markt eintreten kann, sondern durch das erstmalige Angebot einer bestimmten Produkt- bzw. Marktkombination in gewisser Weise den neuen Markt erst hervorbringt. Dieser neue Markt wird fortan für ihn und ggf. auch seine potenziellen Nachfolger zum Objekt der Bearbeitung. Nur beim Pionier lässt sich daher der Eintrittszeitpunkt absolut, d. h. ohne Bezug zu anderen Wettbewerbern, bestimmen. Der Entstehungszeitpunkt des Markts ist mit dem Markteintrittszeitpunkt des Pioniers identisch.[78]

Neben den Definitionsschwierigkeiten von Pionier und Folgern ist auch die Abgrenzung von „Pionier", „Führer" und „First-Mover" unklar. Gerade die synonyme Behandlung der Begriffe „Führer" und „Pionier" ist problematisch, da Verwechslungsgefahr mit dem Marktführer (z. B. im Sinne höchster Marktanteile als Marktanteilsführer) besteht.[79] Aus diesem Grunde wird in der vorliegenden Arbeit auf die Bezeichnung „Führer" bewusst verzichtet. Jedoch sollen in Anlehnung an die angelsächsische Literatur die Begriffe „Pionier" und „First-Mover" sowie entsprechend auch die Begriffe „Pionier-Vorteile" und „First-Mover-Advantages" synonym verwendet werden.

Ziel der Pionier-Strategie ist in der Regel der Aufbau eines Quasimonopols zur Ausnutzung technologischer Innovationen.[80] Eine übergeordnete Strategie der Unter-

---

74 Vgl. Porter (2001), S. 65f.
75 Die meisten Autoren ziehen die Definition von Robinson/Fornell (1985) sowie Schnaars (1986) für ihre Arbeit heran.
76 Die Theorie der First-Mover-Advantages ist sowohl auf produzierende als auch auf Dienstleistungs-Unternehmungen anwendbar. Im Folgenden soll daher der Begriff „Produkt" Dienstleistungen mit einschließen.
77 Robinson/Fornell (1985), S. 305.
78 Vgl. Remmerbach (1988), S. 56.
79 Vgl. die Definition von Oelsnitz (1996b), S. 108f.
80 Vgl. Remmerbach (1988), S. 58; Wesner (1977), S. 182.

nehmung besteht dabei im systematischen Ausnutzen potenzieller Chancen sowie in der Begrenzung möglicher Risiken.[81]

Die **Vorteile,** die sich aufgrund der Pionier-Strategie für eine Unternehmung ergeben können (First-Mover-Advantages), lassen sich in angebots- bzw. nachfragebezogene Faktoren unterteilen. Die einzelnen Mechanismen des First-Mover-Advantages werden in Abschnitt 2.3 detailliert dargestellt. Dem allgemeinen Verständnis folgend, bestehen Pionier-Vorteile vor allem in der Möglichkeit, sich frühzeitig Markt-Knowhow anzueignen, Markteintrittsbarrieren zu errichten, Verträge mit Lieferanten und Absatzmittlern zu schließen, wichtige Standorte zu besetzen und Kunden für ein Produkt zu gewinnen bzw. an die eigene Marke zu binden.[82] Der Pionier kann frei von Konkurrenzangriffen einen produkt- bzw. technologiebezogenen Industriestandard setzen und Patente ausnutzen. Dem Marktpionier werden nicht nur Image- und Bekanntheitsvorsprünge bei den Kunden gegenüber den später in den Markt drängenden Wettbewerbern zugesprochen, sondern auch die Ausschöpfung marktanteilsbedingter Erfahrungskurven- bzw. Kostendegressionseffekte.[83]

Die Pionier-Strategie beinhaltet jedoch auch ein hohes **Risikopotenzial,** dessen Auswirkungen unter dem Begriff Pionier-Nachteil oder First-Mover-Disadvantages in Abschnitt 2.4 diskutiert werden. Hierbei handelt es sich vor allem um Kosten des Marktaufbaus,[84] von denen Folger profitieren können (Free-Rider-Effekte)[85], sowie um das Risiko der ungewissen Technologie-,[86] Markt- und Nachfrageentwicklung.[87]

Wichtig bei der **Klassifizierung von Pionieren** ist ferner die Frage, wann eine Unternehmung als First-Mover bezeichnet werden kann. Reicht es aus, mit neuen Technologien in einen bestehenden Markt einzutreten, oder muss es sich um eine Innovation handeln, die einen neuen Markt eröffnet? Darüber hinaus ist zwischen Produkt- und Marktpionieren zu unterscheiden,[88] wobei der Produktpionier als erster ein funktionsfähiges Modell (Prototyp) entwickelt, wohingegen der Marktpionier das Produkt neu

---

81 Vgl. die Ausführungen zu Pionier-Nachteilen in Abschnitt 2.4.
82 Vgl. Remmerbach (1988), S. 58; Porter (1985), S. 186.
83 Vgl. Porter (1985), S. 186f.; Lieberman/Montgomery (1988), S. 42ff.
84 Vgl. Schnaars (1986), S. 28; Porter (1985), S. 189.
85 Free-Rider-Effekt = Trittbrettfahrer-Effekt; vgl. Lieberman/Montgomery (1988), S. 47. Der Begriff entstammt ursprünglich der Finanzwissenschaft und beinhaltet Annahmen über das Verhalten einzelner Wirtschaftssubjekte hinsichtlich der Nutzung und Finanzierung öffentlicher Güter; vgl. Varian (1991), S. 547f.
86 Vgl. Porter (1985), S. 190; Christensen/Overdorf (2000), S. 72.
87 Vgl. Schnaars (1986), S. 32.
88 Vgl. Oelsnitz (2000b), S. 139; Golder/Tellis (1993), S. 159; ebenso die Unterscheidung in Inventions- und Innovationsführer nach Specht/Perillieux (1988), S. 210.

in den Markt einführt.[89] In der vorliegenden Arbeit sollen dem innovativen Element des Pionier-Produktes eine größere Bedeutung beigemessen und daher nur Pioniere betrachtet werden, die mit einem **neuen Produkt in einen neuen Markt** eintreten. Durch die Fokussierung auf Startups sind die betrachteten Unternehmungen zum Markteintrittszeitpunkt noch jung und können nicht auf bestehendes Markt-Knowhow oder Markenbekanntheit bei Kunden zurückgreifen.[90]

Die Bedeutung innovativer Unternehmungsgründungen für die gesamte Wirtschaft wird in Kapitel drei im Zusammenhang mit der Österreichischen Schule der Ökonomie detailliert dargestellt. Eine Auseinandersetzung mit dem **Innovationsbegriff** erscheint dennoch bereits an dieser Stelle sinnvoll, da damit wichtige Grundlagen für das Verständnis von Pionier-Vorteilen gelegt werden.

Innovationen sind neuartige Produkte oder Prozesse, die sich von einem vorangehenden Zustand deutlich unterscheiden.[91] Die Innovationsphasen umfassen die Entdeckung, Entwicklung und erstmalige Einführung neuer Produkte und Verfahren in ein System.[92] Es kann zwischen Produkt- und Prozessinnovationen unterschieden werden. Produktinnovationen sind für den Kunden sichtbare Veränderungen durch neue Produkte in einem bestehenden oder sogar neu geschaffenen Markt. Bei Prozessinnovationen handelt es sich um Neuerungen der eingesetzten Produktionsfaktoren einer Unternehmung, die meist für den Kunden unsichtbar ablaufen.[93] In dieser Arbeit sollen nur Innovationen im Hinblick auf neue Produkte oder Geschäftsmodelle untersucht werden.

Eine weitere wichtige Unterscheidung lässt sich auch hinsichtlich der möglichen Ausprägung des Innovationsgrads in Form eines skalierbaren Kontinuums zwischen **inkrementellen** und **radikalen Innovationen** vornehmen.[94] In seinem Buch über das „Innovator's Dilemma" beschrieb Christensen (1997), weshalb Pionier-Vorteile und

---

[89] Der Marktpionier kann (muss aber nicht) zugleich auch Produktpionier sein. Specht und Perillieux gehen sogar so weit, zwischen der Markt- und der Forschungs- und Entwicklungsebene zu differenzieren. Auf beiden Ebenen kann eine unterschiedliche Markteintrittsstrategie gewählt werden, um so den Zeitpunkt der Produkt- bzw. Technologieentwicklung zu optimieren; vgl. Specht/Perillieux (1988), S. 210f.

[90] Zur Bedeutung von Innovationen für etablierte Unternehmungen, die durch eine Innovation ihre Ressourcenbasis verbessern können, vgl. Danneels (2002), S. 1095ff. Der Autor verweist besonders auch auf die Bedeutung von Reputation und von Distributionskanälen und damit Ressourcen, die aus der Unternehmungsgeschichte entstanden sind.

[91] Vgl. Hauschildt (1993), S. 3f.; Brockhoff (1995), Sp. 982; sowie zu weiteren Definitionen Hauschildt (1993), S. 5f.

[92] Vgl. Schewe (1992), S. 14; Hauschildt (1993), S. 7f.

[93] Vgl. Hauschildt (1993), S. 9.

[94] Vgl. Brockhoff (1995), Sp. 983; Hauschildt (1993), S. 7f.

überlegene Technologieressourcen kein langfristiger Garant für den Unternehmungserfolg sein müssen.[95] Der Kern des **Innovatordilemmas** liegt in bestimmten Veränderungen des Marktes, die sich durch innovative Produkte oder Technologien von Folger-Unternehmungen ergeben. Der ursprüngliche Innovator bzw. Marktpionier kann mit seinem Leistungsangebot oder seiner Ressourcenausstattung die veränderten Kundenwünsche nicht mehr optimal bedienen. Dabei unterscheidet Christensen zwischen „sustaining" (eher inkrementellen) und „disruptive" (eher radikalen) Innovationen, die den Marktes bzw. die zugrunde liegende Technologie verändern.[96] Inkrementelle Technologieveränderungen stellen Innovationen dar, die die Performance eines Produktes oder Services über den Durchschnitt am Markt verbessern.[97] Radikale Innovationen dagegen führen durch die Einführung einer neuen Art von Produkten zur Entstehung eines völlig neuen Marktes. Derartige Veränderungen haben gravierende Auswirkungen auf den bestehenden Kundenstamm.[98]

Insbesondere radikale Innovationen fasst Christensen als Ursache des Innovatordilemmas auf, da sie für etablierte (Pionier-)Unternehmungen so unerwartet auftreten, dass diese mit keinem ihrer bisherigen Prozesse darauf reagieren können. Selbst ein besseres Management und vorausschauende, sorgfältige Marktanalysen bewahren eine erfolgreiche Unternehmung nicht vor diesem Dilemma. Eine disruptive Technologieveränderung birgt die Gefahr, dass die Technologie des Pioniers übersprungen wird und seine bisherigen Investitionen in die Technologieherstellung, den Marktaufbau und die Kundengewinnung obsolet werden.[99] Der Pionier steht damit vor der Entscheidung, wesentliche Bestandteile seines Leistungsangebots und seiner internen Prozesse aufzugeben bzw. zu verändern, so er sich weiterhin erfolgreich auf dem Markt behaupten will.

Durch die Aussagen von Christensen sind die Argumente für einen Pionier-Vorteil sowie die Postulate bestimmter Eintrittsstrategien in sich schnell wandelnden Bran-

---

[95] Am Fallbeispiel von Herstellern von Diskettenlaufwerken in den USA wurden Gründe für das Versagen ehemaliger Marktführer aufgezeigt; vgl. Christensen (1997), S. 187ff.
[96] Vgl. Christensen/Overdorf (2000), S. 71; Christensen/Bower (1996), S. 201ff.
[97] „Sustaining Innovations" werden in der Regel von etablierten Marktteilnehmern eingeführt, um die Bedürfnisse ihrer Kunden besser zu erfüllen. Diese Unternehmungen führen nur selten „Disruptive Innovations" ein.
[98] Vgl. Christensen/Overdorf (2000), S. 72.
[99] Startups können aufgrund ihrer Flexibilität mit disruptiven Veränderungen besser umgehen und sind daher häufiger in neuen Märkten zu finden. Zwar verfügen sie über eine geringere Ressourcenausstattung, begnügen sich dafür aber auch mit Erfolgen in kleinen neuen Märkten. In ihren Kostenstrukturen sind auch niedrige Margen möglich, und anstelle großer Aufwendungen in Marktforschung und Ressourcenallokation fällen die Manager ihre Entscheidungen intuitiv; vgl. Christensen/Overdorf (2000), S. 73.

chen unhaltbar. Christensen wird zwar vorgeworfen, sein Buch vermittle den Eindruck, disruptive Technologien träten permanent auf,[100] das Scheitern eines erfolgreichen Pioniers am Markt ist allerdings tatsächlich jederzeit möglich, da es keine zuverlässigen Informationen über zukünftige Kundenwünsche und Technologieinnovationen geben kann.[101] Aus diesem Grund empfiehlt Christensen das Konzept des „Window of Opportunity" zur sinnvolleren Orientierung bei der Wahl der Eintrittsstrategie.[102]

Aus Gründen der Vollständigkeit und des besseren Verständnisses von Pionier-Strategien wird im folgenden Abschnitt ein Überblick über die Ziele sowie die potenziellen Vor- und Nachteile der verschiedenen Folger-Strategien gegeben, die allerdings nicht Gegenstand der vorliegenden Arbeit sind.[103]

2.2.2 Merkmale der Folger-Strategien (Follower-Strategie)

Neben dem Pionier müssen auch dessen Folger definiert werden. Dabei sind generell mehrere Unterteilungen möglich: (1) nach der numerischen Reihenfolge, in der sie in den Markt eingetreten sind, (2) nach der seit dem Markteintritt des Pioniers verstrichenen Zeit wie z. B. in Early Follower oder Late Follower.[104] Die vorliegende Arbeit folgt der letzteren Einteilung, die von Schnaars sowie Robinson, Fornell und Sullivan vorgeschlagen wird. Die Folger lassen sich danach in zwei Klassen einteilen: in frühe Folger (Early Mover) und späte Folger (Late Mover).[105]

Als härtester Konkurrent des Pioniers wird der frühe Folger angesehen.[106] Er tritt zeitnah nach dem Pionier in den Markt ein und reagiert damit auf dessen Markteintritt.[107] Dem späten Folger, der oft erst Jahre nach dem Pionier (oder auch

---

100 Porter hält radikale Veränderungen eher für eine Seltenheit, und viele Unternehmungen können ihren Vorsprung über 20 Jahre lang ausnutzen; vgl. hierzu die Aussagen in einem Interview mit Michael Porter, sowie Argyres/McGahan (2002), S. 50.
101 Vgl. dazu auch Olleros (1986).
102 Vgl. Christensen/Suarez/Utterback (1998), S. 219.Das Konzept des „Window of Opportunity" besagt, dass es nur ganz bestimmte Zeitpunkte gibt, in denen ein Markteintritt erfolgreich sein kann. Damit ähnelt es in seinem Verständnis dem Konzept der Strategic Windows von Abell, vgl. Abell (1978); Finger/Samwer (1998), S. 26.
103 Für eine detaillierte Darstellung der Folger-Strategien vgl. z. B. Schnaars (1986); Remmerbach (1988); Oelsnitz (2000b).
104 Vgl. Lieberman/Montgomery (1988), S. 51.
105 Vgl. Robinson/Fornell/Sullivan (1992), S. 609; Schnaars (1986), S. 33ff. Der Unterscheidung zwischen spätem Folger I und II soll hier nicht gefolgt werden, da der Pionier im Mittelpunkt der Untersuchung steht und späte Folger im Bereich des Internet noch nicht verlässlich ausgemacht werden können; vgl. Oelsnitz/Heinecke (1997), S. 35ff.
106 Der frühe Folger wird auch als „Second-to-Market", „Early Mover", „Fast second strategy" oder „Newcomer" bezeichnet.
107 Vgl. Schnaars (1986), S. 30; Smith/Grimm/Gannon (1992), S. 140.

dessen frühen Folgern) in den Markt eintritt, werden angesichts weltweit verkürzter Produktlebenszyklen in nahezu allen Branchen nur geringe Aussichten auf einen langfristigen Markterfolg eingeräumt.[108] Eine genaue Abgrenzung, wie viel Zeit verstrichen seien muss, um die Bezeichnung „früher" bzw. „später" Folger zuweisen zu können, existiert nicht. Vielmehr hängt der Zeitpunkt, zu dem ein Folger als spät anzusehen ist, vor allem von der Dynamik und Konzentration des Eintrittsmarktes ab.[109]

2.2.2.1 Frühe Folger (Early Mover)

Der frühe Folger tritt kurz nach dem Pionier in einen Markt ein.[110] Sein situatives Umfeld ist daher dem des Pioniers am ähnlichsten. Zwar verringert sich das Risiko des frühen Folgers durch die Marktaufbauleistung des Pioniers, dennoch ist die Ungewissheit über die zukünftige Entwicklung des Marktes noch immer hoch. Der wesentliche und strategisch relevante Unterschied zum Pionier besteht darin, dass der frühe Folger **keine wettbewerbsfreien Eintrittsentscheidungen** mehr treffen kann. Der frühe Folger reagiert lediglich auf den ersten Schritt des Pioniers und tritt mit diesem in Wettbewerb.[111] Es bleibt dabei offen, ob mit dem Folger-Produkt eine qualitative Verbesserung des Leistungsangebots einhergeht. In vielen Fällen wird jedoch unterstellt, dass der frühe Folger als **„Besserer"**[112] in den Markt tritt.

Ziel des frühen Folgers ist der frühzeitige Aufbau einer **starken Wettbewerbsposition**. Der frühe Folger kann von der Marktaufbauleistung des Pioniers profitieren **(Free-Rider-Effekt)**[113] und so am zu erwartenden Marktaufschwung teilnehmen, sobald auf dem Markt erste Kennzeichen der wahrscheinlichen Marktentwicklung vorliegen. Bei der Wahl seiner Marktbearbeitungsstrategie hat der frühe Folger zwar noch einige Freiheitsgrade und kann ggf. die Marktstandards beeinflussen, jedoch verfügt er nicht mehr über den maximalen Spielraum des Pioniers. Im Gegenzug ist die Unsicherheit am Markt gesunken. Im Vergleich zum späten Folger trägt der frühe Folger ein höheres Risiko und muss höhere Marktinvestitionen aufbringen. Zugleich

---

108 Vgl. Oelsnitz (1996b), S. 109.
109 In einem jungen Markt mit stark wachsendem Volumen und hoher Innovationsrate kann die dritte Unternehmung, die den Markt betritt, bereits als später Folger bezeichnet werden; vgl. Oelsnitz (2000b), S. 139.
110 Die Dauer zwischen dem Eintritt des Pioniers und dem des frühen Folgers ist generell nicht festgelegt. Es ist auch möglich, dass ein früher Folger unmittelbar nach dem Pionier eintritt. Ein derartiger Folger wird von Remmerbach als später Pionier bezeichnet; vgl. Remmerbach (1988), S. 61.
111 Vgl. Remmerbach (1988), S. 61; Schnaars (1986), S. 30.
112 Vgl. Oelsnitz (2000b), S. 142 sowie die Fallbeispiele von Peters/Waterman (1982), S. 211ff.
113 Vgl. Lieberman/Montgomery (1988), S. 47.

befindet sich der Markt noch in einer Phase, in der Marktanteilsgewinne leichter zu realisieren sind.[114]

Der frühe Folger lernt aus den „Kinderkrankheiten" des Pionier-Produktes und kann dessen Differenzierungspotenzial ausnutzen. Dadurch hat er die Chance einer **stärkeren Marktorientierung,** denn er kann mit einer **innovativen Imitation** ein besseres und den Bedürfnissen der Kunden angepassteres Leistungsangebot als der Pionier anbieten. Die frühen Folger können den Pionieren mit einer Kombination aus Produktverbesserungen oder kostenreduzierter Produktion, adäquaten Marketing-Maßnahmen und daraus resultierender besserer Positionierung begegnen.[115] Nach dem Abbau technologischer und absatzbedingter Unsicherheiten, denen der Pionier beim Markteintritt ausgesetzt war, können einige Folger selbst patentierte Vorteile des First-Movers zu geringeren Kosten duplizieren.[116] Die frühen Folger profitieren dabei außerdem von der allzu zeitigen Festlegungen des First-Movers und dessen strategischen Fehlern.[117] Den Pionier selbst hindert meist eine gewisse Trägheit **(Incumbent Inertia),** seine Strategie, Position oder sein Produkt zu verändern, da er sich scheut, die bereits geleistete Marktaufbauarbeit aufzugeben.[118]

Der größte **Nachteil** des frühen Folgers liegt in der dominanten Marktposition des Pioniers und in dessen **Image- und Bekanntheitsvorsprüngen.** Der Pionier genießt in seiner Pionier-Phase die alleinige Aufmerksamkeit des Konsumenten und hat die Chance, eine starke Kundenbindung aufzubauen. Mit Hilfe seiner Erfahrung im Markt und seiner Reputation beim Kunden stellt der Pionier eine **Markteintrittsbarriere** auf. Entsprechende (psychologische) **Wechselkosten** der Konsumenten muss der frühe Folger erst durch beispielsweise höhere Qualität oder einen günstigeren Preis überwinden. Aus diesem Grunde ist der Markteintritt eines Folgers in der Regel mit hohen Marketingaufwendungen verbunden. Gleichzeitig kann der Pionier auch technologiebedingte Barrieren errichten, die auf seinen technologischen Erfahrungen oder auf eingetragenen Patenten beruhen. Gelingt es dem frühen Folger nicht, schnell eine gute Wettbewerbsposition neben dem Pionier zu erlangen, können ihm infolge marktanteilsbedingt geringerer Degressionseffekte **Kostennachteile** entstehen.[119]

---

114 Vgl. Remmerbach (1988), S. 61; Oelsnitz (2000b), S. 142.
115 Vgl. Schnaars (1986), S. 33.
116 Vgl. Mansfield/Schwartz/Wagner (1981), S. 907ff.
117 Vgl. Oelsnitz (1996b), S. 109; Schnaars (1986), S. 32.
118 Vgl. Lieberman/Montgomery (1988), S. 48.
119 Vgl. Oelsnitz (2000b), S. 140ff.; Remmerbach (1988), S. 62.

2.2.2.2 Späte Folger (Late Mover)

Der späte Folger betritt den Markt erst zu einem Zeitpunkt, an dem die Turbulenzen am Markt geringer und die Marktchancen klar sichtbar werden. Dieser Eintritt kann Jahre nach dem Pionier oder auch den frühen Folgern erfolgen. Das **Ziel** des späten Folgers liegt in der **Partizipation an den nun sichtbaren Marktchancen**.[120]

Der große **Vorteil** eines späten Folgers beruht in der **Zeitspanne**, die seit der Produkteinführung vergangen ist. Er profitiert zum einen mit seinem Produktangebot von der Stabilität des Marktes durch die Orientierung an den dominanten Gebrauchsstandards.[121] Zum anderen kann der späte Folger, falls sich die Art des Angebots seit der frühen Marktentwicklungsphase sehr verändert hat und es zu keiner Standardisierung gekommen ist, die früheren Einsteiger überspringen (sog. „**Leapfrogging**")[122] und ein neues, überlegenes Produkt einführen.[123] Bei der Wahl der geeigneten Produkteinführungsstrategie ist wichtig, dass der späte Folger aus den Fehlern und dem Wettbewerbsverhalten der früheren Marktteilnehmer gelernt hat.[124]

Der späte Folger wählt bei seinem Markteintritt in der Regel zwischen zwei Strategien: einer Imitations- oder einer segmentspezifischen Nischenstrategie.[125] Im Fall der **Imitationsstrategie** genießt der späte Folgers eine niedrigere und bessere Kostenposition durch generell geringere F&E-Aufwendungen sowie Markterschließungskosten. Überdies kann er sich an die etablierten Fertigungs- und Gebrauchsstandards anlehnen und somit Wechselkosten bei den Konsumenten nahezu ausschließen. Diese Kostenersparnis vermag der späte Folger dabei in Form günstigerer Angebotspreise an den Kunden weiterzugeben und dadurch in kurzer Zeit hohe Marktanteile gegenüber dem Pionier und frühen Folgern zu gewinnen.[126] Die Nachteile der Imitationsstrategie ergeben sich aus der Marktstruktur selbst. Ein später Einstieg ist vor allem dann problematisch, wenn die früheren Wettbewerber **Markteintrittsbarrieren** aufbauen konnten und der Markt bereits überflutet ist von Produkten, die keinen Platz für weitreichende Verbesserungen oder absolute Kostenvorteile lassen.[127] Dem späten Folger

---

120 Vgl. Remmerbach (1988), S. 63; Schnaars (1986), S. 33.
121 Vgl. Oelsnitz, (2000b), S. 145.
122 „Leapfrogging" = Bockspringen; vgl. Fudenberg et al. (1983), S. 3ff.
123 Vgl. Schnaars (1986), S. 33.
124 Vgl. Wesner (1977), S. 183; Remmerbach (1988), S. 65.
125 Vgl. Oelsnitz (2000b), S. 144ff.; Remmerbach (1988), S. 64.
126 Vgl. Remmerbach (1988), S. 63.
127 Vgl. Schnaars (1986), S. 34.

drohen überdies Imagenachteile gegenüber den etablierten Marken,[128] und er besitzt nur eine geringe strategische Flexibilität, wenn seine Wettbewerber z. B. mit Preissenkungen drohen.[129]

Bei der **Nischenstrategie** bearbeitet der späte Folger bislang vernachlässigte Marktnischen, die den Wettbewerbern nicht ausreichend groß erschienen.[130] Damit weicht er dem reinen Preiswettbewerb einer Imitationsstrategie aus und verfügt in der Marktbearbeitung über größere strategische und preispolitische Spielräume.[131] Auch in der Nische profitiert der späte Folger von der Marktaufbauleistung früherer Anbieter, wobei er sich in einem konkurrenzfreien Raum eine eigene **Nischenkompetenz** aufbauen kann, die ihm eine höhere Profitabilität und Lebensdauer verspricht. Die Gefahr der Nischenstrategie liegt in der Auswahl des falschen Marktsegments bzw. dem Eintritt etablierter Marken in diese Nische. Um drohende Imagenachteile zu vermeiden, muss der späte Folger den Konsumenten trotz der Bekanntheitsvorteile früherer Marktteilnehmer seine eigene Kompetenz deutlich machen.

Dem späten Folger werden angesichts der weltweit verkürzten Produktlebenszyklen in nahezu allen Branchen **nur geringe Aussichten auf einen langfristigen Markterfolg** prophezeit.[132] Darüber hinaus entgehen ihm Pionier-Gewinne und temporäre Wettbewerbsvorsprünge.[133]

2.2.3 Fazit zur Markteintrittsstrategie

Zusammenfassend lässt sich feststellen, dass drei alternative Markteintrittstrategien, Pionier-, frühe Folger- und späte Folger-Strategie, identifiziert werden konnten. Nach einer kurzen Vorstellung der Vor- und Nachteile aller drei Alternativen sollen im Folgenden vor allem die besonderen Charakteristika der Pionier-Strategie herausgearbeitet werden. Ferner wird aus Gründen der besseren Nachvollziehbarkeit im Weiteren generell **nur zwischen Pionier und Folger** unterschieden. Da sich die Internet-Ökonomie noch in einer frühen Marktentwicklungsphase befindet, gelten die nachfolgenden Ausführungen insbesondere für Pioniere und frühe Folger.

---

128 Insbesondere bei Vertrauensgütern (z. B. Medikamenten) ist die Kundenbindung an frühere Anbieter nur schwer zu überwinden; vgl. Oelsnitz (2000b), S. 144; Karakaya/Stahl (1989), S. 81f.
129 Vgl. Oelsnitz, (2000b), S. 145.
130 Vgl. Remmerbach (1988), S. 64f.
131 Vgl. Oelsnitz (2000b), S. 146.
132 Vgl. Oelsnitz (1996b) S. 109.
133 Vgl. Wesner (1977), S. 183f.

Im Anschluss an die obige Darstellung der unterschiedlichen Markteintrittsstrategien werden im folgenden Abschnitt nun die wichtigsten **Mechanismen** vorgestellt, die dem First-Mover aufgrund seines frühen Markteintritts Vor- bzw. Nachteile gegenüber nachfolgenden Konkurrenten verschaffen sollen bzw. können.[134] Die Bezeichnung „Mechanismus" bei der Ordnung möglicher Quellen von Pionier-Vorteilen leitet sich aus der Begrifflichkeit von Lieberman/Montgomery (1988) ab.[135] Die Mechanismen werden von verschiedenen Faktoren beeinflusst. Mechanismen, die nur einen Pionier-Vorteil für etablierte Unternehmungen mit sich bringen, werden in diesem Kapitel lediglich angedeutet, ebenso die Nachteile potenzieller Folger, die sich aus den jeweiligen Vor- und Nachteilen des Pioniers ableiten lassen.

2.3 Mechanismen des Pionier-Vorteils

Die Arbeit von **Lieberman und Montgomery** aus dem Jahre 1988 stellt bis heute einen der populärsten Aufsätze zum Thema „First-Mover-Advantages" dar,[136] da es den Autoren gelang, bis dato eher zusammenhanglose Forschungsergebnisse in einem Erklärungsmuster zu kategorisieren. Lieberman und Montgomery definieren den First-Mover-Advantage als die Möglichkeit einer Pionier-Unternehmung, positive Grenzkostenergebnisse zu erzielen.[137] Dabei gehen sie davon aus, dass die Entstehung von Pionier-Vorteilen endogen von einem mehrphasigen Prozess beeinflusst wird. Das bedeutet, dass sich eine Unternehmung nicht „einfach" für eine Pionier-Strategie entscheiden kann. Vielmehr muss in einer ersten Phase durch Umwelteinflüsse (z. B. Technologiewandel, neue Kundenbedürfnisse) eine Asymmetrie entstehen, die einer bestimmten Unternehmung einen Vorsprung vor den Wettbewerbern verschafft. Aufgrund der einzigartigen Ressourcen dieser Unternehmung (technologische Voraussicht, Marktforschung, erfolgreiche Produkt- und Prozessentwicklung) oder einfach durch Glück entsteht eine **Pionier-Möglichkeit**.[138] Wenn die Unternehmung diese Möglichkeit wahrnimmt, kann sie sich eine gute Wettbewerbsposition aufbauen, wobei aber ein Erfolg nicht automatisch gesichert ist. Es handelt sich vielmehr um potenzielle Vorteile, die sich erst mit der Zeit konkretisieren.[139] Höhe und Nachhal-

---

134 Zur Darstellung von Optionen für späte Folger vgl. z. B. Carpenter/Nakamoto (1990), S. 1268ff.
135 Vgl. die Ausführungen in Kapitel 2.3 sowie die Abbildung 2.3. Der Artikel von Lieberman/Montgomery (1988) gilt bis heute als einer der grundlegendsten und renommiertesten Aufsätze, der das Phänomen der Pionier-Vorteile systematisiert. Daher soll sich auch die vorliegende Arbeit dieser Begrifflichkeit anschließen.
136 Vgl. Bettis (1998), S. 1109.
137 Vgl. hierzu und im Folgenden Lieberman/Montgomery (1988), S. 41ff.
138 Vgl. Lieberman/Montgomery (1988), S. 41 + 49; Barney (1986a).
139 Vgl. Patterson (1993), S. 765.

tigkeit des First-Mover-Advantages hängen letztlich davon ab, ob der Pionier diese potenziellen Vorteile kapitalisieren kann. Die Handlungsoptionen und Mechanismen, die dem Pionier aufgrund seines frühen Markteintritts zur Verfügung stehen, müssen in nachhaltige und messbare Vorteile (Marktanteil und Gewinn) umgewandelt werden. Lieberman und Montgomery stellen den Prozess der Entstehung von First-Mover-Advantages grafisch – wie aus Abbildung 2.3 ersichtlich – dar.

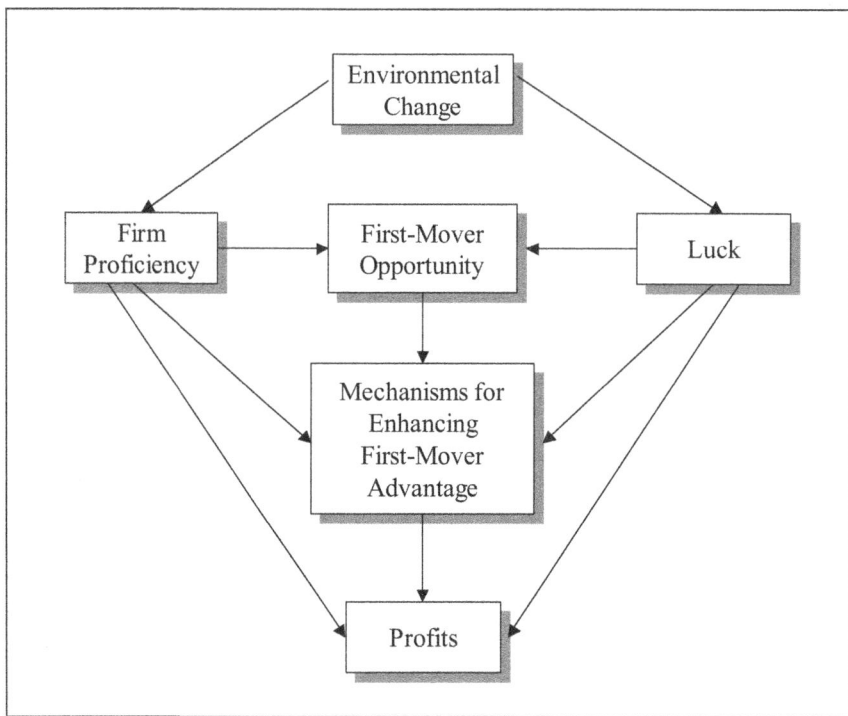

Abbildung 2.3: Endogene Entstehung von First-Mover-Advantages
Quelle: Lieberman/Montgomery (1988), S. 42

Im Konzept von Lieberman und Montgomery sind **Ressourcen bzw. Fähigkeiten** und **Glück** wichtige Einflussfaktoren, die für die Entstehung von Pionier-Möglichkeiten, die Kapitalisierung dieser potenziellen Vorteile und auch den Gewinn direkt verantwortlich sind. Als Beispiel für den Einfluss von Glück auf die Fähigkeit, eine First-Mover-Möglichkeit zu kapitalisieren, kann Procter & Gamble angeführt werden, deren Bemühungen, als einer der ersten Anbieter im Markt für Einweg-Windeln erfolgreich zu sein, dadurch begünstigt wurden, dass bei Einführung der Marke „Pampers" die Geburtenrate in Amerika deutlich anstieg.

Eine Startup-Unternehmung sieht sich oft großen Chancen gegenüber, die sich anschließend als enttäuschend herausstellen. Ebenso kann ein Investor im Vorhinein kaum eine gute von einer schlechten Vision unterscheiden. Und genau so schwer ist es, den Einfluss von Glück im Vergleich zu anderen Erfolgsfaktoren in der Praxis zu identifizieren. Aus diesem Grunde sollen im Folgenden nur Mechanismen untersucht werden, die sich eher auf die Fähigkeiten der Unternehmung und Umweltgegebenheiten als auf den Faktor „Glück" zurückführen lassen.

Im Folgenden wird eine grobe Unterteilung der Erfolgsursachen einer Pionier-Strategie in **angebots- und nachfragebezogene Pionier-Vorteile** vorgenommen.[140] Der zeitliche Vorsprung, den ein First-Mover vor seinen potenziellen Folgern hat, kann dazu genutzt werden, den eigenen Produktionsablauf sowie die Produkte zu verbessern und so Kosten- und/oder Differenzierungsvorteile gegenüber Newcomern zu erreichen (angebotsbezogene Faktoren).[141] Zusätzlich ist es dem Pionier möglich, die Marktstruktur und den zukünftigen Wettbewerb durch den Aufbau von Kundenloyalität und seine Produktpositionierung zu beeinflussen, um sich zum Zeitpunkt des Markteintritts von Konkurrenten in einer besseren Ausgangslage zu befinden (nachfragebezogene Faktoren).

Die einzelnen Elemente und Argumentationslinien für angebots- bzw. nachfragebezogene Pionier-Vorteile stellen eine Synthese der Arbeiten verschiedener Autoren dar und sollen in Abbildung 2.4 sowie im Folgenden näher erläutert werden.[142]

---

140   Diese Unterteilung lehnt sich an Vidal (1995) und Clement, Litfin und Vanini (1998), S. 207ff an. Die Mechanismen lassen sich teilweise nicht einer einzigen Kategorie zuweisen bzw. haben Auswirkungen auf beide Kategorien. In einem solchen Fall werden sie entsprechend ihrem dominierenden Merkmal zugewiesen.
141   Es konnte empirisch nachgewiesen werden, dass kostenbezogene Mechanismen die wichtigeren Vorteile sind; vgl. Karakaya/Stahl (1989), S. 86.
142   Bspw. stammt die Unterscheidung zwischen technologischer Führerschaft und Besetzung knapper Ressourcen von Lieberman und Montgomery (1988), S. 41ff.

Angebotsbezogene Pionier-Vorteile	Nachfragebezogene Pionier-Vorteile
Technologische Führerschaft • Economies of Scale • Erfahrungskurveneffekte • Forschungserfolge und Patente **Besetzung knapper Ressourcen** • Zugang zu Inputfaktoren • Zugang zu Lokalitäten in geographischer und produktcharakteristischer Hinsicht • Abschreckung durch Investitionsankündigungen • Preisgestaltung	Produktdifferenzierung Asymmetrisches Marketing Wechselkosten der Kunden Qualitätsunsicherheiten Psychologische Wettbewerbsvorteile Dominantes Design (Standard) Netzeffekte

Abbildung 2.4: Mechanismen des Pionier-Vorteils
Quelle: Eigene Darstellung in Anlehnung an Clement/Litfin/Vanini (1998), S. 207

2.3.1 Angebotsbezogene Pionier-Vorteile

In der Pionier-Phase hat der First-Mover eine zeitlich befristete Monopolstellung inne. Während dieser Zeit sollte er sich nicht wie ein klassischer Monopolist verhalten,[143] sondern sich auf die zukünftige Konkurrenzsituation vorbereiten und diese so weit wie möglich hinauszögern. Angebotsbezogene Pionier-Vorteile basieren daher im Wesentlichen auf **Markteintrittsbarrieren**.[144] Diese stellen finanzielle und psychologische Kosten dar, die von einer neu in den Markt eintretenden Unternehmung getragen bzw. überwunden werden müssen, während sie gleichzeitig nicht für die bereits im Markt etablierten Unternehmungen anfallen.[145] Die Pionier-Unternehmung

---

[143] Ein klassischer Monopolist nutzt vielfach seine Macht gegenüber Kunden bzw. anderen Marktteilnehmern aus. Vgl. z. B. die Ausführungen von Dean zur Preisgestaltung von Pionier-Produkten Dean (1969), S. 165ff.
[144] Vgl. zu einer detaillierten Darstellung z. B. Minderlein (1990), S. 155; Porter (1980), S. 7ff.
[145] Vgl. Kerin/Varadarajan/Peterson (1992), S. 34.

kann angebotsseitig Markteintrittbarrieren errichten, indem sie ihre **technologische Führerschaft** ausnutzt und/oder **knappe Ressourcen** besetzt.

2.3.1.1 Technologische Führerschaft

First-Mover können nachhaltige Wettbewerbsvorteile durch ihre technologische Überlegenheit generieren. Eine technologische Führungsrolle basiert dabei auf mehreren Faktoren:

- Economies of Scale,
- Erfahrungskurveneffekte,
- Forschungserfolge und Patente.

Economies of Scale

Eine der meistzitierten Ursachen von Pionier-Vorteilen sind Economies of Scale (EOS) bzw. Skaleneffekte.[146] Diese liegen vor, wenn die Stückkosten eines Produkts bei steigender Ausbringungsmenge pro Periode sinken. Durch frühzeitige Kapazitätsinvestitionen ist es Pionier-Unternehmungen möglich, diese Betriebsgrößenersparnisse zu verwirklichen, die zudem später eintretende Unternehmungen vom Eintritt abhalten. Folger wären gezwungen, mit einem hohen Produktionsvolumen in den Markt einzusteigen und würden sich darüber hinaus dem Risiko von Vergeltungsmaßnahmen des Pioniers aussetzen, wenn sie das gleiche Marktsegment ansprechen. Alternativ könnten die Folger nur mit einem niedrigeren Produktionsvolumen eintreten und müssten dabei Kostennachteile in Kauf nehmen.[147] Weicht ein Folger allerdings aus diesem Grund auf andere Marktnischen aus, muss er mit geringeren Skaleneffekten als der Pionier rechnen.[148]

Die Auswirkungen von Skaleneffekten auf den Pionier-Vorteil lassen sich in zwei Kategorien unterteilen: in **Kostenvorteile**, wenn eine günstige Position auf der langfristigen Durchschnittskostenkurve erreicht werden kann, sowie in **Marktmachtvorteile**, wenn durch die Skaleneffekte Markteintrittsbarrieren aufgestellt und so Markteintritte von Wettbewerbern kontrolliert werden können.[149]

---

146 Vgl. z. B. Lambkin (1992), S. 6; Kerin/Varadarajan/Peterson (1992), S. 41; Clement/Litfin/Vanini (1998), S. 208; Abernathy/Wayne (1974), S. 116f.
147 Vgl. Porter (1980), S. 7f.
148 Vgl. Kerin/Varadarajan/Peterson (1992), S. 33ff.
149 Vgl. Lambkin (1992), S. 6f.

Skaleneffekte können jedoch nur dann zu Pionier-Vorteilen führen, wenn der Pionier durch frühzeitige Kapazitätserweiterungen und -investitionen Kosteneinsparungen gegenüber Folgern realisieren kann und gleichzeitig verhindert, dass Folger eine vergleichbare Betriebsgröße erreichen.[150] Skalenbedingte First-Mover-Advantages sind zudem neben der relativen auch von der absoluten Größe des Pionier-Engagements abhängig. Bei einer zu kleinen anfänglichen Investition wird der Pionier leicht von Nachfolgern überrollt, die mit größeren Engagements in den Markt einsteigen.[151]

Im Zusammenhang mit der EOS-Diskussion wird das Limit-Preis-Modell genannt. Der Limit-Preis ist derjenige Marktpreis, der den Eintritt weiterer Konkurrenten verhindert.[152] Der Pionier muss dazu die Restnachfrage durch eine entsprechend hohe Ausbringungsmenge so beschränken, dass die Kosten eines Eindringlings nicht gedeckt würden. Dies ist dann der Fall, wenn der Marktpreis minimal unterhalb der Durchschnittskosten des Folgers angesetzt wird.[153] Dabei nutzt der Pionier seine Betriebsgrößenersparnisse, um durch entsprechende Preissetzung und die damit verbundene Outputentscheidung den Markteintritt eines potenziellen Konkurrenten unrentabel zu machen.[154]

Erfahrungskurveneffekte

Neben Kostenvorteilen durch Skaleneffekte profitiert ein First-Mover auch generell von Erfahrungswerten. Das Konzept der Erfahrungskurve wurde in den 70er Jahren von der Boston Consulting Group entwickelt.[155] Dahinter steht die Idee, dass mit jeder Verdopplung der kumulierten Produktionsmenge die auf die Wertschöpfung bezogenen **Stückkosten** systematisch um **20-30 %** zurückgehen. Die Kosten und der Zeitbedarf pro Produkteinheit sinken, weil sich durch die Erfahrung die Arbeitsprozesse in der Unternehmung verbessern und die Mitarbeiter nach einer Lernphase effizienter arbeiten. Die direkten Arbeitskosten pro Output-Einheit sinken, und infolgedessen fallen die Stückkosten mit dem kumulierten Output.[156]

---

150 Vgl. Vidal (1995), S. 46.
151 Bspw. war RC Cola zwar Pionier bei Diät-Cola, als jedoch Coca-Cola und Pepsi mit beträchtlichem Aufwand in den Markt einstiegen, verschwand RC Cola innerhalb kurzer Zeit völlig vom Markt; vgl. Teece (1987), S. 187.
152 Vgl. die Ausführungen von Vidal (1993), S. 44ff.
153 Vgl. Lambkin (1992), S. 6.
154 Vgl. Vidal (1995), S. 46 sowie die Ausführungen zur Preisgestaltung im Bereich nachfragebezogener Pionier-Vorteile.
155 Häufig wird statt der Bezeichnung „Erfahrungskurve" auch der Begriff „Lernkurve" verwendet; vgl. Henderson (1984), S. 14.
156 Vgl. z. B. Porter (1980), S. 12f.

Während der Pionier-Phase hat der First-Mover die Möglichkeit, Erfahrungen im Produktionsablauf zu sammeln und anschließend durch diese Lernerfahrung seine Kosten zu reduzieren.[157] Zum Zeitpunkt des Markteintritts des ersten Folgers kann der Pionier einen **Kostenvorteil** erringen, wenn es ihm gelingt, sein gelerntes Wissen vor Wettbewerbern geheim zu halten und weiterhin einen hohen Marktanteil zu realisieren.[158]

Vergleicht man den Pionier mit seinen Folgern und unterstellt, dass alle Folger die gleiche Erfahrungskurve absolvieren müssen, wobei sich die Lernerfahrungen in Kostenvorteilen widerspiegeln, wird der Gewinn des Pioniers immer höher sein als der seiner Folger.

Die Vorteile durch Erfahrungskurveneffekte lassen sich weiter in technologische, organisatorische und marktbezogene Faktoren unterteilen.[159] In technologischer Hinsicht kann der First-Mover seine Produkte ständig verbessern und so technologisches Wissen und Kompetenzen gezielt aufbauen. Während Nachfolger bei ihrem Markteintritt zunächst notwendige Basis-Technologien und Kompetenzen entwickeln müssen, bietet der First-Mover seinen Kunden bereits einen Zusatznutzen in Form von verbesserten Produkten. In organisatorischer Hinsicht erreicht der Pionier Kostenvorteile durch eine Verbesserung seiner internen Abläufe aufgrund von Erfahrungswerten. Die Abstimmung seiner Management-Systeme und -Strukturen auf das Marktumfeld ist Quelle unimitierbarer Wettbewerbsvorteile. Die Pionier-Phase kann dem First-Mover zusätzlich dazu dienen, seine (potenziellen) Kunden kennen zu lernen und die Produktion anschließend an den Wünschen des Kunden auszurichten.

Um Erfahrungsvorteile langfristig ausnutzen zu können, bedarf es jedoch mehrerer Voraussetzungen: Der Pionier muss seine Lernerfahrungen schützen und in der Lage sein, seine Lerngeschwindigkeit aufrechtzuerhalten.[160] Vom Schutz seiner Lernerfahrung hängt es ab, wie leicht Produktionswissen nach außen dringt und so Folgern die Möglichkeit zur Imitation gibt.[161] Die schnelle Verbreitung von Wissen, unterschied-

---

157 Vgl. Mueller (1997), S. 839; Aaker/Day (1986), S. 412f.; Lieberman (1989), S. 431ff.; Perillieux (1995), S. 274.
158 Vgl. Schewe (1992); Vidal (1995), S. 47; Abernathy/Wayne (1974), S. 111. Abernathy und Wayne zeigten, dass schon Ford mit seinem Model T durch die konsequente Verfolgung einer Erfahrungskurvenstrategie seinen Listenpreis senken konnte und so nachfolgenden Autoherstellern das Leben schwer machte.
159 Vgl. Kerin/Varadarajan/Peterson (1992), S. 41f.
160 Vgl. Lieberman/Montgomery (1988), S. 42.
161 Die Verbreitung von Wissen kann auf unterschiedliche Weise erfolgen. Beispiele sind Mobilität von Arbeitskräften, wissenschaftliche Veröffentlichungen und Lizenzen; vgl. Lieberman/Montgomery (1988), S. 43.

liche Lerngeschwindigkeiten und Unterbrechungen der Lernkurve durch technologische Diskontinuitäten[162] können dazu führen, dass ein Erfahrungskurvenvorsprung etablierter Anbieter keine Abschreckung für den Markteintritt von Newcomern darstellt. Als Markteintrittsbarriere sind Erfahrungskurveneffekte nur solange wirksam, wie andere Produkt- und Prozessinnovationen keine neuen Erfahrungskurven generieren können.[163] Gelingt es dem Pionier hingegen, Erfahrungs- und Technologiediffusionen zu verhindern, stellt die Erfahrungskurve einen strategisch wichtigen Pionier-Vorteil dar.[164]

Da im **Informationszeitalter** die Wissensverbreitung viel schneller erfolgt als zum Entstehungszeitpunkt des Erfahrungskurven-Konzeptes, sind die Vorteile durch eine Erfahrungskurven-Strategie mittlerweile weniger evident als in den 70er Jahren angenommen.[165] Eine implizite Annahme des Konzeptes besteht darin, dass Lernerfahrungen aufrechterhalten werden können und nicht im Zeitverlauf diffundieren. Diese Aussage wurde inzwischen in empirischen Studien insofern relativiert, als lediglich ein geringer Einfluss auf den Wettbewerb nachgewiesen werden konnte.[166] Die Wirkung des Erfahrungskurveneffekts auf den Pionier-Vorteil ist demnach in der Praxis fraglich.

Forschungserfolge und Patente

Auch ein Vorsprung in Forschung & Entwicklung (F&E), der in erfolgreiche, patentgeschützte Innovationen mündet, stellt einen bedeutenden Pionier-Vorteil dar. Der Pionier kann **Patente** einsetzen, um das Produkt selbst oder wichtige Teile bzw. Komplementärprodukte vor Imitationen zu schützen. Durch schnelles Patentieren seiner Produkte kann sich der Pionier Differenzierungsvorteile gegenüber Folgern sichern.[167] Das Patentrecht bietet dem Patentinhaber **Schutz vor der Nachahmung** einer patentierten Technologie oder eines Produktes **auf Zeit**. Die Vergabe von Patenten schließt eine Konkurrenz zwischen Pionier und Folger temporär aus und sorgt in dieser Zeit für höhere Gewinne beim Pionier. In diesem Fall stellen Patente eine Markteintritts- bzw. Imitationsbarriere dar.[168] Ein strategisch denkender Pionier neigt oftmals dazu, sich durch präventive F&E Patente zu sichern und damit seine Monopolstellung zu

---

162 Vgl. die Ausführungen von Christensen (1997) sowie Abschnitt 2.2.1.
163 Vgl. Porter (1985), S. 174f.
164 Vgl. Vidal (1995), S. 48.
165 Vgl. Lieberman/Montgomery (1988), S. 43.
166 Vgl. Lieberman (1989), S. 446; Ghemawat/Spence (1985), S. 850.
167 Vgl. Lieberman/Montgomery (1988), S. 43; Smiley (1988), S. 167ff.
168 Vgl. Gilbert/Newberry (1982), S. 524.

erhalten. Im Extremfall kann der Pionier sogar „Sleeping Patents" errichten, d. h. Patente anmelden, die nie genutzt werden.[169] Aber selbst kontinuierliche Innovation und Patentierung zahlen sich für einen Pionier nicht aus, wenn der Verbreitungszeitraum kurz und die Kundenloyalität gegenüber der Pionier-Unternehmung schwach ist.[170]

Patente sind **keine Garantie** für einen langfristigen Pionier-Vorteil. So ergab eine Studie, dass patentgeschützte Innovationen im Durchschnitt innerhalb von vier Jahren zu 65 % der Innovationskosten imitiert werden können.[171] Neben der schlichten Nachahmung können Imitatoren auch „um eine Imitationsbarriere herum imitieren" (inventing around), indem sie das Produkt nicht direkt kopieren, die Basisfunktionen und der Hauptnutzen aber durch das Imitat genauso erfüllt werden.[172] Damit vermeiden Konkurrenten entweder Wartezeiten bis ein Patent abgelaufen ist, oder Kosten in Form von Lizenzgebühren. Zudem besteht grundsätzlich auch für Imitatoren die Möglichkeit, sich über F&E das nötige Know-how anzueignen, um mit konkurrenzfähigen Produkten in einen attraktiven Markt einzutreten.[173]

Die Möglichkeit radikaler Technologieveränderungen stellt für Pioniere eine große Gefahr dar, da so auch Unternehmungen, die im F&E-Wettbewerb zurückliegen, die Chance bekommen, den Pionier zu überholen.[174] Insgesamt lässt sich also feststellen, dass Patente für den Aufbau von Pionier-Vorteilen nur eine **untergeordnete Rolle** spielen, auch wenn die Patente eines Pioniers eine größere Wirkung zeigen als die des Folgers.[175]

2.3.1.2 Besetzung knapper Ressourcen

Die Entscheidung zum Markteintritt eines potenziellen Folgers hängt wesentlich von dessen Einschätzung der zukünftig in diesem Markt realisierbaren Gewinne ab. Der Pionier kann seine Marktchancen durch **präventive Maßnahmen** und die Besetzung

---

169 In diesem Fall werden Ressourcen darauf verwendet, anderen Patenten zuvorzukommen bzw. diese aufzukaufen, wenn diese die eigene Technologie substituieren könnten. Xerox bspw. sicherte sich alle erdenklichen Patente für die Fotokopiertechnik, von denen letztlich aber nur wenige genutzt wurden; vgl. Gilbert/Newberry (1982), S. 514ff.
170 Vgl. Porter (1980), S. 174.
171 60 % der erfolgreichen Patente wurden innerhalb von vier Jahren imitiert. Allerdings erhöhte der Patentschutz die Imitationskosten für die Folger; vgl. Mansfield/Schwartz/Wagner (1981), S. 909ff.
172 Vgl. Lieberman/Montgomery (1988), S. 43; Lambkin (1992), S. 8.
173 Vgl. Vidal (1995), S. 45.
174 Vgl. Fudenberg et al. (1983), S. 23f. sowie die Ausführungen von Christensen (1997).
175 Der Vorteil der Pioniers durch Patente bewirkte nur eine Steigerung um 2 Prozentpunkte im Marktanteil; vgl. Robinson (1988), S. 93. Die Beständigkeit von Patenten wurde kritisiert von Bryman (1997), S. 433; Lambkin (1992), S. 14f.; Bettis/Hitt (1995), S. 9.

knapper Ressourcen verbessern. Dadurch verschlechtern sich gleichzeitig die Zukunftsaussichten für Folger.[176] Hierbei wird der Begriff der Ressource sehr weit gefasst, indem sowohl physische Input-Faktoren als auch die Positionierung des Produktes sowie Investitionen der Pioniers einbegriffen sind.[177] Präventive Maßnahmen des Pioniers wirken wie eine **temporäre Markteintrittsbarriere**, die sowohl zu Kosten- als auch zu Differenzierungsvorteilen führen kann. Im Vergleich zur technologischen Führerschaft, bei der der Pionier Vorteile durch innovative Technologien und Entwicklungen in den Unternehmungsprozessen kreiert, liegt der Vorteil hier vielmehr im Besitz und in der Kontrolle wichtiger Vermögensgegenstände.[178]

Die Besetzung knapper Ressourcen durch den Pionier zur Abwehr von Folgern kann in folgenden Bereichen erfolgen:

- Zugang zu Input-Faktoren,
- Zugang zu Lokalitäten in geographischer und produktcharakteristischer Hinsicht,
- Abschreckung durch präventive Investitionsankündigungen,
- Preisgestaltung.

Zugang zu Input-Faktoren

First-Mover besitzen einen **Informationsvorteil** gegenüber Folgern, da sie während ihrer Alleinstellungsphase Erkenntnisse über den Markt und die Konsumentenbedürfnisse sammeln können. Wenn sie diesen Vorsprung dazu nutzen, knappe Input-Faktoren durch **langfristige Lieferverträge zu günstigen Konditionen** an sich zu binden, kann die Pionier-Unternehmung absolute **Kostenvorteile** gegenüber später eintretenden Unternehmungen realisieren. Diese Input-Faktoren umfassen sowohl natürliche und Humanressourcen (Mitarbeiter) als auch erstklassige Verkaufs- bzw. Produktionsstätten. Es ist davon auszugehen, dass beim Eintritt von Folgern die Preise für die Input-Faktoren durch die höhere Nachfrage steigen, wodurch der neu eintretende Konkurrent einen Kostennachteil gegenüber dem Pionier erleidet.[179]

Die präventive Aneignung wichtiger Input-Faktoren führt zu einer frühzeitigen Ressourcenbindung durch den Pionier. Die Wahrscheinlichkeit für eine solche Entschei-

---

176 Vgl. Lieberman/Montgomery (1988), S. 44; Golder/Tellis (1993), S. 168f.; Kerin/Varadarajan/Peterson (1992), S. 42.
177 Vgl. Clement/Litfin/Vannini (1998), S. 208.
178 Vgl. Lieberman/Montgomery (1988), S. 44.
179 Vgl. Lieberman/Montgomery (1988), S. 44; Kerin/Varadarajan/Peterson (1992), S. 42; Schewe (1992).

dung nimmt jedoch mit steigender Nachfrageungewissheit ab, da der Pionier fürchten muss, in die falschen Input-Faktoren zu investieren.[180]

Zugang zu Lokalitäten in geographischer und produktcharakteristischer Hinsicht

Ein Pionier kann die Handlungsoptionen eines potenziellen Newcomers auch **räumlich** einengen.[181] Oft vermag ein Markt nur eine begrenzte Zahl von Anbietern aufzunehmen, wodurch ein Pionier grundsätzlich favorisiert wird. Zudem ist der erste Marktteilnehmer in der Lage, das attraktivste (z. B. größte oder profitabelste) **Marktsegment** für seine Produktpositionierung auszuwählen. Zusätzlich schränkt er in seiner Strategiewahl den Produktmarktraum für nachfolgende Unternehmungen weiter ein, wenn er sich z. B. für das Angebot einer breiten Produktpalette entscheidet.[182] Scheuen die Nachfolger eine direkte Auseinandersetzung mit dem etablierten Pionier, müssen sie auf andere Segmente ausweichen. Auch wenn der Markt wächst und sich neue Marktsegmente oder Nischen auftun, ist der Pionier näher am Geschehen und vermag freie Räume häufig selbst zu besetzen, bevor dies einem Folger gelingt.[183] Auch **Produktcharakteristika** werden oftmals als Präventivmaßnahme genutzt. Pioniere können ihre Produkte differenzieren noch bevor Folger im Markt sind.[184] Dabei gehen sie zwar das Risiko ein, mit neuen Produkten ihre alten zu kannibalisieren[185], sie erschweren aber gleichzeitig eine auf Differenzierung ausgerichtete Markteintrittsstrategie nachfolgender Wettbewerber.

Neben dem Marktsegment und den Produktcharakteristika kann ein Pionier auch den **geographischen Raum** bzw. Ort der Unternehmungsansiedelung frei auswählen.[186] Dabei hat er die Möglichkeit, seine Position und seine Aktivitäten dort so zu etablieren, dass es für Folger unattraktiv wird, ebenfalls Leistungen in diesem Markt anzu-

---

180   Es besteht also eine indirekte inverse Beziehung zwischen Nachfrageungewissheit und einem potenziellen First-Mover-Advantage durch präventiven Zugang zu Input-Faktoren; vgl. Kerin/Varadarajan/Peterson (1992), S. 44.
181   „Räumlich" ist hier sowohl im wörtlichen, als auch im übertragenen Sinn (Produkteigenschaften) zu verstehen; vgl. Lieberman/Montgomery (1988), S. 44f.
182   Bspw. kann Kelloggs seine Marktstellung u. a. aufgrund der Vielfalt an Produktvariationen behaupten; vgl. Schmalensee (1978), S. 305ff.
183   Dass dies nicht zwingend so ist, wird am Beispiel von IBM und dem verschlafenen Einstieg in den PC-Markt deutlich; vgl. Lieberman/Montgomery (1988), S. 44.
184   Dies umfasst sowohl eine breite Produktpalette als auch ein spezielles Produkt mit besonderen Eigenschaften oder Zusatzfunktionen.
185   Vgl. Conner (1988), S. 9ff.
186   Vgl. Prescott/Visscher (1977), S. 378ff.

bieten.[187] Die empirische Überprüfung geographischer Vorteile ist in ihren Ergebnissen zweigeteilt. Zu einem gegenteiligen Ergebnis kommt z. B. eine Studie über lokale Zeitungsmärkte. Dort erreichten First-Mover keine höheren Überlebensraten durch räumlich-präventive Strategien als Folger.[188]

Ähnlich wie bei den Input-Faktoren kann der Pionier auch bei **Distributions- und Marketingkanälen** die Kontrolle über vorhandene Ressourcen erlangen, wodurch neue Marktteilnehmer Kosten- und/oder Differenzierungsnachteile in Kauf nehmen müssen.[189] Ein spezifisches Produkt kann oft nur über einige wenige Distributionskanäle vertrieben bzw. beworben werden (z. B. per Regalplatz beim Händler oder per Listung in einer Suchmaschine). Die Kanäle, über die dem Konsumenten Werbebotschaften übermittelt werden, sind in ihrer Anzahl relativ begrenzt und werden naturgemäß zunächst von etablierten Pionieren belegt. Diese haben hier die Möglichkeit, langfristige Verträge oder Allianzen mit den Eigentümern eines bestimmten Distributions- oder Marketingkanals abzuschließen und sich diesen so exklusiv zu sichern. Der Folger muss höhere Kosten auf sich nehmen, um mit seinem Produkt über den selben Kanal zu werben oder zu verkaufen (Kostennachteil). Alternativ muss er auf qualitativ minderwertigere Kanäle ausweichen (Differenzierungsnachteil).

Präventive Strategien im Hinblick auf räumliche Faktoren setzen überlegene Informationen des Pioniers voraus und gehen davon aus, dass potenzielle Folger eine direkte Auseinandersetzung mit dem First-Mover scheuen. Ein potenzieller First-Mover-Advantage wird hier somit von der relativen Stärke und Voraussicht des Pioniers verursacht.

Abschreckung durch Investitionsankündigungen

Die Markteintrittsentscheidung eines Folgers hängt wesentlich von dessen Gewinnerwartungen ab. Der Pionier kann diese Zukunftseinschätzung zu seinen Gunsten verändern, indem er **Investitionen** z. B. in seine **Technologie** oder seine **Ausstattung** ankündigt. Investitionen des etablierten Anbieters stellen eine Verpflichtung in den

---

187 Wal-Mart generierte bspw. Differenzierungsvorteile, überproportionale Gewinne und (regionale) Markteintrittsbarrieren durch eine räumliche Strategie, bei der Regionen, die andere Supermärkte als unattraktiv ansahen, durch Wal-Mart bedient wurden.; vgl. Lieberman/Montgomery (1988), S. 45.
188 Vgl. Glazer (1985), S. 479. Die Pioniere hatten zwar strategische Vorteile, sie hatten jedoch mit ihren Folgern identische Gewinnerwartungen, da das schnelle Erreichen einer kritischen Masse immer ungewiss ist und der Innovationsvorteil grundsätzlich überschätzt werde.
189 Vgl. Kerin/Varadarajan/Peterson (1992), S. 42. Ferner stellten Alpert/Kamins/Graham bspw. fest, dass Händler Pionier-Produkte bevorzugen, da diese zu einer höheren gesamtwirtschaftlichen Wohlfahrt führen, indem sie einen bisher unbefriedigten Bedarf der Konsumenten erfüllen oder eine vorher nicht vorhandene Problemlösung bieten. Vgl. Alpert/Kamins/Graham (1992), S. 25ff.

Markt dar, durch die ein größerer Output des Pioniers nach Markteintritt des Folgers erwartet werden kann. Wenn der Pionier vor Eintritt anderer Marktteilnehmer investiert, können Überkapazitäten erzeugt werden, die die Marktpreise sinken lassen. Der Markteintritt für einen Folger erscheint dadurch unprofitabel.[190]

Präventive Strategien in Form von Investitionsankündigungen haben eher eine theoretische Bedeutung, mit der sich vor allem Spieltheoretiker auseinandergesetzt haben.[191] In der Praxis spielen Investitionsankündigungen nur eine untergeordnete Rolle. Zum einen ist nur in sehr wenigen Industrien eine Kostenstruktur vorhanden, die den Unternehmungen präventive Investitionen in Überkapazitäten erlaubt. Zum anderen konnten empirische Studien zeigen, dass präventive Investitionen durch etablierte Anbieter selten dazu führten, Markteintritte von Newcomern zu verhindern.[192]

Preisgestaltung

Während seiner Pionier-Phase hat ein First-Mover die Möglichkeit der **freien Preisgestaltung,** und zwar von hohen bis zu sehr niedrigen Anfangspreisen.[193] Er nimmt durch seine anfängliche Preispolitik maßgeblichen Einfluss auf die zukünftige Marktstruktur und die Art des Wettbewerbs.

Stellt das neue Produkt eine bedeutende **Innovation** dar, die vom Markt als nützlich angesehen wird, bietet sich für den Pionier die Strategie eines **hohen anfänglichen Preises** (Premium-Preis, Abschöpfungspreis) zusammen mit einer intensiven Verkaufsförderung an. Solange das Produkt neu und damit nicht vergleichbar mit Alternativen ist, können die Konsumenten keine Preisvergleiche vornehmen. Der Pionier reduziert durch einen hohen Anfangspreis sein Risiko, dass Kosten für die Entwicklung, Einführung und Vermarktung des neuen Produktes langfristig nicht durch Rückflüsse ausgeglichen werden könnten. Außerdem beinhaltet der hohe Preis Spielräume für Preissenkungen, wenn Folger den Markt betreten.[194]

Während der Abschöpfungspreis darauf abzielt, möglichst schnell einen hohen Return on Investment zu erreichen, zielt der Pionier mit einem **niedrigen Preis** (Durchdringungspreis) darauf ab, den Markt auszubauen[195] und als Massenmarkt zu erschließen.

---

190 Vgl. Lieberman/Montgomery (1988), S. 45; Dixit (1980), S. 95ff.; Spence (1977), S. 534ff.
191 Vgl. Gal-Or (1985), S. 649ff.
192 Vgl. Lieberman/Montgomery (1988), S. 45; Lieberman (1987).
193 Vgl. Dean (1969), S. 165f. + 174f.
194 Vgl. Dean (1969), S. 174f.
195 Eine derartige Strategie wirkt dem Trend der immer kürzer werdenden Produktlebenszyklen – und der damit verbundenen kurzen Amortisationszeit von Entwicklungs- und Markteinführungskosten neuer Produkte – entgegen; vgl. dazu Oelsnitz (1998), S. 28.

Die Gewinnerzielung wird hierbei nicht wie beim Abschöpfungspreis über die Marge, sondern über den Umsatz erreicht. Oft verzichtet der Pionier auch in der Einführungsphase des Produktes zunächst ganz auf einen Gewinn, um mit „Dumpingpreisen" erste Kunden anzulocken. Eine Preiserhöhung wird dann erst sukzessive in der Wachstumsphase vorgenommen.[196] Der wohl wichtigste Aspekt der Niedrigpreisstrategie ist jedoch ihre Funktion als **Eintrittsbarriere**. Diese ist erreicht, sobald der Pionier sein Produkt so billig anbietet, dass es für potenzielle Konkurrenten unprofitabel wird, ebenfalls in diesen Markt einzutreten.

Schmalensee berechnete die **optimale Preisstrategie** eines Pioniers. Dabei erwies sich die Wahl eines niedrigen Eintrittspreises in der ersten Periode als optimal. In der zweiten Periode (nach Eintritt eines Folgers) sollte der Pionier dann den Preis wählen, mit dem er genau den Kundenstamm halten kann, den er in der ersten Periode gewonnen hatte.[197] Käufer, die von der Qualität der Pionier-Marke überzeugt sind, werden bereit sein, auch einen höheren Preis zu zahlen, da die Qualität der Folger-Marke für sie mit Unsicherheiten behaftet ist.[198]

First-Mover-Advantages aufgrund einer geschickten Preisstrategie sind in der Praxis eher selten. Einerseits ist die Generierung schneller Gewinne durch eine Abschöpfungspreis-Strategie meist nicht möglich, da der Markt noch wenig entwickelt ist und demzufolge die Umsätze gering sind. Andererseits erzielt eine Niedrigpreis-Strategie meist nicht die erhoffte Wirkung als Eintrittsbarriere. Entsprechend niedrige Preise können entweder finanziell nicht lange durchgehalten werden, oder zeigen keine abschreckende Wirkung auf finanzkräftige Folger.[199]

2.3.2 Nachfragebezogene Pionier-Vorteile

Märkte in der Entwicklungsphase zeichnen sich durch differenzierte Produkte und unvollkommene Informationsstrukturen aus. Die Kunden verhalten sich gegenüber neuen Produkten am Markt zögerlich, da sie unsicher hinsichtlich der Qualität dieser Produkte sind.[200] Nachfragebezogene Vorteile entstehen für eine Pionier-Unternehmung dann, wenn potenzielle Kunden bereits Erfahrungen mit dem Pionier-

---

196 Vgl. Demsetz (1982), S. 52.
197 Vgl. Schmalensee (1982), S. 351ff.
198 Vgl. hierzu die Ausführungen zu den psychologischen Image- und Bekanntheitsvorteilen in Abschnitt 2.3.2.
199 Vgl. Dean (1969); Porter (1980).
200 Vgl. Carpenter/Nakamoto (1989), S 285ff.; Kerin/Varadarajan/Peterson (1992), S. 42f.

Produkt machen konnten.[201] Diese nachfragebezogenen Vorteile lassen sich einteilen in:[202]

1. Produktdifferenzierung,
2. Asymmetrisches Marketing,
3. Wechselkosten,
4. Qualitätsunsicherheiten,
5. Psychologische Wettbewerbsvorteile,
6. Dominantes Design (Standard),
7. Netzeffekte.

Wichtig bei der Untersuchung nachfragebezogener Pionier-Vorteile ist die Verschiebung der Betrachtungsebene. Standen bei den angebotsbezogenen Pionier-Vorteilen noch die Kosteneinsparungspotenziale im Mittelpunkt der Überlegung, sind es hier eher die differenzierungsbedingten Vorteile, die Wahrnehmung der Kunden sowie der Aufbau von nachfrageseitigen Markteintrittsbarrieren bzw. Isolationsmechanismen.[203]

2.3.2.1 Produktdifferenzierung

Die Produktdifferenzierung wurde schon vor der First-Mover-Diskussion im Zusammenhang mit Markteintrittsbarrieren als vorteilhafte Strategie angeführt.[204] Produktdifferenzierung bedeutet, dass Kunden die Produkte konkurrierender Anbieter nicht als **homogene, beliebig substituierbare Güter** wahrnehmen, sondern ihre Entscheidung für ein bestimmtes Produkt aufgrund spezifischer, vom Konkurrenzprodukt abweichender, Eigenschaften treffen.[205] Dabei umfasst der Begriff Differenzierung nicht nur die Positionierung eines Produktes innerhalb des Wahrnehmungsraums der Kunden, sondern darüber hinaus die Einführung von Produktvarianten und -linien, d. h. auch die Erweiterung des Pionier-Sortiments.[206]

In empirischen Studien wurde nachgewiesen, dass Neueinführungen, die sich deutlich von bestehenden Produkten abheben, wesentlich bessere Erfolgsquoten aufweisen als Imitationen, weil sich das Pionier-Produkt als erstes im Produktraum platzieren

---

201 Vgl. Clement/Litfin/Vanini (1998), S. 209.
202 Vgl. ähnlich: Vidal (1995) S. 48ff.; Golder/Tellis (1993), S. 159f.; Lieberman/Montgomery (1998), S. 1113; Mueller (1997), S. 831.
203 Vgl. Specht (2001), S. 109, sowie die Unterscheidung bei Porter (1980), S. 34ff. und in Kapitel drei.
204 Vgl. Porter (1980); Oelsnitz (2000b), S. 148.
205 Vgl. Vidal (1995), S. 49; siehe auch die Ausführungen zum asymmetrischen Marketing.
206 Im Rahmen einer empirischen Untersuchung konnte ein positiver Zusammenhang zwischen der Produktlinienbreite und dem Marktanteil des Pioniers festgestellt werden; vgl. Szymanski/Troy/Bharadwaj (1995), S. 23.

kann.²⁰⁷ Meist wird eine **Positionierung im Zentrum** des Marktes vorgenommen, da der Pionier hofft, deshalb eine maximale Nachfrage auf sich zu ziehen und die Diffusion seiner Innovation im Markt voranzubringen. Wird die Differenzierungsstrategie mit einer geschickten Preisstrategie kombiniert, können Pionier-Unternehmungen nachfolgenden Konkurrenten den Markteintritt erschweren.²⁰⁸ Diese werden den Vorteil einer zentralen Positionierung mit entsprechend hohen Marktanteilen gegen den Nachteil des verschärften Preiswettbewerbs abwägen. Der Pionier erringt einen Vorteil, da er die attraktivste Positionierung im Wahrnehmungsraum des Kunden wählen konnte.²⁰⁹

2.3.2.2 Asymmetrisches Marketing

Neben der Produktdifferenzierung gelten auch hohe Werbeausgaben etablierter Anbieter als **Markteintrittsbarriere**. Da die Konsumenten in der frühen Phase der Marktentwicklung nur über unzureichende Informationen hinsichtlich einer neuen Produktkategorie verfügen,²¹⁰ haben Pioniere mit Hilfe einer geeigneten Kommunikationspolitik die Möglichkeit, die Wahrnehmung der Kunden zu beeinflussen. Der First-Mover kann das Image seines Produktes während der Pionier-Phase durch Werbeanstrengungen im Hinblick auf kaufentscheidende Produktmerkmale so aufbauen, dass es für einen Folger schwierig wird, mit seinem Produkt beim Konsumenten Aufmerksamkeit zu erlangen. Potenzielle Konkurrenten müssen der durch Marketingmaßnahmen des Pioniers geschaffenen **Markenloyalität** der Konsumenten mit ebenso hohen Marketingausgaben begegnen, selbst wenn diese riskant sind.²¹¹

Die **Wirkung der Werbebotschaften** beim Konsumenten ist dabei in hohem Maße abhängig von der Informationsdichte, die aufgenommen und verarbeitet werden muss. Der First-Mover genießt den Vorteil, dass seine Werbebotschaften während der Pionier-Phase eine gewisse **Exklusivität** besitzen.²¹² Treten neue Anbieter hinzu und senden ebenfalls Werbebotschaften, verringert sich die Wirkung aller Botschaften beim Konsumenten. Außerdem muss der Newcomer nicht nur die Konsumenten für sein neues Produkt gewinnen, sondern darüber hinaus bestehende Kaufmuster der

---

207 Vgl. Davidson (1976), S. 119.
208 Vgl. Vidal (1995), S. 49; Marks (1994), S. 55; Clement/Litfin/Vanini (1998), S. 209.
209 Vgl. Vidal (1995), S. 50.
210 Vgl. Kerin/Varadarajan/Peterson (1992), S. 43; Lieberman/Montgomery (1988), S. 46.
211 Vgl. Vidal (1993), S. 67.
212 Vgl. Kerin/Varadarajan/Peterson (1992), S. 41.

Konsumenten ändern, wohingegen der Pionier sich darauf konzentrieren kann, seine bestehende Kundenbasis zu verteidigen.[213]

Da der Folger gegen eine bereits etablierte Marke kämpft, besteht sowohl eine **Asymmetrie der Marketingkosten**[214] (deren Höhe allerdings vom Verhältnis von Werbung zu Umsatz abhängt), als auch ein substanzieller Unterschied **der Effektivität der Werbung** des Pioniers und des Newcomers.[215] Die Marke eines Pioniers wird vom Konsumenten im Allgemeinen bereitwilliger aufgenommen, besser erinnert und insgesamt positiver bewertet als die eines Folgers.[216]

2.3.2.3 Wechselkosten

Wechselkosten[217] führen dazu, eine **etablierte Käufer-Verkäufer-Beziehung beizubehalten.**[218] Ein Kunde wechselt nur dann das Produkt, wenn der (erwartete) Nutzengewinn aus diesem Wechsel größer ist, als der durch den Wechsel entstehende Nutzenverlust.[219] Aus diesem Grunde spricht Arthur hier von „Lock-In"-Effekten.[220] Ein Folger muss zusätzliche Ressourcen investieren, um die bestehenden Geschäftsbeziehungen zwischen Pionier-Unternehmung und Kunden aufzubrechen. Erreichen die Wechselkosten eine bestimmte Höhe, fungieren sie als Markteintrittsbarriere.[221] Wechselkosten lassen sich in drei Kategorien unterteilen: in allgemeine anfängliche Investitionskosten des Kunden, lieferantenspezifische Lernprozesse und vertragliche Wechselkosten.[222]

Allgemeine anfängliche Investitionskosten des Kunden

Manche Produkte erfordern für ihre Inbetriebnahme einmalige **Investitionen** auf Seiten des Kunden. Hierunter fallen nicht nur **Suchkosten**, die ein Kunde investiert, um einen geeigneten Vertragspartner zu identifizieren, sondern auch **Anpassungskos-**

---

213 Der First-Mover hat es i.d.R. leichter, ein innovatives Produkt gegenüber früheren Produkten zu differenzieren, als der Nachfolger, sich gegenüber dem Pionier-Produkt abzugrenzen; vgl. Schmalensee (1982), S. 360f.
214 Vgl. Kerin/Varadarajan/Peterson (1992), S. 43.
215 Miller, Gartner und Wilson konnten empirisch nachweisen, dass die Differenzierungsvorteile über Markenname, Image etc. für Pioniere signifikant höher sind als für deren Nachfolger; vgl. Miller/Gartner/Wilson (1989), S. 203f.
216 Vgl. Alpert/Kamins (1995), S. 42f.; Alba/Hutchinson (1987).
217 Die Begriffe Switching Costs, Umstellungskosten, Wechselkosten werden hier synonym verwendet.
218 Vgl. Porter (1980), S. 10 + 225ff.
219 Vgl. Lieberman/Montgomery (1988), S. 46.
220 Vgl. Arthur (1989), S. 121; Witt (1997), S. 753ff.
221 Vgl. Oelsnitz (2000b), S. 148; Makadok (1998), S. 683ff.
222 Vgl. Lieberman/Montgomery (1988), S. 46; Klemperer (1987), S. 375f.

ten, die für die Inbetriebnahme des Produktes notwendig werden.[223] Beispiele sind notwendige Komplementärprodukte (Hardware/Software) in der PC-Industrie sowie die Schulung von Mitarbeitern für deren Anwendung. Da die erlernten Fähigkeiten bzw. die einzelnen Produktbausteine des Pionier-Produktes nicht ohne weiteres auf ein anderes Produkt übertragen werden können, wird der Kunde zunächst bei dem Pionier-Produkt bleiben.[224]

Der First-Mover generiert einen Vorteil, da die Kunden bereits Investitionen getätigt haben, um sich seinen Produkten anzupassen bzw. ihre Handhabung zu erlernen,[225] wobei das Ausmaß dieser Investitionen vom Komplexitätsgrad und von der Erklärungsbedürftigkeit des Produktes abhängt. Folger-Produkte müssen einen substanziellen zusätzlichen Nutzen bieten (bessere Qualität, größere Bedienungsfreundlichkeit, niedrigerer Preis etc.), um Kunden davon zu überzeugen, diese allgemeinen anfänglichen Investitionen erneut zu tätigen.

Lieferantenspezifische Lernprozesse

Während die oben beschriebenen Wechselkosten produktspezifisch sind, beziehen sich lieferantenspezifische Lernprozesse auf die **Geschäftsbeziehungen** zwischen Kunden und **Lieferanten**. Ein Kunde hat sich im Zeitablauf an die spezifischen Charakteristika seines Geschäftspartners und dessen interne Abläufe gewöhnt. Die Umstellung auf einen neuen Partner bedeutet für ihn einen Aufwand und damit einen Nutzenverlust.[226] Auch hier muss ein Newcomer dem Kunden einen Zusatznutzen bieten, um diese Barriere zu überwinden.

Vertragliche Wechselkosten

Während anfängliche Investitionen und lieferantenspezifische Lernprozesse in der Regel nicht vertraglich festgehalten werden, kann der Pionier versuchen, seine Kunden zusätzlich durch monetäre Anreize oder explizite vertragliche Vereinbarungen von Konkurrenzprodukten abzuschirmen. Damit wird ein sehr starker „Lock-In"-Effekt erzeugt.[227] Beispiele hierfür sind die Frequent-Flyer-Programme vieler Flugli-

---

223 Vgl. Lieberman/Montgomery (1988), S. 46 sowie die Ausführungen zur Transaktionskostentheorie von Williamson (1979) und zur Markenloyalität von Wernerfelt (1991), S. 229ff.
224 Vgl. Klemperer (1987), S. 375.
225 Das Konzept der Switching Costs setzt voraus, dass diese Investitionen den Charakter von „Sunk Costs" haben, d. h. für den Konsumenten bei einem Produktwechsel verloren sind.
226 Vgl. Lieberman/Montgomery (1988), S. 46; dazu auch Mueller (1997), S. 831.
227 Vgl. Shapiro/Varian (1999), S. 116 + 139ff.

nien und Mindestabnahme-Vereinbarungen zwischen Lieferanten und Abnehmern.[228] Newcomer haben hier zumeist keine Chance, ins Geschäft zu kommen.

Ein weiterer Aspekt der Wechselkosten für den Pionier liegt in der **Dauer seiner Monopolstellung**. Je länger diese Pionier-Phase ausgedehnt wird, desto mehr Zeit hat der First-Mover, Kunden durch Wechselkosten an sich zu binden. Es wird argumentiert, dass Marktanteile, die in einer frühen Phase der Marktentwicklung gewonnen werden, einen höheren Wert für die Unternehmung darstellen.[229]

Auch das Vorliegen von Wechselkosten ist kein Garant für den Erfolg des Pioniers. Vielmehr beeinflussen auch die **Merkmale des Marktes** einen potenziellen First-Mover-Advantage. So unterschieden sich die Wechselkosten von Kunden in Industriegüter-Märkten von denen in Konsumgüter-Märkten.[230] Darüber hinaus sind Wechselkosten in Märkten mit schnellem technologischem Wandel für den Pionier weniger wertvoll, da potenzielle Konkurrenten bei jedem Technologiesprung eine Markteintrittschance erhalten.[231]

2.3.2.4 Qualitätsunsicherheiten

Der Erwerb eines neuen Produktes stellt aufgrund fehlender Informationen über dessen Qualität auf Konsumentenseite eine **Kaufentscheidung unter Unsicherheit** dar.[232] Der Pionier kann diese Unsicherheit ausnutzen und dauerhafte Wettbewerbsvorteile dadurch generieren, dass er zunächst eine **Monopolstellung** einnehmen kann, in der potenzielle Nachfrager nur sein Produkt konsumieren und so ihre Unsicherheit bezüglich dessen Qualität beseitigen können.[233] Haben Konsumenten bereits positive Erfahrungen mit dem Pionier-Produkt gesammelt, werden Folger-Produkte immer kritisch mit diesem Produkt verglichen.[234]

Ein Folger muss die Kunden des Pioniers erst von der Qualität seiner Produkte überzeugen, da ein Konsument nur dann das neue (risikobehaftete) Produkt testen wird,

---

228 Bis zum Erreichen der Mindestabnahmemenge ist ein Lieferantenwechsel für den Abnehmer meist mit Vertragsstrafen belegt; vgl. Klemperer (1987).
229 Vgl. Kerin/Varadarajan/Peterson (1992), S. 42; Lieberman/Montgomery (1988), S. 46.
230 Vgl. Robinson/Fornell (1985) für Konsumgüter und Robinson (1988) für Industriegüter. In Konsumgüterindustrien konnten stärkere First-Mover-Advantages festgestellt werden.
231 Vgl. Christensen (1997); Lieberman/Montgomery (1988), S. 46.
232 Vgl. Schmalensee (1982), S. 349; Gorecki (1986), S. 392f. Die nachfolgende Argumentation ist unabhängig von den (zu vernachlässigenden) Werbeanstrengungen des First-Movers und seiner Nachfolger.
233 Vgl. Lieberman/Montgomery (1988), S. 46; Gorecki (1986), S. 371ff.
234 Schmalensee setzt dabei voraus, dass es sich um „Erfahrungsgüter" handelt, deren Qualität ausschließlich dadurch gemessen werden kann, dass der Konsument sie erwirbt und probiert; vgl. Schmalensee (1982), S. 360.

wenn er sich dadurch eine Verbesserung seiner Nutzensituation erhofft. Der erwartete (aber ungewisse) Nutzen des neuen Produktes muss dabei höher sein, als der bekannte Nutzen des alten Produktes zzgl. möglicher Wechselkosten.[235] Als Anreiz gewähren die Folger häufig drastische **Preiszugeständnisse** oder bieten deutlich **bessere Produkteigenschaften**.[236]

Der Pionier wiederum kann einen Vorteil daraus generieren, dass er die Ungewissheit über die Qualität von Folger-Produkten steigert. Der First-Mover muss hierfür lediglich die **Vergleichbarkeit** seines Produktes mit Folger-Produkten erschweren, denn je weniger Folger-Produkte mit dem Pionier-Produkt vergleichbar sind, desto höher ist die für den Konsumenten mit einem Kauf des Folger-Produktes verbundene Ungewissheit.[237]

Neben der Risiko-Aversion führt auch die **Trägheit** der Kunden vielfach dazu, Folger-Produkte nicht zu testen, selbst wenn sie attraktiv erscheinen. Dies liegt daran, dass dem Konsumenten Informationen über Folger-Produkte entweder nicht kostenlos zur Verfügung stehen oder es sich für ihn nicht lohnt, z. B. bei niedrigen Produktpreisen, hohe Kosten für die Gewinnung solcher Informationen auf sich zu nehmen.[238]

2.3.2.5 Psychologische Wettbewerbsvorteile

Neben der soliden Informationsbasis über das Pionier-Produkt und der besseren Erinnerung der Pionier-Marke liegt aus der psychologischen Marketingforschung auch die Erkenntnis vor, dass von Konsumenten die Qualität und Reputation einer Pionier-Marke höher eingeschätzt wird. Vor allem Carpenter und Nakamoto setzten sich mit den sog. „psychologischen Wettbewerbsvorteilen" auseinander.[239] Sie gingen davon aus, dass das Pionier-Produkt zum Zeitpunkt der Einführung auf vage Präferenzen trifft. Diese Ambiguität beziehen die Autoren vor allem auf die Bedeutung einzelner Produktattribute und deren Kombination. Vor dem ersten Kauf bzw. der ersten Benutzung sei ein Konsument nicht in der Lage, die Bedeutung bestimmter

---

235 Diese setzen sich neben den bereits im vorigen Abschnitt erläuterten Komponenten aus dem Risiko und den Kosten zusammen, die entstehen, wenn das neue Produkt nicht zufrieden stellend ist und der Konsument wieder auf das alte Produkt zurückwechseln muss; vgl. Schmalensee (1982), S. 352.
236 Vgl. Clement/Litfin/Vanini (1998), S. 209. Miller, Gartner und Wilson konnten empirisch nachweisen, dass ein Preiskampf nicht immer die beste Alternative ist; vgl. Miller/Gartner/Wilson (1989), S. 206.
237 Ist ein Folger allerdings in der Lage, sein Produkt sehr stark vom Pionier-Produkt zu differenzieren, verringert sich der First-Mover-Advantage. Durch die starke Differenzierung und die damit einhergehende Verringerung der Vergleichbarkeit entsteht eine Art neue Produkt-Klasse; vgl. Schmalensee (1982), S. 359.
238 Vgl. Schmalensee (1982), S. 360; Lieberman/Montgomery (1988), S. 46.
239 Vgl. Carpenter/Nakamoto (1989), S. 285ff.

Produktattribute richtig einzuschätzen. Daher **präge der Pionier die Erwartungen an die Produktkategorie** und somit die Idealvorstellung des Konsumenten von dem Produkt. Bei Zufriedenheit mit dem Erstkauf werde dies auf die Kombination der Produkteigenschaften dieser getesteten Marke zurückgeführt und das Idealbild des Produktes geprägt. Das Pionier-Produkt wird somit zu einem **Prototyp** für die Produktkategorie und generiert so aufgrund der Beständigkeit einmal erworbener Präferenzen für den Pionier dauerhafte Wettbewerbsvorteile, welche auch eine größere Nachfrage zur Folge haben kann. Es konnte empirisch nachgewiesen werden, dass Pionier-Produkte die höchsten Marktanteile erzielen und damit die Reihenfolge des Markteintritts insbesondere aufgrund psychologischer Wettbewerbsvorteile einen signifikanten Einfluss auf den Erfolg im Markt hat.[240]

Auch die **Art des Folger-Produktes** (Me-too-Produkt versus differenziertes Produkt) ist von Wichtigkeit. Wenn Folger-Produkte dem Pionier-Produkt sehr ähnlich sind, erhöhen sie trotz möglicher Preisunterschiede die Vorteile des Pioniers.[241] Folgen der Pionier-Marke klar differenzierte Produkte, so schrumpft der relative Vorsprung des Pioniers.[242] Hinzu kommt, dass die **Aufnahme neuer Informationen** für einen Kunden interessanter erscheint, als die Aufnahme bereits bekannter Informationen.[243] Die Informationen über den Pionier sind früher verfügbar, werden als Neuigkeit aufgefasst und dadurch viel aufmerksamer wahrgenommen.[244] Informationen zur Einführung eines ähnlichen Folger-Produktes beinhalten keine Neuheit, stoßen daher leicht auf Desinteresse und führen oftmals zum Abbruch der Informationsaufnahme.[245]

Ein weiterer psychologischer Vorteil der Pionier-Unternehmung resultiert aus der Annahme, dass die **Produktreputation von der Zeitdauer abhängt**, mit der Produkte erfolgreich am Markt angeboten werden.[246] Das Wissen um den Pionier-Status eines Produktes führt auf der Nachfragerseite zu der Annahme höherer Glaubwürdigkeit, Qualität und Verlässlichkeit.[247] Der Begriff des „Pioniers" wird von den Konsumenten grundsätzlich positiv belegt im Vergleich zum eher negativen Folger-Begriff

---

240 Vgl. Vidal (1995), S. 52f.; Carpenter/Nakamoto (1989), S. 285ff.; Kardes/Kalyanaram (1992), S. 354ff.
241 Vgl. Vidal (1995), S. 52; Carpenter/Nakamoto (1989), S. 288ff.
242 Vgl. Vidal (1993), S. 84.
243 Vgl. Kardes/Kalyanaram (1992), S. 344f.
244 Vgl. Carpenter/Nakamoto (1989), S. 285f.
245 Vgl. Kardes/Kalyanaram (1992), S. 344f.
246 Vgl. Lieberman/Montgomery (1988), S. 46; Huff/Robinson (1994), S. 1376.
247 Vgl. Alpert/Kamins (1995), S. 39.

(Imitator, Trittbrettfahrer).[248] Die Reputation von Pionier-Unternehmungen fungiert damit als weitere Eintrittsbarriere für nachfolgende Wettbewerber.[249]

Psychologische Wettbewerbsvorteile stellen sich nicht von allein, sondern nur unter gewissen **Einschränkungen** ein. So muss der Pionier ein hohes Maß an Marktpenetration erreichen, wenn er nachhaltige Wahrnehmungsvorteile genießen will. Realisieren die Kunden außerdem, dass ein Folger-Produkt dem Pionier-Produkt deutlich überlegen ist, werden die Pionier-Vorteile ebenfalls schnell obsolet.[250]

2.3.2.6 Dominantes Design (Standard)

Neben psychologischen Wettbewerbsvorteilen können Pioniere auch durch ein dominantes Design einen echten **Standard** im Markt etablieren.[251] Ein dominantes Design ist ein spezifischer Pfad entlang der Entwicklungsgeschichte eines bestimmten Produktdesigns, der sich gegen andere Pfade durchgesetzt hat.[252] Es ist die **Kombination bestimmter Produkteigenschaften**, durch die ein Design eine beherrschende Marktposition einnimmt.[253] Neue Anbieter müssen ihre Produkte diesem Standard anpassen, wollen sie im Markt konkurrenzfähig sein. Ein dominantes Design wird durch die Trägheit der Konsumenten, durch Wechselkosten und Netzeffekte[254] gegenüber neuen Designs abgeschirmt.[255] Sobald ein dominantes Design in einem Markt etabliert ist, wird es für Folger schwer, mit einem neuen Produkt diesen Standard zu durchbrechen. Der Wettbewerb verlagert sich daraufhin von Design-Aspekten weg, hin zum Preiswettbewerb.[256]

Die Phase vor der Etablierung eines dominanten Designs sollte der Pionier dazu nutzen, die Kundenpräferenzen zu analysieren und mit verschiedenen Produktionsmetho-

---

248 Vgl. Schewe (1992), S. V.
249 Entstehen neben den Informationskosten weitere Wechselkosten, so verstärkt sich dieser Effekt; vgl. Schmalensee (1982), S. 349ff.; Vidal (1995), S. 51; Lilien/Yoon (1990), S. 569ff.
250 Vgl. Vidal (1995), S. 54. Das zunehmende Produktwissen gestattet den Kunden, Zusammenhänge zwischen der Qualität eines Produktes und den Ausprägungen der relevanten Produktattribute zu erkennen; vgl. Sujan (1985), S. 43f.
251 Suárez und Utterback differenzieren zwischen den beiden Termen „Standard" und „dominantes Design". Ersterer beschränkt sich auf die technische Entwicklung, während letzterer mehrere Dimensionen mit einbezieht; vgl. Suárez/Utterback (1995), S. 417. In der vorliegenden Arbeit werden die beiden Begriffe synonym verwendet, da diese Unterscheidung selten vorgenommen wird und auch nicht überschneidungsfrei ist.
252 Vgl. Suárez/Utterback (1995), S. 416.
253 Diese Feststellung bezieht sich sowohl auf Produkte als auch auf entscheidende Produktcharakteristika; vgl. Klepper/Graddy (1990), S. 27.
254 Auf diesen Aspekt wird im folgenden Abschnitt ausführlich eingegangen.
255 Vgl. Suárez/Utterback (1995), S. 417.
256 Rosenbloom und Cusumano zeigen am Beispiel von Sonys Betamax und VHS die Durchsetzung eines dominanten Designs im Videorekorder-Markt; vgl. Rosenbloom/Cusumano (1987).

den sowie alternativen Produktvarianten zu experimentieren. Dabei ist noch nicht vorauszusehen, welche Produktdimensionen in der Folge entscheidenden Einfluss auf das dominante Design haben werden. Der Pionier kann dabei das **Bewusstsein** der Konsumenten zu seinen Gunsten beeinflussen und sein Produktdesign als Standard positionieren.[257]

Empirisch wird die Annahme des First-Mover-Advantages aufgrund eines dominanten Designs unterstützt.[258] Der potenzielle Pionier-Vorteil wird auch hier von der **Geschwindigkeit der Marktentwicklung** beeinflusst. Entwickeln sich die technologischen und marktlichen Gegebenheiten sehr schnell, haben selbst etablierte Standards eine kürzere Lebensdauer. Dadurch verringert sich ein entsprechender First-Mover-Advantage.[259]

2.3.2.7 Netzeffekte

Das Konzept der Netzeffekte[260] basiert auf der Idee, dass die Teilnahme eines Individuums an einem Netzwerk **positive Auswirkungen für alle weiteren Teilnehmer dieses Netzwerkes** hat.[261] Dabei wird zwischen direkten und indirekten Netzeffekten unterschieden.[262] Ein Beispiel für direkte Netzeffekte ist die Kommunikation via Email oder Telefon. Durch die Zunahme der Nutzerzahl erhöht sich der Nutzen des Systems für alle Beteiligten.[263] Indirekte Netzeffekte kommen dadurch zustande, dass die Durchsetzung eines Standards auch die Zahl der verfügbaren Komplementärangebote erhöht. Ein Beispiel hierfür ist die Kreditkarte.[264]

Die Entstehung von Netzeffekten hängt vom spezifischen Produkt ab und baut auf die bisherigen Bereiche der nachfragebezogenen Pionier-Vorteile auf. Hat sich eine bestimmte Produktvariante als Standard durchgesetzt bzw. ist sie im Markt etabliert (Lock-In)[265], entstehen positive Rückkopplungen, die die Nachfrage nach diesem Produkt weiter verstärken. Diese Rückkopplungen werden für die Anwender z. B.

---

257 Vgl. Kerin/Varadarajan/Peterson (1992), S. 42f.
258 Ein Markteintritt vor Etablierung eines dominanten Designs war mit einer niedrigeren Misserfolgsquote der Unternehmungen verbunden; vgl. Suárez/Utterback (1995), S. 428.
259 Vergleiche auch die Ausführungen zu Pionier-Vorteilen aufgrund von Patenten.
260 Hier synonym verwendet mit „Netzwerkeffekte" und „Increasing Returns"; vgl. dazu bspw. Arthur (1996); Kelly (1998), S. 23ff.
261 Mitte der 80er Jahre rückte das Konzept mit den Veröffentlichungen von Katz und Shapiro in den Blickpunkt der Pionier-Forschung; vgl. Katz/Shapiro (1985), S. 424ff. oder auch Zerdick et al. (2001), S. 155.
262 Vgl. Graumann (1993), S. 1334f.; Ehrhardt (2001), S. 25ff.
263 Vgl. Shapiro/Varian (1999), S. 179.
264 Vgl. Mueller (1997), S. 831; Ehrhardt (2001), S. 27ff.
265 Vgl. Witt (1997), S. 760ff.

durch technologische Externalitäten, positive Erfahrungen sowie die Ungewissheit über den Nutzen alternativer Produkte verstärkt. Das einmal gewählte Produkt wird beibehalten, wobei eine mögliche Trägheit der Konsumenten, Inflexibilität und Risikoscheu diesen Effekt intensivieren.[266]

Netzeffekte entfalten ihre Wirkung jedoch erst nach dem Erreichen einer **kritischen Masse**.[267] Die Nutzenfunktion von Gütern, bei denen Netzeffekte wirken, verläuft daher nicht linear, sondern exponentiell. Da das Erreichen der kritischen Masse eine essentielle Bedingung für den Erfolg des Produktes ist, geht bei Nichterreichen die bereits etablierte Kundenbasis unwiderruflich verloren.[268]

In einer frühen Marktphase lässt sich noch nicht eindeutig ausmachen, welche der anfänglich im Markt befindlichen Produktvarianten sich durchsetzen wird.[269] Konsumenten müssen sich nicht dauerhaft an ein Produkt binden. Sobald ein Anbieter sie überzeugen kann, sein neues Produkt – allen Ungewissheiten und eventuell anfallenden Wechselkosten zum Trotz – zu testen und sich anschließend eine eigene „kritische Masse" von Konsumenten langfristig für das neue Produkt entscheidet, können die positiven Rückkopplungen der Netzeffekte des Pioniers durchbrochen werden.[270] Es sind daher nicht die Netzeffekte allein, die den First-Mover-Advantage ausmachen, sondern vor allem die Möglichkeit, Markteintrittsbarrieren zu errichten, sowie der Besitz überlegener Ressourcen, die den Erfolg des Pioniers langfristig gewährleisten.[271]

2.4 Mechanismen des Pionier-Nachteils

Der Markteintritt als Pionier kann neben den in Abschnitt 2.3 behandelten Vorteilen auch **Nachteile** mit sich bringen. Diese werden unter dem Begriff „Pionier-Nachteil" oder „First-Mover-Disadvantage" diskutiert.[272] Die folgende Abbildung 2.5 veranschaulicht die Mechanismen des Pionier-Nachteils:

---

266 Für eine detaillierte Diskussion von Trägheit, Inflexibilität und Risikoscheu, vgl. Cowan/Gunby (1996), S. 538f.
267 Zur Beschreibung verschiedener Strategien zur schnellen Erreichung einer kritischen Masse, vgl. Witt (1997), S. 769.
268 Vgl. Clement/Litfin/Vanini (1998), S. 84; Katz/Shapiro (1992), S. 55ff.
269 Vgl. Arthur (1996), S. 102.
270 Allerdings verweist Arthur darauf, dass ein neues Produkt einem alten zwei- bis dreimal (in den Dimensionen: Preis, Geschwindigkeit, Bedienungsfreundlichkeit) überlegen sein muss, um es aus einer echten „Lock-In"-Position zu verdrängen; vgl. Arthur (1996), S. 105.
271 Vgl. Srinivasan/Lilien/Rangaswamy (2004), S. 52.
272 Der First-Mover-Disadvantage wird gelegentlich auch mit dem „Late-Mover-Advantage" gleichgesetzt. Dieser Meinung soll in der vorliegenden Arbeit nicht gefolgt werden, da Nachteile des First-

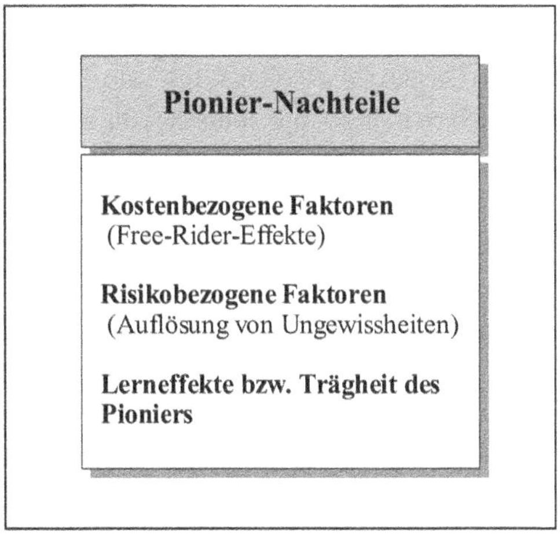

Pionier-Nachteile

- **Kostenbezogene Faktoren** (Free-Rider-Effekte)
- **Risikobezogene Faktoren** (Auflösung von Ungewissheiten)
- **Lerneffekte bzw. Trägheit des Pioniers**

Abbildung 2.5: Mechanismen des Pionier-Nachteils
Quelle: Eigene Darstellung in Anlehnung an Clement/Litfin/Vanini (1998), S. 210

Pionier-Nachteile entstehen aus dreierlei Gründen: **Kosten, Risiko** und **Trägheit des Pioniers**. Zunächst umgeht ein Folger Kosten, die dem Pionier im Zusammenhang mit dessen Marktaufbauleistung entstanden sind, wenn er Free-Rider-Effekte nutzen kann. Außerdem minimiert der Folger sein Risiko, indem er die Beseitigung von Ungewissheiten jeglicher Art abwartet und nur bei positiver Entwicklung in den Markt einsteigt. Beispielsweise neigen Pioniere dazu, einen eingeschlagenen Weg beizubehalten, anstatt sich den Marktgegebenheiten anzupassen. Auch hier kann der Folger aus den Fehlern des Pioniers lernen und sich zeitlich vor diesem anpassen. Die Mechanismen des First-Mover-Disadvantages werden deshalb in kostenbezogene Faktoren, risikobezogene Faktoren sowie Trägheit des Pioniers unterteilt.[273]

Movers nicht immer automatisch Vorteile des Folgers darstellen müssen. So können gerade bei einem frühen Folger auch hohe Kosten für den Marktaufbau anfallen, ohne dass der Markterfolg für beide Konkurrenten gesichert ist. Aus Gründen der Themenbegrenzung werden im Folgenden nur die ausdrücklichen Nachteile des Pioniers beschrieben.

273 Vgl. hierzu z. B. Lieberman/Montgomery (1988), S. 47ff.; Kerin/Varadarajan/Peterson (1992), S. 47; Golder/Tellis (1993), S. 161; Clement/Litfin/Vanini (1998), S. 209ff.; Boulding/Christen (2001), 20f.

2.4.1 Kostenbezogene Faktoren (Free-Rider-Effekte)

Free-Rider-Effekte entstehen, wenn nachfolgende Unternehmungen von der **Marktaufbauleistung** des Pioniers profitieren können.[274] Ein Pionier muss hohe Investitionen tätigen und Leistungen erbringen, um sein Produkt im neuen Markt anbieten zu können. Der Nutzen dieser Investitionen fällt zwar zunächst ausschließlich ihm zu, für nachfolgende Unternehmungen werden die Kosten der Produktentwicklung und des Markteintritts jedoch geringer sein, wenn die innovative Pionier-Unternehmung ein grundsätzliches Produktdesign geschaffen und das Marktsegment z. B. durch Marketinginvestitionen beim Konsumenten bekannt gemacht hat. Nachfolgende Unternehmungen können zumindest teilweise von den Anfangsinvestitionen des Pioniers profitieren, ohne dass dieser hierfür eine direkte finanzielle Gegenleistung erhält.[275] Dabei kann der Folger **Free-Rider-Effekte** in unterschiedlichen Bereichen ausnutzen: in F&E, bei der Markt-Infrastruktur, der Bekanntheit bei potenziellen Konsumenten sowie auf dem Arbeitsmarkt.[276]

Vor der Einführung eines neuen Produktes bzw. der Erschließung eines neuen Marktes muss der Pionier das Produkt bzw. die Technologie entwickeln und zur Marktreife bringen. Hier können Nachfolger die hohen **F&E-Kosten** des Pioniers durch **Imitation** teilweise vermeiden. Wie bereits in den Ausführungen zum Patentschutz erwähnt, sind Imitationskosten oft bedeutend geringer als Innovationskosten.[277] Auch die Zeitspanne, in der selbst patentgeschützte Innovationen kopiert werden können, ist relativ gering. Darüber hinaus hat der Folger die Möglichkeit, um eine Innovation „herum zu imitieren".[278] Das Ausmaß eines Pionier-Nachteils durch Free-Riding im F&E-Bereich hängt entscheidend von den bereits getätigten Investitionen des Pioniers und der Eignung seines Produktes für eine Imitation durch den Folger ab.[279] Das Auftreten von Pionier-Nachteilen aufgrund von Free-Rider-Effekten wurde empirisch nachgewiesen.[280]

Jede Wertschöpfungsaktivität ist in ein Netz von Lieferanten und Abnehmern eingebunden. Führt ein Pionier eine radikale Innovation in den Markt ein, für die es noch

---

274 Vgl. Lieberman/Montgomery (1988), S. 47.
275 Vgl. Clement/Litfin/Vanini (1998), S. 210; zur empirischen Bestätigung vgl. Bryman (1997), S. 433.
276 Vgl. Lieberman/Montgomery (1988), S. 47.
277 Vgl. z. B. Mansfield/Schwartz/Wagner (1981), S. 909.
278 Vgl. Lieberman/Montgomery (1988), S. 47f.
279 Die möglichen Einsparungen sind branchenspezifisch verschieden. So sind Imitationen in der pharmazeutischen Industrie relativ teuer, da ein Imitator die gleichen Genehmigungsverfahren durchlaufen muss, wie der Innovator; vgl. Lieberman/Montgomery (1988), S. 43.
280 Vgl. Baldwin/Childs (1969), S. 18ff. und zu lernbasierten Produktivitätsentwicklungen Ghemawat/Spence (1985), S. 839ff.

keine **Infrastruktur**[281] gibt, muss er diese zunächst aufbauen, bevor er sein Angebot produzieren und verkaufen kann.[282] Gelegentlich ist es dem Pionier nicht möglich, sich an diesen Investitionen exklusive Eigentumsrechte zu verschaffen, so dass Newcomer auch in diesem Fall vom Free-Riding profitieren können. Außerdem muss das neue Produkt bei **potenziellen Käufern bekannt** gemacht werden. Oftmals besteht zum Zeitpunkt der Markteinführung noch kein Bedarf für die spezielle Innovation. Dieser muss erst durch intensive **Werbemaßnahmen** und **Verbraucherinformationen** geschaffen werden. Die hierfür nötigen Investitionen sind in der Regel nur einmal – und zwar zumeist vom Pionier – zu tätigen. Folger können insofern Free-Riding betreiben, als sie von diesen Investitionen ebenfalls profitieren und auf informierte, aufnahmebereite Konsumenten treffen, ohne an den Kosten beteiligt gewesen zu sein.[283]

Free-Rider-Effekte erstrecken sich auch auf den **Arbeitsmarkt** (Humanressourcen). Ausgehend von der Annahme, dass der Pionier bereits durch sorgfältige Selektion qualifizierte von weniger qualifizierten Arbeitern separiert hat, können Folger anschließend gut geschultes Personal beim Pionier abwerben.[284] Die Zahlung eines Bonus bei ansonsten gleicher Entlohnung stellt hierbei für die Arbeitnehmer einen Anreiz dar, der sie gleichzeitig für eventuelle Wechselkosten entschädigt. Trotz der insgesamt höheren Entlohnung entstehen dem Folger durch das Free-Riding niedrigere Kosten pro Mitarbeiter, als wenn er selbst die Selektion und Einarbeitung hätte vornehmen müssen.[285]

2.4.2 Risikobezogene Faktoren (Auflösung von Ungewissheit)

Obwohl ein Pionier aufgrund positiver Erwartungen in einen neuen Markt eintritt, beinhalten die Chancen, die sich ihm dort bieten, auch immer ein Risiko: Die zukünftige Entwicklung des Marktes muss nicht unbedingt seinen Erwartungen entsprechen, oder es könnten ihm aufgrund fehlender Marktkenntnis bestimmte Fehler unterlaufen. Folger vermeiden diese Risiken, da sie die Marktentwicklung zunächst aus Distanz verfolgen und die Auflösung von Ungewissheiten abwarten können. Darüber hinaus

---

281 Investitionen reichen von der Schulung der Lieferanten über den Aufbau einer Service-Struktur bis zu öffentlichen Investitionsprojekten.
282 Vgl. Clement/Litfin/Vanini (1998), S. 210.
283 Vgl. Schnaars (1986), S. 33.
284 Neben ihrer Qualifikation bringen diese Mitarbeiter auch Erfahrungen mit organisatorischen Innovationen und Strukturen mit, die sich beim Folger ohne Patentschutz etablieren lassen; vgl. Bryman (1997), S. 433.
285 Vgl. Guasch/Weiss (1980), S. 453ff.

ist es ihnen möglich, die Aktivitäten des Pioniers genau zu verfolgen und aus dessen Fehlern zu **lernen**.

Die risikobezogenen Faktoren beinhalten für den Pionier folgende Bereiche:[286]
- Unsicherheiten in der allgemeinen Marktentwicklung,
- Veränderungen der Technologie,
- Veränderungen in den Kundenbedürfnissen.

Die Erfolgsaussichten eines neuen Produktes hängen wesentlich von der zukünftigen **Entwicklung des Marktes** ab.[287] Gerade bei sehr innovativen Produkten des Pioniers ist diese Ungewissheit hoch.[288] Die potenzielle Marktgröße, die Nachfrageentwicklung und die Frage, in welchem Ausmaß und wie schnell Substitutionsprodukte die Innovation ablösen könnten, sind schwer absehbar. Ein Folger kann die Entwicklungen bis zu dem Punkt abwarten, an dem mit relativer Sicherheit der Trend vorauszusehen ist oder sich ein Standard am Markt etabliert hat.[289] Damit vermeidet er diese Unsicherheiten.

Die **Geschwindigkeit der Marktentwicklung** ist ebenfalls nicht vorhersehbar. Wenn ein neues Produkt auf großen Widerstand im Markt stößt, der sich nur durch den Markteintritt weiterer Anbieter überwinden lässt, ist der Pionier auf die Hilfe von Folgern angewiesen.[290] Der Markt kann dann nur gemeinsam erschlossen werden, was zumeist zu einem größeren Wettbewerbsdruck führt und Pionier-Vorteile erodieren lässt.

Neben der Unsicherheit hinsichtlich der Marktentwicklung trägt der Pionier auch das Risiko ungewisser technologischer Entwicklungen. Treten **technologische Brüche** auf, so bieten sich Folgern Markteintrittschancen. Sie können z. B. durch verbesserte Prozess- oder Produkttechnologien nicht nur qualitativ höherwertige, sondern auch preiswertere Produkte auf den Markt bringen.[291]

Das **Technologie-Risiko** betrifft sowohl Entwicklungen der internen technologischen Abläufe (Investitionen in Spezialmaschinen) als auch Entwicklungen der Technologie, die vom Kunden angewendet werden soll (wie z. B. Personal Computer, Mobilte-

---

286 Vgl. ähnlich Clement/Litfin/Vanini (1998), S. 209f.; Lieberman/Montgomery (1988), S. 47ff.
287 Vgl. Lieberman/Montgomery (1988), S. 47f.; Robinson/Mln (2002), S. 126f.
288 Vgl. Levitt (1965), S. 82.
289 Ggf. treten Folger dann gleich mit hohen Produktionsmengen in einen Massenmarkt ein, in dem EOS realisiert werden können; vgl. Teece (1987), S. 190f.
290 Vgl. Oelsnitz (1998), S. 30.
291 Vgl. Clement/Litfin/Vanini (1998), S. 211.

lefone).²⁹² Problematisch sind besonders diskontinuierliche Veränderungen der Technologie, d. h. radikale Veränderungen, die eine neue Objektkategorie begründen oder zur Substitution einer bestehenden Technologie innerhalb einer Objektkategorie führen.²⁹³ Der Pionier ist angesichts der getätigten Investitionen²⁹⁴ nicht gewillt oder nicht in der Lage, sich schnell genug auf die neue Technologie umzustellen.²⁹⁵

Folger können veraltete Technologien überspringen, indem sie **Leapfrogging** betreiben und mit einer Produktdifferenzierungs-Strategie in den Markt eintreten.²⁹⁶ Die Folger werden somit zu First-Movern der nächsten technologischen Generation. Der bestehende Vorteil des vorherigen Pioniers wird obsolet, da erzielte Erfahrungseffekte ihren Wert verlieren, eine neue Lernkurve entsteht und die (veralteten) Produktionskapazitäten überflüssig werden.

Neben der Technologie unterliegen auch die **Konsumentenbedürfnisse** einem ständigen Wandel, der Chancen für spätere Markteinsteiger bietet.²⁹⁷ Zwar vermag der Pionier die Wahrnehmung der Kunden auf seine innovativen Produkte zu lenken, er läuft aber auch Gefahr, auf eine falsche Entwicklung zu setzen. Wenn keine gesicherten Erkenntnisse darüber vorliegen, welche Produkteigenschaften von den Nachfragern präferiert werden,²⁹⁸ investiert der Pionier seine Ressourcen u. U. in ein Produkt, das durch unglückliche Entwicklungen nicht zum Standard am Markt wird, zu hohe Einführungskosten verursacht²⁹⁹ oder den erforderlichen Gewinn nicht abwerfen kann. Folger, die diese Unsicherheiten abwarten oder Veränderungen der Kundenbedürfnisse frühzeitig erkennen, können ihre Produkte entsprechend modifizieren und dadurch zum Markteintrittszeitpunkt Differenzierungsvorteile gegenüber dem Pionier generieren.³⁰⁰

---

292 Vgl. hierzu z. B. die Einteilung von Wernerfelt/Karnani (1987), S. 189.
293 Vgl. Christensen (1997); Yip (1982), S. 92; Robinson/Min (2002), S. 126.
294 Diese Investitionen wirken wie Sunk Costs. Sie sind für First-Mover ein „zweischneidiges Schwert": Auf der einen Seite drücken sie Commitment aus, das als Eintrittsbarriere gegenüber potenziellen Newcomern wirkt. Auf der anderen Seite sorgen sie dafür, dass der First-Mover in einen bestimmten Ereignisablauf „locked-in" ist; vgl. dazu Lieberman/Montgomery (1988), S. 48.
295 Vgl. auch die Aussagen zur Trägheit des Pioniers in Abschnitt 2.4.3 bei Lieberman/Montgomery (1988), S. 48.
296 Vgl. Kerin/Varadarajan/Peterson (1992), S. 45; Fudenberg et al. (1983), S. 3ff.
297 Vgl. Lieberman/Montgomery (1988), S. 48; Abell (1978), S. 22.
298 Vgl. Clement/Litfin/Vanini (1998), S. 219.
299 Es konnte empirisch bewiesen werden, dass große Unternehmen aufgrund ihrer besseren Ressourcenausstattung in einem unsicheren Markt einen Vorteil bei der Einführung neuer Produkte haben können; vgl. Lieberman/Montgomery (1988), S. 47f. und Wernerfelt/Karnani (1987), S. 187ff.
300 Vgl. Golder/Tellis (1993), S. 161.

2.4.3 Lerneffekte bzw. Trägheit des Pioniers

In der Pionier-Phase vollzieht der First-Mover bewusste und unbewusste Handlungen, die sich im Nachhinein als **Fehler** herausstellen können. Ein Folger vermag auf diese Handlungen zu reagieren oder sogar aus den Fehlern des Pioniers zu lernen, wodurch er Vorteile gegenüber dem Pionier erzielen kann. Grundsätzlich sind derartige Lerneffekte jedoch davon abhängig, ob ein Folger in der Lage ist, die Fehler des Pioniers zu erkennen und zu vermeiden. Die meisten Fehler des Pioniers beruhen auf dessen **Inflexibilität** oder **Trägheit**.[301] Die Irreversibilität bestimmter Investitionen hält den First-Mover davon ab, seine Strategie an die der Folger anzupassen.[302] Dieses Verhalten ist zwar rational verständlich, da es auf dem Ziel der Gewinnmaximierung basiert, doch sind die zugrunde liegenden Überlegungen und Annahmen oft kurzfristiger Natur und führen langfristig zu schweren Krisen der Pionier-Unternehmung.[303] Pionier-Nachteile aufgrund von Lerneffekten des Folgers lassen sich in verschiedene Bereiche unterteilen: Produktpositionierung, Sunk Costs in Anlagevermögen und organisatorische Prozesse.

Die **Produktpositionierung** des Pioniers in einem bestimmten Marktsegment kann sich im Nachhinein als ungünstig erweisen. Mögliche Re-Positionierungen aufgrund besserer Erkenntnisse über die Nachfrageranforderungen sind für den Pionier jedoch mit neuen Kosten verbunden. Daher werden derartige Maßnahmen häufig hinausgezögert oder unterbleiben ganz. Nachfolgende Unternehmungen können aus diesen Fehleinschätzungen der Pioniere bei der Auswahl des Marktsegments, des Designs und der Produktcharakteristika lernen und sich entsprechend besser positionieren.[304]

Drohende **Sunk Costs** durch bereits getätigte Investitionen in fixe Kapazitäten und Marketing-Kanäle sorgen zusätzlich für ein Zögern des Pioniers, seine Produkte durch eigene Innovationen abzulösen (**Kannibalisierung**).[305] Eine zurzeit noch erfolgreiche Produktlinie soll nicht zu Gunsten eines neuen Produkts aufgegeben werden. Dies kann dazu führen, dass Unternehmungen zu lange an einer Produktpalette festhalten und dabei den Anschluss an Marktveränderungen verpassen.

---

301 Vgl. Lieberman/Montgomery (1988), S. 48; MacMillan (1988), S. 116ff., unterscheidet strategische, bürokratische und politische Trägheit.
302 Es wird hier davon ausgegangen, dass die Newcomer mit ihren Strategien die Marktanforderungen besser erfüllen als der Pionier; vgl. Porter (1980), S. 226ff.
303 Vgl. Lieberman/Montgomery (1988), S. 48.
304 Vgl. Kerin/Varadarajan/Peterson (1992), S. 47; Clement/Litfin/Vanini (1998), S. 210.
305 Vgl. Lieberman/Montgomery (1988), S. 48; MacMillan (1988), S. 116ff.; Nault/Vandenbosch (1996), S. 342.

Fazit 55

Hat sich der Pionier durch hohe Investitionen in **Spezialmaschinen** und sonstiges Anlagevermögen in eine „Lock-In"-Situation begeben, fällt es ihm schwer, seinen Herstellungsprozess umzustellen. Ebenso verhält es sich bei der externen, produktbezogenen Technologieentwicklung. Spezialisiert sich der Pionier durch hohe Investitionen in seinen Produktionsablauf auf eine bestimmte Produktvariante, so ist er bei einem Wandel der Kundenpräferenzen unflexibel. Folger können abwarten, bis sich eine „Best Process"-Technologie und klare Kundenpräferenzen entwickelt haben und erst dann eigene Investitionen tätigen.[306]

Auch **organisatorisch** kann eine Unternehmung unflexibel werden.[307] Entsprechen die internen Abläufe und Strukturen nicht mehr den Markterfordernissen, können Folger mit innovativen Prozessen den First-Mover überholen.[308] Ein Folger kann indessen nicht nur aus **Fehlern** des Pioniers lernen, sondern auch aus dem Output des First-Movers die Höhe der Nachfrage ableiten und seine Strategie darauf abstimmen.[309]

Auch wenn die Trägheits-Annahme an vielen Beispielen empirisch bestätigt werden konnte,[310] wird sie von anderen Wissenschaftlern, wie beispielsweise von Oelsnitz, **kritisiert**.[311] Zwar kann aufgrund von Innovationssprüngen die Technologie des Pioniers schnell überholt werden, während die getätigten Investitionen gleichzeitig eine Modernisierungsbarriere für ihn darstellen, jedoch darf nicht unterstellt werden, dass nur der Folger aus den Fehlern des Pioniers lernt. Auch und gerade der Pionier hat die Chance, aus seinen eigenen Fehlern zu lernen und hieraus eventuell sogar schneller Schlussfolgerungen zu ziehen. Die Trägheit des etablierten Marktteilnehmers stellt somit keine unumstößliche Tatsache dar, sondern ist vielmehr eine Frage der unternehmerischen Flexibilität.

2.5 Fazit

Aus der von Lieberman und Montgomery angeregten Diskussion über die Mechanismen der Pionier-Strategie lässt sich keine allgemeingültige Aussage über die Vorteil-

---

306 Vgl. Lieberman/Montgomery (1988), S. 48; Ghemawat (1986).
307 Hierbei wird von struktureller Trägheit gesprochen, die vor allem größere Unternehmungen betrifft. Vgl. Kuester/Homburg/Robertson (1999), S. 103f.
308 Vgl. Lieberman/Montgomery (1988), S. 49; Abernathy/Wayne (1974), S. 118.
309 Vgl. Gal-Or (1987), S. 286, sowie die Ausführungen in Abschnitt 3.2.1.
310 Vgl. Cooper/Smith (1992), S. 65; Abell (1978), S. 23f.; Porter (1980), S. 95ff.
311 Vgl. Oelsnitz (2000b), S. 109.

haftigkeit einer Pionier-Strategie ableiten.[312] Empirische Studien zu Pionier-Vorteilen haben gezeigt, dass deren Wirkung vom Vorliegen bestimmter Faktoren abhängt, die Kerin et al. als Produkt/Markt-Zufälligkeiten bezeichnen.[313] Ein früher Markteintritt allein reicht für einen Pionier nicht aus, sich nachhaltige Vorteile gegenüber Folgern zu sichern. Die Pionier-Strategie eröffnet ihm lediglich die Chance auf positionale Vorteile. Diese in nachhaltige Wettbewerbsvorteile umzuwandeln, hängt vor allem von Produkt-/Markt-Gegebenheiten und dem Strategischen Fit des Pioniers ab. Je größer die Übereinstimmung zwischen den zur Kapitalisierung der Pionier-Mechanismen notwendigen Ressourcen und Fähigkeiten und der Ausstattung des Pioniers ist, desto größer sind die Chancen für einen nachhaltigen First-Mover-Advantage.[314]

Die einzelnen Mechanismen des Pionier-Vorteils liefern gute Ansatzpunkte für die in Kapitel fünf folgende eigene empirische Untersuchung. Vor dem Untersuchungshintergrund der Internet-Ökonomie sollen dabei die Wirkungsweisen der entsprechenden Mechanismen bei Internet-Startups überprüft werden. Dazu ist es allerdings notwendig, zunächst einen Überblick über den aktuellen Stand der Pionier-Forschung zu vermitteln. Dies soll im folgenden Kapitel geschehen, in welchem einleitend grundsätzliche empirische Forschungsströme vorgestellt und anschließend unterschiedliche theoretische Erklärungsmodelle diskutiert werden. Wichtiges Ziel ist dabei vor allem, die Relevanz einzelner Mechanismen, z. B. im Bereich der Unternehmungsressourcen oder Marktgegebenheiten herauszuarbeiten, die in einer empirischen Untersuchung analysiert werden können.

---

312   Dies verdeutlichen Ehrmann und Biedermann auch in ihrer Untersuchung zu Folger-Strategien; vgl. Ehrmann/Biedermann (2002), S. 497ff.
313   Vgl. Kerin/Varadarajan/Peterson (1992), S. 40ff; und die Ausführungen in Kapitel drei.
314   Vgl. auch die Ausführungen zu Abells Konzept des „Strategic Window", Abell (1978), S. 21ff.

3 Forschungsstand

Das vorliegende Kapitel soll einen Überblick über den empirischen und theoretischen Forschungsstand der First-Mover-Diskussion vermitteln. Wie bereits im Kapitel zwei gezeigt wurde, basieren Pionier-Vorteile auf bestimmten Mechanismen. Viele dieser Mechanismen weisen auf die Wirkung von **Markteintrittsbarrieren** hin. Bain[315] brachte bereits 1956 das Konzept der Eintrittsbarrieren in die wissenschaftliche Forschung ein und erklärte damit den Zusammenhang zwischen potenziellen Pionier-Vorteilen und dem erschwerten Marktzutritt von Folger-Unternehmungen. Die dabei zugrunde gelegten Elemente der Theorie von First-Mover-Advantages lassen sich allerdings nicht nur auf das Vorliegen von Markteintrittsbarrieren zurückführen, sondern bestehen aus einem komplexen Zusammenspiel vieler Faktoren. Dieser Umstand könnte die Zeitverzögerung erklären, mit der die Wissenschaft diese Argumentation (empirisch als auch theoretisch) aufgriff und unter dem Begriff „First-Mover-Advantages" zusammenfasste.[316]

Ende der 70er Jahre widmete sich die **empirische Forschung** zunächst Einzelaspekten der First-Mover-Theorie. Anhand der Ergebnisse ließen sich erste Rückschlüsse auf die Existenz und Größe eventueller First-Mover-Advantages ziehen. Erst Mitte der 80er Jahre folgten konzeptionellere Ansätze insbesondere von Lieberman und Montgomery[317] und von Kerin, Varadarajan und Peterson.[318] Aufgrund der steigenden Aufmerksamkeit durch die Wissenschaft, der vermehrten praktischen Relevanz des optimalen Eintritts-Timings angesichts anhaltender Globalisierung und der immer schnelleren Entwicklung technologischer Innovationen ist die First-Mover-Theorie mittlerweile zu einem bedeutenden **Strategie-Thema** avanciert. Mit Hilfe der Daten aus PIMS-Studien[319] wurden eine große Zahl, voneinander unabhängige Untersuchungen einzelner First-Mover-Mechanismen vorgenommen.

Auch die **theoretische Auseinandersetzung** mit dem Phänomen der Pionier-Vorteile lässt sich keiner eindeutigen Gedankenschule zuordnen und ist eher **zersplittert**. Mit Hilfe der Spieltheorie wurden „Spiele" konstruiert, in denen insbesondere das Verhal-

---

315 Vgl. Bain (1956); später auch Demsetz (1982), S. 47ff.
316 Vgl. Patterson (1993), S. 759.
317 Vgl. Lieberman/Montgomery (1988).
318 Vgl. Kerin/Varadarajan/Peterson (1992).
319 Vgl. die Ausführungen in Abschnitt 3.1.2.1.

ten von Pionier und Folger im Wettbewerb untersucht wurde.³²⁰ Auf die Bedeutung des Pionier-Vorteils als Markteintrittsbarriere verwiesen die Industrieökonomen. Marketingtheoretiker führten den Erfolg auf Faktoren der Kundenbindung und Kundenwahrnehmung zurück. In ihrem zweiten Artikel aus dem Jahre 1998 wiesen Lieberman und Montgomery darauf hin, dass die Forschung zu First-Mover-Advantages inzwischen zwar an Umfang zugenommen habe, echte konzeptionelle Fortschritte aber weiterhin vermissen ließe.³²¹

Um hier etwas mehr Klarheit und gleichzeitig eine Basis für die eigene Untersuchung zu schaffen, soll nachfolgend auf den empirischen und theoretischen Forschungsstand zu First-Mover-Advantages näher eingegangen werden. Sowohl aus den dabei gewonnenen Erkenntnissen als auch aus der Kritik an der bisherigen Forschung lassen sich Ansatzpunkte für eine weiterführende Untersuchung ableiten.

3.1 Empirische Befunde zum Erfolg der Pionier-Strategie

Das empirische Interesse an der Pionier-Strategie entwickelte sich in den 70er Jahren anhand von **Beispielen** prominenter Pionier-Produkte wie z. B. Coca-Cola, Nescafé oder Pampers, die unabhängig von jeder Untersuchung zunächst auf langfristige Pionier-Vorteile hindeuteten.³²² Die systematische empirische Erforschung des Phänomens in den 80er Jahren umfasste unterschiedliche **Untersuchungsdesigns** bzw. -Methoden sowie verschiedene Annahmen über die **Beziehung** zwischen Pionier-Rolle und Erfolg. Durch die ungleiche Schwerpunktsetzung der Studien ergaben sich häufig widersprüchliche Befunde zum Erklärungswert bestimmter Variablen. Während einige Studien direkte Zusammenhänge zwischen Pionier-Vorteil und Erfolg nachwiesen, konnten andere höchstens eine eingeschränkte Bedeutung des Markteintrittszeitpunktes feststellen.³²³

Ein vollständiger Überblick über alle empirischen Arbeiten ist heute aufgrund ihrer Vielzahl und Überschneidung mit anderen Forschungsbereichen nahezu unmöglich.³²⁴ Aus diesem Grund werden im Folgenden zunächst Forschungsrichtungen mit verschiedenen Annahmen über den Zusammenhang zwischen Markteintritt und Erfolg

---

320 Vgl. die Darstellung spieltheoretischer Ergebnisse in Abschnitt 3.2.1.
321 Der Hinweis von Lieberman und Montgomery (1998), S. 1111f., auf eine Verbindung des ressourcenbasierten Ansatzes mit den Erkenntnissen empirischer Pionier-Studien wird in Abschnitt 3.2.3 aufgegriffen.
322 Vgl. Vidal (1993), S. 139.
323 Vgl. Oelsnitz (1996b), S. 108.
324 Vgl. auch die Hinweise von Lieberman und Montgomery (1998), S. 1111.

sowie anschließend unterschiedliche Untersuchungsmethoden einschließlich der hieraus resultierenden Erkenntnisse und Probleme dargestellt.

3.1.1 Strömungen der empirischen Analyse von Pionier-Vorteilen

Die empirische Forschung zu First-Mover-Advantages durchlief eine mehrstufige **Entwicklung**. In den ersten Studien wurden direkte Beziehungen zwischen einzelnen Variablen des Markteintritts und dem Unternehmungserfolg angenommen. Nicht nur durch Gegenbeispiele aus der Praxis kam bald Kritik an dieser Unterstellung auf.[325] Daraus ergab sich in der Folgezeit eine immer komplexere Modellierung der Beziehungen zwischen den Variablen, indem zunächst moderierende Variablen der Wettbewerbsstrategie eingeführt und anschließend die First-Mover-Theorie auch auf Markt- und Ressourcencharakteristika ausgeweitet wurde.

Drei unterschiedliche Forschungsströmungen lassen sich unterscheiden, die in den folgenden Abschnitten näher erläutert werden sollen:[326]

1. Direkte Beziehungen: generell-unmittelbare Erfolgswirksamkeit eines frühen Markteintritts;

2. moderierte Beziehungen: direkte und indirekte Erfolgswirkung des Markteintritts moderiert durch die Variable „Wettbewerbsstrategie";

3. markt- und ressourcenbasierte Beziehungen: differenzierte Variablen aus Marktgegebenheiten und Ressourcencharakteristika moderieren die Timing-Strategie einer Unternehmung.

3.1.1.1 Direkte Beziehungen

Als Initiatoren der empirischen Pionier-Forschung werden **Urban et al.** (1986) angesehen, deren grundlegendes Modell den direkten Zusammenhang zwischen der Markteintrittsstrategie und dem Markterfolg untersucht.[327] Zuvor waren lediglich fallstudienorientierte Analysen durchgeführt worden.[328] Urban et al. untersuchten 129

---

325 Zu dieser Kritik vgl. die Ausführungen in Abschnitt 3.1.1.1.
326 Vgl. Oelsnitz (1996b) S. 108; Clement/Litfin/Vanini (1998), S. 211ff.
327 Vgl. Urban et al. (1986), S. 645ff.; Clement/Litfin/Vanini (1998), S. 211.
328 Bspw. untersuchten Bond und Lean (1977) elf Innovationen der Branche verschreibungspflichtiger Medikamente und fanden eine Dominanz der Pioniere in Bezug auf Marktanteile sowie wesentliche und nachhaltige Umsatzvorteile heraus. Diese Vorteile konnten nur durch außergewöhnliche Leistungsmerkmale und starke Werbeaufwendungen der Konkurrenz gefährdet werden; vgl. Bond/Lean (1977). Dieses Ergebnis wurde 1979 von Whitten mit einer Analyse von sieben Produkteinführungen im US-amerikanischen Zigarettenmarkt weiter unterstützt. In sechs der sieben Fälle erreichte der First-Mover einen wesentlichen und oft sogar nachhaltigen Umsatzvorteil; vgl. Whitten (1979).

Konsumgütermarken aus 34 Produktkategorien. Die Autoren konnten dabei signifikante Einbußen im Marktanteil für später eintretende Wettbewerber feststellen. Sie definierten für ihre Arbeit die Variable **„Markteintrittsstrategie"** als das Zusammenspiel der Reihenfolge des Markteintritts, des Zeitraums bis zum Eintreten weiterer Wettbewerber, der Marketinginvestitionen und der Effektivität der Produktpositionierung beim Markteintritt. Wechselwirkungen zwischen den einzelnen Variablen wurden jedoch nicht behandelt.[329]

Charakteristisch für die ersten, einfacheren Untersuchungsmodelle zu Pionier-Vorteilen war die Annahme, dass jede der unabhängigen Variablen direkt auf den Erfolg wirkt. Interaktionsbeziehungen zwischen den einzelnen Variablen im Hinblick auf die Erfolgswirkung wurden zwar für möglich gehalten, die Ausprägungen der einzelnen Variablen blieben dabei jedoch unbeeinflusst von denen anderer Variablen.[330] Eine generell-unmittelbare Erfolgswirkung bzw. direkte Beziehungen zwischen der Markteintrittsstrategie und dem Unternehmungserfolg (meist in Form hoher Marktanteile) wurde vermutet. Der Begriff der Markteintrittsstrategie ging über die reine Reihenfolge beim Eintritt hinaus und beinhaltete Komponenten, wie zeitliche Abstände zwischen den Markteintritten der Wettbewerber, die Höhe der Markteintrittsinvestition und die Produktpositionierung beim Markteintritt.[331] Ein solches Grundmodell der empirischen Pionier-Forschung wird in Abbildung 3.1 dargestellt.

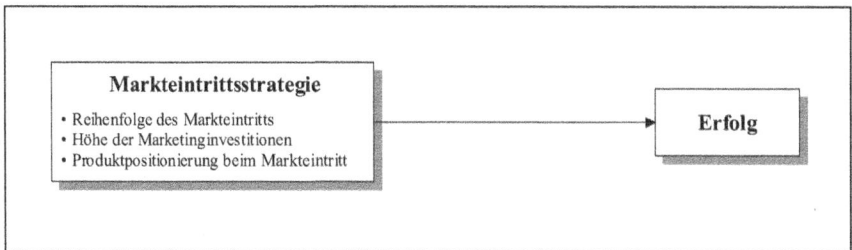

Abbildung 3.1: **Das Grundmodell der empirischen Pionier-Forschung**
Quelle: Eigene Darstellung in Anlehnung an Clement/Litfin/Vanini (1998), S. 212

---

329   Vgl. Urban et al. (1986), S. 645ff. + 654. Die Autoren konnten einen signifikanteren Einfluss auf den Marktanteil durch Positionierung und Werbung ausmachen als durch die bloße Reihenfolge des Markteintrittes. Dadurch war ihr Ansatz zwar bereits differenzierter als andere frühe Untersuchungen, insgesamt wurde aber eine direkte Wirkung voneinander unabhängiger Variablen auf den Erfolg unterstellt.
330   Vgl. Clement/Litfin/Vanini (1998), S. 212.
331   Vgl. Urban et al. (1986), S. 655 und später Kalyanaram/Urban (1992), S. 235ff.

Empirische Befunde zum Erfolg der Pionier-Strategie 61

Gerade in frühen Studien wurden vielfach **deutliche und langfristige Pionier-Vorteile** festgestellt, die nachfolgende Untersuchungen mit einem ähnlichen Hintergrund sogar bestätigten.[332] Diese Ergebnisse prägten den Eindruck einer prinzipiell erfolgreichen Pionier-Strategie. Im Laufe der Zeit wurde jedoch Kritik an der Validität von Untersuchungen laut, die einzig einen direkten Effekt der Markteintrittsstrategie auf den langfristigen Erfolg von Unternehmungen untersuchten.[333] Die Nichtberücksichtigung weiterer strategischer Variablen wurde bemängelt und man forderte komplexere Variablenmodelle.[334]

3.1.1.2 Modelle mit moderierenden Variablen

Aufgrund der genannten Kritik wurde anschließend eine empirische Forschung forciert, die den **moderierenden Einfluss weiterer strategischer Variablen** auf den Erfolg der Pionier-Strategie in den Mittelpunkt stellte.[335] Abbildung 3.2 zeigt das durch die moderierende Wettbewerbsstrategie erweiterte Untersuchungsmodell.

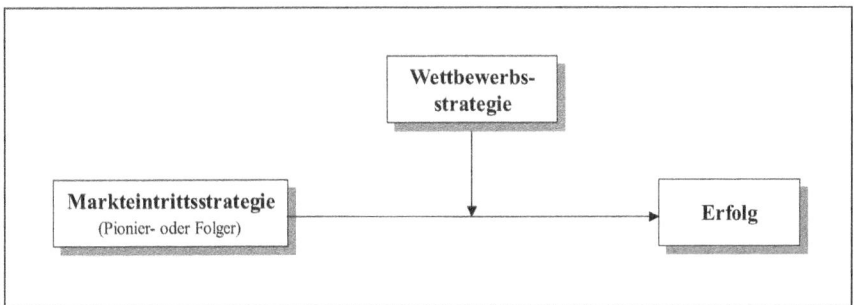

Abbildung 3.2: **Direkte und indirekte Erfolgswirkung der Markteintrittsstrategie**
Quelle: Eigene Darstellung in Anlehnung an Clement/Litfin/Vanini (1998), S. 212

Im Gegensatz zum Grundmodell der empirischen Pionier-Forschung wurden die moderierenden Variablen, wie z. B. Repositionierungsmaßnahmen, Marketinginvestitionen, Preis oder Produktlinienbreite, hier unter dem Oberbegriff „**Wettbewerbs-**

---

332 Vgl. Lambkin (1988), S. 127ff.; Brown/Lattin (1994), S. 1361ff.; Huff/Robinson (1994), S. 1370ff.
333 Vgl. hierzu auch die Ausführungen von Robinson und McDougall (2001), S. 678.
334 Vgl. Lambkin (1988), S. 133ff.; Kerin/Varadarajan/Peterson (1992), S. 39; Szymanski/Troy/Bharadwaj (1995), S. 17ff.
335 Vgl. Robinson/Fornell (1985), S. 305ff.; Robinson (1988), S. 87ff.; Szymanski/Troy/Bharadwaj (1995), S. 21; Bowman/Gatington (1996), S. 222ff.

strategie" zusammengefasst. Die Variable der „Markteintrittsstrategie" beinhaltete damit nur die Entscheidung für eine Pionier- oder Folgerstrategie.

Die herausragende Bedeutung einer indirekten Pionier-Wirkung wurde insbesondere von **Robinson und Fornell** (1985) in die Diskussion eingebracht.[336] Die Autoren erweiterten das Modell von Urban et al. (1986) um die Berücksichtigung **kosten- und differenzierungsbedingter Wettbewerbsvorteile** als moderierende Variablen. Hiermit wird der Erfolg (ausgedrückt durch den Marktanteil) als abhängige Variable modelliert, die vom Markteintrittszeitpunkt, den direkten Kosten, dem Informationsstand des Konsumenten und dem Marketing-Mix beeinflusst werden kann. Pioniere wiesen durchschnittlich höhere Marktanteile, bessere Qualität und größere Produktlinien auf, während sie einen ähnlichen Preis wie ihre Folger forderten.[337] Auch andere Studien mit Moderatorvariablen machten einen starken Einfluss der Wettbewerbsstrategie auf den Erfolg des Pioniers deutlich.[338] So konnte gezeigt werden, dass auch die **Produktdifferenzierung**, die durch die Pionier-Rolle begünstigt wird, eine hohe Markteintrittsbarriere für Folger darstellen kann. Auffällig ist, dass oftmals die Effekte der Moderatorvariablen eine stärkere Auswirkung auf den Erfolg hatten als die Wahl der Markteintrittsstrategie.[339]

3.1.1.3 Modelle mit markt- und ressourcenbasierten Variablen

Die zunehmende Intensivierung der Forschung sowie die Berücksichtigung früherer Forschungsergebnisse führten zu der Annahme, dass nicht nur die Markteintritts- und Wettbewerbsstrategie für den Erfolg der Unternehmung eine Rolle spielen, sondern dass auch andere Variablen für die Generierung nachhaltiger Wettbewerbsvorteile verantwortlich sein könnten. Kerin, Varadarajan und Peterson stellen im Rahmen ihrer Untersuchung fest, dass sich hierfür eine Vielzahl verantwortlicher Faktoren finden lassen,[340] nach denen anschließend verstärkt geforscht wurde.[341] Die möglichen Einflussgrößen, die von der jüngeren empirischen Pionier-Forschung dabei untersucht

---

336 Bei der Studie von Robinson und Fornell handelte es sich um eine Untersuchung von 371 reifen Konsumgüter-Unternehmungen. Die Arbeit baute auf den Daten von Urban et al. (1986) auf, obwohl deren Studie erst ein Jahr nach Robinson und Fornell veröffentlicht wurde; vgl. Robinson/Fornell (1985), S. 305ff.
337 Vgl. Robinson/Fornell (1985), S. 315.
338 Vgl. Moore/Boulding/Goodstein (1991), S. 103; Murthi/Srinivasan/Kalyanaram (1996), S. 333ff.; Parry/Bass (1990), S. 187ff.; Robinson (1988), S. 91f.; Robinson/Fornell (1985), S. 315.
339 Vgl. Huff/Robinson (1994), S. 1370ff. Eine spätere Studie von Robinson kam überraschend zu dem Ergebnis, dass nur die indirekte Erfolgswirkung positiv ist, während der direkte Einfluss sogar negativ sein kann; vgl. Robinson (1988), S. 90ff.
340 Vgl. Kerin/Varadarajan/Peterson (1992), S. 46ff.
341 Vgl. Clement/Litfin/Vanini (1998), S. 213.

wurden, lassen sich in die beiden Variablengruppen Marktcharakteristika und Ressourcen der Unternehmung unterteilen.[342] Der Unternehmungserfolg hängt demnach vom Zusammenspiel des Markteintrittszeitpunktes, der Wettbewerbsstrategie sowie der Marktcharakteristika und der Ressourcenausstattung der Unternehmung ab.

Unter **Marktcharakteristika** werden verschiedene Faktoren subsumiert, wie z. B. Konzentrationsgrad der Branche, Marktwachstumsrate, Marktpotenzial, Anzahl der Wettbewerber, Marktgröße, Wettbewerbsintensität oder Lebenszyklusphase des Marktes.[343] Die **Ressourcen der Unternehmung** umfassen u. a. unternehmungsinterne Fähigkeiten, Kapitalausstattung, Produktionsanlagen, besondere Management- sowie Mitarbeiter-Fähigkeiten, Markennamen, Technologie und bisherige Erfahrungen in anderen Märkten.[344] Marktcharakteristika und Ressourcenfaktoren lassen sich in dem in Abbildung 3.3 gezeigten Strukturmodell zusammenfassen:

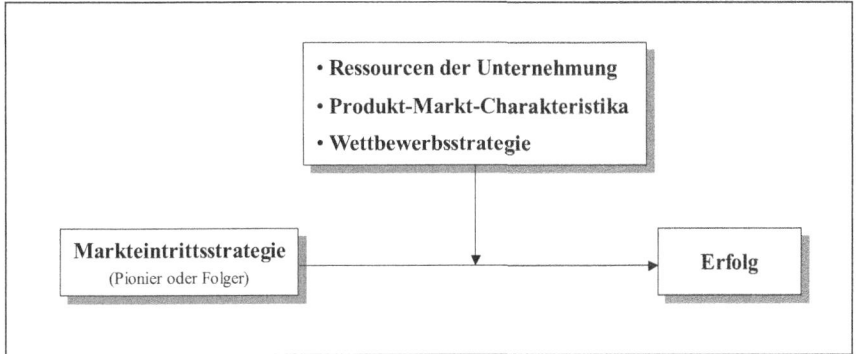

Abbildung 3.3: Umfassendes Strukturmodell zur Analyse von Pionier-Vorteilen
Quelle: Eigene Darstellung in Anlehnung an Clement/Litfin/Vanini (1998), S. 214 und Green/Barclay/Ryans (1995), S. 3

Die Markt- und Ressourcenfaktoren moderieren nicht nur die Erfolgswirkung der Markteintrittsstrategie, sie beeinflussen vielmehr gleichzeitig auch die Markteintrittsentscheidung. Darin lässt sich eine Parallele zu den Annahmen des RBV erkennen.[345]

---

342 Vgl. Green/Barclay/Ryans (1995), S. 3; Szymanski/Troy/Bharadwaj (1995), S. 17ff.
343 Vgl. Green/Barclay/Ryans (1995), S. 3; Kerin/Varadarajan/Peterson (1992), S. 40f.; Robinson (1988), S. 87ff.; Parry/Bass (1990), S. 187ff.
344 Vgl. Green/Barclay/Ryans (1995), S. 3; Kalyanaram/Robinson/Urban (1995), S. G217; Kerin/Varadarajan/Peterson (1992), S. 40f.; Lambkin (1988), S. 139; Moore/Boulding/Goodstein (1991), S. 103; Robinson/Fornell/Sullivan (1992), S. 609ff; Robinson (1990), S. 1279ff.
345 Vgl. Bamberger/Wrona (1996) sowie die Ausführungen im theoretischen Teil dieses Kapitels. Eine bestimmte Ressourcenausstattung kann die Wahl einer Pionier- bzw. Folger-Strategie nahe legen.

Die Tatsache, dass eine Unternehmung als Pionier in einem Markt auftritt, darf nicht als selbstverständlich hingenommen werden, sondern diese Entscheidung ist wiederum abhängig von Markt- und Ressourcencharakteristika,[346] d. h. vom Fit zwischen den Marktgegebenheiten und den Ressourcen der Unternehmung.[347] An diesem Punkt zeigt sich eine Analogie zum Konzept der „Strategischen Fenster" von Abell, der ebenfalls von einem solchen Fit ausgeht.[348]

Im Mittelpunkt der empirischen Untersuchungen zu First-Mover-Advantages stand vielfach ein einzelnes Merkmal, dessen Auswirkungen auf den Erfolg explizit betrachtet wurden. So ergab sich aus unterschiedlichen Untersuchungen, dass sich starkes **Marktwachstum**[349] negativ, jedoch ein hoher **Konzentrationsgrad** des Marktes[350] sowie die **Marktgröße**[351] positiv auf den Pionier-Erfolg auswirkten. In großen Märkten schien die Pionier-Strategie tendenziell Erfolg versprechend zu sein. Je mehr Wettbewerber in dem späteren Markt erwartet wurden, desto geringer war jedoch die Bedeutung der Pionier-Rolle.[352]

Kalyanaram, Robinson und Urban (1995) halten in einer Zusammenfassung der Ergebnisse zur Pionier-Forschung fest, dass sich **Wissens- and Ressourcenprofile** von Marktpionieren eindeutig von denen späterer Marktteilnehmer unterscheiden.[353] Robinson, Fornell und Sullivan (1992) stellten mit ihrer Arbeit die These auf, dass sich Marktpioniere zwar in ihren Ressourcen von später eintretenden Unternehmungen unterscheiden, sie deshalb aber nicht intrinsisch stärker seien.[354] Murthi, Srinivasan und Kalyanaram (1996) untersuchten die spezifische Ressource „**Managementfähigkeiten**".[355] Da Pionier-Vorteile jedoch auch unabhängig von Managementfähigkeiten auftraten, kamen Zweifel an der Bedeutung dieses Faktors als Moderator für den Pionier-Erfolg auf. Auch Green, Barclay und Ryans (1995) konzentrierten sich auf die Bedeutung bestimmter Ressourcen, darunter z. B. **Markennamen, Kapital und**

---

346 Vgl. Kerin/Varadarajan/Peterson (1992), S. 48f.; Moore/Boulding/Goodstein (1991), S. 103; Szymanski/Troy/Bharadwaj (1995), S. 25; Clement/Litfin/Vanini (1998), S. 214.
347 Vgl. Clement/Litfin/Vanini (1998), S. 214; Lambkin (1992), S. 15ff.; Zajac/Kraatz/Bresser (2000), S. 429ff.
348 Vgl. Abell (1978) und die Ausführungen in Kapitel zwei.
349 Vgl. Szymanski/Troy/Bharadwaj (1995), S. 29f.
350 Vgl. Parry/Bass (1990), S. 193f.
351 Vgl. Lambkin (1992), S. 15.
352 Vgl. Parry/Bass (1990), S. 187ff.; Robinson (1988), S. 93.
353 Vgl. Kalyanaram/Robinson/Urban (1995), S. G217.
354 Vgl. Robinson/Fornell/Sullivan (1992), S. 622.
355 Vgl. Murthi/Srinivasan/Kalyanaram (1996), S. 329ff.

Zugang zu Distributionskanälen.[356] Von anderen Wissenschaftlern kam der Vorwurf, dass der Einfluss **unbeobachtbarer Faktoren**, wie Unternehmungskultur, Reputation oder Glück, auf den Pionier-Erfolg durch die bisherigen Modelle nicht wiedergegeben werden könne.[357] Murthi, Srinivasan und Kalyanaram (1996) beispielsweise kritisierten, dass dieses Versäumnis zu einer fehlerhaften Einschätzung der Bedeutung der „Pionier-Strategien" führe. Sie konnten in ihrer Untersuchung, bei der auch unbeobachtete Faktoren methodisch berücksichtigt wurden, einen starken direkten Vorteil der Pionier-Strategie feststellen.[358]

Sowohl Murthi, Srinivasan und Kalyanaram (1996)[359] als auch Green, Barclay und Ryans (1995)[360] stellten Untersuchungsmodelle vor, die Variablen der Markteintrittsstrategie, Marktcharakteristika sowie die Ressourcenausstattung einer Unternehmung einbezogen. Durch die vielen Variablen wurden diese Modelle allerdings so **komplex**, dass sie nicht mehr in der Lage waren, sämtliche Einflussfaktoren auf den Pionier-Erfolg zu erfassen. Daher wird vermehrt versucht, einzelne Variablen für die empirischen Studien zu operationalisieren.[361]

Die Berücksichtigung von Markt- und Ressourcenfaktoren in der empirischen Pionier-Forschung zeigt deutliche Parallelen und Anknüpfungspunkte zu theoretischen Strömungen der Strategischen Managementforschung (wie z. B. dem marktbasierten und dem ressourcenbasierten Ansatz). Auf diese Analogie wird in der Darstellung theoretischer Grundlagen der First-Mover-Theorie in Abschnitt 3.2 zurückgegriffen. Zunächst jedoch sollen die verschiedenen Untersuchungsmethoden der empirischen Pionier-Forschung sowie die daraus resultierenden Probleme behandelt werden.

---

356 Die Operationalisierung dieser Faktoren erscheint allerdings fragwürdig. Der Pionier-Vorteil wurde 1. über die Mitarbeiterzahl, 2. über die Höhe der Vorjahresumsätze und 3. über die Anzahl der Jahre seit Firmengründung ermittelt; vgl. Green/Barclay/Ryans (1995), S. 10.
357 In der Marketing-Forschung werden unbeobachtbare Faktoren bereits berücksichtigt; vgl. Jacobson (1990), S. 74ff.
358 Vgl. Murthi/Srinivasan/Kalyanaram (1996), S. 329ff.
359 Vgl. Murthi/Srinivasan/Kalyanaram (1996), S. 329ff.
360 Green und Ryans waren 1990 die ersten, die die Auswirkungen auf den Erfolg einer Unternehmung von den Marktbedingungen und der Eintrittsstrategie (eher in Form moderierender Variablen) differenzierten; vgl. Green/Ryans (1990), S. 46. Die Autoren vertieften die Forschung in der Folge auf zwei voneinander unabhängige Variablengruppen (Ressourcen- und Marktcharakteristika); vgl. Green/Barclay/Ryans (1995), S. 3.
361 Vgl. Data Envelopment Analysis (DEA) von Murthi, Srinivasan und Kalyanaram (1996), S. 331ff.

3.1.2 Untersuchungsdesigns empirischer Studien zu Pionier-Vorteilen

In der empirischen Forschung zu First-Mover-Advantages lassen sich weder einheitliche Untersuchungsinhalte noch stringente Forschungsmethoden identifizieren.[362] Ähnlich der Veränderung der Modellstrukturen wurde in der empirischen Pionier-Forschung auch die Untersuchungsmethode bzw. die Variablenoperationalisierung weiterentwickelt. Nach ersten **explorativen Untersuchungen**[363], die frühe Artikel zu First-Mover-Advantages inspirierten, wurden von Robinson und Fornell (1985) sowie von Urban et al. (1986) erstmalig **großzahlige Untersuchungen** durchgeführt, die den Vorteil des frühen Markteintritts quantitativ überprüfen sollten. Die Forscher erhofften sich von der größeren Untersuchungseinheit bessere Ergebnisse für die Pionier-Forschung. Für diese Querschnittsanalysen wurden vor allem PIMS-Datenbasen herangezogen.

Im folgenden Abschnitt werden zunächst die Grundzüge der PIMS-Forschung erörtert. Da jedoch bei der PIMS-Datenbasis Probleme insbesondere aufgrund der Pionier-Definition, Auswahl der Untersuchungsobjekte und Art der Datenerhebung festgestellt wurden,[364] soll anschließend die Methode der Historischen Studien als Alternative zur PIMS-Studie vorgestellt werden.

3.1.2.1 Querschnittsuntersuchungen und PIMS-Studien

Die Abkürzung „PIMS" für „Profit Impact of Market Strategy" bezeichnet ein in den 60er Jahren begonnenes Forschungsprojekt des Strategic Planning Institute (SPI) in den USA, welches Bestandteil der **Erfolgsfaktorenforschung** ist.[365] Bei diesem Projekt sollten in diversen Erhebungen u. a. die Determinanten des „Return on Investment" (ROI), des „Cash Flow" sowie andere Erfolgsfaktoren identifiziert werden.[366] Unter Erfolgsfaktoren werden die wesentlichen strategischen Schlüsselfaktoren verstanden, die den Erfolg einer Geschäftseinheit in nachhaltiger und maßgeblicher Weise bestimmen.[367] Durch ihren gezielten Einsatz kann eine Unter-

---

362 Vgl. Clement/Litfin/Vanini (1998), S. 218.
363 Vgl. Bond/Lean (1977) und Whitten (1979).
364 Vgl. Clement/Litfin/Vanini (1998), S. 215f.
365 Daniel legte 1961 den Grundstein für das Konzept der Erfolgsfaktoren; vgl. Daniel (1961). Der Ermittlung branchenübergreifender Erfolgsfaktoren erreichte vor allem durch die Studie von Peters und Waterman größere Popularität; vgl. Peters/Waterman (1982).
366 Vgl. Buzzel/Gale (1989), S. 3ff; Fritz (1989), S. 13; Trommsdorff (1990), S. 11ff. Die Grundlage dafür bildet eine Datenbank, in der zu verschiedenen Zeitpunkten ca. 200 Merkmale aus über 2.600 Geschäftsbereichen in mehr als 450 Unternehmen und verschiedenen Branchen (hauptsächlich aus den USA) erhoben wurden.
367 Vgl. Fritz (1989), S. 3f.; Daschmann (1994), S. 1f.; Hoffmann (1986), S. 831ff.; Meffert/Böing (2001), S. 461.

nehmung Wettbewerbsvorteile gegenüber der Konkurrenz erzielen. Ziel der Erfolgsfaktorenforschung ist die Identifizierung dieser Erfolgsursachen, d. h. eine Kausalität der Faktoren im Sinne von Ursache-Wirkungsbeziehungen nachzuweisen.[368] Ein besonderes Merkmal des Konzeptes kritischer Erfolgsfaktoren ist die Beschränkung der Analyse auf die als wesentlich erachteten Einflussgrößen des Erfolgs. Aus der Annahme, dass die Erfolgsfaktoren in ihrer Bedeutung nicht gleichberechtigt nebeneinander stehen, ergibt sich die Notwendigkeit einer Reduzierung der hochkomplexen Zusammenhänge.[369]

Seit den 80er Jahren wurden statistisch-ökonometrische Studien zu Pionier-Vorteilen durchgeführt, welche die Vorteile von Pionieren im Vergleich zu nachfolgenden Wettbewerbern untersuchten. Die zugrunde gelegten Daten entstammten dabei entweder großzahligen Stichproben oder Forschungsdatenbanken, wie z. B. **PIMS**, die sich nach der Studie von Urban et al. (1986)[370] immer mehr als Grundlage der empirischen Pionier-Forschung durchsetzten.[371]

Der Kern der PIMS-Pionier-Studien lag in der Hypothese, dass der Pionier eines Marktes die größten Aussichten auf einen langfristigen Wettbewerbserfolg besitzt.[372] Dies konnte mit Hilfe branchenübergreifender Langzeitdaten aus der PIMS-Forschung belegt werden und gründete sich im Wesentlichen auf **Vorteilsvermutungen eines Erst-Markteinstiegs**. 70 % der damaligen Marktführer gaben zum Erhebungszeitpunkt an, als einer der Pioniere auf den Markt gekommen zu sein. 47 % der einstigen Marktpioniere konnten dabei Patente und Lizenzen ausnutzen, um Marktanteilsführer in ihren Märkten zu werden. Ihnen wurde gleichzeitig eine hohe Qualität attestiert.[373] Etliche Beispiele erfolgloser Marktpioniere aus der Praxis ließen allerdings an diesen Ergebnissen zweifeln.[374]

Auch wenn die PIMS-Studien zunächst Ergebnisse hervorbrachten, die First-Mover-Advantages unterstützten, mehrten sich differenziertere Ansichten. **Fehler und Lücken der bisherigen Messungen** wurden kritisiert. Beispielsweise birgt jede Querschnittsuntersuchung über verschiedene Branchen hinweg die Gefahr von Nivellie-

---

368 Vgl. Werner (2000), S. 16.
369 Vgl. Daschmann (1994), S. 11f; Krüger/Schwarz (1990), S. 180ff.
370 Urban et al. nutzen noch eine andere Datenbasis, die sog. ASSESSOR-Daten; vgl. Urban et al. (1986).
371 Vgl. z. B. Robinson/Fornell (1985); Robinson (1988); Moore/Boulding/Goodstein (1991); Lambkin (1992); Parry/Bass (1990).
372 Vgl. Buzzel/Gale (1989), S. 153ff.
373 Vgl. Buzzel/Gale (1989), S. 153. Die Produktqualität wurde in der PIMS-Forschung als der wichtigste Einzelfaktor für den langfristigen Erfolg bezeichnet; vgl. Buzzel/Gale (1989), S. 7.
374 Vgl. Golder/Tellis (1993), S. 158ff.

rungstendenzen.[375] Außerdem konnten signifikante Unterschiede zwischen einzelnen Unternehmungen sowie Besonderheiten bestimmter Branchen nicht erfasst werden, so dass die generelle Empfehlung eines Markteintritts als Pionier einer „**Dangerous Oversimplification**"[376] gleichkommt.

Die Erfolgsfaktorenforschung ist umstritten, da an die Forscher hohe Anforderungen gestellt werden. Zum einen müssen sie wissenschaftlichen Ansprüchen gerecht werden, zum anderen erwartet die Praxis nützliche und umsetzbare Ergebnisse.[377] Die multidimensionalen Zusammenhänge der Variablen, die wertende Vorauswahl bestimmter Faktoren, die Zeitverschiebung zwischen Durchführung und Wirkung einzelner Faktoren sowie die Schwierigkeiten bei der Datenerhebung stellen nur einige der Kritikpunkte dar, denen sich die Erfolgsfaktorenforschung gegenüber sieht.[378] Inwieweit die hier angefertigte Studie diesen Probleme begegnen kann, wird in Kapitel 5.6 genauer erörtert.[379]

Den PIMS-Studien im Besonderen wurden vor allem die **problematische Definition und Operationalisierung** des Pionier-Status sowie die Wahl des verwendeten **Erfolgsmaßes** vorgeworfen.[380] Folgende acht Einwände wurden gegen die Ergebnisse der PIMS-Studien vorgebracht, die einen Zusammenhang zwischen dem Markteintrittszeitpunkt und dem Markterfolg herstellten:[381]

1) Pionier-Definition

Der von den PIMS-Studien zugrunde gelegte Pionier-Begriff ist ungenau. Es wurden lediglich die Kategorien „One of the Pioneers"[382] und „Folger" operationalisiert, wobei unklar bleibt, wie weit dieser Begriff zu fassen ist.[383] Auf diese Weise lassen

---

375 Vgl. zur Kritik an den PIMS-Studien allgemein z. B. Barzen/Wahle (1990), S. 109.
376 Green/Barclay/Ryans (1995), S. 13.
377 Vgl. Nicolai/Kieser (2002), S. 579.
378 Vgl. Müller (1999), S. 63ff.
379 So ließ sich zwar die Multidimensionalität aufgrund der geringen Anzahl von Fällen nicht vermeiden, die wertende Vorauswahl sowie das Problem der Zeitverschiebung zwischen Durchführung und Wirkung einer Aktivität konnten jedoch durch die offene Gestaltung der Fragebögen, vielfältige Quellen der Datengenerierung und die Wahl einer Langzeitstudie verringert werden. Verständnisschwierigkeiten während der Befragung wurden anhand von Kontrollfragen geklärt.
380 Vgl. Specht (2001), S. 55; Oelsnitz (2000a), S. 206.
381 Im Folgenden sollen nur die Probleme angeführt werden, die sich auf Ergebnisse im Zusammenhang mit Pionier-Vorteilen beziehen. Zur weiteren und vor allem allgemeineren Kritik der PIMS-Studien vgl. z. B. Barzen/Wahle (1990); Wensley (1982); Anderson/Paine (1978).
382 Buzzel/Gale (1989), S. 260.
383 Vgl. Lieberman/Montgomery (1988), S. 51; Golder/Tellis (1993), S. 159. Wird die zugrunde liegende Produktkategorie zu eng definiert, ist praktisch jede Firma in „ihrem" Produktsegment Pionier. Bei einer zu breiten Definition hingegen ist die Reihenfolge des Markteintrittes kaum mehr mit einem Erfolg oder Misserfolg der Unternehmung in Verbindung zu bringen.

sich weder der eigentliche Pionier noch ein früher oder später Folger klar ausmachen.[384] Diese unpräzise Formulierung führte dazu, dass nicht die Unternehmung ermittelt wurde, die tatsächlich als erste den Markt betreten hatte, sondern vielmehr die Unternehmung als Pionier dargestellt wurde, die als erste ein marktreifes Produkt hergestellt und am Markt Erfolg hatte.[385] Die Wahl dieser Kategorisierung ist zudem problematisch, wenn sie über alle Branchen hinweg gleich angewandt wird.[386]

2) Selbstklassifikation durch Befragte

Die in den PIMS-Studien vorgenommene Marktabgrenzung bezog sich auf eine Selbstauskunft der Unternehmungen.[387] Ob eine Unternehmung Pionier, früher oder später Folger ist, entschieden die Befragten selbst. Derartige Aussagen können fehlerhaft sein, da sich Unternehmungen gern mit dem Titel „Pionier" schmücken, ohne wirklich der Pionier gewesen zu sein.[388] In einer quantitativen Untersuchung lassen sich solche Aussagen nicht detailliert überprüfen. Dies könnte ein Grund dafür sein, dass bei den PIMS-Studien in vielen Branchen mehrere Unternehmungen existieren, die sich als Pionier im jeweiligen Markt bezeichnen. Dies muss zu einer Verzerrung der Ergebnisse führen.[389]

3) Auswahl der Unternehmungen

Im Rahmen der PIMS-Studien wurden nur Fortune-500-Unternehmungen befragt. Damit gab es in der PIMS-Datenbasis keine erfolglosen Pioniere. Dies implizierte unzulässigerweise für das Ergebnis eine höhere Erfolgswahrscheinlichkeit der Pionier-Strategie.[390] Durch die ausschließliche Untersuchung erfolgreicher Unternehmungen unterlagen die Daten einem „Survival Bias".[391] Dies führte zu einer weiteren Verzerrung der Ergebnisse.[392] Für die vorliegende Arbeit ist darüber hinaus besonders

---

384 Vgl. Clement/Litfin/Vanini (1998), S. 216.
385 Vgl. Oelsnitz (2000a), S. 206. Auch in den Unternehmungen selbst herrschen oft Unklarheiten darüber, wer zuerst ein Produkt entwickelt hat; vgl. Buzzel/Gale (1989), S. 153.
386 Vgl. Clement/Litfin/Vanini (1998), S. 216. In einem Markt mit vielen Wettbewerbern ist der dritte Folger noch ein früher Folger, wohingegen er in einem kleinen Markt bereits zu den späten Nachfolgern zählen kann.
387 Vgl. Clement/Litfin/Vanini (1998), S. 216; Kerin/Varadarajan/Peterson (1992), S. 38.
388 Laut Golder und Tellis geben 52 % der Auskunftspersonen an, innerhalb der entsprechenden Produktkategorie Pionier gewesen zu sein; vgl. Golder/Tellis (1993), S. 159.
389 Vgl. Oelsnitz (2000a), S. 207.
390 Vgl. Oelsnitz (2000a), S. 206; Golder/Tellis (1993), S. 158 +168; VanderWerf/Mahon (1997), S. 1512f.
391 Vgl. Mitchell (1991), S. 88; Mascarenhas (1992), S. 242; Tellis/Golder (1996), S. 65f. Daten eines Pioniers oder Folgers, der aus dem Markt ausgeschieden war, wurden in der Betrachtung nicht berücksichtigt.
392 Vgl. Clement/Litfin/Vanini (1998), S. 216.

wichtig, dass in den PIMS-Studien nur Großunternehmungen untersucht wurden. Auf kleine und mittlere Unternehmungen sind die Ergebnisse nicht übertragbar,[393] da sich z. B. die Ressourcenausstattung kleiner Unternehmungen nicht mit der etablierter Großunternehmungen vergleichen lässt.[394]

4) Ex post-Betrachtung

Auch die Ex post-Betrachtung der PIMS-Studien birgt Gefahren für die Untersuchung von Pionier-Vorteilen.[395] Auf die Frage nach den Pionieren bei Wegwerf-Windeln oder Personal-Computern würden die meisten Befragten intuitiv an die Marken „Pampers" und „Apple Computer" denken. Tatsächlich waren diese Unternehmungen jedoch nur frühe Folger.[396] Dies zeigt, dass erfolgreichen Marken im Nachhinein häufig aufgrund verzerrter Wahrnehmungen fälschlicherweise ein Pionier-Status zuerkannt wird.

5) Ungewissheit über den Zeitpunkt der Messung

Fehlende Angaben zum Zeitpunkt der Messung einer Erfolgsgröße werden ebenfalls bemängelt. Es ist anzunehmen, dass zu einem frühen Messzeitpunkt die Vorteile (z. B. beim Marktanteil) des Pioniers größer (bzw. deutlicher) sind als zu einem späteren.[397] Die meisten Studien lieferten hierzu jedoch keine Angaben, sondern erfassten die Marktanteile zu beliebigen Zeitpunkten und bildeten anschließend Durchschnittswerte.[398] Wissenschaftlich fundierte, vergleichbare Ergebnisse lassen sich so nicht gewinnen.

6) Vernachlässigung indirekter Effizienzkriterien

Ferner wird kritisiert, dass schwer beobachtbare und indirekte ökonomische Effizienzkriterien, wie z. B. Reputation oder Kundenzufriedenheit, in den PIMS-Studien nicht berücksichtigt wurden. Diese könnten aber den Erklärungsgehalt des Gesamtmodells erhöhen.[399]

---

393 Vgl. Oelsnitz (2000a), S. 207.
394 Vgl. Robinson (1988), S. 93.
395 Vgl. VanderWerf/Mahon (1997), S. 1514.
396 Ursprünglich wurden die Einweg-Windeln von Chux und Personal-Computer von Micro Instrumentation and Telemetry Systems (MITS) entwickelt; vgl. Tellis/Golder (1996), S. 66f.
397 Zu den Auswirkungen einer steigenden Wettbewerbsintensität vgl. Perry/Bass (1990), S. 193f.
398 Vgl. Kerin/Varadarajan/Peterson (1992), S. 39.
399 Vgl. Specht (2001), S. 59.

7) Probleme in der Wahl des Vergleichsmaßes

In Bezug auf die abhängige Variable liegt ein Problem der bisherigen Studien vor allem im **Vergleichsmaß** für die Vorteilhaftigkeit bestimmter Markteintrittszeitpunkte.[400] Die häufige Verwendung des Marktanteils[401] als Schlüssel für die langfristige Profitabilität der Unternehmung ist als kritisch anzusehen.[402] Ein grundsätzlicher Zusammenhang zwischen **Marktanteil** und Gewinn muss angezweifelt werden. Dies liegt z. B. daran, dass starke Investitionen in Werbung und Verkaufsförderung zu hohen Marktanteilen führen können, ohne dass diese Aktivitäten unter Profitabilitätsgesichtspunkten sinnvoll wären. Ein hoher Marktanteil reicht auf der anderen Seite in einem kleinen Markt allein nicht aus, um das Überleben zu gewährleisten. Problematisch bei der Marktanteilsberechnung ist ferner die Abgrenzung des relevanten Marktes.[403] Überdies zeigen Lieberman und Montgomery, dass auch der Marktanteil gewissen **Bias** unterliegt. So habe ein Pionier bei identischen Wachstumsraten einen natürlichen Marktanteilsvorsprung gegenüber seinen Folgern, der sich aber nicht in höheren Gewinnen widerspiegeln muss.[404]

Der Marktanteil ist letztlich ein eindimensionales Beurteilungskriterium. Ein Hauptgrund für das Heranziehen des Marktanteils als Vergleichsmaßstab war die gute Verfügbarkeit entsprechender Daten aus den PIMS-Studien.[405] **VanderWerf und Mahon** stellten allerdings in einer Meta-Analyse fest, dass Studien, die den Marktanteil als Performance-Kriterium heranzogen, eher einen First-Mover-Advantage feststellten, als Studien, die andere Vergleichsmaßstäbe verwandten (z. B. Profitabilität oder Überleben).[406] Daher werden in jüngeren Studien vermehrt andere Messgrößen für den Erfolg einer Pionier-Strategie zu Grunde gelegt.[407]

Trotz ihrer methodischen Schwächen sind die PIMS-Studien und ihre Aussagen zu Pionier-Vorteilen zunächst überschätzt worden. Ihre Ergebnisse sind aber dennoch nicht wertlos, da sie u. a. Erfahrungen berühmter Pionier-Marken in der Praxis widerspiegelten und wichtige Hinweise auf Variablen gaben, die Einfluss auf die

---

400 Vgl. Specht (2001), S. 58.
401 Vgl. Buzzel/Gale/Sultan (1975), S. 97ff. Die häufige Verwendung dieser Messgröße konstatierten Szymanski et al. in einer Meta-Analyse. Sie untersuchten 23 Studien, in denen der Pionier-Erfolg über den Marktanteil operationalisiert wurde; vgl. Szymanski/Troy/Bharadwaj (1995), S. 18ff.
402 Vgl. zur umfassenden Diskussion Boulding/Staelin (1990), S. 1174f.; Jacobson/Aaker (1985), S. 11ff. Porter argumentiert, dass es unternehmungsstrategisch auch sinnvoll sein kann, keinen maximalen Marktanteil anzustreben; vgl. Porter (1985), S. 221ff.
403 Vgl. Clement/Litfin/Vanini (1998), S. 217; Scherer/Ross (1990).
404 Vgl. Lieberman/Montgomery (1988), S. 53.
405 Vgl. Clement/Litfin/Vanini (1998), S. 218.
406 Vgl. VanderWerf/Mahon (1997), S. 1516f.
407 Vgl. Golder/Tellis (1993), S. 168; Kerin/Varadarajan/Peterson (1992), S. 47.

Markteintrittsstrategie haben könnten.[408] Eine alternative Forschungsmethode, die den Problemen der PIMS-Studien entgegen wirken kann, bietet sich in Historischen Studien an.

3.1.2.2 Längsschnittuntersuchungen und Historische Studien

Die Erkenntnisse aus den oben genannten Kritikpunkten und Lücken der PIMS-Studien führten zu einem Umdenken in der Forschung und der Wahl eher **qualitativer Untersuchungsdesigns**. Die bedeutendste und gleichzeitig in ihren Resultaten verblüffendste Längsschnittuntersuchung wurde von **Golder und Tellis** im Jahre 1993 veröffentlicht.[409] Die Autoren beschäftigten sich intensiv mit den Problemen der Pionier-Definition und unterschieden daher präzise zwischen Erfinder, Produkt- und Marktpionier.[410] Außerdem vermieden sie Survival Bias und fehlerhafte Selbstklassifikationen, indem sie die Klassifizierung der Pionier-Rolle nicht von den Unternehmern selbst, sondern von Wissenschaftlern anhand von Dokumenten vornehmen ließen. Als Untersuchungsmethode wählten Golder und Tellis **Historische Analysen.** Diese weisen Ähnlichkeiten mit der geschichtlichen Fallstudienbetrachtung auf. Die Autoren erhoben dabei keine eigenen Daten, sondern werteten Erkenntnisse früherer Untersuchungen sowie Daten aus Zeitungen, Expertenmeinungen und historische Berichte aus. Ihre Forschungsergebnisse sollten auf zum Marktentstehungszeitpunkt (in der frühesten Marktlebenszyklusphase) aktuellen Informationen beruhen. Auf diese Weise erwarteten sie, objektive Aussagen über den Marktpionier treffen zu können.

Die Arbeit von Golder und Tellis widerlegte zumindest partiell die bis dahin eher unkritisch akzeptierte Pionier-Erfolgs-Hypothese. Hier die Ergebnisse der Studie im Überblick:[411]

- Der durchschnittliche Marktanteil für Pioniere liegt nicht bei 30-40 %, wie die PIMS-Forschung ermittelte, sondern nur bei 10 % (mit einbezogen wurden hierbei auch erfolglose Pioniere, die in der PIMS-Datenbank nicht enthalten waren).

- Die vormaligen Marktpioniere sind zum Untersuchungszeitpunkt nur noch zu 11 % Marktführer in 36 betrachteten Produktkategorien.

---

408 Vgl. Oelsnitz (2000a), S. 209.
409 Vgl. hierzu und im Folgenden Golder/Tellis (1993), S. 158ff. und die Ausführungen zu Unterschieden zwischen qualitativen und quantitativen Studien in Kapitel fünf.
410 Die Autoren bevorzugen eine marktorientierte Pionier-Definition im Sinne von Marktpionier.
411 Vgl. Golder/Tellis (1993), S. 163ff.

- Die Versagerquote bei Pionieren beträgt 47 %, was wesentlich näher an den üblichen Flop-Quoten von Neuprodukteinführungen liegt.
- Die durchschnittliche Behauptungsdauer bzw. Führerschaft der Pioniere beträgt lediglich 5 bis 10 Jahre.

Der mögliche Erfolg eines Pioniers war damit nicht vom Markteintrittszeitpunkt abhängig, sondern davon, dass eine Marktchance zuerst identifiziert und sodann umfangreiche Ressourcen für diese Chance und die Entwicklung des Marktes eingesetzt wurden. Golder und Tellis behaupteten sogar, dass ein schnelles Verschwinden des First-Movers eine Erfolgsursache für seine Nachfolger am Markt sei.[412]

Golder und Tellis wählten den retrospektiven Blick auf eine Branche und eine induktive Beweisführung.[413] Das Ergebnis dieser Methode läuft nicht auf eine Statistik oder ein Modell mit Einflussgrößen einer dauerhaften Marktführerschaft hinaus. Die Stärke des Historischen Ansatzes besteht vielmehr darin, Details zu betrachten und einen reicheren Informationsumfang in die Studie einzubeziehen. Insbesondere angesichts des zunächst begrenzten Wissens über die Ausgangssituation von Pionieren brachte die Fallanalyse ergiebigere Resultate hervor als eine quantitative Analyse.[414] Methodische Einwände lassen sich natürlich auch gegen die Historische Forschungsmethode vorbringen. Zeitungsberichte sind als alleinige Datenquelle nicht ausreichend. Außerdem soll auf das Problem qualitativer Einzelfallstudien hingewiesen werden, dass die Betrachtung nur eines Falls zur Ableitung weitreichender Aussagen nicht umfassend genug ist.[415] Lieberman und Montgomery bezweifeln überdies, dass durch die Historische Methode die subjektiven Elemente vieler First-Mover-Studien vollständig eliminiert werden können.[416]

Trotz möglicher Kritikpunkte wichen die Ergebnisse von Golder und Tellis derart auffällig von den Erkenntnissen der PIMS-Studien ab, dass sich die Frage stellte, ob die Eintrittsreihenfolge wirklich einen Erklärungsbeitrag zum späteren Erfolg leisten kann. Das Modell einer direkten Beziehung zwischen Eintrittsreihenfolge und Pionier-Erfolg erschien hinfällig, weshalb in jüngeren Studien – unabhängig von deren

---

412 Vgl. Golder/Tellis (1993), S. 167.
413 Vgl. Golder/Tellis (1993), S. 162ff.
414 Vgl. Tellis/Golder (1996), S. 73. Auch Jacobson (1990) und Mueller (1997) setzten aus dem genannten Grund ähnliche Methoden ein.
415 Vgl. Oelsnitz (2000a) S. 210. Vgl. hierzu auch die Ausführungen zur Kritik an qualitativen Methoden sowie an Fallstudienmethoden in Kapitel fünf.
416 Vgl. Lieberman/Montgomery (1998), S. 1115.

Untersuchungsdesign – immer eine moderierende Variable in die Erklärung mit einbezogen wird.[417]

3.1.3 Fazit und Überblick zur empirischen Pionier-Forschung

In den vorangegangenen Abschnitten wurde gezeigt, dass in der empirischen Forschung zu Pionier-Vorteilen kein einheitlicher Forschungsstrom bzw. keine einheitliche Forschungsmethode existiert. Kerin, Varadarajan und Peterson hielten in ihrem Artikel im Überblick fest, dass der First-Mover-Advantage von einer Vielzahl von Faktoren beeinflusst wird. Die Beziehung zwischen der Eintrittsreihenfolge, dem Marktanteil sowie der Profitabilität sei viel komplexer, als es sich in einem einfachen Modell darstellen lasse. Die Ansicht, die Reihenfolge des Markteintritts führe automatisch zu First-Mover-Advantages mit unverrückbaren Wettbewerbsvorteilen gegenüber Folgern, sei naiv und empirisch nicht haltbar.[418] Vielmehr konzentrieren sich die jeweiligen Forscher auf einzelne Aspekte, von denen sie sich eine Erweiterung der Modellstrukturen oder eine bessere Operationalisierung der verwendeten Variablen erhofften.[419] Um die Vielfalt der Forschungsdesigns und Ergebnisse nochmals zu dokumentieren, liefert die folgende Tabelle 3.1 eine Übersicht der bekanntesten und einflussreichsten empirischen Studien zu First-Mover-Advantages sowie deren Ergebnisse.

---

417 Auch diese Variablen sind nicht unabhängig voneinander, da die Eintrittsstrategie immer auf das spätere Verhalten im Markt einwirkt; vgl. Oelsnitz (2000a), S. 210.
418 Vgl. Kerin/Varadarajan/Peterson (1992), S. 48f.
419 Vgl. Clement/Litfin/Vanini (1998), S. 218.

Studie	Ergebnisse
BOND/LEAN (1977) Stichprobenuntersuchung Elf Innovationen im Bereich verschreibungspflichtiger Medikamente	Pioniere hatten wesentliche und nachhaltige Umsatzvorteile. Späte Folger erreichen jedoch Differenzierungsvorteile gegenüber den Pionieren durch die Einführung neuer Produkte mit überlegenen Eigenschaften.
WHITTEN (1979) Stichprobenuntersuchung Einführung von sieben Zigarettensorten	Der Pionier erreichte in sechs der sieben Fälle einen wesentlichen und oft nachhaltigen Umsatzvorteil.
ROBINSON/FORNELL (1985) PIMS-Datenbank 371 reife Konsumgüter-Unternehmungen	Pioniere hatten durchschnittlich größere Marktanteile (20 %) als frühe (17 %) und späte Folger (13 %). Ferner verfügten sie über eine hohe Qualität und breitere Produktlinie, während sie fast einen ähnlichen Preis wie ihre Folger forderten.
URBAN et al. (1986) ASSESSOR-Datenbank 129 Konsumgüter-Marken in 34 Produktkategorien	Signifikante Einbußen für Folger beim Marktanteil. Der Pionier-Vorteil wird umso größer und dauerhafter sein, je ähnlicher das Folger-Produkt dem Pionier-Produkt ist. Marktpositionierung und Werbeausgaben erhalten damit einen großen Einfluss auf den Marktanteil.
LAMBKIN (1988) PIMS-Datenbank Vergleich von 129 Startup- und 187 etablierten Unternehmungen	Die Pionier-Strategie hatte bei beiden Unternehmungstypen einen positiven Einfluss auf den Marktanteil: Startups (24 %) im Vergleich zu den Folgern (10 %), etablierte Unternehmungen (33 %) im Vergleich zu frühen (19 %) und späten Folgern (25 %).
ROBINSON (1988) PIMS-Datenbank 1209 reife Industriegüter-Unternehmungen	Pioniere hatten durchschnittlich größere Marktanteile (29 %) als frühe (21 %) und späte Folger (15 %). Geschäfts- und Branchencharakteristika beeinflussten die Höhe des Pionier-Vorteils (siehe Robinson/Fornell 1985).
CARPENTER/NAKAMOTO (1989) Stichprobenuntersuchung Sechs Computersoftware-Produkte	Wichtig für den Markenaufbau war ein Lernprozess, den der Kunde beim Pionier-Produkt vollzieht. Die Konsumenten richteten ihre Wahrnehmung und ihr Produktwissen an den Kriterien des Pionier-Produkts (Prototyp) aus. Der Pionier beeinflusste damit, wie Konsumenten die Attribute in der Produktkategorie evaluierten und sich Standards etablierten.

Tabelle 3.1: Überblick über die empirischen Studien zu Pionier-Vorteilen
Quelle: Eigene Darstellung

Studie	Ergebnisse
MILLER/GARTNER/WILSON (1989) PIMS-Datenbank 119 Konsum- und Industriegüter-Unternehmungen	Pioniere hatten signifikant höhere Marktanteile und erzielten Differenzierungsvorteile, da die Eintrittsreihenfolge als maßgeblicher Prädiktor der Produkt- und Service-Qualität sowie der technologischen Kompetenz angesehen wurde.
LILIEN/YOON (1990) Stichprobenuntersuchung 112 Industrieprodukte aus Frankreich	Folger (3. bis 5. beim Markteintritt) waren erfolgreicher als Pioniere (1. und 2.). Nachfolger hatten ferner höhere Produktions- und Marketingkompetenzen.
PARRY/BASS (1990) PIMS-Datenbank 593 Konsum-, 1287 Industriegüter- Unternehmungen	Pioniere hatten höhere Marktanteile als Nachfolger. Die Marktanteilsunterschiede waren dabei abhängig vom Konzentrationsgrad der Branche.
ROBINSON (1990) PIMS-Datenbank 144 frühe und 94 späte Markteinsteiger	Die Erfolgschancen für Startup-Unternehmen sind größer, wenn sie zu einem frühen Zeitpunkt in einen Markt eintreten.
MITCHELL (1991) Stichprobenuntersuchung 314 Unternehmungen der „Diagnostic Imaging" Industrie	Je früher eine Unternehmung in den Markt eintrat, desto höher war ihr Marktanteil. Junge Unternehmungen profitierten von frühen Markteintritten, während etablierte Unternehmungen bei späten Markteintritten eine höhere Performance zeigten.
MOORE/BOULDING/GOODSTEIN (1991) PIMS-Datenbank 593 Beobachtungen	Pionier-Strategie wurde als endogene Variable behandelt. Die erwartete positive Auswirkung auf den Marktanteil basierte teilweise auch auf unbeobachtbaren Faktoren wie Management-fähigkeiten und Ressourcen.
ALPERT/KAMINS/GRAHAM (1992) Stichprobenuntersuchung 145 Händler aus der Lebensmittelbranche	Die Händler favorisierten den Pionier, da er mit seiner Produktinnovation zu einer höheren Konsumentenwohlfahrt führte. Sie mochten jedoch auch den erster Folger, da durch ihn ihre Abhängigkeit vom Pionier-Produkt sinkt. Weitere Folger würden zu einer Kannibalisierung innerhalb des Sortiments führen und wurden daher nicht unterstützt.

Tabelle 3.1 (Fortsetzung 1): Überblick über die empirischen Studien zu Pionier-Vorteilen
Quelle: Eigene Darstellung

Studie	Ergebnisse
KARDES/KALYANARAM (1992) Zwei Experimente 46 Untersuchungssubjekte	Die Aufmerksamkeit für neue Produkte, das Lernen über deren Merkmale und die Erinnerungsfähigkeit bzw. Wiedererkennung ist bei den Konsumenten am stärksten ausgeprägt in Bezug auf das Pionier-Produkt.
MASCARENHAS (1992) Längsschnittuntersuchung 8000 Beobachtungen von Produktinnovationen im Bereich des Off-shore Ölbohrens über 23 Jahre	Pioniere behielten langfristig den größten Marktanteil vor frühen und späten Folgern. Kritik an den PIMS-Studien, da durch das Verschwinden anderer Marktteilnehmer deren Messungen verzerrt werden.
GOLDER/TELLIS (1993) und TELLIS/GOLDER (1996) Historische Studien 50 Konsumgüter-Kategorien	Pionier-Rolle am Markt ist keine Garantie für den Erfolg: Frühe Folger waren allgemein erfolgreicher als Pioniere. Misserfolgsquote der Pioniere betrug 47 %, der durchschnittliche Marktanteil nur 10 %. Starke Kritik an PIMS-Studien.
BROWN/LATTIN (1994) ASSESSOR-Datenbank Daten aus der Studie von Urban et al. (1986)	Der Effekt des Markteintrittszeitpunkts variierte mit der Entwicklung des Marktes. Die Dauer der Alleinstellung war entscheidend für den Pionier-Vorteil (sog. Time-in-Market-Effekt). Je länger eine Unternehmung allein im Markt war, desto höher war ihr Marktanteilsvorsprung.
HUFF/ROBINSON (1994) ASSESSOR-Datenbank 95 Beobachtungen in 34 Konsumgüter-Kategorien	Dauer der Alleinstellung am Markt (Leadtime) war entscheidender Erfolgsfaktor. Die längere Führungszeit steigerte den Pionier-Vorteil, der relative Vorteil sank mit dem Eintreten späterer Wettbewerber.
ALPERT/KAMINS (1995) Stichprobenuntersuchung Konsumenten von 366 Konsumgüterprodukten	Pioniere generierten auch nach Jahren durch das Wissen der Kunden um die Pionier-Rolle positive Einstellungen und Kaufabsichten bei ihren Konsumenten. Sie blieben öfter und besser in deren Erinnerung.
GREEN/BARCLAY/RYANS (1995) Literaturanalyse US-Computer-Industrie	Konzeptionelles Modell aus Marktcharakteristika und Ressourcenfaktoren. Pionier-Vorteile wurden unter einigen Bedingungen festgestellt. Die Höhe Berichterstattung in der Presse und der wahrgenommene Wert des Produktes hatten große Auswirkungen auf die Performance des Pioniers.

Tabelle 3.1 (Fortsetzung 2): **Überblick über die empirischen Studien zu Pionier-Vorteilen**
Quelle: Eigene Darstellung

Studie	Ergebnisse
BOWMAN/GATINGTON (1996) Stichprobenuntersuchung 3729 Beobachtungen in fünf Produktmärkten	Die direkte Verbindung zwischen hohem Marktanteil und der Pionier-Rolle wurde angezweifelt. Vielmehr stieg die Bedeutung des Marketing-Mix (insb. Preis, Promotion und Qualität) mit der Eintrittsreihenfolge. Folger konnten damit ihren Nachteil wettmachen.
MURTHI/SRINIVASAN/KALYANARAM (1996) Stichprobenuntersuchung 236 Geschäftseinheiten	Signifikante Pionier-Vorteile im Marktanteil und bessere Effizienzscores, wurden aufgrund besserer Management-Ressourcen vermutet. Kritik jedoch an der Annahme, dass Managementfähigkeiten ausschließlich für den positiven Marktanteilseffekt des Pioniers verantwortlich wären.
BRYMAN (1997) Fallstudienuntersuchung US-Zeichentrickfilm-Branche	Der Pionier hatte eher Nachteile, da die Folger die technischen und organisatorischen Innovationen schnell aufholten und Free-Riding durchführten. Patente boten nur einen geringen Schutz, da gerade durch die Mobilität der Mitarbeiter Innovationen diffundierten.
MAKADOK (1998) Stichprobenuntersuchung 1015 Geldmarktfonds in 33 Produktkategorien	Pioniere und frühe Folger erzielten nachhaltige Preisvorteile und leichte Vorteile beim Marktanteil. Der Pionier-Vorteil war oft nachhaltig, wenn Ressourcen-Positionierungs-Barrieren aufgebaut werden konnten. Die Schlüsselressource für den Pionier-Erfolg war der Zugang zu potentiellen Kunden und entsprechende Lock-In-Effekte.

Tabelle 3.1 (Fortsetzung 3): **Überblick über die empirischen Studien zu Pionier-Vorteilen**
Quelle: Eigene Darstellung

Trotz der großen Zahl von Arbeiten zu Pionier-Vorteilen kritisierten **Lieberman und Montgomery** (1998), dass deren konzeptionelle fundamentale Probleme noch immer nicht abschließend geklärt seien. Für eine rein empirische Forschung sei der Pionier-Vorteil zu generell und definitorisch schwer zu fassen. Die Autoren empfahlen daher, den First-Mover-Ansatz mit theoretischen Konzepten, insbesondere dem ressourcenbasierten Ansatz, zu verbinden.[420] Dieser Empfehlung soll im folgenden Abschnitt gefolgt werden.

---

[420] Vgl. Lieberman/Montgomery (1998), S. 1111f.

3.2 Berücksichtigung von Pionier-Vorteilen in der Theorie

Es gibt keinen wissenschaftlichen Ansatz, der sich mit der Vorteilhaftigkeit eines Markteintritts als Pionier explizit auseinandersetzt. Mit Ausnahme einiger spieltheoretischer Erörterungen war die Forschung zu Pionier-Vorteilen bisher vor allem empirisch ausgerichtet. Im Folgenden soll gezeigt werden, dass es durchaus möglich ist, die Ergebnisse der Pionier-Studien mit theoretischen Ansätzen der Strategieforschung zu verbinden. Die konkreten Anknüpfungspunkte zum marktbasierten Ansatz von Porter, zu ressourcenbasierten Überlegungen und zum Innovationsstreben der Österreichischen Schule werden hierzu herangezogen.

3.2.1 Spieltheoretische Erklärungsansätze

Neben der empirischen Pionier-Forschung beschäftigten sich vor allem **Spieltheoretiker** mit Pionier- bzw. Folger-Strategien. Sie konstruierten Spiele zwischen zwei Akteuren, die bestimmte Spielzüge (Strategien) hintereinander durchführen müssen. Hierbei determiniert die Wahl des ersten Spielzuges (Aktion) immer die Entscheidung des zweiten Akteurs. Folglich müssen beide Akteure jeweils die Entscheidung (Spielzug) ihres Vorgängers in ihre Strategiewahl mit einbeziehen.[421] Es wird zwischen endlichen und unendlichen sowie kooperativen und nicht kooperativen Spielen unterschieden.[422] Die Spieltheorie ist formal-logischer Natur und unterstellt rationale Entscheidungen der Akteure.[423]

Eine der bekanntesten Vertreterinnen der Spieltheorie im Zusammenhang mit der Pionier-Diskussion ist Ester **Gal-Or**. Sie konnte in ihrem Artikel aus dem Jahre 1985 zeigen, dass zwei identische Spieler, die sequentiell in einen Markt eintraten, unterschiedliche Profite erreichten. Dabei ging sie davon aus, dass die Handlungsentscheidung des Folgers von der Situation vor seinem Markteintritt abhängt. Inwieweit einer der Akteure einen Vorteil generieren konnte, lag am Verlauf der sog. **Reaktionsfunktionen**.[424] Es entstanden Second-Mover-Advantages, wenn die strategischen Wahlentscheidungen der Spieler positiv miteinander verbunden waren. Ein präventiver Pio-

---

421 Vgl. Bresser (1998), S. 236; Camerer (1991), S. 139.
422 Die Ausprägung der Spiele hat Auswirkungen auf deren Verlauf. Dies soll im Folgenden allerdings nicht weiter vertieft werden. Bei First-Mover-Advantages kann man eher von nicht kooperativen Spielen ausgehen, die vermutlich unendlich angelegt sind. Zur Erläuterung vgl. Bresser (1998), S. 237.
423 Vgl. Camerer (1991), S. 137.
424 Eine negative Reaktionskurve bedeutet, dass der First-Mover in der Lage ist, präventive Maßnahmen zu ergreifen; eine positive Reaktionskurve gestattet dem Newcomer Imitation oder Preisvorteile gegenüber dem First-Mover.

nier-Vorteil entstand nur dann, wenn die Reaktionsfunktion eine negative Kurve aufwies.[425]

In einer weiteren Veröffentlichung eines Führer-Folger-Spiels zeigte Gal-Or, dass selbst **Verschleierungstaktiken** des Pioniers einen Newcomer bei seiner Wahl nicht verwirren können. Die korrekten Informationen über den Zustand des Marktes lassen sich vielmehr immer aus den Aktionen des First-Movers ableiten, wodurch der Folger aus den Fehlern des Pioniers lernen kann.[426]

Die Spieltheorie, die sich vor allem durch das Studium mathematischer Modelle von bestimmten Situationen im Wettbewerb auszeichnet, bereicherte den Wissensstand zur First-Mover-Diskussion allerdings nur vereinzelt.[427] Beispielsweise versuchte Lieberman (1987), die Auswirkungen von **Lernkurveneffekten** auf das Wettbewerbsverhalten von Unternehmungen in einem spieltheoretischen Modell abzubilden.[428] Guasch und Weiss (1980) untersuchten in einem Zwei-Firmen-Modell, inwieweit eine spätere Unternehmung mehr fähige **Mitarbeiter** anwerben kann als ein Pionier.[429] Glazer (1985) kam mit Hilfe der Spieltheorie zu dem Ergebnis, dass die Pionier-Strategie einer Unternehmung allein nicht ausreiche, um deren Erfolg zu erklären. Aus diesem Grund differenzierte er zwischen bestimmten Eigenschaften des Marktes. In **erfolgreichen Märkten** sei die First-Mover-Strategie besser als die Folger-Strategie, wobei dies jedoch nicht generell über alle Märkte hinweg der Fall sein müsse.[430]

Bresser (1998) bezeichnet diese Konzentration auf einzelne Fragmente des Untersuchungsgegenstandes in Anlehnung an Camerer (1991) als „**Kollage**"-**Problem** der Spieltheorie.[431] Da die Spieltheorie vor allem auf die Reihenfolge der Spielzüge abzielt, werden z. B. auch Macht- und Einflussstrukturen zwischen den Akteuren nicht berücksichtigt.[432] Die Spieltheorie setzt sich aus einer Vielzahl situationsspezifischer

---

425 Vgl. Gal-Or (1985), S. 649f.
426 Vgl. Gal-Or (1987), S. 288f. Dies widerspricht Abschreckungsstrategien mit Hilfe von Investitionsankündigungen.
427 Vgl. Bresser (1998), S. 236f.
428 Vgl. Lieberman (1987), S. 441ff.
429 Vgl. Guasch/Weiss (1980), S. 453ff.
430 Wenn z. B. der Markt nicht die erforderliche kritische Größe erreicht, scheitert der First-Mover, und Folger werden gar nicht in den Markt eintreten. Diese treten nur in erfolgreiche Märkte ein, in denen dann die Pioniere über Erfahrungen und damit strategische Vorteile verfügen. Glazer zufolge werden Innovationsvorteile aufgrund der Beispiele in erfolgreichen Märkten überschätzt; vgl. Glazer (1985), S. 474ff.
431 Vgl. Bresser (1998), S. 239; Camerer (1991), S. 149.
432 Vgl. Sydow (1992), S. 171.

Einzelmodelle zusammen.[433] Für die Betrachtung des komplexen First-Mover-Phänomens wäre jedoch eine zusammenhängende Theorie erforderlich, die die Spieltheorie nicht bieten kann. Vielmehr lassen sich nicht einmal die verschiedenen Pionier-Untersuchungen der Spieltheorie in einem Gedankengerüst modellieren.

Neben der oben genannten allgemeinen Kritik[434] an der Spieltheorie ist zur Erklärung der First-Mover-Advantages einzuwenden, dass auch den Anforderungen an die **Rationalität** der Akteure in der Realität nicht entsprochen werden kann.[435] Aus den Ergebnissen spieltheoretischer Modelle ergeben sich lediglich Hinweise, wie sich Unternehmungen im Falle vollkommener Rationalität verhalten würden.[436] Ferner ist die **Betrachtungsperspektive** der Spieltheorie auf Einzel-Unternehmungen gerichtet, nicht auf eine Branche,[437] wodurch z. B. Marktasymmetrien oder besondere Branchencharakteristika nicht erfasst werden können.

Die Spieltheorie basiert auf **Gleichgewichtsannahmen**.[438] Die Umwelt wird mit Ausnahme der jeweils betrachteten Variablen ausgeblendet. Gleichgewichtslösungen müssen allerdings in einer konkreten Problemstellung angezweifelt werden, führen doch gerade Ungleichgewichte bzw. Asymmetrien zu First-Mover-Chancen.[439]

Zwar ist die reale Wettbewerbssituation immer vom strategischen Verhalten und den Reaktionen der Beteiligten auf sequentielle Markteintritte bestimmt, die spieltheoretische Modellsituation, in der der Pionier auf einen gänzlich unbearbeiteten Markt trifft und seine Maßnahmen völlig frei von wettbewerbstaktischen Zwängen planen und durchführen kann, ist in der Praxis jedoch nur selten anzutreffen. Lediglich in Fällen radikaler Innovationen und Revolutionen könnte diese Idealsituation vorliegen.[440] Aus diesem Grunde wird der Spieltheorie selbst von ihren Befürwortern nur ein beschränkter Aussagewert für die Theorie zu Marktstrukturen zugeschrieben.[441] Letztlich liegen die Grenzen der Spieltheorie darin, einzig die Markteintrittssituation eines Folgers in einen Markt mit einem zuvor eingetretenen Wettbewerber zu betrachten.

---

433 Vgl. Minderlein (1993), S. 195.
434 Vgl. hierzu die Ausführungen bei Bresser (1998), S. 238f; Camerer (1991), S. 137ff. und Minderlein (1993), S. 195f.
435 Vgl. z. B. Knyphausen-Aufseß (1995), S. 71f.; Camerer (1991), S. 138 + 141f.
436 Vgl. z. B. Minderlein (1993), S. 196; Camerer (1991), S. 148f.; Saloner (1991), S. 132f. Die empirische Überprüfbarkeit bleibt unbeachtet.
437 Vgl. Bresser (1998), S. 237.
438 Vgl. Bresser (1998), S. 238f.; Camerer (1991), S. 142ff.
439 Vgl. z. B. Abell (1978) und Lieberman/Montgomery (1988).
440 Vgl. Oelsnitz (1996a), S. 187.
441 Vgl. Eaton/Ware (1987), S. 14; Saloner (1991), S. 129f.

Damit kann die Spieltheorie dem Pionier keine Entscheidungshilfe bei der Wahl und Umsetzung seiner Timing-Strategie liefern.

3.2.2 Marktbasierte Elemente

Die Diskussion möglicher Quellen von Pionier-Vorteilen in Kapitel zwei hat gezeigt, dass nachhaltige Wettbewerbsvorteile durch einen frühen Markteintritt vielfach auf potenzielle **Eintrittsbarrieren** gründen. Daneben sind auch andere Einflüsse des Branchenumfelds, d. h. der Umwelt, für die Ausgestaltung eines Pionier-Vorteils von Bedeutung. Umweltbetrachtungen wurden insbesondere durch den MBV geprägt. Folglich bietet sich eine Überprüfung möglicher Erkenntnisgewinne für das First-Mover-Konzept aus dem MBV bzw. den Arbeiten von Michael Porter an.

3.2.2.1 Darstellung wichtiger Elemente des Market-based View

Die wichtigste Grundlage des MBV ist das „**Structure-Conduct-Performance**"-**Paradigma**[442], das insbesondere von Mason[443] und Bain[444] sowie Vertretern der volkswirtschaftlichen Industrieökonomik[445] in den 50er Jahren entwickelt wurde. Dieses Paradigma besagt, dass das Ergebnis (Performance) einer Unternehmung von der Marktstruktur (Structure) und dem Verhalten der Unternehmung (Conduct) determiniert wird. Sind Unternehmungen mit ihrem Ergebnis unzufrieden, müssen sie die Struktur so verändern, dass z. B. der Markteintritt von Konkurrenten verhindert oder erschwert wird.[446]

Die Analyse der Umwelt setzt sich aus den beiden Beobachtungsfeldern „generelle Umwelt" und „Aufgabenumwelt" zusammen. Die Trends der **generellen Umwelt** bestehen in ökonomischen, technologischen, politisch-rechtlichen und soziokulturellen Gegebenheiten.[447] Die **Aufgabenumwelt** entspricht der konkreten Branchenumwelt. Mit letzterer setzte sich vor allem **Porter** intensiv auseinander. Mit seinem Buch „Competitive Strategy" machte er Anfang der 80er Jahre die Industrieökonomik auch der Forschung und Lehre des Strategischen Managements zugänglich,

---

442 Vgl. Mason (1939); Bain (1956); Minderlein (1993), S. 164.
443 Mason gilt als Begründer der Industrieökonomik. Er versuchte zu beweisen, dass Unternehmungen unter ähnlichen Marktbedingungen ähnliche Politiken und Praktiken verfolgen; vgl. Mason (1939), S. 61ff.
444 Bain war ein Schüler Masons und erweiterte den firmenbezogenen Marktstrukturansatz zum industriebezogenen Marktstrukturansatz; vgl. Bain (1956).
445 Die Industrieökonomik wird häufig auch als „industrial organization" oder „industrial economics" bezeichnet.
446 Vgl. Porter (1981), S. 611; Barney (1986b), S. 792f.; Haertsch (2000), S. 61.
447 Vgl. Bresser (1998), S. 181; Staehle (1990), S. 573ff.; Wheelen/Hunger (2002), S. 51ff.

indem er sowohl zur theoretischen Fundierung als auch zur inhaltlichen Konkretisierung des Strategiekonzeptes beitrug.[448] In den folgenden Jahrzehnten wurde der MBV zur dominierenden strategischen Ausrichtung.[449]

Im Zentrum des MBV steht die **Unternehmungsumwelt** und damit die Struktur der Branche, mit der die Unternehmungen anschließend in Beziehung gesetzt werden.[450] Die Unternehmungen selbst werden als homogen angesehen und in ihren internen Charakteristika nicht weiter betrachtet. Der MBV folgt einer „Outside-in"- Perspektive, da die Branche bzw. Aufgabenumwelt die Aufgabenerfüllung und Zielerreichung der Unternehmungen determiniert.[451] Die Analyse der Branchenstruktur ist folglich ein wichtiger Faktor für strategische Entscheidungen. Porter bot mit seinem in Abbildung 3.4 dargestellten **5-Forces-Modell** ein Instrument zur Branchenanalyse, das sowohl in der Beratungspraxis als auch im Strategischen Management vielfach angewendet wurde.[452]

---

448 Vgl. Minderlein (1993), S. 157ff.
449 Vgl. Sampler (1998), S. 343.
450 Vgl. Porter (1980), S. 3.
451 Vgl. Minderlein (1993), S. 164; Bresser (1998), S. 183.
452 Vgl. Porter (1980), S. 3ff.

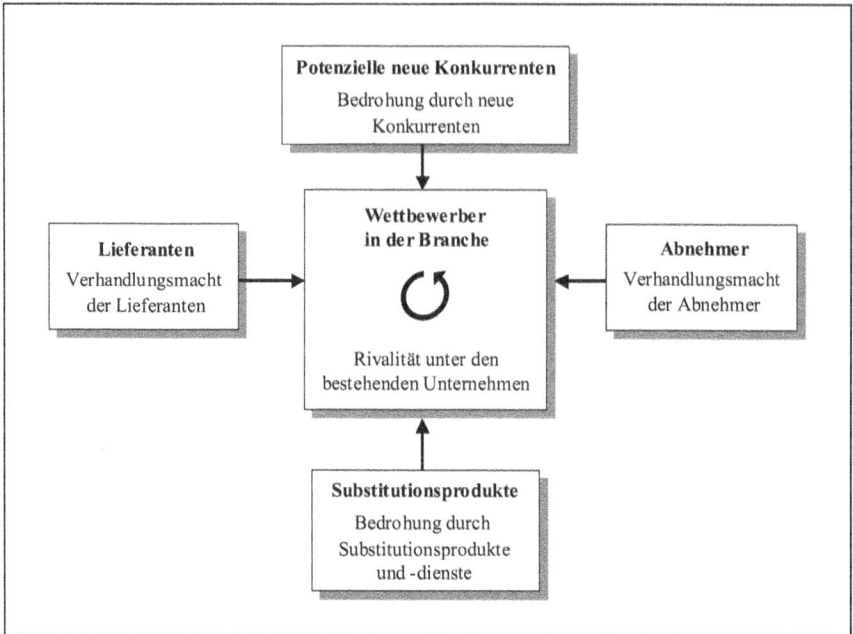

Abbildung 3.4: Die Branchenstrukturanalyse nach Michael Porter
Quelle: Porter (1980), S. 4

Nach Porter determinieren fünf Wettbewerbskräfte (5 Forces) die Wettbewerbsintensität sowie das Rentabilitätspotenzial innerhalb einer Branche und damit deren Attraktivität:

(1) Die Gefahr des Markteintritts neuer Konkurrenten ist für die etablierten Unternehmungen vor allem mit Preissenkungen und dem Verlust von Marktanteilen verbunden.[453] Dadurch kann sich ihre Rentabilität verringern. Das Ausmaß dieser Bedrohung hängt insbesondere von bestehenden **Markteintrittsbarrieren** und den zu erwartenden Reaktionen der etablierten Wettbewerber ab. Durch Markteintrittsbarrieren wird verhindert, dass die Branchenrendite mit neu eintretenden Wettbewerbern geteilt werden muss.[454] Sind die Barrieren hoch oder drohen Vergeltungsmaßnahmen etablierter Wettbewerber, so ist die Bedrohung durch einen Markteintritt eher gering.

---

453 Vgl. Porter (1980), S. 7ff.; Simon/Homburg (1995), Sp. 1744ff.
454 Vgl. Minderlein (1989), S. 6f.

Porter identifizierte folgende Eintrittsbarrieren: Economies of Scale, Produktdifferenzierung, Kapitalbedarf, Umstellungskosten, Zugang zu Vertriebskanälen, größenunabhängige Kostennachteile und staatliche Politik.[455]

(2) **Rivalität** unter den bestehenden Unternehmungen entsteht, wenn einer der Konkurrenten seine Position verbessern will.[456] Da eine solche Positionsveränderung Auswirkungen auf alle anderen Wettbewerber hat, werden diese versuchen, dieser mit Maßnahmen wie Preissenkungen, Werbemaßnahmen und Produktneueinführungen entgegenzuwirken. Die geschilderte Rivalität resultiert aus diversen Strukturfaktoren: der Anzahl, Größe und Heterogenität der Konkurrenten, der Geschwindigkeit des Branchenwachstums, hohen Fix- und Lagerkosten, fehlender Produktdifferenzierung oder Wechselkosten, großen Kapazitätserweiterungen, großer strategischer Bedeutung oder hohen Austrittsbarrieren.

(3) Auch **Substitutionsprodukte** (Ersatzprodukte) stellen einen wichtigen Wettbewerbsfaktor dar.[457] Sobald diese durch ihre Beschaffenheit das eigene Produkt zu einem besseren Preis-Leistungs-Verhältnis ersetzen können, werden sie zu einer ernsten Bedrohung. Aus diesem Grund müssen Unternehmungen nicht nur die eigene Branche beobachten, sondern auch Entwicklungen in angrenzenden bzw. sogar entfernteren Branchen in ihre Entscheidungen einbeziehen. Mit einer Erhöhung der Produktqualität oder einer weitgehenden Produktdifferenzierung können Unternehmungen dieser Bedrohung begegnen.

(4) **Abnehmer** können Wettbewerber gegeneinander ausspielen, indem sie die Preise drücken, eine höhere Qualität oder bessere Leistungen verlangen.[458] Die Stärke der Abnehmer hängt von bestimmten Merkmalen ihrer Marktsituation ab: von der Konzentration der Abnehmergruppe, dem Anteil am Gesamtumsatz des Verkäufers, vom Standardisierungsgrad und der Differenzierung der Produkte, von niedrigen Wechselkosten, niedrigen Gewinnen und vom Informationsgrad der Abnehmer. Eine Unternehmung sollte daher die Auswahl der Zielgruppe auch unter strategischen Gesichtspunkten genau planen.

(5) Ebenso wie die Abnehmer können auch **Lieferanten** einen Einfluss auf den Erfolg der Unternehmung ausüben.[459] Die Lieferantenmacht zeigt sich in drohenden Preiser-

---

455 Vgl. Porter (1980), S. 7ff.
456 Vgl. Porter (1980), S. 17ff.
457 Vgl. Porter (1980), S. 23f.
458 Vgl. Porter (1980), S. 24ff.
459 Vgl. Porter (1980), S. 27ff.

höhungen oder Qualitätssenkungen ihrer Leistungen. Die Gruppe der Lieferanten ist dann besonders mächtig, wenn sie stärker konzentriert ist als die Abnehmer, wenn ihre Produkte einzigartig oder differenziert sind, wenn es keine Ersatzprodukte für das Lieferantenprodukt gibt und wenn Wechselkosten beim Abnehmer bestehen.

Die Branchenstrukturanalyse unterstützt die Identifizierung einer geeigneten Marktposition. Sie zeigt die entscheidenden **Chancen und Risiken** des Marktumfeldes auf, regt die Unternehmung zur Standortbestimmung innerhalb der Branche an, erhellt die potenziell einträglichsten Marktbereiche, die durch strategische Veränderungen erschlossen werden können, und zeigt auf, welche Branchentrends die größten Chancen und Risiken bergen. Dies gilt auch für Pionier-Unternehmungen mit sehr starker Marktstellung und schwacher Bedrohung durch potenzielle neue Konkurrenten, denn auch diese würden nur geringe Erträge ernten, wenn sie sich unvorbereitet einem höherwertigeren und billigeren Ersatzprodukt gegenübersähen.[460]

Auf Basis der Branchenstrukturanalyse muss eine Unternehmung entscheiden, ob und wie sie in der betrachteten Branche in Wettbewerb treten will. Porter empfiehlt dazu drei strategische Wettbewerbsstrategien, die **generischen Strategien** der umfassenden Kostenführerschaft, der Differenzierung und der Konzentration auf Schwerpunkte, die in Abbildung 3.5 dargestellt werden.[461]

---

460 Selbst wenn keine Ersatzprodukte existieren und kein neuer Eintritt droht, begrenzt die intensive Rivalität unter den bestehenden Konkurrenten die potenziellen Erträge; vgl. Porter (1980), S. 29f.
461 Vgl. Porter (1980), S. 34ff.

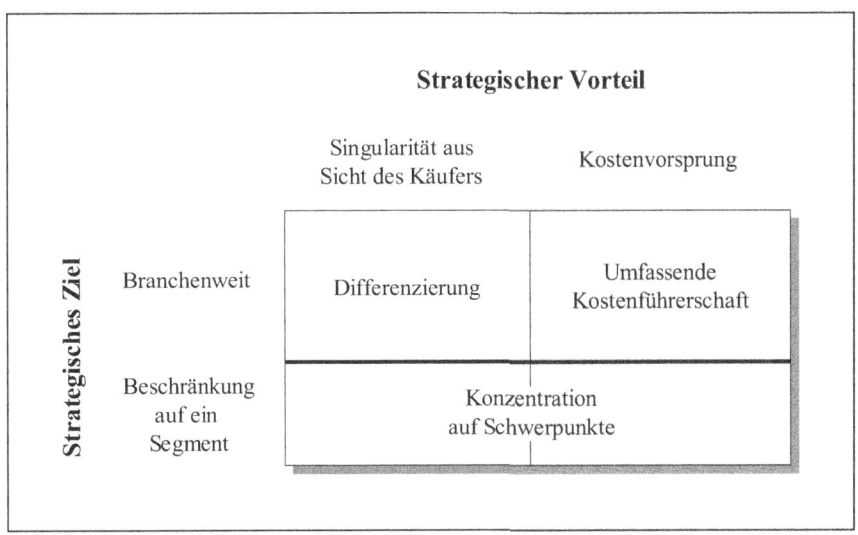

Abbildung 3.5: Die generischen Strategien nach Michael Porter
Quelle: Porter (1980), S. 39

Für die **umfassende Kostenführerschaft** wird sich eine Unternehmung entscheiden, wenn sie ihre Kosten minimieren und somit einen Kostenvorsprung innerhalb der Branche erzielen will.[462] Die Kostenführerschaft beinhaltet den Aufbau effizienter Produktionsanlagen, das Ausnutzen von Kostenvorteilen, wie Lernkurveneffekte oder Skalenvorteile, und eine strenge Kostenkontrolle. Eine gute Kostenposition kann in der Regel durch niedrige Preise an die Kunden weitergegeben werden, wobei Qualität und Service der Produkte meist außer Acht gelassen werden. In jeder Branche gibt es üblicherweise nur einen Kostenführer, der in Krisensituationen Vorteile durch seine bessere Kostensituation nutzen kann.

Bei der **Differenzierung**[463] gestaltet eine Unternehmung ihre Produkte so, dass sie in der Branche als einzigartig angesehen werden. Ansätze der Differenzierung bieten sich in Design, Markenbildung, Technologie, Kundendienst sowie Händlernetz, wodurch den Kunden ein zusätzlicher Wert geboten wird, der sich gleichzeitig in einem höheren Preis niederschlägt. Die Differenzierungskosten dürfen dabei nicht die

---

462 Vgl. Porter (1980), S. 35ff.
463 Vgl. Porter (1980), S. 37f.

zusätzlichen Preismargen übersteigen. Innerhalb der Branche können mehrere Unternehmungen eine Differenzierungsstrategie verfolgen, wobei die jeweiligen Differenzierungsattribute unterschiedlich sein müssen. Ziel dieser Strategie sind überdurchschnittliche Erträge und ein exklusiver Ruf der Unternehmung.

Während die ersten beiden generischen Strategien auf die gesamte Branche abzielen, stellt die **Konzentrationsstrategie** eine Fokussierung auf spezifische Marktsegmente (Marktnischen, bestimmte Abnehmergruppen oder Produktbestandteile, geographische Märkte) innerhalb der Branche dar.[464] Dabei sollen diese Segmente effizienter oder effektiver bedient werden als von branchenweiten Wettbewerbern. Die Konzentration kann in Form einer Kostenführerschaft oder einer Differenzierung erfolgen.

Da jede Strategie bestimmte finanzielle und organisatorische Anpassungen erfordert, rät Porter dringend, nur eine der drei generischen Strategien zu wählen. Durch Mischformen ließe sich nur eine schlechte Marktposition und eine geringe Rentabilität erreichen, weil dadurch z. B. Abnehmer großer Mengen durch zu hohe Preise oder exklusive Kunden durch mangelnde Qualität verloren gingen.[465] Es gäbe nur wenige Ausnahmen, in denen eine Unternehmung gleichzeitig mehrere Strategien verfolgen könne. Inwieweit die Internet-Ökonomie eine derartige Branche darstellt, soll in Kapitel vier diskutiert werden.

Nachdem Porter in seinen Ausführungen aus dem Jahre 1980 kaum Aussagen darüber machte, wie eine Unternehmung die Wettbewerbsvorteile durch Kostenführerschaft, Differenzierung oder Konzentration erreichen kann, lieferte er 1985 in seinem Folgewerk „Competitive Advantage" hierzu genauere Anweisungen.[466] Näheres ist der folgenden Abbildung 3.6 zu entnehmen.

---

464 Vgl. Porter (1980), S. 38ff.
465 Porter bezeichnet dies als „Zwischen den Stühlen", vgl. Porter (1980), S. 41ff.
466 Vgl. Porter (1985), S. 36ff.

Berücksichtigung von Pionier-Vorteilen in der Theorie

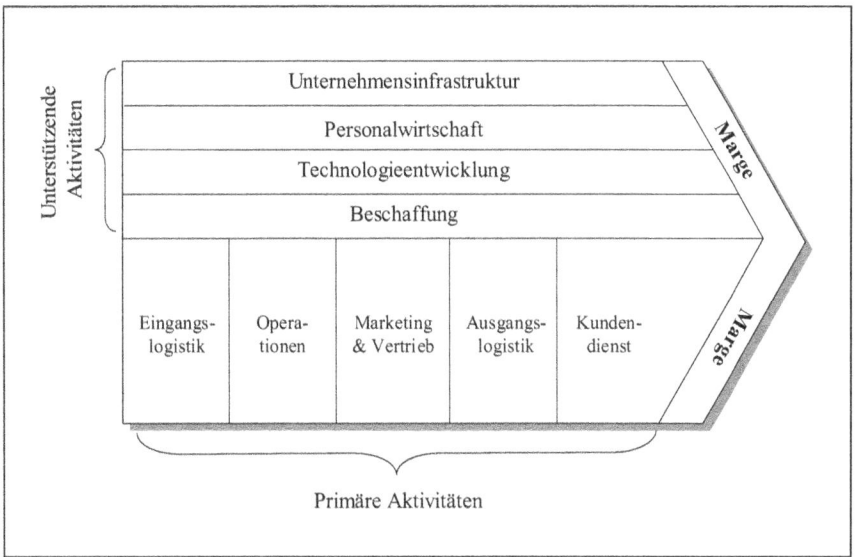

Abbildung 3.6: Das Modell der Wertkette nach Michael Porter
Quelle: Porter (1985), S. 37

Bei der Wertkettenanalyse wird eine Unternehmung als Ansammlung von Aktivitäten verstanden, in der sich der gesamte Wert der Unternehmung widerspiegelt. Die Wertkette setzt sich aus einzelnen Aktivitäten zusammen. Dabei unterscheidet Porter zwischen primären und unterstützenden Aktivitäten. Erstere beziehen sich auf die physische Produktion sowie den Verkauf und bestehen aus Eingangslogistik, Operationen, Marketing, Vertrieb, Ausgangslogistik und Kundendienst. Die unterstützenden Aktivitäten lassen sich in Beschaffung, Technologieentwicklung, Personalwirtschaft und Unternehmungsinfrastruktur einteilen. Der Gewinn der Unternehmung ist das Ergebnis dieser Aktivitäten und entsteht, wenn der Wert der erstellten Produkte (Verkaufspreis) über den Herstellungskosten liegt.[467]

Die Wertkette ist für Porter eindeutig unternehmungsspezifisch; damit unterscheiden sich die Wertketten der Unternehmungen einer Branche zwangsläufig. Hiermit reagiert Porter auf Kritiker, die die Berücksichtigung der Individualität und Unterschied-

---

[467] Vgl. Porter (1985), S. 36ff; Börner (2000), S. 56.

lichkeit von Unternehmungen im klassischen Porter-Konzept bemängelten.[468] Es sei als Vorausblick auf den RBV betont, dass Porter nicht nur von unterschiedlichen Wertketten innerhalb einer Branche ausgeht, sondern diese Unterschiede sogar mit der Historizität einer Unternehmung begründet.[469] Mit dem Wertkettenmodell gelingt Porter eine Erweiterung der bis dahin rein externen Perspektive der Industrieökonomik.

3.2.2.2 Kritik am MBV und Weiterentwicklungen

Der MBV und insbesondere die Arbeiten von Porter haben die Strategietheorie eindeutig bereichert, indem komplexe strategische Fragestellungen in stringenten, leicht erfassbaren und für die Praxis handhabbaren Denkmustern und Instrumenten abgebildet wurden.[470] Die Branchenstrukturanalyse ist ein einfaches Modell, das Unternehmungen bei der Entscheidung ihrer Strategie – auch ihrer Timing-Strategie – wertvolle Hilfe leisten kann. Dennoch lassen sich auch hier einige Kritikpunkte anführen.

Die **Unterstellung homogener Anbieter** in einer Branche ist nicht haltbar. Vor allem dieser Einwand führte zur Überarbeitung des ursprünglichen Konzeptes und zur Einführung der „**Strategischen Gruppen**".[471] Dabei werden Unternehmungen nicht mehr als homogene, autonome Einheiten einer Branche betrachtet, sondern in Gruppen eingeteilt, die bestimmte Ähnlichkeiten aufweisen und identisches Verhalten bei Störungen zeigen. Die Gewinnverteilung ist damit nicht nur von branchenweiten Faktoren (z. B. Marktwachstum), sondern auch von Einflüssen der Gruppenstruktur abhängig. Die Eintrittsbarrieren in und zwischen diesen Gruppen sind unterschiedlich; sie werden als Mobilitätsbarrieren bezeichnet.[472]

Den Hauptkritikpunkt am MBV bildet die einseitige Ausrichtung auf den Absatzmarkt und die **unzureichende interne Betrachtung**,[473] bei der Unternehmungen gewissermaßen als „Black-Box" betrachtet werden. Individuelle Ressourcen und Fähigkeiten der Unternehmung finden als Quelle von Wettbewerbsvorteilen keine

---

468 Vgl. Börner (2000), S. 57f.
469 Vgl. Börner (2000), S. 57; Rasche (1994), S. 406.
470 Vgl. Rühli (1994), S. 41; Eschenbach/Kunesch (1994), S. 189.
471 Vgl. die Arbeiten zu „Strategic Groups" von Porter (1980), S. 129; Caves/Porter (1977), S. 241ff.
472 Vgl. Haertsch (2000), S. 66f.; Caves/Porter (1977), S. 241ff.; Caves/Ghemawat (1992), S. 1ff.; Mascarenhas/Aaker (1989), S. 476. Mobilitätsbarrieren (MOB) sind dabei entweder die absoluten Kosten, die beim Wechsel von einer Gruppe in eine andere entstehen (z. B. Vollziehung der vertikalen Integration), oder operationale bzw. variable Kostennachteile, die eine neu eintretende Unternehmung gegenüber einer etablierten Unternehmung zu verzeichnen hat. MOB werden in der vorliegenden Arbeit nicht berücksichtigt, da Strategische Gruppen in neuen Märkten (wie den hier untersuchten) noch nicht existieren.
473 Vgl. Rühli (1994), S. 41f.; Teece (1984), S. 90; Amit/Schoemaker (1993), S. 40.

Beachtung. Diese Einwände spiegeln die Ideen des RBV wider, der im Abschnitt 3.2.3 genauer untersucht wird.

Durch die starke ökonomische Ausrichtung des MBV fehlen organisationale, verhaltenswissenschaftliche, gesellschaftliche und kognitive Erklärungsmuster.[474] Die Unternehmungsrentabilität als wichtigstes Unternehmungsziel soll durch **rationale Planung** erreicht werden. Aber weder das Verhalten der Entscheidungsträger noch die Branchenstrukturanalyse sind vollständig rational. Porters Rahmen suggeriert jedoch die Fiktion einer objektiv determinierbaren Branchenstruktur.[475]

Der Fokus des MBV auf strukturelle Gegebenheiten der Branche führt zu einer **Vernachlässigung dynamischer Aspekte**.[476] Das Verhalten der Wettbewerber wird weitgehend als stabil angesehen. Gerade in einer dynamischen, von technologischem Wandel geprägten Branche ändern sich die Branchenmerkmale aber überaus schnell und grundlegend.[477] Aus diesem Grunde treffen Porters Annahmen am ehesten für Märkte in der Reifephase zu. In **jungen Märkten** dagegen sind die dynamischen Kräfte allgemein höher, und es liegen „strategische Unsicherheiten" vor, weil Daten über die Marktstruktur bzw. die Wettbewerber und ihr Verhalten fehlen.[478] Im Gegensatz zur traditionellen Industrieökonomik lässt der MBV allerdings zu, dass eine Unternehmung durch ihr strategisches Verhalten Einfluss auf die Branchenstruktur bzw. auf die Wettbewerbskräfte nehmen kann.[479]

McWilliams und Smart kritisieren, dass Investitionen in **Eintritts- bzw. Mobilitätsbarrieren** nicht ohne Weiteres zu Wettbewerbsvorteilen führen, da von den Investitionen nicht nur die jeweiligen Unternehmungen, sondern auch deren Konkurrenten, z. B. aufgrund von Free-Rider-Effekten, profitieren können. Außerdem ist ungewiss, ob der Nutzen solcher Investitionen die Kosten wirklich übersteigt.[480]

Trotz dieser Kritikpunkte ist der wesentliche Beitrag der Arbeiten von Porter darin zu sehen, dass er ausgehend von der Branchenstruktur nicht nur ein System zur Defini-

---

474 Vgl. Rühli (1994), S. 41; Bresser (1998), S. 184ff.
475 Vgl. Bresser (1998), S. 185; Whittington (2001), S. 26f.; Haertsch (2000), S. 79.
476 Vgl. Bresser (1998), S. 184ff.; Ilinitch/D´Aveni/Lewin (1996), S. 217.
477 Auch hier wird das Konzept der Strategischen Gruppen (Mobilitätsbarrieren) sowie die Hinwendung zur Spieltheorie als partielle Dynamisierung der Branchenstrukturanalyse angesehen; vgl. Bresser (1998), S. 186; Caves (1984; 1998).
478 Vgl. Porter (1980), S. 215ff. Porter formuliert zwar auch strategische Empfehlungen für junge Branchen, Börner wirft ihm jedoch vor, dass seine Aussagen dabei an Originalität verlieren und vor allem an konkretem Anwendungsbezug; vgl. Börner (2000), S. 64.
479 Vgl. Börner (2000), S. 61.
480 Vgl. Oster (1990), S. 67; McWilliams/Smart (1993), S. 68ff.

tion von Strategien entworfen, sondern darüber hinaus mit dem Konzept der Wertkette ein Instrument vorgestellt hat, das als Erklärungsversuch für die Entstehung von Wettbewerbsvorteilen in der Unternehmung betrachtet werden kann.[481]

3.2.2.3 Anknüpfungspunkte des MBV an das First-Mover-Konzept

Der MBV und die Arbeiten von Porter weisen einige Verknüpfungsmöglichkeiten mit dem First-Mover-Konzept auf. Die auffälligste Übereinstimmung liegt in der Bedeutung von **Markteintrittsbarrieren**, die sich in vielen Veröffentlichungen zum Thema Pionier-Vorteile als Bezugspunkt wiederfinden.[482] Die Erzielung nachhaltiger First-Mover-Advantages hängt maßgeblich davon ab, ob der Pionier mit Hilfe von Eintrittsbarrieren seine Monopolstellung ausnutzen kann.

Generell wird unterstellt, dass mit der Wahl des Eintrittszeitpunktes als Pionier Wettbewerbsvorteile verbunden seien.[483] Porter zeigt weiter, wie Unternehmungen sich gegenüber ihren Wettbewerbern am Markt mit Hilfe von **Kostenführerschaft oder Differenzierung** erfolgreich positionieren können.[484] Anknüpfungspunkte zum First-Mover-Konzept lassen sich dabei auf der einen Seite in Kostenvorteilen durch Lernkurven- oder Skaleneffekte (angebotsbezogene Pionier-Vorteile) und auf der anderen Seite in differenzierungsbedingten Vorteilen der Pioniere in der Kundenwahrnehmung (nachfragebezogene Pionier-Vorteile) erkennen.

Auch die **Branchenstrukturanalyse** stellt ein hilfreiches Instrument zur Analyse der Wettbewerbssituation dar. Dadurch können einerseits Pionier-Unternehmungen ihre relative Stärke bestimmen, andererseits erhalten auch nachfolgende Wettbewerber Ansatzpunkte für ihre Markteintrittsstrategie. Vor allem wegen der klaren Strukturierung und Handhabbarkeit dieses Instrumentes wird es in der vorliegenden Arbeit als Grundlage für die Wettbewerbsanalyse der unterschiedlichen Internet-Unternehmungen dienen.

In Bezug auf die Wahl der Markteintrittsstrategie kritisiert Knyphausen-Aufseß die Anwendung industrieökonomischer Ansätze, da diese suggerierten, dass die Ausgangsbedingungen der Unternehmung keinen Einfluss auf deren Markteintrittsstrate-

---

481 Vgl. Börner (2000), S. 51.
482 Vgl. bspw. Urban et al. (1986); Robinson/Fornell (1985); Karakaya/Stahl (1989).
483 Vgl. Lambkin (1988), S. 127; Urban et al. (1986), S. 645; Kalyanaram/Robinson/Urban (1995), S. G212.
484 Vgl. Porter (1980), S. 34ff.

gie hätten.[485] Aus diesem Grund sollen im folgenden Abschnitt auch die Ressourcen der Unternehmung als Einflussfaktor auf die Timing-Strategie genauer betrachtet werden.

3.2.3 Ressourcenbasierte Elemente

Da sich außer den Spieltheoretikern nur vereinzelt Autoren mit dem Problem der First-Mover-Advantages theoretisch auseinander gesetzt hatten,[486] empfahlen **Lieberman und Montgomery** in ihrem Artikel aus dem Jahre 1998, die Ergebnisse aus empirischen Pionier-Studien mit dem theoretischen Gebäude des RBV zu verbinden.[487] Die Autoren versprachen sich ein hohes Synergiepotential von einer Verbindung beider Ansätze. Auf der einen Seite enthalte die Literatur zu First-Mover-Advantages empirische Erkenntnisse, die große Lücken im RBV füllen könnten, auf der anderen Seite liefere das Rahmengerüst des RBV Ansatzpunkte für den Entwurf neuer, anspruchsvollerer Studien zum Markteintritts-Timing.

3.2.3.1 Darstellung wichtiger Elemente des Resource-based View

Die Forschung im Bereich unternehmungsinterner Stärken hat bereits eine lange Tradition.[488] Wichtige Wurzeln des RBV sind in den Arbeiten von **Edith Penrose** und in der **SWOT-Analyse von Kenneth Andrews** zu sehen. Penrose untersuchte 1959 Wachstum und Wachstumsgrenzen von Unternehmungen aufgrund unternehmungsinterner Ressourcen. Unternehmungen wurden als spezifische Kombination produktiver Ressourcen angesehen, die Wettbewerbsvorteile nicht durch ihre Stellung auf dem Produktmarkt, sondern durch die Einzigartigkeit ihrer Ressourcen erzielen.[489] Andrews setzte in seiner SWOT-Analyse die Bedeutung der Umweltanalyse mit der internen Analyse der Unternehmung gleich. Bevor eine Strategie gewählt werden kann, muss sowohl eine Analyse der Chancen und Risiken der Unternehmungsumwelt als auch eine der Stärken und Schwächen der Unternehmung selbst erfolgen.[490]

---

485 Vgl. Knyphausen (1993), S. 772.
486 Vgl. Lambkin (1988), S. 131ff. Der Einsatz des Populations-Ökologischen-Modells von Hannan/Freeman konnte in der Untersuchung nur einen geringen Beitrag zu der FMA-Diskussion leisten. Die Theorie sollte die Selektion bestimmter Unternehmung erklären, die erfolgreich sein könnten. Daher nutzte die Autorin auch in späteren Artikeln das Paradigma der Industrieökonomik. Vgl. Lambkin (1992), S. 17ff.
487 Vgl. Lieberman/Montgomery (1998), S. 1111f. Beide Forschungsströme hatten bisher voneinander unabhängig große Prominenz erlangt.
488 Vgl. Barney (1991), S. 99ff.
489 Vgl. Penrose ursprünglich 1959 und in der 3. Aufl. (1995), S. 24.
490 Vgl. Andrews (1987), S. 18.

Optimal ist eine Strategie nur dann, wenn sie einen Fit zwischen beiden Analysebereichen herstellt.[491]

Die moderne Ressourcentheorie wurde vor allem durch die Arbeit von **Birger Wernerfelt** (1984) geprägt.[492] Er bereitete den Weg für den RBV als Forschungsgrundlage für das Strategische Management, indem er industrieökonomische Arbeiten durch eine Ressourcenperspektive ergänzte.[493] Produkte und Ressourcen sind Wernerfelt zufolge „zwei Seiten derselben Medaille". Für die Herstellung von Produkten werden Ressourcen benötigt. Gleichzeitig kann eine bestimmte Unternehmungsressource bei verschiedenen Produkten eingesetzt werden.[494]

Den Gedanken von Wernerfelt schlossen sich viele Wissenschaftler an, da der RBV eine Alternative und einen Gegenpol zum MBV darstellte.[495] Die **Homogenitätsprämisse** des MBV wurde abgelöst durch Annahme der grundsätzlichen Unterschiedlichkeit von Unternehmungen. Die Vertreter des RBV forderten den Aufbau und Schutz unternehmungsspezifischer Fähigkeiten und Kompetenzen, womit sie den Fokus ihrer Betrachtung in die interne Unternehmung verlegten.[496] Die Betrachtungsperspektive wird beim RBV umgekehrt: Folgt der MBV einer „Outside-in"-Perspektive, bei der die unternehmungsexternen Umfeldmerkmale entscheidend für die Handlungen der Unternehmung sind, so unterliegt der RBV einer „Inside-out"-Perspektive.[497]

Im Vergleich zum MBV dominiert beim RBV nicht nur ein einziger Autor. Inzwischen liegen unterschiedlich weit entwickelte Konzepte vor, durch die eine normativ vorgegebene Potenzial- und Ressourcenorientierung in den Mittelpunkt der Entwicklung unternehmungsstrategischer Verhaltensempfehlungen gerückt wird.[498] Aus diesem Grund existiert auch eine **Definitionsvielfalt** hinsichtlich des Ressourcenbegriffes sowie der Abgrenzungen der Begriffe Ressourcen, Fähigkeiten/Fertigkeiten und Kernkompetenzen. Definierte Wernerfelt Ressourcen 1984 noch allgemein als

---

491 Vgl. hier auch die Nähe zum Konzept der Strategischen Fenster von Abell (1978).
492 Vgl. Wernerfelt (1984).
493 Vgl. Bresser (1998), S. 305.
494 Vgl. Wernerfelt (1984), S. 171f.
495 Vgl. Wernerfelt (1984, 1995); Barney (1986b, 1991, 1997); Conner (1991); Peteraf (1993); Mahoney/Pandian (1992).
496 Vgl. Bresser (1998), S. 677; Rumelt (1991); Knyphausen (1993); Haertsch (2000), S. 83; Peteraf (1993), S. 186.
497 Vgl. Rasche (1994), S. 4; spricht hier vom Resource-Conduct-Performance-Paradigma.
498 Vgl. Bresser (1998), S. 307ff. So gibt es im RBV auch die Kernkompetenz-Diskussion, angeregt durch Prahalad und Hamel, die anhand empirischer Beispiele erfolgreiche Unternehmungen in schnellen Umweltveränderungen darstellten und den Ursprung ihres Erfolgs in Kernkompetenzen sahen; vgl. Prahalad/Hamel (1990), S. 81f.

Stärke oder Schwäche einer Unternehmung[499], so lassen mittlerweile beispielsweise Unterscheidungen in materielle und immaterielle Ressourcen[500] eine konkretere Fassung des Begriffs zu.[501] Da es bei der Anwendung des RBV in der Praxis sowie im Rahmen einer empirischen Analyse eher unwahrscheinlich ist, dass Unterschiede zwischen Ressourcen, Fähigkeiten und Kompetenzen von den Unternehmungen angegeben werden können, soll für diese Arbeit in Anlehnung an Barney die folgende Ressourcendefinition gewählt werden:[502]

„...firm resources include all assets, capabilities, organisational processes, firm attributes, information, knowledge, etc. controlled by a firm that enable the firm to conceive of and implement strategies that improve its efficiency and effectiveness."[503]

Jede Unternehmung besitzt firmenspezifische, einzigartige Ressourcen, deren spezielle Kombination für die individuelle wirtschaftliche Leistung verantwortlich ist.[504] Dabei unterliegt der RBV zwei Prämissen, die als Voraussetzung dauerhafter Wettbewerbsvorteile angesehen werden: Ressourcen-Heterogenität und Ressourcen-Immobilität.[505] Die **Ressourcen-Heterogenität** ergibt sich aus der asymmetrischen Ressourcenallokation der einzelnen Unternehmungen. Sie hat ihre Ursache in der Unvollkommenheit der Faktormärkte.[506] Die **Ressourcen-Immobilität** ist auf den Entstehungsprozess der Ressourcen zurückzuführen. Insbesondere wichtige immaterielle Ressourcen entwickeln sich im Laufe der Unternehmungs-Geschichte und sind daher immobil und nicht handelbar.[507]

Die Vertreter des RBV befassen sich mit der Frage, durch welche Ressourcen oder Ressourcenkombinationen eine Unternehmung **nachhaltige Wettbewerbsvorteile** (Sustained Competitive Advantages) generieren kann.[508] Dabei wird ausgeschlossen,

---

499 Vgl. Wernerfelt (1984), S. 172.
500 Materielle Ressourcen sind z. B. Produktionsanlagen, Standort, EDV-Systeme, unter immateriellen Ressourcen sind die Unternehmungskultur, Patente, Reputation, technisches Know-how und organisationale Fähigkeiten zu verstehen; vgl. Wernerfelt (1984), S. 172ff.; Rasche (1994), S. 38ff.
501 Zur Einteilung von Ressourcen vgl. Bamberger/Wrona (1996), S. 132f.; Barney (1991), S. 101.
502 Für weitere Unterschiede vgl. die Kernkompetenzdefinition von Hamel und Prahalad (1990, S. 81f.) und die Unterscheidung in Resources, Capabilities und Strategic Assets von Amit und Schoemaker (1993, S. 39f).
503 Barney (1991), S. 101.
504 Vgl. Mahoney/Pandian (1992), S. 364f.; Rumelt (1987), S. 143f.; Williamson (1979), S. 233ff. Diese Aussage wurde inzwischen empirisch bestätigt von Miller und Shamsie (1996), S. 539f.
505 Vgl. Barney (1991), S. 103f.; Knyphausen (1993), S. 776; Bresser (1998), S. 306.
506 Vgl. Barney (1991), S. 99ff. In der Realität dominieren Faktorunvollkommenheiten, die sich dadurch erklären lassen, dass bestimmte Ressourcen aufgrund ihrer hohen Unternehmungsspezifität nicht oder kaum transferierbar sind; vgl. Rasche/Wolfrum (1994), S. 503.
507 Vgl. Bresser (1998), S. 306.
508 Nachhaltige Wettbewerbsvorteile liegen vor, wenn die Unternehmung mit ihrem Angebot die Kundenbedürfnisse besser befriedigen kann als jeder ihrer Konkurrenten; vgl. Barney (1991), S. 105ff.

dass die Unternehmungsstrategie und daraus resultierende Wettbewerbsvorteile durch einfache Imitation der Konkurrenten zunichte gemacht werden können.[509] Die Unterscheidung zwischen gewöhnlichen Wettbewerbsvorteilen, bei denen eine Strategie lediglich nicht zeitgleich von einem Konkurrenten umgesetzt wird, und nachhaltigen Wettbewerbsvorteilen, deren Strategie durch die Konkurrenten nicht dupliziert werden kann, wurde von Barney (1997) aufgegriffen und im sog. **VRIO-Framework** schematisch dargestellt. Diesem Framework zufolge ist ein Wettbewerbsvorteil dann nachhaltig, wenn er auf Ressourcen beruht, die wertvoll, rar, nicht oder nur unvollständig imitierbar und in der internen Organisation verankert sind.[510]

Wertvoll (**V**aluable) bedeutet, dass die Ressourcen wertstiftenden Charakter haben müssen, d. h. der Steigerung von Effizienz/Effektivität der Unternehmung dienen.[511] Ferner sollten die Ressourcen knapp sein (**R**are). Möglichst wenig Wettbewerber sollten über die Ressource verfügen oder sich Zugang dazu verschaffen können. Nicht oder nur unvollständig imitierbar (**I**nimitable) sind Ressourcen, wenn sie von Wettbewerbern nicht gänzlich imitiert oder substituiert werden können. Dabei wirken drei **Imitationsbarrieren**:[512]

- Historizität der Unternehmungen: Jede Unternehmung ist durch eine idiosynkratische Entwicklung gekennzeichnet, die zum Aufbau spezifischer Ressourcen geführt hat. Es liegt eine Pfadabhängigkeit der Ressourcen vor, da ihre Beschaffenheit durch vergangene Entscheidungen geprägt wurde und sie daher von anderen Unternehmungen nicht reproduziert werden können.[513]

- Kausale Ambiguität: Bei den Konkurrenten herrscht Unklarheit über den Kausalzusammenhang zwischen unternehmungsspezifischen Ressourcen und daraus resultierenden Wettbewerbsvorteilen.[514] Diese lassen sich daher, insbesondere beim Vorliegen immaterieller Ressourcen, nicht kopieren.[515]

---

509 Vgl. Barney (1991), S. 105ff.; Grant (1991), S. 123ff.; Knyphausen (1993); Rasche/Wolfrum (1994).
510 Vgl. Barney (1997); Bresser (1998), S. 306; Rasche/Wolfrum (1994), S. 503f.; Knyphausen (1993), S. 776f., Bamberger/Wrona (1996), S. 135ff.
511 Vgl. Bresser (1998), S. 306. Der wertstiftende Charakter muss aber auch vom Kunden wahrgenommen werden; vgl. Rasche/Wolfrum (1994), S. 503.
512 Vgl. Barney (1991); Dierickx/Cool (1989), S. 1507ff.; Reed/DeFilippi (1990), S. 88ff.
513 Vgl. Bresser (1998), S. 306f. Die Pfadabhängigkeit kann jedoch auch ein Nachteil für die Unternehmung sein, da es schwer ist, einen einmal eingeschlagenen Pfad wieder zu verlassen (vgl. hierzu auch die Gedanken des Transaktionskostenansatzes, Sunk Costs und die Incumbent Inertia).
514 Der Aspekt der kausalen Ambiguität z. B. untersucht von Dierickx/Cool (1989), S. 1508f.
515 Vgl. Lippmann/Rumelt (1982), S. 418ff.

- Soziale Komplexität: Viele Ressourcen (z. B. die Unternehmungsreputation) basieren auf komplexen sozialen Phänomenen, die nicht beeinflusst oder isoliert werden können.[516] Auch hierdurch werden Duplikationsversuche erschwert.[517]

Zusätzlich zu den oben genannten Faktoren muss die Unternehmung über eine interne Organisation (Internal **O**rganization) verfügen, mit der das gesamte Potenzial der Ressourcen ausgenutzt werden kann.[518]

Barneys VRIO-Framework stellt eine Art Kriterienkatalog dar, mit dessen Hilfe eine Unternehmung den Wert ihrer Ressourcen und die Nachhaltigkeit eines Wettbewerbsvorteils identifizieren kann.[519] Folgt man diesem Schema, wird offensichtlich, dass materielle Ressourcen, wie Fabrikgebäude oder Rohstoffe, imitierbar und wenig spezifisch sind und demnach nur selten die VRIO-Kriterien erfüllen.[520] Anders verhält es sich bei immateriellen Ressourcen. In einer empirischen Untersuchung wurde nachgewiesen, dass Unternehmungs- und Produktreputation sowie Mitarbeiter-Wissen am stärksten zum Unternehmungserfolg beitragen und die VRIO-Kriterien am ehesten erfüllen.[521] Diese Ressourcen sind im Allgemeinen nicht handelbar, da ihre Faktormärkte imperfekt (Incomplete) sind.[522]

Der Ursprung des RBV ist im Kern ein **ökonomischer**, da Ressourcen grundsätzlich über den Markt handelbar sein können.[523] Jede Unternehmung, die Ressourcen über den Markt erwirbt, könnte jedoch nur „normale" Gewinne erzielen. Ressourcen, die den VRIO-Kriterien entsprechen hingegen sind nicht handelbar; ihre Faktormärkte sind imperfekt und „incomplete".[524] Es existiert kein Zugang zu diesen Ressourcen

---

516 Vgl. Haertsch (2000), S. 92; Barney (1991), S. 110; Dierickx/Cool (1989), S. 1508. Die Verankerung in der Kultur beschrieb Fiol (1991), S. 191 ff.
517 Vgl. Bresser (1998), S. 307.
518 Vgl. Barney (1997), S. 171 ff.
519 Vgl. Barney (1997), S. 159 ff.
520 Vgl. Collis/Montgomery (1997), S. 28.
521 Immaterielle Ressourcen werden oft als wichtigster Imitationsschutz bezeichnet; vgl. Reed/DeFilippi (1990), S. 90. Als wichtigste immateriellen bzw. intangiblen Ressourcen wurden Reputation, Mitarbeiterwissen, Kultur sowie Netzwerk-Beziehungen der Unternehmung identifiziert; vgl. Hall (1992), S. 141 + (1993), S. 616f.
522 Vgl. Dierickx/Cool (1989), S. 1505; Penrose (1995); Wernerfelt (1984), S. 171 ff.; Prahalad/Hamel (1990); Barney (1991), S. 99 ff.; Grant (1991), S. 114 ff.; Peteraf (1993), S. 179 ff.; Mahoney/Pandian (1992), S. 364 ff.
523 Vgl. Barney (1986b). Unter der Bedingung eines vollkommenen Marktes würde der Preis dann den zukünftig erwarteten Erträgen entsprechen. Vgl. die Aussagen von Michael Porter bei Argyres/McGahan (2002), S. 47.
524 Vgl. Dierickx/Cool (1989), S. 1505.

über einen Markt.⁵²⁵ Viele Fähigkeiten einer Unternehmung sind nicht im Organigramm oder Geschäftsbericht ersichtlich, sondern in der Tiefenstruktur einer Organisation verankert, da sie durch langwierige Lernprozesse erworben wurden.

Der RBV wendet als Erfolgsmaßstab daher nicht nur das Überleben sondern den (möglichst überdurchschnittlichen) **Gewinn** der Unternehmung an.⁵²⁶ Dieser wird dann überdurchschnittlich bzw. **supranormal** sein, wenn er das Niveau überschreitet, das bei vollkommenem Wettbewerb auf Produkt- und Faktormärkten erreicht wird. Grundlage für einen solchen Erfolg sind die unterschiedlichen Ressourcenausstattungen der Unternehmungen, die zur Generierung von **Renten** führen.⁵²⁷ Diese sind als Rückflüsse definiert, die über die Opportunitätskosten eines Ressourcenbesitzes hinausgehen.⁵²⁸ Je schwieriger Ressourcen und Fähigkeiten zu kaufen, verkaufen, imitieren oder substituieren sind, desto höher ist ihr Wert.⁵²⁹

3.2.3.2 Kritik am RBV und Weiterentwicklungen

Die Aussagen des RBV wurden in der Praxis mit Begeisterung aufgenommen, da geglaubt wurde, mit ihrer Hilfe viele Probleme des strategischen Managements lösen zu können.⁵³⁰ Trotz dieses Enthusiasmus ist auch der RBV nicht ohne Schwachstellen und wurde daher von verschiedenen Seiten kritisiert.⁵³¹

Auf die **Begriffsvielfalt** und die Terminologie-Probleme des RBV wurde bereits hingewiesen. Eine begriffliche Abgrenzung ist dringend erforderlich,⁵³² umso mehr, als die Modellierung eines anerkannten Frameworks zum RBV (analog zum MBV) für die weitere Forschung von großem Nutzen wäre.⁵³³ Ferner ist der Erkenntnisstand des RBV bisher vor allem theoretischer Art, und einige Autoren argumentieren, es

---

525 Vgl. Penrose (1995); Wernerfelt (1984), S. 171ff.; Prahalad/Hamel (1990); Barney (1991), S. 99ff.; Grant (1991), S. 114ff.; Peteraf (1993), S. 179ff.; Mahoney/Pandian (1992), S. 364ff.
526 Vgl. Knyphausen-Aufseß (1997), S. 458f.
527 Vgl. auch Peteraf (1993), S. 180; Amit/Schoemaker (1993), S. 38; Castanias/Helfat (1991), S. 155ff.; Mahoney/Pandian (1992), S. 364 ff.
528 Vgl. Dörner (2002), S. 50.
529 Die Operationalisierung des Rentenbegriffs ist allerdings vielfach kritisiert worden; vgl. Knyphausen-Aufseß (1997), S. 462.
530 Vgl. Barney/Wright/Ketchen (2001), S. 625.
531 Hier sollen nicht die Kritik an der Theoriefähigkeit des RBV und der Tautologievorwurf näher dargestellt werden. Diese Fragestellung bedarf einer wissenschaftstheoretischen Auseinandersetzung, die den Rahmen dieser Arbeit übersteigen würde. Vgl. in diesem Zusammenhang z. B. Priem/Butler (2001), S. 22ff. und die Antwort von Barney (2001), S. 41ff.; Porter (1991), S. 108.
532 Vgl. Collis (1994), S. 144ff.; Rasche/Wolfrum (1994); Wernerfelt (1995), S. 172. Priem und Butler sprechen von All-inclusive-Ressourcen: Die Definitionen sind allumfassend und für Praktiker eigentlich gar nicht umsetzbar; vgl. Priem/Butler (2001), S. 32f.
533 Es existieren inzwischen unterschiedliche Schulen, die sich mit der Frage der Ressourcencharakteristika und ihrer Entstehung (Struktur-Schule) sowie der Frage der Ressourcengenerierung (Prozess-Schule) beschäftigen.

existiere immer noch nur eine **geringe empirische Basis**.[534] Rühli bezeichnet den RBV daher als **emergente Theorie**, die in ihrer Darstellung noch wesentlich weniger ausgereift sei als der Ansatz von Porter.[535]

Der schärfste Vorwurf betrifft die **ungenügende Berücksichtigung der Umwelt** und die zu enge und kontextlose Betrachtungsweise des RBV.[536] Wettbewerbsvorteile lassen sich nicht zwangsläufig nur aus unternehmungsinternen Kompetenzen und Ressourcen ableiten.[537] Wichtig ist immer auch die Nutzenstiftung der Ressourcen am Markt. Sonst besteht die Gefahr, dass Ressourcen akkumuliert werden, die zwar in ihrer Funktion einzigartig sind, aber trotz allem keinen Beitrag zu einer überragenden Wettbewerbsposition am Markt leisten.[538] Der fundamentale Wert einer Ressource wird nur durch die gleichzeitige Betrachtung ihres Umfelds erkennbar.[539] RBV und MBV sollten daher als komplementär angesehen werden.[540]

Die Betonung **dauerhafter statt temporärer Wettbewerbsvorteile** stellt ein weiteres Problem des RBV dar. Gerade in einer Hochtechnologie-Branche sind dauerhafte Wettbewerbsvorteile jedoch unrealistisch.[541] Einige Autoren fordern daher die dynamische Anreicherung des RBV-Konzepts durch die Berücksichtigung temporärer Wettbewerbsvorteile und damit ein Wettbewerbsverständnis, das auf Gleichgewichte ausgerichtet ist.[542] Der längerfristige Erfolg beruht dann eher auf der Generierung einer Serie von temporären Wettbewerbsvorteilen.[543] Verfügt eine Unternehmung nach dieser Logik nur über einen temporären Wettbewerbsvorteil, da ihre Ressourcen leicht imitierbar sind, muss durch die Weiterentwicklung dieser Ressourcen eine neue

---

534 Vgl. Bresser (1998), S. 307ff.; Freiling (2001), S. 45. Priem und Butler kritisieren die fehlende empirische Absicherung; vgl. Priem/Butler (2001), S. 36. Barney verweist jedoch auf eine breite empirische Basis; vgl. Barney (2001), S. 46.
535 Vgl. Rühli (1994), S. 44.
536 Vgl. hierzu die Kritik von Bresser (1998), S. 308. McGahan und Porter stellen daher heraus, dass die Branche in jedem Fall einen Einfluss auf den Erfolg der jeweiligen Unternehmung hat; vgl. McGahan/Porter (1997), S. 29.
537 Vgl. Börner (2000), S. 90; Rasche (1994), S. 213ff.
538 Vgl. Rasche/Wolfrum (1994), S. 507.
539 Vgl. Collis (1994), S. 143ff.; Rühli (1994), S. 50; Rasche/Wolfrum (1994); Bamberger/Wrona (1996); Bresser (1998), S. 308.
540 Vgl. Barney (1991), S. 100; Amit/Schoemaker (1993); Rühli (1994), S. 51; Collis/Montgomery (1995), S. 124ff.; Bamberger/Wrona (1996).
541 Vgl. Bresser (1998), S. 307.
542 Vgl. Nault/Vandenbosch (1996), S. 353; Young/Smith/Grimm (1996), S. 243f.; Jacobson (1992); Fiol (2001), S. 691.
543 Vgl. Fiol (2001), S. 695. Vgl. die Ausführungen zum Hyperwettbewerb in Abschnitt 3.2.4.2 und bei D'Aveni (1994).

Ressourcenkombination hervorgebracht werden, die von der Konkurrenz erst mit einer Verzögerung imitiert werden kann.[544]

Obwohl der RBV **Innovationen** nicht nur zulässt, sondern geradezu fordert, wird nicht ausgeschlossen, dass ein auf Innovationen beruhender nachhaltiger Wettbewerbsvorteil schnell obsolet werden kann.[545] Das Problem liegt in der mangelnden Betrachtung von Dynamik.[546] Zwar weist der RBV deutlicher als der MBV darauf hin, dass Dynamik strategisch nutzbar ist, dennoch bleiben Wettbewerbsvorteile stets durch potenzielle Innovationen der Konkurrenz gefährdet.[547] In dynamischen Umwelten können Wettbewerbsvorteile nur gehalten werden, wenn die Unternehmung sich ständig wandelt. Nachhaltige Wettbewerbsvorteile sind damit eigentlich nicht möglich.[548]

Als Antwort auf diese Kritik entstand in jüngster Zeit der **„Dynamic Capabilities"- Ansatz**.[549] Dynamische Fähigkeiten zeigen sich in Koordinations- und Integrationsprozessen interner und externer Aktivitäten, in Lernprozessen sowie in der Rekonfiguration und Transformation von organisationalen sowie Managementprozessen, wenn Umweltveränderungen dies erforderlich machen. Es handelt sich also um Prozesse, die Unternehmungen nutzen können, um ihre Ressourcenbasis zu verbessern und neue Wettbewerbsvorteile zu generieren.[550] Da die dynamischen Fähigkeiten in der Tiefenstruktur der Unternehmung verwurzelt sind, sind sie intangibel und somit schwer imitierbar.[551]

Eisenhardt und Martin stellen einen Zusammenhang zwischen dynamischen Fähigkeiten und **unterschiedlichen Marktstrukturen** her. Je stabiler die Marktstruktur, desto komplexer und spezialisierter können die dynamischen Fähigkeiten sein. In einem hoch-volatilen Markt wie der Internet-Ökonomie sollten sie allerdings eher einfach strukturiert sein, um die nötige Flexibilität in unternehmerischen Entscheidungen zu

---

544 Vgl. Ghemawat (1986), S. 53ff.
545 Vgl. die Ausführungen zum Innovators Dilemma von Christensen (1997) in Kapitel zwei.
546 Vgl. Priem/Butler (2001), S. 33; Barney (2001), S. 51f.
547 Vgl. Börner (2000), S. 92f.
548 Vgl. Barney/Wright/Ketchen (2001), S. 631; Fiol (2001), S. 691; Ghemawat (1986), S. 58.
549 Vgl. Teece/Pisano/Shuen (1997), S. 518ff.; Eisenhardt/Martin (2000); Dosi/Nelson/Winter (2000).
550 Vgl. Barney/Wright/Ketchen (2001), S. 630f.; Teece/Pisano/Shuen (1997), S. 516; Leonard-Barton (1992), S. 114.
551 Vgl. Knyphausen-Aufseß (1995), S. 88ff.; Collis (1994).

gewährleisten. Bei Internet-Unternehmungen liegen deshalb nur wenige und tendenziell eher einfache Regeln vor, die die Handlungsmuster festlegen.[552]

Bei der Erweiterung des RBV durch dynamische Fähigkeiten spielt die **Pfadabhängigkeit** eine wichtige Rolle. Die Geschichte und Entwicklung einer Unternehmung hat maßgeblichen Einfluss z. B. auf deren technologische oder innovative Fähigkeiten. Spätere Entscheidungen hängen von Lernprozessen aus der Vergangenheit ab. Die Pfaddeterminiertheit einer Unternehmung stellt allerdings auch eine Begrenzung des strategischen Managements und der jeweiligen Entscheidungsspielräume dar.[553] Das Festhalten an historisch entwickelten Technologien, Verhaltensweisen und Denkmustern kann dazu führen, dass aus bewährten Fähigkeiten Starrheit entsteht,[554] oder in ausgereiztes Potenzial investiert wird, statt in künftig wettbewerbsrelevante Aktivitäten. Durch zu starke Orientierung an unternehmungsinternen Stärken wird u. U. der Übergang zu einer neuen Ressourcenstruktur verpasst, weil Chancen- und Risikoprofile in Verkennung der zukünftigen Entwicklung verzerrt wahrgenommen wurden.[555]

Die jüngsten Entwicklungen in vielen Märkten haben dazu geführt, dass die Annahme dauerhafter Wettbewerbsvorteile nur noch eingeschränkt Geltung besitzt.[556] Gerade in schnelllebigen Produktlebenszyklen verlieren Ressourcen durch drohende Erosion, Substitution und Imitation an Wert. Die **Nichtimitierbarkeit der Ressourcen** hat daher ihre Bedeutung für die Unternehmung verloren.[557] Es kann vielmehr sinnvoll sein, Imitationen zu erleichtern und ggf. auch die eigene Position zu kannibalisieren, bevor es die Konkurrenten tun.[558] Eine innovative Pionier-Unternehmung hat ihren Imitatoren dennoch immer einen Zeitvorteil und entsprechend temporäre, supranormale Gewinne voraus.[559] Aus den genannten Gründen fordert Bresser unter Bezugnahme auf die neoinstitutionalistische Organisationstheorie, dass der RBV sich stärker auch mit der Relevanz imitierbarer Ressourcen für den Aufbau von Wettbewerbsvorteilen auseinandersetzen sollte.[560]

---

552 Dies bedeutet nicht, dass die Handlungsmuster dieser Unternehmung unstrukturiert wären; vgl. Eisenhardt/Martin (2000), S. 1111f.
553 Vgl. Rasche (1994), S. 401.
554 Vgl. Leonard-Barton (1992), S. 118ff.; Grant (1991), S. 122f.
555 Vgl. Rasche (1994), S. 401f.; Börner (2001), S. 91.
556 Vgl. dazu auch die Ausführungen von D´Aveni (1994), die in Abschnitt 3.2.4 näher erläutert werden.
557 Vgl. Bresser (1998), S. 308; Collis (1994).
558 Vgl. Nault/Vandenbosch (1996), S. 342.
559 Vgl. Jacobson (1992), S. 803; Bresser (1998), S. 309.
560 Vgl. DiMaggio/Powell (1991); Zucker (1991); Bresser (1998), S. 309

Ein weiterer Kritikpunkt am RBV liegt in der **mangelnden praktischen Umsetzbarkeit** ressourcenbasierter Erkenntnisse.[561] So fehlen adäquate Instrumente und ein passender Denkrahmen, um Ressourcen in der Praxis identifizieren zu können.[562] Weiter besagt der RBV beispielsweise, dass sich wertvolle Ressourcen durch hohe soziale und kausale Diffusion sowie durch Informationsbarrieren auszeichnen, welche aber gleichzeitig in der eigenen Unternehmung identifizierbar sein müssen. Letztlich unterliegt der RBV einer **Vergangenheitsorientierung**, welche es zwar retrospektiv gestattet, die für einen Wettbewerbsvorteil verantwortlichen Ressourcen zu benennen, mit der jedoch die Identifizierung zukünftiger Erfolgsressourcen trotz aller Überlegungen zu den ‚dynamic capabilities' bisher nur unzureichend möglich ist.[563] Außerdem gibt es wenig konkrete Hinweise darüber, was eine Ressource wertvoll macht und weshalb nur bestimmte Unternehmungen besondere Ressourcen aufbauen können.[564]

3.2.3.3 Anknüpfungspunkte des RBV an das First-Mover-Konzept

Wernerfelt stellte 1984 in seinem ersten Artikel bereits eine Verbindung zwischen First-Mover-Advantages und dem RBV her. Dabei handelte es sich um die Einführung von „Resource-Position-Barriers", die dem ersten Besitzer einer Ressource eine relativ bessere Wettbewerbsposition als nachfolgenden Besitzern ermöglichen sollten.[565] Während in der frühen Pionier-Forschung die Entstehung von Pionier-Vorteilen durch Markteintrittsbarrieren, dem Ausnutzen einer Monopolstellung und damit vor allem aus der Branchenstruktur heraus begründet wurde, liegt nach dem RBV die Betonung vor allem auf **spezifischen, schwer imitierbaren Ressourcen** als zentrale Voraussetzung für den Erfolg einer Pionier-Unternehmung.

Im Zentrum der Argumentation von **Lieberman und Montgomery** (1998) standen zwei Grundgedanken, die eine Verknüpfung des RBV mit dem First-Mover-Advantage-Konzept möglich machten: Zum einen fand die **optimale Timing-Entscheidung** stärkere theoretische Beachtung, zum anderen wurde die Kritik am RBV hinsichtlich seiner **fehlenden empirischen Basis** aufgegriffen. Diese Kritik betraf besonders die Frage, wie Ressourcen und Fähigkeiten sich im Zeitablauf entwi-

---

561 Vgl. Grant (1991), S. 115.
562 Vgl. Eschenbach/Kunesch (1994), S. 132.
563 Vgl. Foss/Robertson (2000), S. 2.
564 Vgl. Porter (1991), S. 108f.
565 Vgl. Wernerfelt (1984), S. 173.

ckeln.⁵⁶⁶ Durch eine Neupositionierung der empirischen Pionier-Studien innerhalb der Grenzen des RBV wäre es möglich, auch dem RBV eine stärkere empirische Basis zu verleihen. Jede der genannten Studien liefert Erkenntnisse über die Akkumulation von Ressourcen und Fähigkeiten in Pionier-Unternehmungen. Aufgrund der ähnlichen Argumentationsstrukturen (Isomorphismus) des RBV und der Pionier-Forschung würden durch eine Verknüpfung beide Theorien fundamental bereichert. Dabei stellt sich die Frage,

- unter welchen Voraussetzungen der frühe Eintritt es einer Unternehmung ermöglicht, überlegene Ressourcen und Fähigkeiten anzusammeln, und
- inwieweit die elementaren Ressourcen und Fähigkeiten den optimalen (und aktuellen) Zeitpunkt des Markteintritts bestimmen.

Bei ihren Überlegungen definierten Lieberman und Montgomery **Ressourcen** als den Bestand an beweglichen und unbeweglichen Vermögensgegenständen sowie an individuellen Fähigkeiten der Mitarbeiter einer Unternehmung. **Fähigkeiten oder Kompetenzen** dagegen grenzten sie als die kollektive Leistungsfähigkeit der Unternehmung bei der Durchführung einer bestimmten Art von Aktivität ab.⁵⁶⁷

Geht man der Frage nach, inwieweit Ressourcen und Fähigkeiten einer Unternehmung durch den frühen Eintritt vermehrt werden, belegte die empirische Pionier-Forschung, dass der frühe Eintritt durchaus die Möglichkeit einer Ressourcenansammlung bot. Die Unsicherheit der marktlichen und technologischen Entwicklung führte allerdings ebenso häufig dazu, dass Ressourcen akquiriert wurden, deren Wert bei der anschließenden Marktentwicklung eher gering blieb. Auch wenn Pioniere imstande sind, geographische und technologische Vorteile sowie Vorzüge in der Kundenwahrnehmung zu erlangen, gibt es keine Garantie, dass die potenziellen Pionier-Vorteile auch in der langfristigen Marktentwicklung zu einer starken Position führen werden. Frühe Einsteiger werden oft von Wettbewerbern aus dem Markt gedrängt, die über „bessere" Ressourcen oder Fähigkeiten verfügen. Ferner unterliegen Pioniere häufig der „**Incumbent Inertia**"⁵⁶⁸, d. h. sie sind nicht flexibel genug, ihre Ressourcenbasis den Marktgegebenheiten anzupassen. Die Dauerhaftigkeit von Pionier-Vorteilen hängt daher nicht nur von den Ressourcen des Pioniers beim Markteintritt sowie der

---

566 Vgl. Lieberman/Montgomery (1998), S. 1112; vor allem aber Porter (1991).
567 Vgl. Lieberman/Montgomery (1998), S. 1112.
568 Vgl. die Ausführungen in Kapitel 2.4.3 zur Trägheit des Marktpioniers.

Entwicklung dieser Ressourcen im Zeitablauf ab, sondern muss vielmehr mit der Ressourcenausstattung späterer Einsteiger in Beziehung gesetzt werden.[569]

Der zweite Anknüpfungspunkt zwischen RBV und First-Mover-Advantage bezieht sich auf den optimalen Markteintrittszeitpunkt. Eine **optimale Timing-Entscheidung** ist in vielen Fällen von den Stärken und Schwächen der jeweiligen Unternehmung abhängig. Bereits 1988 hielten Lieberman und Montgomery fest, dass Unternehmungen, deren Ressourcen in der Produktentwicklung lagen, häufig Pionier-Vorteile realisieren konnten, während bei überlegenen Marketing- und Verarbeitungsfähigkeiten eher ein späterer Eintritt präferiert wurde. Zudem sind viele Unternehmungen nicht in der Lage, sich frei für eine bestimmte Timing-Strategie zu entscheiden. Verfügt eine Unternehmung nicht über die Fähigkeit, innovative Produkte oder Prozesse hervorzubringen, so ist sie zu einer Imitation und damit einer Folger-Strategie gezwungen. Auch die empirische Literatur unterstützt mehrheitlich die These, dass die Ressourcenbasis großen Einfluss auf die Timing-Strategie hat, wobei allerdings auch signifikante Widersprüche zwischen den unterschiedlichen Studien bestehen.[570]

Vereinzelte Hinweise auf die Bedeutung bestimmter Ressourcen finden sich bereits in frühen empirischen Arbeiten zum First-Mover-Advantage. So unterstellten Lieberman und Montgomery die besonderen F&E-Kompetenzen[571], Robinson, Fornell und Sullivan den Wert von Markennamen[572] und Lambkin die finanziellen Ressourcen[573] als wertstiftende Bausteine für den Pionier-Erfolg. Diese Ergebnisse sind allerdings so unvollständig, dass Lieberman und Montgomery hier eine umfassende Systematisierung fordern. Darüber hinaus liefert keine der bisherigen Arbeiten eine theoretisch fundierte Begründung, weshalb bestimmte Ressourcen eine Pionier-Strategie begünstigen.

Da das RBV-Verständnis dauerhafter Wettbewerbsvorteile und die Gleichgewichtsannahme des Marktes[574] nur schwer mit aktivem unternehmerischem und innovativem Handeln vereinbar ist,[575] werden in jüngster Zeit die Erkenntnisse der **Österreichi-**

---

569 Vgl. Lieberman/Montgomery (1998), S. 1113.
570 Vgl. hierzu auch die Ausführungen zum empirischen Forschungsstand in Abschnitt 3.1. sowie Lieberman/Montgomery (1998), S. 1113.
571 Vgl. Lieberman/Montgomery (1988), S. 49.
572 Vgl. Robinson/Fornell/Sullivan (1992), S. 609ff.
573 Vgl. Lambkin (1992), S. 6.
574 „Die Fiktion, Wettbewerb sei ein auf Gleichgewichte ausgerichteter Zustand und nicht ein Ungleichgewichte generierender Prozeß, lebt im RBA fort." Bresser (1998), S. 678.
575 Vgl. Collis/Montgomery (1995), S. 124ff.; Nelson (1991), S. 68; Duschek (2002), S. 51.

schen Schule der Ökonomie als Ergänzung und Dynamisierung des RBV vorgeschlagen.[576]

3.2.4 Ergänzungen durch die Österreichische Schule der Ökonomie

Der Ursprung der Österreichischen Schule[577] wird vielfach in den Arbeiten Carl Mengers aus dem letzten Drittel des 19. Jahrhunderts gesehen. Seither hat sich eine Vielzahl unterschiedlicher Autoren, wie Ludwig von Mises, Friedrich Hayek, Israel Kirzner und Joseph Schumpeter diesem theoretischen Gebäude angeschlossen.[578] Trotz ihrer verschiedenen Schwerpunkte bzw. klarer Unterschiede in der Argumentation ist allen Autoren die **dynamische Konzeption des Marktes** und ein **methodologischer Individualismus**[579] gemein.

3.2.4.1 Grundzüge der Österreichischen Schule

Die Österreichische Schule der Ökonomie stellt den Marktprozess und den Unternehmer in den Mittelpunkt ihrer Betrachtungen. Die Autoren kritisieren die neoklassische Theorie des vollkommenen Wettbewerbs und deren Gleichgewichtsannahme. Stattdessen wollen sie den Markt als einen **dynamischen Prozess** auffassen[580], bei dem z. B. Informationen nicht gleichmäßig unter den Marktteilnehmern verteilt sind.[581] Im Vergleich zur traditionellen Vorstellung der Industrieökonomik, die einen unrealistisch hohen Informationsstand bei allen Marktteilnehmern voraussetzt, verweist die Österreichische Schule auf die Bedeutung von **Innovationen**, durch die die Marktstrukturen einer ständigen Veränderung unterliegen.[582] Der dynamische Marktprozess der Österreichischen Schule besteht folglich aus einem fortwährenden Wechselspiel gleichgewichtsfördernder und gleichgewichtsbehindernder Kräfte.[583] Überdurchschnittliche Erträge eines Unternehmers werden im Zeitablauf neutralisiert. Aus diesem Grund können Wettbewerbsvorteile nicht dauerhaft, sondern lediglich

---

576 Vgl. Bresser (1998), S. 676ff.; Collis/Montgomery (1997), S. 39; Conner (1991), S. 133ff.
577 Die Bezeichnung beruht auf Österreich als damaligem Zentrum nationalökonomischer Forschung. Das Gedankengut der Österreichischen Schule gehört bis heute weder zum Mainstream der BWL noch findet es sich in populären Lehrbüchern der Nationalökonomie.
578 Vgl. z. B. Kirzner (1978); Mises (1980); Hayek (1976); Schumpeter (1997); Jacobson (1992).
579 Unter „methodologischem Individualismus" ist das menschliche Handeln auf der Basis individueller Pläne zu verstehen; vgl. Lachmann (1984), S. 146ff.
580 Vgl. Lachmann (1984), S. 44ff.
581 Vgl. Kirzner (1978), S. 1.
582 Vgl. Bresser (1998), S. 241.
583 Vgl. Lachmann (1984), S. 26 + 45f.

temporärer Natur sein.[584] Damit führt die Österreichische Schule ein Zeitelement in ihre Betrachtung ein[585], welches auch für die Pionier-Strategie von Bedeutung ist.

Das zweite wichtige Merkmal der Österreichischen Schule besteht in der herausragenden Bedeutung des **Unternehmers** (Entrepreneurs) im Marktprozess. Dessen unternehmerische Fähigkeit besteht darin, bisher ungenutzte Gewinnchancen aufzuspüren (Findigkeit) und auszunutzen.[586] Informationsasymmetrien im Markt eröffnen einigen Unternehmern die Möglichkeit, bestimmte Tatbestände zu erkennen und durch Innovationen oder Veränderungen ihrer bisherigen Angebotsbasis darauf zu reagieren. Die Ausnutzung unentdeckter Chancen, die sich z. B. durch die Einführung neuer Produkte auftun, verschafft dem Unternehmer supranormale Gewinne.[587] Diese sind allerdings zeitlich begrenzt, da die Wettbewerber ebenfalls nach Gewinnen streben und auf die Neuerung reagieren werden. In dem sich permanent verändernden Marktumfeld werden verschiedene Entrepreneure fortwährend weitere Innovationen in Form „besserer" Produkte auf den Markt bringen,[588] so dass sich die Ökonomie im Sinne der Österreichischen Schule ständig in einem **Ungleichgewicht** befindet.

Der berühmteste Vertreter der Österreichischen Schule ist **Joseph Schumpeter**.[589] Er entwarf ein dynamisches Modell der Volkswirtschaft, in dem wirtschaftlicher Wandel in der Regel von der Wirtschaft selbst (endogen) hervorgebracht wird.[590] Er zeigte anhand von Konjunkturzyklen, dass endogene Ursachen immer wieder Ungleichgewichtszustände hervorrufen.[591] Den Prozess ständiger Veränderungen im Markt bezeichnete Schumpeter als Prozess der **„schöpferischen Zerstörung"** (Creative Destruction).[592] Innovationen[593], die sich in der Durchsetzung einer neuen Zusammensetzung von Produktionsmitteln zeigen, werden fortlaufend durch bessere

---

584 Vgl. Schumpeter (1997), S. 210ff.; Lachmann (1984), S. 125f.
585 Vgl. Lachmann (1984), S. 41ff.
586 Vgl. Kirzner (1978), S. 54ff.
587 Dieser Gewinnanreiz ist der Motor für Innovationen; vgl. Bresser (1998), S. 240f. Der Ursprung der Gewinne wird unterschiedlich hergeleitet. Von Mises sieht den Ursprung in der bestmöglichen Befriedigung der Verbraucherwünsche, wodurch der Erfolg der Unternehmung stark von der Nachfrage der Verbraucher abhängig wird; vgl. Mises (1980), S. 258ff.
588 „Besser" bedeutet in diesem Fall entweder kostengünstiger für den Konsumenten oder mit überlegenen Eigenschaften; vgl. Kirzner (1978), S. 9f., 18 + 109ff.
589 Auch wenn Schumpeter keine geschlossene Theorie präsentierte und seine eigenen Thesen immer wieder veränderte, legte er doch einige brillante Ideen vor; vgl. Bass (1998), S. 56.
590 Exogene Veränderungen im gesellschaftlichen und natürlichen Umfeld lösen zwar auch Veränderungen in Wirtschaften aus, aber davon unabhängig entwickelt der Wirtschaftsprozess auch eine Eigendynamik.
591 Vgl. Schumpeter (1993), S. 114f.; Bass (1998), S. 25f.
592 Vgl. Schumpeter (1993), S. 134ff.
593 Schumpeter unterscheidet Produkt- und Prozessinnovationen, neue Absatzkanäle, Märkte und Neuorganisation; vgl. Schumpeter (1997), S. 100f.

Kombinationen ersetzt. Dies führt zu einer ständigen Zerstörung vorhandener und gleichzeitig zur Erschaffung neuer Marktstrukturen. Gleichgewichtszustände sind dabei lediglich temporärer Natur. Mit dieser Annahme zumindest temporärer Gleichgewichtszustände unterschied sich Schumpeter von vielen anderen Vertretern der Österreichischen Schule.[594]

Die treibende Kraft der wirtschaftlichen Entwicklung war auch bei Schumpeter der **Unternehmer**. Der Unternehmerstatus verkörpert hier jedoch keinen Beruf, sondern vielmehr eine ökonomische Funktion.[595] Der Unternehmer (insb. als Pionier) verfügt über Kreativität, Begeisterungs- und Durchsetzungsfähigkeit.[596] Er revolutioniert durch das Herbeiführen einer Innovation die vorhandenen Strukturen und bewegt die Wirtschaft aus dem Gleichgewichtszustand. Daraufhin genießt er als Pionier eine temporäre Monopolstellung, aus der er Unternehmergewinne generieren kann. Doch auch diese Gewinne sind nur temporärer Natur, da zunehmend andere Akteure das Verhalten des Unternehmers imitieren. Während die Wirtschaft sich wieder in Richtung auf ein Gleichgewicht zu bewegt, werden die Unternehmergewinne geringer.[597] Trotz der Feststellung temporärer Gleichgewichte hat der Marktprozess positive Auswirkungen für alle Teilnehmer, da insgesamt das Niveau des ökonomischen Wohlstands gestiegen ist.[598]

Die **Imitation von Innovationen** bewertet Schumpeter als negativ und unterscheidet daher den dynamischen Unternehmer vom bloßen Nachahmer.[599] Dem Unternehmer werden die entscheidenden Beiträge zur volkswirtschaftlichen Entwicklung zugeschrieben. Er zerstört Gleichgewichtszustände und revolutioniert bzw. reformiert Produktionsstrukturen. Er setzt – auch gegen Widerstände – Neuerungen und Verbesserungen des Leistungsangebotes durch, wohingegen der Nachahmer keine wesentliche Veränderung im Marktprozess und in der Kundenzufriedenheit bewirkt. Schumpeter schuf mit seinen Überlegungen eine ausgezeichnete Basis für die Analyse dynamischer, nicht linearer Prozesse, die die Märkte vieler heutiger High-Tech-Produkte besser kennzeichnen als deterministische Modelle.[600] Dennoch wird auch Kritik an der Österreichischen Schule laut.

---

594 Diese gehen von permanenten Ungleichgewichten aus.
595 Vgl. Bass (1998), S. 38.
596 Schumpeter geht dabei davon aus, dass diese Fähigkeiten nur bei einem kleinen Teil der Produzenten vorhanden sind. Vgl. Kesting (2003), S. 36.
597 Vgl. Schumpeter (1997), S. 207ff.
598 Vgl. Schumpeter (1993), S. 137ff.
599 Vgl. Schumpeter (1997), S. 100ff.
600 Vgl. Bass (1998), S. 22.

3.2.4.2 Kritik an der Österreichischen Schule und Weiterentwicklungen

Der Österreichischen Schule wird vielfach vorgeworfen, sie enthalte kein geschlossenes Theoriegebäude.[601] So wird z. B. der Unternehmer unterschiedlich definiert.[602] Schumpeter bezeichnet nur denjenigen Pionier als Unternehmer, der durch seine Innovation das bestehende Gleichgewicht am Markt verändert. Imitation zur Wiederherstellung des Marktgleichgewichtes dagegen fasst er nicht als unternehmerisches Verhalten auf.[603] Schumpeter wurde jedoch auch wegen seiner Überbewertung radikaler Innovationen und seiner einseitigen Ausrichtung auch im Hinblick auf technologische Innovationen kritisiert.[604]

Abgesehen von der Unternehmerperson wird die Unternehmung an sich in der Österreichischen Theorie weitgehend als Black-Box behandelt, wodurch sich keine Einsichten über deren Ressourcen oder Fähigkeiten gewinnen lassen. Ferner bietet die Österreichische Schule nur wenige konkrete Handlungs- und Entscheidungsrichtlinien für Führungskräfte bzw. Unternehmer.

Das von D´Aveni anhand von Fallstudien erarbeitete Konzept des **„Hyperwettbewerbs"** (Hypercompetition) baut auf den Arbeiten der Österreichischen Schule auf.[605] Angesichts der Intensität des schnelllebigen Wettbewerbs in den 90er Jahren wird bei D´Aveni Wettbewerb nicht als stabiler, kontinuierlicher Prozess angesehen, sondern vielmehr als Abfolge laufender Veränderungen (Diskontinuitäten), die nur selten von Stabilität gekennzeichnet sind. Das Wettbewerbsumfeld ist immer mehr von Unsicherheit, Dynamik, Heterogenität der Rivalen und Feindseligkeit geprägt.[606] D´Aveni zeigte, dass Wettbewerbsvorteile nur temporärer Natur sind, die gerade in den letzten Jahren immer schneller von der Konkurrenz aufgebrochen werden können, so dass es nicht mehr möglich ist, mit Hilfe einer Strategie eine dauerhafte Wettbewerbspositionierung vorzunehmen.[607] D´Avenis Konzept sollte zum besseren Verständnis dynamischer Wettbewerbsinteraktionen beitragen und Entscheidungsträgern helfen, in Wettbewerbsprozessen passendere strategische Entscheidungen zu treffen.

Hypercompetition verlangt die grundlegende Neuausrichtung des strategischen Ansatzes. Statt nach dauerhaften Wettbewerbsvorteilen zu suchen, müssen Unternehmun-

---

601 Vgl. Bresser (1998), S. 678.
602 Vgl. die Unterschiede bei Schumpeter (1997), S. 115ff. und Kirzner (1978), S. 24ff. + 58.
603 Vgl. Schumpeter (1993), S. 207ff.
604 Vgl. Bass (1998), S. 30.
605 Vgl. D´Aveni (1994), S. XVIIff.
606 Vgl. D´Aveni (1994), S. XIII.
607 Vgl. D´Aveni (1994), S. 214ff.; Rühli (1996), S. 19ff.

gen im neuen Wettbewerbsumfeld nun den stufenweisen Aufbau temporärer Vorteile und die Veränderung des Status Quo zum strategischen Ziel erklären.[608] In der Konsequenz dringt D'Aveni darauf, dass Unternehmungen ihre bestehenden Wettbewerbsvorteile rechtzeitig zerstören sollten, um mit Kraft und Nachdruck neue, temporäre Wettbewerbsvorteile aufbauen zu können.[609] Innovationen stellen D'Aveni zufolge keine wesentlichen Wettbewerbsvorteile dar.[610] Die hohe Reaktionsgeschwindigkeit der Wettbewerber sowie kurze Nachahmungszyklen verhindern die langfristige Abschöpfung von Monopolrenten (Innovationsgewinnen) und führen zu einem schnellen Angleichen der Wettbewerbsposition.[611]

Der Wettbewerb in hypercompetitiven Umwelten basiert auf zwei Ursachen:

1. auf der Fähigkeit, eigene Ressourcen aufzubauen und die einzigartige Ressourcenbasis eines Konkurrenten zu zerstören,

2. auf der Wahl des Zeitpunkts (Timing) für Strategien, die sich aus der Nutzung dieser Ressourcenbasis ergeben (Pionier oder Folger).[612]

D'Aveni sieht in hypercompetitiven Umwelten einen Vorteil für Großunternehmungen.[613] Diese verfügen über eine bessere finanzielle Ausstattung, höhere Fehlertoleranz, globalere Reichweite und politische Macht. Dennoch ist die Finanzkraft dieser Unternehmungen keine Garantie für den Erfolg.

Mit seiner Theorie leistet D'Aveni einen wesentlichen Beitrag zur Weiterentwicklung des Strategischen Managements und zur Integration von Argumenten der Österreichischen Schule. Er zeigt darüber hinaus anhand konkreter Beispiele, wie sich Unternehmungen in den einzelnen Phasen der Marktentwicklung (Eskalationsleiter) verhalten sollen. Seinem Konzept fehlt es allerdings noch an der nötigen empirischen Untermauerung, an Effizienzanalysen und an einer klareren Darstellung der Implementierungsanforderungen. Ferner ist fraglich, ob sich das beschriebene hypercompetitive Verhalten in allen Branchen findet.[614] Wheelen und Hunger sehen im Konzept

---

608 Vgl. D'Aveni (1994), S. 10; Bruhn (1997), S. 339ff.
609 Ziel der Strategieformulierung ist hierbei nicht der Aufbau sondern das schnelle Ausschöpfen und die anschließende Zerstörung der Wettbewerbsvorteile. Dieser Zerstörungsprozess vollzieht sich nach D'Aveni auf vier Wettbewerbschauplätzen (Kosten/Qualität, Timing/Know-how, Eintrittsbarrieren und Ressourcenausstattung bzw. „Deep-Pocket-Area"); vgl. D'Aveni (1994), S. 20ff.
610 Vgl. D'Aveni (1994), S. 106ff.
611 Vgl. Welge/Al-Laham (1999), S. 212.
612 Vgl. D'Aveni (1994), S. 83ff.
613 Vgl. D'Aveni (1994), S. 152.
614 Vgl. Welge/Al-Laham (1999), S. 219ff.; Rühli (1996), S. 21.

von D'Aveni die Gefahr, sich auf kurzfristige Taktiken zu konzentrieren und darüber eine langfristigere Perspektive und Strategie aus den Augen zu verlieren.[615]

Lange Zeit wurden die Gedanken der Österreichischen Schule der Ökonomie nicht auf das strategische Management übertragen, obwohl sich in vielen strategischen Konzepten Ansatzpunkte zur Dynamisierung des RBV und implizite Bestandteile der Österreichischen Schule finden.[616] Erst seit kurzem wird vereinzelt ein expliziter Zusammenhang zwischen dem Strategischen Management und der Österreichischen Schule hergestellt. Aus einer solchen Verbindung versprechen sich einige Autoren eine Bereicherung beider Disziplinen.[617] Auch die Theorie der Unternehmungsgründungen[618] könnte von den Erkenntnissen dieser Verbindung profitieren.[619] Und schließlich stellten Barney et al. (2001) einen Zusammenhang zwischen dem RBV und dem Unternehmertum her. Sie argumentierten, dass Entrepreneure heterogen sind und dadurch über unterschiedliche Fähigkeiten, Ideen etc. verfügen, aus denen sie nachhaltige Wettbewerbsvorteile generieren könnten.[620]

3.2.4.3 Verknüpfung der Österreichischen Schule mit dem Konzept der First-Mover-Advantages

Die Bedeutung von Innovation in der Österreichischen Schule, die Herausstellung der Unternehmerfunktion und die dynamische Betrachtung des Marktprozesses bieten viele Überschneidungen mit dem First-Mover-Konzept. Schumpeters ökonomischer Theorie zufolge werden Pionier-Unternehmungen für ihre Innovationen mit einem Monopolstatus und einträglichen Gewinnen belohnt. Im Sinne der Schumpeterschen Diskussion untersuchte Mueller (1997) den First-Mover-Advantage und die Pfadabhängigkeit.[621] In dynamischen Umwelten fehlt es den Abnehmern oft an Informationen. Sie vertrauen daher auf Bekanntes und verharren so tendenziell eher beim Pionier-Produkt.[622] Dadurch kann der Pionier seinen Absatz steigern, Economies of Scale realisieren und ein natürliches Monopol beibehalten.

---

615 Vgl. Wheelen/Hunger (2002), S. 121.
616 Z. B. auch im Konzept der strategischen Fenster von Abell (1978); vgl. Jacobson (1992), S. 802f.
617 Vgl. Bresser (1998), S. 241 + 676ff.; Young/Smith/Grimm (1996), S. 243ff.; Shane/Venkataram (2000).
618 Vgl. zu einer Übersicht des Gründungsmanagements und Entrepreneurships Bronner/Mellewigt/Späth (2001). Entrepreneurship versteht sich als Querschnittsfach, welches sich aus einer ganzheitlichen unternehmerischen Sicht mit dem Management des Gründungsprozesses und der frühen Lebensphasen einer Unternehmung beschäftigt.
619 Vgl. Alvarez/Busenitz (2001), S. 755ff.
620 Vgl. Barney/Wright/Ketchen (2001), S. 634f. und ähnlich Alvarez/Busenitz (2001).
621 Vgl. Mueller (1997), S. 827ff.
622 Vgl. Mueller (1997), S. 843.

Die Bedeutung von **Innovationen** wird ebenfalls in vielen empirischen Arbeiten betont.[623] Auf Herstellerebene wurden den Innovatoren z. B. mehr Vorteile als den Imitatoren nachgewiesen.[624] Die Fähigkeit, neue Industrien zu erfinden, kann als Vorbedingung für die Aufrechterhaltung einer Führungsposition angesehen werden.[625] Bates und Flynn entdeckten einen signifikanten Zusammenhang zwischen Innovationen und First-Mover-Advantages in Bezug auf den Unternehmungserfolg. Innovationen steigerten hiernach die Performance, weshalb sie entsprechend den Fähigkeiten der Unternehmung so schnell wie möglich implementiert werden sollten.[626]

Hyperwettbewerb manifestiert sich als rasch eskalierender Wettbewerb unter anderem aufgrund von Vorteilen eines schnellen ersten Marktakteurs.[627] D'Aveni setzte sich daher intensiv mit den Vorteilen von sog. Erstanbietern auseinander. Diese entsprechen den in Kapitel zwei dargestellten Mechanismen der Pionier-Vorteile. Ferner formulierte D'Aveni Anforderungen an diese Erstanbieter. Sie müssen ein spezielles Know-how aufbauen, das neben Kundenkenntnissen auch Fertigkeiten in den Bereichen Innovation, Marktdurchdringung und flexible Produktion umfasst.[628]

D'Aveni schreibt dem Aufbau von **Eintrittsbarrieren** keine nachhaltige Wirkung auf Wettbewerbsvorteile zu. Die Barrieren werden schnell überwunden oder umgangen und sind damit lediglich temporäre Vorteile, die früher oder später von der Konkurrenz in dynamischen Interaktionen überwunden werden.[629] D'Aveni stellt darüber hinaus fest, dass Nachfolger nicht nur das Pionier-Produkt imitieren, sondern auch die ursprüngliche Ressourcenbasis des Innovators, wie z. B. sein Fertigungs- und Vertriebs-Know-how übernehmen können.[630]

Für die Diskussion der First-Mover-Advantages in einem Umfeld wie der Internet-Ökonomie sind die Gedanken der Österreichischen Schule und die Arbeiten von D'Aveni sehr bedeutsam, da sie eine Erweiterung und Dynamisierung der statischen Wettbewerbsdefinitionen von MBV und RBV leisten. Im permanenten Streben nach Innovationen und dem gleichzeitigen Aufbau von Eintrittsbarrieren lassen sich Parallelen zum First-Mover-Konzept finden. Die vorliegende Arbeit wird außerdem an das

---

623 Vgl. Utterback (1971), S. 75ff.
624 Vgl. Urban et al. (1986), S. 655; Conrad (1983), S. 353ff.
625 Vgl. Hamel/Prahalad (1990), S. 81ff.
626 Vgl. Bates/Flynn (1995), S. 235ff.
627 Vgl. D'Aveni (1994), S. XIIIf.
628 Vgl. D'Aveni (1994), S. 113ff.
629 Vgl. D'Aveni (1994), S. 83.
630 Vgl. D'Aveni (1994), S. 99.

Unternehmertum sowie die Anforderungen an ein Innovationsstreben, an die Flexibilität bei der Umsetzung neuer Kombinationen sowie die Bereitschaft zur Kannibalisierung der eigenen Produkte zugunsten neuer Entwicklungen anknüpfen.

3.2.5 Bewertung des theoretischen Forschungsstands

Die bisher dargestellten Ansätze zeigen nur einige der möglichen theoretischen Ansatzpunkte für die Diskussion zu Pionier-Vorteilen auf. Weitere Verbindungen, wie z. B. mit institutionalistischen Theorien[631] wären durchaus denkbar. Die Institutionalisten stellen zwar auch die Rolle der Imitation in den Mittelpunkt ihrer Betrachtung, da sie für die Entwicklung institutioneller Strukturen wichtig ist. Im Gegensatz zur Theorie Schumpeters wird die Imitation bei den Institutionalisten positiv angesehen, da sie dem Imitator dazu verhilft, Legitimität für sein Produkt zu erwerben.[632] Die Fragestellung der Imitation betrifft aber nur einen Folger, niemals einen Pionier. Aus diesem Grunde werden institutionalistische Gedanken hier nicht weiter verfolgt.

Aus der Darstellung des theoretischen Forschungsstands wird deutlich, dass bisher keine Forschungsrichtung existiert, die das komplexe Phänomen des Pionier-Vorteils umfassend zu erklären vermag. Es sind vielmehr **Bestandteile unterschiedlicher Theorien**, die als Erklärungsgrundlage für First-Mover-Advantages herangezogen werden müssen.[633] In der Literatur wird immer wieder darauf hingewiesen, dass eine allgemein anerkannte Theorie sowohl im Strategischen Management als auch für die Pionier-Diskussion nur durch die Integration wesentlicher Aspekte verschiedener Forschungsrichtungen realisiert werden kann.[634] Die **Integration von RBV und MBV** wurde von vielen Autoren diskutiert, wobei jeweils unterschiedliche Kausal-Beziehungen zugrunde lagen.[635] Diese Arbeit schließt sich der Meinung an, dass nur beide Ansätze gleichberechtigt nebeneinander einer Ergänzung und Erweiterung des betrachteten Forschungsgegenstandes dienen können.[636] In Bezug auf Pionier-Vorteile wird dies z. B. in den vom MBV thematisierten Markteintrittsbarrieren deutlich, die

---

631 Vgl. z. B. Oliver (1997), S. 697ff.; Oliver (1991), S. 145ff.; Meyer/Rowan (1991); DiMaggio/Powell (1991).
632 Vgl. Bresser (1998), S. 341.
633 Vgl. hierzu auch Kerin/Varadarajan/Peterson (1992), S. 46ff.
634 Vgl. Rasche/Wolfrum (1994), S. 501; Wernerfelt (1995), S. 49; Bresser (1998), S. 676.
635 Porter unterstellt eine Ziel-Mittel-Beziehung und ordnet den RBV in sein Strategiekonzept ein; vgl. Porter in Argyres/McGahan (2002), S. 50. Barney stellt die Wertkette als Verbindungsglied zwischen beiden Perspektiven heraus; vgl. Barney (1991), S. 105. Börner schlägt drei Möglichkeiten zur Integration von RBV und MBV vor: Die hierarchische Beziehung (Unterordnung eines Konzeptes), die spezifizierende Beziehung (ein Ansatz als Spezialfall des anderen Ansatzes) sowie die situative Beziehung (beide Ansätze bilden die Pole eines Kontinuums von strategischen Entscheidungsmustern); vgl. Börner (2000), S. 121ff.
636 Vgl. Bamberger/Wrona (1996), S. 141 + 147.

von einer Unternehmung häufig nur durch deren besondere Ressourcenausstattung aufgebaut werden können.[637]

Die Berücksichtigung sowohl von Branchen- als auch von internen Unternehmungscharakteristika leisten **situative bzw. kontingenztheoretische Ansätze**.[638] Konzentrieren sich bekannte kontingenztheoretische Ansätze vor allem auf den Einfluss des Führungsstils[639], der Umweltfaktoren[640] oder der Technologie[641], so soll sich die folgende Arbeit einer Kontingenzauffassung anschließen, nach der die Timing-Strategie einer Unternehmung nicht isoliert von ergänzenden (internen und externen) Rahmenbedingungen des Markteintritts zu beurteilen ist.[642] Markt- und Ressourcenausstattung sind komplementäre Elemente eines Fits, der die Voraussetzung für den Erfolg des Pioniers schafft.[643] Die Vorteilhaftigkeit einer bestimmten Markteintrittsstrategie lässt sich von daher nicht allgemeingültig formulieren, sondern ist vielmehr die Folge situativer Gegebenheiten.[644] In der Literatur wurde ein ganzer Katalog möglicher, situativer Einflussfaktoren vorgeschlagen.[645]

Durch das Einbeziehen mehrerer Situationsfaktoren lässt sich ein Kritikpunkt am situativen Ansatz entkräften. So wird der situativen Forschung vorgeworfen, dass ihre Betrachtung eines bestimmten Faktors wie z. B. Technologie oder Unternehmungsumwelt zur Vernachlässigung anderer, wichtiger Situations- und Strukturmerkmale führe.[646] Dabei ist jedoch zu beachten, dass bei der Aggregation situativer Einflussfaktoren die Ableitung von Tendenzaussagen unscharf werden kann.[647] Auch die Annahme intendiert rationalen Verhaltens der Entscheidungsträger ist Teil der Kontingenztheorie und wird in der vorliegenden Arbeit beibehalten.[648] Durch die persönliche Befragung der Unternehmer kann zumindest die Grundlage bestimmter Entschei-

---

637 Vgl. Bamberger/Wrona (1996), S. 146f.
638 Vgl. die Ausführungen von Kieser (2002), S. 169ff.; Staehle (1990), S. 47ff.; Schreyögg (1998), S. 333ff.; Donaldson (2001).
639 Vgl. Vroom/Yetton (1973); Fiedler (1967); Sydow (1981).
640 Vgl. z. B. Burns/Stalker (1961); Lawrence/Lorsch (1967); Schreyögg (1995).
641 Vgl. Woodward (1965).
642 Vgl. auch Specht/Perillieux (1988), S. 204 + 224.
643 Vgl. Hutzschenreuter (2001), S. 46.
644 Vgl. Staehle (1990), S. 48f.
645 Vgl. Golder/Tellis (1993); Kerin/Varadarajan/Peterson (1992); Kardes/Kalyanaram (1992); Karakaya/Stahl (1989), S. 84ff.; Specht/Perillieux (1988), S. 210ff.; Schnaars (1986), S. 30ff.; Robinson/Fornell (1985), S. 305ff.
646 Vgl. Kieser (2002), S. 183ff. Die weiteren Kritikpunkte dieses Ansatzes können nicht entkräftet werden, da sich vor allem auf die Methode sowie auf die Eingrenzung der Betrachtung auf Organisationsstrukturen beziehen.
647 So sind die Grenzen zwischen den Erfolg versprechenden Bedingungen eines „Early Entrants" und eines „Late Entrants" z. T. fließend; vgl. Remmerbach (1988), S. 47f.
648 Vgl. zur Kritik an der Kontingenztheorie auch Staehle (1990), S. 51ff.

dungen nach Rationalitätsgesichtspunkten analysiert werden. Damit wird gleichzeitig einer weiteren Kritik an der Kontingenztheorie in Bezug auf die bevorzugte Anwendung quantitativer Methoden begegnet.[649] Schließlich soll auch auf mögliche Interaktionen zwischen bestimmten Situationsvariablen hingewiesen werden, um den offenkundigen starken Determinismus einiger Faktoren nicht kritiklos zu unterstellen.

Eine Verbindung zwischen Ressourcen- und Marktfaktoren führte Andrews mit seiner **SWOT-Analyse** bereits 1971 in das Strategische Management ein.[650] Vor diesem Hintergrund erscheint eine Pionier- oder auch Folger-Strategie jeweils in Abhängigkeit vom Fit zwischen der spezifischen Marktsituationen und den Ressourcen der Unternehmung naheliegend zu sein.[651] Als Kontingenzfaktoren wurden z. B. nähere Informationen über die jeweiligen Markt- und Technologiebedingungen, Kundencharakteristika und Konkurrentenmaßnahmen vorgeschlagen, da diese Faktoren die Erfolgswirksamkeit einer Timing-Strategie stark beeinflussen.[652] Auch Remmerbach setzte sich intensiv mit möglichen Situationsvariablen der Pionier-Strategie auseinander und unterschied absatzbezogene, technologiebezogene, produktbezogene und unternehmungsbezogene Determinanten.[653]

Eine Integration der Österreichischen Schule der Ökonomie in dieses Gedankengerüst dient dazu, der Untersuchung eine dynamische Komponente zu verleihen, die Bedeutung des **Unternehmungsgründers** herauszustellen und die Rolle von Innovationen im Zeitablauf als Bedrohung der Pionier-Position aufzuzeigen. Sowohl die Initialzündung, die von einer Idee ausgeht, die erstmals in einen Markt gebracht wird, als auch der Druck auf die Pioniere, permanent weitere Innovationen hervorzubringen, um ihre Wettbewerbsposition aufrecht zu erhalten, spielen gerade in hyperkompetitiven Märkten eine wichtige Rolle.

In die Argumentation zu First-Mover-Advantages lassen sich die zuvor beschriebenen Theorien wie folgt integrieren:

1. Entrepreneure suchen aufgrund ihres Gewinnstrebens ständig nach ungenutzten Chancen in Märkten. Die Initialzündung für die Einführung eines neuen Produktes und damit die Begründung eines neuen Marktes stellt eine

---

649 Vgl. Staehle (1990), S. 53.
650 Vgl. Andrews (1987), S. 35ff. sowie Barney (1991), S. 100. Die SWOT-Analyse setzt sich zusammen aus vier Bereichen: den Stärken (Strengths) und Schwächen (Weaknesses) der Unternehmung sowie den Chancen (Opportunities) and Risiken (Threats) der Unternehmungsumwelt.
651 Vgl. Remmerbach (1988); Oelsnitz (1996a), S. 183ff.
652 Vgl. Oelsnitz/Heinecke (1997) S. 38.
653 Vgl. Remmerbach (1988), S. 111ff.

Innovation dar, die ein Entrepreneur identifiziert und umgesetzt hat. (Österreichische Schule)

2. Besondere Ressourcen bzw. Fähigkeiten gestatten es einer Unternehmung, neue Produkte zu entwickeln und somit eine Innovationschance zu nutzen. Die Realisierung dieser neuen Chance führt somit zu einer Marktinnovation. Gleichzeitig kann der Pionier durch seinen First-Mover-Status bestimmte Vorteile ausnutzen, die der frühe Markteintritt mit sich bringt. (RBV)

3. Im Markt müssen möglichst schnell Markteintrittsbarrieren aufgebaut werden, die vor Folgern schützen sollen. Die Branchenumwelt bestimmt die Möglichkeit des Markteintritts anderer Wettbewerber, der Kundengewinnung oder weiterer Innovationen. Dadurch wird die Dauer eines Wettbewerbsvorteils beeinflusst. (MBV)

4. Der Aufbau und die stetige Erweiterung der internen Ressourcen sind notwendig, um Wettbewerbsvorteile langfristig zu sichern (Aufbau von Switching Costs, Kundenbindung, Markennamen). (RBV)

5. Einige Entrepreneure handeln ebenfalls gewinnorientiert und imitieren das Produkt des Pioniers. Sie treten damit mit ihm in direkten Wettbewerb, der sich meist in Preissenkungen äußert. Die Wirkung von Markteintritts- und Imitationsbarrieren ist zu überprüfen. (Österreichische Schule, MBV, RBV)

6. Andere Entrepreneure betreten den Markt mit einer weiteren Innovation und gefährden so die Situation des Pioniers. Der Pionier ist gezwungen, auf die neue Innovation zu reagieren und nicht in seiner Position zu verharren. (Österreichische Schule, D'Aveni)

Die dargestellten Zusammenhänge sind nur eine Möglichkeit, First-Mover-Advantages aufzuzeigen und zu erklären. Andere Kombinationen bzw. zeitliche Abfolgen einzelner Elemente sind denkbar. Das oben gezeigte Schema verdeutlicht jedoch, dass sich die komplexe Problematik eines dauerhaften Pionier-Vorteils nicht mit Hilfe einer einzelnen Theorie erklären lässt, sondern erst durch die Hinzunahme verschiedener, sich ergänzender Ansätze erschlossen werden kann.

3.3 Fazit und Konsequenzen für die eigene empirische Untersuchung

Die Auseinandersetzung mit dem empirischen und theoretischen Forschungsstand hat gezeigt, welch große Bedeutung dem Phänomen des Pionier-Vorteils sowohl explizit in der Empirie als auch implizit in der Theorie zukommt. Trotz der großen Zahl an Untersuchungen ist der Forschungsstand noch immer als unbefriedigend zu bezeichnen.[654] In der empirischen Forschung mangelt es an Studien unternehmungsinterner Faktoren, die als Ursache für First-Mover-Advantages identifiziert werden können. Die theoretischen Arbeiten hingegen betrachten meist nur isolierte Aspekte des Phänomens der Pionier-Vorteile.[655] Aus diesem Grund soll es nicht Ziel der vorliegenden Arbeit sein, den diversen Studien eine weitere hinzuzufügen. Vielmehr wird versucht werden, Mängel der bisherigen empirischen Literatur zu beheben ebenso wie den fehlenden Bezug zu theoretischen Konzepten herzustellen.

Im ersten Teil dieses Kapitels wurde deutlich, dass empirische Arbeiten vielfach aus ressourcen- und marktbasierten Elementen bestanden.[656] Dieser Logik wird auch die weitere Untersuchung folgen, indem die Analyse des Marktumfeldes von Internet-Unternehmungen in Kapitel vier auf der **Branchenstrukturanalyse** von Porter basieren soll.

Ferner wird die Ressourcenausstattung von Internet-Pionieren untersucht. Da es im RBV kein Rahmenmodell zur Untersuchung von Ressourcen gibt, erfolgt die Analyse der Ressourcen vorzugsweise anhand der einzelnen **Unternehmungsbereiche und -funktionen** (wie der Funktionsbereiche Produkt- und Fertigungstechnologie, Kundengewinnung und Marketing sowie Kapitalausstattung, aber auch intangibler Faktoren, wie Wissen oder Erfahrungen der Gründer bzw. Mitarbeiter, Geschäftsidee, Flexibilität und Anpassungsbereitschaft, Organisations- und Führungsstruktur sowie Unternehmungskultur und Vision).[657] Auf diese Weise können Eigenschaften und Fähigkeiten der Pionier-Unternehmung explizit betrachtet werden.

Da sich die Ressourcen junger Unternehmungen stark von denen großer und reifer Unternehmungen unterscheiden,[658] wird die Empfehlung von Picot, Laub und Schneider aufgegriffen, die als wichtige Erklärung für den Erfolg innovativer Existenzgrün-

---

654 Vgl. Bresser (1998), S. 437; Lieberman/Montgomery (1998); Golder/Tellis (1993).
655 Vgl. Lieberman/Montgomery (1988), S. 52.
656 Vgl. z. B. das „Conceptual Framework" von Kerin/Varadarajan/Peterson (1992), S. 39.
657 Vgl. Oelsnitz (1996a), S. 184.
658 Vgl. Pümpin/Prange (1991), S. 137ff.; Müller (1999), S. 4.

dungen die **Gründerperson** und die **Gründungsidee** identifizierten.[659] Darin zeigt sich eine Parallele zu den Gedanken der Österreichischen Schule, die die besondere Betrachtung der Innovation (Idee) und des Unternehmers (Gründers) in die Pionier-Diskussion eingebracht haben. So stellten Barney et al. 2001 eine Verbindung zwischen dem RBV und dem Unternehmertum her. Sie argumentierten, dass Entrepreneure heterogen sind und dadurch über unterschiedliche Fähigkeiten und Ideen verfügen, aus denen sie nachhaltige Wettbewerbsvorteile generieren könnten.[660]

Nachdem vorstehend die theoretischen Grundlagen sowie der Forschungsstand zu First-Mover-Advantages erläutert wurden, soll im folgenden Kapitel auf den Untersuchungshintergrund der Internet-Ökonomie und den Untersuchungsgegenstand, die Internet-Startups, näher eingegangen werden.

---

659 Vgl. Picot/Laub/Schneider (1989), S. 258ff.
660 Vgl. Barney/Wright/Ketchen (2001), S. 634f und ähnlich Alvarez/Busenitz (2001).

4 Untersuchungshintergrund

In den letzten Jahren ist die Zahl der Veröffentlichungen, die sich mit der Geschichte des Internets, dem Phänomen der New Economy und seinen Auswirkungen auf gesellschaftliche sowie wirtschaftliche Prozesse beschäftigt hat, stark angestiegen.[661] In diesem Kapitel soll keine umfassende Darstellung aller Elemente der Internet-Ökonomie oder des Electronic Commerce (E-Commerce) folgen.[662] Vielmehr werden nach einem kurzen Überblick über die Entwicklungen der Internet-Revolution und einer anschließenden Definition der wichtigsten Begriffe der Internet-Ökonomie die für Internet-Startups relevanten Faktoren des Marktumfelds vorgestellt. Mit Hilfe der im dritten Kapitel vorgenommenen theoretischen Einordnung gilt es danach, wichtige Ressourcen von Internet-Pionieren zu benennen, um darauf aufbauend Schwerpunkte für die eigene empirische Untersuchung abzuleiten. Zum Abschluss dieses Kapitels erfolgt die Herleitung von entsprechenden Wirkungsmechanismen von Pionier-Vorteilen in der Internet-Ökonomie. Für eine vollständige Analyse aller Auswirkungen des Internets auf Umwelt- und Ressourcenfaktoren von Unternehmungen wird auf die entsprechende Literatur verwiesen.[663]

4.1 Untersuchungshintergrund Internet-Ökonomie

In den 70er Jahren entstand aus einem militärischen Forschungsprojekt der US-Regierung eine Technologie, die in der Lage war, vernetzte Kommunikation zwischen verschiedenen gleichberechtigten Rechnern herzustellen.[664] Diese Technologie war der Ursprung des **Internets**[665] und stand zunächst neben militärischen vor allem universitären Forschungsprojekten offen. Der Durchbruch und die weltweite Diffusion der Internet-Technologie gelang in den 90er Jahren mit der Entwicklung des World Wide Web (WWW), einer grafischen Benutzeroberfläche für das Internet.[666] So entstanden Standards, die den Aufbau von Strategien, Prozessen und Geschäftsmodellen ermöglichen, durch die das Internet auch kommerziell genutzt werden konnte.[667]

---

661 Vgl. die Übersicht über die Publikationen zum Thema E-Commerce bei Wamser (2001), S. 3ff.
662 Vgl. hierzu z. B. Kanter (2001); Pagé/Ehring (2001); Rayport/Jaworski (2001).
663 Vgl. z. B. Haertsch (2000); Zerdick et al. (2001).
664 Vgl. Hutzschenreuter (2000), S. 12f.
665 Das Wort Internet entstand aus dem Begriff „Interconnected Net".
666 Auf die Geschichte, die tatsächliche Beschaffenheit der Vernetzung, die praktische Umsetzung von Internet-Protokollen und die Dienste (Email, WWW, FTP etc.) des Internets soll hier nicht weiter eingegangen werden. Vgl. hierzu die ausführliche Darstellung bei Fritz (2000a), S. 24ff.
667 Vgl. Schubert/Setz/Haertsch (2001), S. 40.

Mitte der 90er Jahre nahm die Zahl der Nutzer, Dienste und übertragenen Daten unerwartete Dimensionen an.[668] Das Internet und das damit verbundene **Electronic Business** bzw. **Electronic Commerce** wurden zu wichtigen Themen im globalen Wettbewerb.[669] Unter **Electronic Business** (E-Business) wird die Unterstützung von Geschäftsprozessen sowie die Kommunikation mit Geschäftspartnern, Mitarbeitern und Kunden einer Unternehmung über elektronische Medien (insb. das Internet) verstanden.[670] Jede wirtschaftliche Tätigkeit auf der Basis elektronischer Verbindungen wird als **Electronic Commerce** (E-Commerce) definiert.[671] Darunter fallen sowohl der Handel mit Waren und die Vermittlung von Dienstleistungen als auch die Bereitstellung von Informationen im Netz.[672] Durch das Internet wurden neue Produkte, Dienstleistungen, Geschäftsmodelle und Organisationsformen möglich. Zeitlich wurde der Beginn des E-Commerce am Entstehungszeitpunkt von Amazon und Netscape (1995) festgemacht.[673]

Die **Internet-Ökonomie** ist Wirtz (2001) zufolge: „...eine im Wesentlichen digital basierte Ökonomie, welche die computerbasierte Vernetzung nutzt, um Kommunikation, Interaktion und Transaktion in einem globalen Rahmen zu ermöglichen."[674] Die Begriffe Internet-Ökonomie oder **New Economy**[675] beschreiben die verbreitete Annahme, dass die Entwicklungen der Informations- und Kommunikationstechnologie in zunehmendem Maße die Gesetzmäßigkeiten und Wirkungszusammenhänge der industriellen Ökonomie (der Old Economy)[676] verändern würden.[677]

Das zentrale Wirtschaftsgut der Internet-Ökonomie ist **Information**. Durch die zunehmende Vernetzung stehen Informationsgüter orts- und zeitunabhängig zur

---

668 Vgl. Lammerskötter/Klein (2001), S. 48.
669 Vgl. Haertsch (2000), S. 9.
670 Vgl. Schubert/Setz/Haertsch (2001), S. 14; Pörner (2002), S. 33; Frese/Stöber (2002), S. 3. Beim E-Business nutzen zum einen Anbieter von Waren und/oder Dienstleistungen das Internet zur Unterbreitung von Angeboten an potenzielle Kunden (z. B. Preis- und Produktübersicht auf der Homepage), zum anderen besteht die Möglichkeit, online zu bestellen oder Leistungen und ganze Geschäftsvorgänge (z. B. Lieferung von Software) elektronisch über das Internet abzuwickeln.
671 Vgl. Fritz (2000a), S. 20; Pörner (2002), S. 32.
672 Vgl. Ringlstetter/Oelert (2001), S. 9. Eine ähnlich breite Definition soll auch für diese Arbeit gelten.
673 Vgl. Earle/Keen (2000), S. 25.
674 Wirtz (2001), S. 23.
675 Beide Begriffe werden in dieser Arbeit synonym verwendet, ebenso wie die Begriffe „Digital Economy" (Tapscott, 1996) und „Network Economy" (Shapiro/Varian, 1999).
676 Unter der Old Economy werden traditionelle, seit mehr als 100 Jahren erfolgreiche Industrien, wie die Automobil-, Chemie-, Energie-, Maschinenbau- oder Stahlindustrie zusammengefasst. Zur New Economy dagegen zählen die noch relativ jungen Branchen der Informationstechnologie (Computer, Software und Telekommunikation), der Biotechnologie und der Internet-Dienstleistungen. Vgl. auch die Unterscheidung zwischen New und Old Economy bei Heger (2003), S. 8ff.; Kröger et al. (2001), S. 9ff.
677 Vgl. z. B. Wirtz (2001); Zerdick et al. (2001); Fritz (2000a), S. 13; Amit/Zott (2001), S. 495; Bettis/Hitt (1995); Haertsch (2000); Kelly (1998); Picot/Neuburger (2002), S. 92ff.

Verfügung. Die Internet-Ökonomie wurde auch als digitale Ökonomie bezeichnet, da materielle Vermögenswerte an Bedeutung verloren hatten und geographische Restriktionen durch die globale Vernetzung obsolet wurden.[678] Mit Hilfe des Internets können Marketing-Kampagnen wesentlich schneller als über traditionelle Medien und zudem räumlich unbegrenzt verbreitet werden. Das führte zu einem beschleunigten Wandel von Konsumentenpräferenzen, kürzeren Produktlebenszyklen sowie dynamischeren Modellen der Preisgestaltung.[679]

Das E-Business entfaltete ein großes Potenzial, indem es viele Innovationschancen eröffnete und Existenzgründungen in Form von Startups und Engagements bestehender Unternehmungen ermöglichte. Anfangs zeichnete sich die Internet-Ökonomie durch eine permanente Abfolge von Innovationen aus.[680]

4.2 Untersuchungsgegenstand Internet-Startups

Untersuchungsgegenstand des empirischen Teils dieser Arbeit sind selbständige Startup-Unternehmungen im deutschen Raum, die einen eigenständigen Markteintritt in der Internet-Ökonomie vollzogen haben. Das Kriterium des **eigenständigen Markteintritts** ist erfüllt, wenn die Gründung nicht auf Know-how-, Produkt- oder Unternehmungskäufen basiert, sondern das Produkt bzw. Wissen selbständig aufgebaut wurde.[681]

Eine wissenschaftlich fundierte Definition von **Startups** liegt bisher nicht vor.[682] Definitionsversuche erfolgten häufig nicht aufgrund wirtschaftlicher Erfolge, sondern anhand der speziellen Grundstimmung (Kultur), die mit der Begeisterung für die New Economy einherging. Viele Internet-Startups etablierten eine besondere Unternehmungskultur, die von einer starken Aufbruchstimmung geprägt war und feste Strukturen ablehnte.[683] Das dynamische Arbeitsklima, der unkonventionelle Arbeits- und Managementstil, der enge Kontakt zur Welt der Internet-Nutzer und die hohen

---

678 Vgl. Wirtz (2001); Zerdick et al. (2001); Hutzschenreuther (2000).
679 Vgl. Lang/Utikal (2002), S. 173.
680 Vgl. Hutzschenreuter (2000), S. 23. Es ist dabei umstritten, inwieweit das Internet eine disruptive Veränderung der Märkte herbeiführte. Vgl. hierzu bspw. Taylor/Terhune (2001), S. 122ff. oder zur gegenteiligen Einschätzung Argyres/McGahan (2002), S. 48.
681 Vgl. Remmerbach (1988), S. 23; Werner (2000), S. 13; Schefczyk/Pankotsch (2002), S. 21ff.
682 Problematisch beim Begriff „Startup" (aus dem Englischen = in Betrieb bringen) ist die definitorische Nähe zu Begriffen, wie Spin-Offs und Start-Offs, womit vielfach Ausgründungen aus Großunternehmungen beschrieben werden; vgl. Meschnig/Stuhr (2001), S. 21.
683 Vgl. Ruprecht (2000), S. 36f.

Wachstumserwartungen der Gründer lockten viele Mitarbeiter an,[684] führten aber auch zu organisatorischen Problemen.[685]

Die **Finanzierung** vieler Startup-Unternehmungen wurde über Beteiligungen sog. Business Angels, Inkubatoren und Venture Capital-Unternehmungen realisiert.[686] **Business Angels** sind Privatpersonen, die sich durch ihre Investition Rechte an der neu zu gründenden Unternehmung sowie die Beteiligung an unternehmerischen Entscheidungen sichern wollen. Business Angels sind Ratgeber in Führungsfragen, Funktionsträger und eröffnen Kontakte. Ihr Engagement basiert auf Vertrauen und ihrem persönlichen Eindruck von den Fähigkeiten des Gründerteams.[687] **Inkubatoren** (= Brutkästen) sind Unternehmungen, die Startups in der Anfangsphase Kapital und Infrastruktur (z. B. im Sinne von Büroräumen und Sekretariatsleistungen) zur Verfügung stellen und vielfach Management- und Kontrollaufgaben übernehmen.[688] **Venture Capitalisten** hingegen sind professionelle Investoren, die Risikokapital vergeben. Im Gegenzug erhalten sie Anteile der neuen Firma, die nach der Wachstumsphase an die Gründer oder über einen Börsengang zu einem gesteigerten Wert verkauft werden können.[689] Dadurch ergibt sich eine komplexe Finanzierungsbeziehung, da die Venture Capitalisten in der Regel Kontrollaufgaben im Aufsichtsrat übernehmen. Es wird von „Smart Money"[690] gesprochen, wenn der Investor sowohl über Branchenerfahrung als auch über ein Kontaktnetzwerk verfügt, mit dem er das Gründerteam unterstützen kann.

Die Kompetenzen von Internet-Startups liegen aufgrund ihrer hervorragenden Kenntnisse der Internet-Technologie vor allem in internetnahen Aktivitäten. Dadurch grenzen sie sich von finanzstarken Großunternehmungen ab. Außerhalb ihrer Internet-Aktivitäten verfügen sie nur über wenige Ressourcen, die einen langfristigen Wettbewerbsvorteil begründen können.[691] Gleichzeitig sind Internet-Startups durch ihre starke **Technologieorientierung** abhängig von der Entwicklung der Internet-Ökonomie und zeichnen sich durch einen hohen Grad an Unsicherheit bezüglich ihrer

---

684 Vgl. Theuvsen (2002), S. 33; Kanter (2001), S. 58ff.
685 Vgl. Eggers/Grewe/Busch (2002), S. 657ff.
686 Vgl. Brettel/Jaugey/Rost (2000), S. 49ff.
687 Vgl. Oetker (2003), S. 88ff.; Hack/Jost/Jost (2001), S. 63. Das Gebiet der „Business Angels" ist noch nicht abschließend untersucht.
688 Vgl. Ringlstetter/Oelert (2001), S. 34f.
689 Vgl. Hack/Jost/Jost (2001), S. 63; Balzer (2000), S. 8f.; Schefczyk (2000), S. 7ff.; Zider (1998), S. 131ff.
690 Vgl. Sorice/Hoensbroech (2000), S. 15.
691 Vgl. Theuvsen (2002), S. 33.

zukünftigen Wettbewerbspositionierung aus.[692] Dieser Unsicherheitsgrad variiert mit der Phase, die das Internet-Startup gerade durchläuft.[693]

Weitere Merkmale von Startup-Unternehmungen lassen sich mit der Definition von kleinen und mittelständischen Unternehmungen (KMU) vergleichen.[694] Die Eigentümer arbeiten persönlich in der Unternehmung mit und pflegen engen Kontakt zu ihren Mitarbeitern. Hierarchien und formale Führungsregeln werden vernachlässigt, da die Unternehmungsgröße eine direkte Kommunikation und Koordination ermöglicht. Gleichzeitig kann auf Kundenanforderungen schnell reagiert werden und entsprechende Anpassungen lassen sich rechtzeitig vornehmen. Viele junge Unternehmungen nutzen die Chancen von Marktnischen bzw. neu entstehenden Märkten.

Für ein umfassendes Verständnis der Internet-Startups, die zwischen 1998 und 2000 als Pionier in den deutschen Internet-Markt eingetreten und Untersuchungsgegenstand dieser Arbeit sind, ist eine Darstellung der historischen Entwicklung der Internet-Ökonomie in Deutschland unerlässlich. Es lag eine besondere Situation vor, die mit einem Strategischen Fenster von Abell verglichen wurde.[695] Im folgenden Abschnitt werden daher deren Entstehung in Deutschland, die Entwicklung deutscher Internet-Pioniere und die sog. Krise der New Economy thematisiert.

4.3 Historischer Abriss der Internet-Ökonomie in Deutschland

Die Entwicklung der Internet-Technologie führte zur Entstehung neuer Marktchancen und neuer Geschäftsmodelle. Insbesondere im amerikanischen **Silicon Valley**[696] entwickelten junge, technologiebegeisterte Gründer Geschäftsideen für das Internet. Dabei entstanden weltweit agierende Unternehmungen, die mit großem Erfolg an die Börse gebracht wurden.[697] Mit einer leichten Zeitverzögerung brach auch in Deutschland eine regelrechte „Goldgräberstimmung" aus. Zunächst begannen Verlage, ihre

---

692 Vgl. Ploch (2000), S. 334. Dies gilt ebenso für Unternehmungen in anderen technologie- bzw. forschungsintensiven Branchen wie z. B. der Biotechnologie.
693 Vgl. Hack/Jost/Jost (2001), S. 41; Steinle/Schumann (2003), S. 18ff.; Kulicke (1993), S. 17ff.
694 Ein Überblick über KMUs findet sich z. B. bei Schuster (1991), S. 17ff.
695 Vgl. Abell (1978); Finger/Samwer (1998).
696 Das Silicon Valley liegt südlich von San Francisco und umfasst ein 4.000 Quadratkilometer großes Areal, in dem sich 7.000 High-Tech-Unternehmen befinden. Vgl. McSummit/Martin (1990), S. 15ff. Der Begriff „Silicon Valley" wurde aus dem Grundprodukt der dort ansässigen Spitzentechnik-Industrie, dem Silizium in den Trägerplatten der Halbleiterschaltungen, abgeleitet. Vgl. Rogers/Larsen (1985), S. 33ff.
697 Für eine beispielhafte Karriere im Silicon Valley und die charakteristischen Schritte beim Aufbau dieser Unternehmungen empfiehl sich die Literatur des Buches von Kaplan (1994).

Archive ins Internet zu stellen. 1995 starteten das Nachrichtenmagazin „Der Spiegel" als erste Zeitschrift und 1996 die Versandhandelsunternehmung „Otto" einen eigenen Online-Marktauftritt.[698] Beide Unternehmungen wählten das Internet als zusätzlichen Vertriebskanal zu ihrem bisherigen Geschäft. Die ersten Unternehmungen, die einen reinen Online-Geschäftsansatz verfolgten, waren Suchmaschinen und Verzeichnisse, wie z. B. Yahoo oder Web.de. Neben Neugründungen traten vor allem auch traditionelle Medienkonzerne (v. a. Bertelsmann und Axel Springer) mit eigenen Online-Ablegern in das Internet ein.

In den Jahren 1998/1999 wurde in Deutschland ein „Internet-Hype"[699] proklamiert. Mit der Errichtung des „Neuen Markts" als neuem Börsensegment war 1997 ein Weg für Beteiligungsfinanzierungen in Deutschland geöffnet worden.[700] In den folgenden Jahren finanzierten Risikokapitalgeber die unterschiedlichsten Geschäftsideen von Internet-Startups, welche vornehmlich Computer bzw. Elektronik, Online-Auktionen, den Online-Buchhandel, die Reisebrache und die Abwicklung von Bankgeschäften umfassten. Die Zahl der Internet-Nutzer entwickelte sich ebenso exponentiell wie die Zahl der online getätigten Umsätze und erfolgreichen Börsengänge von Internet-Startups. Investitionen von Venture Capitalisten wurden dabei anfangs nicht nur in Innovationen getätigt, sondern auch in Imitationen erfolgreicher Ideen.[701] Die Zeitspanne zwischen einer Pionier-Idee und ihrer ersten Kopie schrumpfte zusehends. Im Extremfall wurden sogar innerhalb von drei Monaten drei identische Geschäftsideen am Markt realisiert.[702] Dabei entschied die „Geschwindigkeit" im Kampf um Kunden, strategische Partner und den schnellsten Börsengang über den Erfolg.[703] Die Börsenbewertung der jungen Unternehmungen war außerordentlich hoch.[704] In jedem Marktsegment konnte jedoch nur eine Unternehmung erfolgreich an die Börse gebracht werden, weshalb der First-Mover-Strategie besondere Bedeutung zugesprochen wurde.[705]

---

698 Vgl. Albers/Panten/Schäfers (2002b), S. 26.
699 Vgl. Coltman et al. (2001), S. 57. Der Begriff „Hype" beschreibt auf reißerische Art eine (oftmals revolutionäre) Entwicklung, die besondere Beachtung und Begeisterung in der Öffentlichkeit findet.
700 Vgl. Albers/Panten/Schäfers (2002b), S. 28ff.
701 Vgl. das Interview mit einem Venture Capitalisten im August 2003.
702 Dies war z. B bei den Meinungsportalen dooyoo.com, ciao.com und Amiro.com der Fall.
703 Vgl. Albers/Panten/Schäfers (2002b), S. 31; Buschmann/Herbrand (2000), S. 278; Meschnig/Stuhr (2001), S. 170ff.; Moore (2002), S. 225.
704 So wurde z. B. die Internet-Unternehmung Yahoo höher bewertet als die DaimlerChrysler AG; vgl. Albers/Panten/Schäfers (2002b), S. 32ff.
705 Vgl. Freedman (2001).

In den Jahren 1999/2000 änderte sich die Wettbewerbssituation für deutsche Internet-Unternehmungen, da finanzkräftige Startups aus dem Ausland mit dem Markteintritt in Deutschland drohten. Als Reaktion darauf versuchten einige deutsche Startup-Unternehmungen, sich durch eine schnelle Expansion international selbst eine stabile Position, ggf. sogar als First-Mover in weniger entwickelten Märkten, aufzubauen.[706] Andere Startups erweiterten ihr Geschäftsmodell und erschlossen andere Marktsegmente, indem sie z. B. neben der Geschäftsbeziehung mit den Endkunden ihre Leistungen auch für den Handel mit Unternehmungen anboten.

Beide Strategien erzielten jedoch nicht die gewünschten Umsatzerhöhungen. Anfang 2000 stagnierten die Wachstumserwartungen, und auf den internationalen Märkten trat eine Ernüchterung ein. Es begann eine Marktkonsolidierungsphase, der Internet-Hype schien beendet.[707] Im März 2000 reagierten auch die Börsen auf diese Entwicklungen. Nach dem Einbruch des amerikanischen Nasdaq-Indexes musste auch der deutsche Neue Markt Kursrückgänge um bis zu 80 % hinnehmen. Viele Startups verschoben ihren geplanten Börsengang. Venture Capitalisten reduzierten ihre Neuinvestitionen. Die Beteiligung an Imitatoren stellten sie vollständig ein.[708]

Auf den Märkten fanden vermehrt Übernahmen und Fusionen zwischen Wettbewerbern oder mit Old Economy-Unternehmungen statt, da sich viele Geschäftsideen nicht bewährt hatten.[709] Es kam zu einer Marktbereinigung, bei der einige Geschäftsideen an die Realität angepasst werden mussten, andere erwiesen sich als vollständige Fehlinvestitionen.

Das Jahr 2000 wurde im Nachhinein als Wendepunkt der New Economy bezeichnet. Statt euphorischer Berichte über neue Gründungen wurden Insolvenzlisten in Börsen-Newslettern oder auf privaten Webseiten (z. B. www.dotcomtod.de) veröffentlicht. Einige Studien gingen davon aus, dass in 12-24 Monaten viele Startups mit massiven Liquiditätsproblemen zu kämpfen haben und 75 % niemals die Gewinnzone erreichen würden.[710] Tatsächlich stieg die Zahl der Insolvenzen in der Folgezeit stark an, während die Zahl neu gegründeter Startups kontinuierlich zurückging. Aber nicht nur die Existenzen von Startups waren bedroht, auch viele Risikokapitalgeber und Inkubatoren mussten Insolvenz anmelden. Das Vertrauen in den Internet-Markt war gebrochen

---

706 Vgl. Albers/Panten/Schäfers (2002b), S. 33.
707 Vgl. Albers/Panten/Schäfers (2002b), S. 35; Meffert/Böing (2001), S. 453ff.
708 Vgl. Interview mit Venture Capitalisten im August, Oktober und November 2003.
709 Vgl. Albers/Panten/Schäfers (2002b), S. 37.
710 Vgl. BBDO Group Germany (2000).

und viele Unternehmungen wurden Opfer einer sog. Abwärtsspirale, in der sich Startups und Kapitalgeber gegenseitig mit in die Insolvenz rissen.[711]

Nach Meinung vieler Autoren lösten überzogene Erwartungen in die Markt- und Kundenentwicklung den Internet-Hype aus.[712] Die verfehlten Umsatz- und Gewinnerwartungen führten zu hohen Unsicherheiten auf Seiten der Kunden, Partner und Investoren. Die Startups hatten hohe Summen in Marketing und Markenausbau, Technologieentwicklung und Personalaufbau investiert, wogegen ihre Umsätze und ihr Kundenstamm die Prognosen nicht erfüllen konnten. Zudem war die Zahlungsbereitschaft der Kunden aufgrund der vielfach kostenlosen Konkurrenzprodukte gering. Die Unternehmungen mussten folglich Kosten und Werbepreise senken sowie andere Einnahmequellen erschließen (z. B. Lizenzierung von Technologien).

Im Rückblick stellte sich die große Krise in der New Economy als das Zusammentreffen vieler kleiner Krisen dar.[713] Mängel in der personellen Organisation von Internet-Startups und überlastete Gründer[714] waren ebenso Ursachen des Misserfolgs wie strategische Fehlentscheidungen, die sich in unrealistischen Geschäftsmodellen, einer verfrühten Expansion sowie mangelnden Planungs- und Kontrollsystemen manifestierten. Internet-Startups mussten starke Image-Verluste in Kauf nehmen.[715] Auch die wenigen erfolgreichen Startups sahen sich gezwungen, einen rigiden Sparkurs einzuschlagen, ihre Geschäftsmodelle vollständig zu überarbeiten, strategische Planungsinstrumente einzuführen und ihre Unternehmungen auf eine nachhaltige Gewinnerzielung auszurichten.

4.4 Marktumfeld von Internet-Pionieren

Als Ausgangspunkt für die Analyse des Marktumfelds von Internet-Pionieren werden zunächst Trends der generellen Umwelt betrachtet und anschließend die klassische Branchenstrukturanalyse von Porter herangezogen. Zwar lässt sich die Aussagekraft des Branchenstrukturmodells in Zeiten der Informationstechnologie und teilweise revolutionären Branchen-Umbrüchen als Instrument langfristiger Planung in Frage

---

711 Vgl. Albers/Panten/Schäfers (2002b), S. 37ff.
712 Vgl. Albers/Panten/Schäfers (2002b), S. 40f.; Kollmann (2003), S. 59.
713 Vgl. Roselieb (2002), S. 11f.
714 Vgl. Eggers/Grewe/Busch (2002), S. 657ff.
715 Vgl. Albers/Panten/Schäfers (2002b), S. 45.

stellen,[716] sein Einsatz vermittelt jedoch einen guten Überblick über die allgemeine Branchensituation der in dieser Arbeit untersuchten Pionier-Unternehmungen.

4.4.1 Veränderungen in der generellen Umwelt

Die schnelle Verbreitung der Internet-Technologie in den späten 90er Jahren beeinflusste viele Bereiche der generellen Umwelt. Auf die technologischen Veränderungen durch die weltweite Vernetzung sowie das Aufkommen vieler junger Startup-Unternehmungen wurde bereits in den vorigen Abschnitten dieses Kapitels näher eingegangen. Aber auch in anderen Bereichen der generellen Umwelt konnte ein Wandel festgestellt werden.

Eine **politische Rahmenbedingung** für die Entstehung des E-Commerce bestand in der Deregulierungs- und Privatisierungspolitik der Telekommunikationsmärkte. Aufgrund des Wettbewerbs in diesen Märkten wurden Initiativen ins Leben gerufen, die die Verbreitung des Internets vorantreiben und gleichzeitig die Unsicherheit potenzieller Kunden gegenüber der neuen Technologie verringern sollten.[717] Die Standardisierung der Datenübertragung in Form des Internet-Protokolls TCP/IP war eine entscheidende Voraussetzung für den Erfolg des Internets.[718] Bis heute sind jedoch Sicherheit und Schutz der im Netz übermittelten Daten nicht zu 100 % gewährleistet. Durch die globale Netzstruktur befindet sich das Internet in einer rechtlichen Grauzone. Internet-Transaktionen können vielfach keinem spezifischen Länderrecht zugeordnet werden bzw. bedürfen einer separaten gesetzlichen Regelung.[719] Daher besteht ein dringender Bedarf an ordnungspolitischen Instrumenten zur Schaffung einer möglichst umfangreichen Sicherheit sowie einheitlicher rechtlicher Grundlagen, um die Verbreitung des Internets weiter voranzutreiben und das Vertrauen sämtlicher Kundengruppen zu gewinnen.[720]

Auf **sozio-kultureller Ebene** hat sich als Folge der Internet-Euphorie eine Informationsgesellschaft herausgebildet, deren Mitglieder fast unbegrenzten Zugang zu Informationen und Wissensbeständen aller Art haben. Dieses Wissen ist damit nicht mehr das Privileg einzelner Personen, sondern steht allen Internet-Nutzern zur Verfü-

---

716 Vgl. Wamser (2001), S. 5 + 49; Haertsch (2000), S. 128; Bettis/Hitt (1995), S. 12. Dieser Meinung schließt sich jedoch Porter nicht an. Stattdessen zeichnet er die Branchenstruktur in der New Economy auf; vgl. Porter (2001).
717 Bspw. das New Economy Forum, ENEF.
718 Vgl. Beck/Prinz (1999), S. 38.
719 Z. B. ist die Frage der digitalen Unterschrift, Zusendung von Vertragsunterlagen und des Zustandekommens von Kaufverträgen mit E-Commerce-Partnern nicht abschließend rechtlich geklärt.
720 Vgl. Fritz (2000a), S. 56ff.

gung.[721] Ferner hielt der Personal Computer (PC) Einzug in die Arbeitswelt und zunehmend auch in die Privatsphäre.[722] Seither ist die Arbeitswelt in einem ständigen Wandel begriffen, weil durch den PC neue Arbeitsinhalte, Arbeitsplätze und Wege der Arbeitsverrichtung (z. B. Telearbeit) geschaffen wurden.

Die essenziellste Veränderung, die mit der Entstehung der Internet-Ökonomie einherging, betraf das **Verschwinden eindeutig definierbarer Branchengrenzen**.[723] Die Internet-Technologie ermöglicht die Häufung branchenübergreifender Dienste. Dadurch können beispielsweise die Multimedia-, Telekommunikations- und Informationstechnologie-Branche nicht mehr klar voneinander abgegrenzt werden.[724] Gleichzeitig entstehen neue Branchen, in denen die Internet-Technologie mit der Unterhaltungs- und Medienindustrie (TV- und Print-Medien) verschmilzt.[725] Diese Auflösung traditioneller Branchengrenzen verstärkt die Bedrohung durch potenzielle Konkurrenten,[726] da auch bisher nicht betrachtete Substitutionsprodukte Einfluss auf den Wettbewerb haben können. Die Unternehmungen selbst halten sich ebenfalls immer weniger an ihre ursprünglichen Branchengrenzen.

Neben dem Verwischen klarer Branchengrenzen führt der Einsatz der Internet-Technologie zu einer **Zunahme der Markttransparenz** und zum Abbau informationsinduzierter Marktfriktion. Käufer können sich im Internet mühelos über Produkteigenschaften informieren, den günstigsten Preis anzeigen lassen und so ihren Informationsstand dem des Verkäufers anpassen. Such- und Wechselkosten sinken, weshalb Verkäufer gezwungen sind, Produkte zu kompetitiven Preisen anzubieten. Der Wettbewerbsdruck führt damit zu einem verstärkten Preiswettbewerb.[727]

Auf der anderen Seite wurde gerade in den ersten Jahren der New Economy aufgrund der zunehmenden Markttransparenz von einem „**Information Overload**"

---

[721] Darüber hinaus wollen einige Forscher einen Trend zur Erlebnisgesellschaft ausgemacht haben. Dabei sind Leben und Handlungen der Mitglieder auf besondere Erlebnisse ausgerichtet; vgl. Fritz (2000a), S. 54f.

[722] Oft wird als Folge davon ein düsteres Bild der gesellschaftlichen Vereinsamung und sozialen Isolation gezeichnet; vgl. Fritz (2000a), S. 54ff.

[723] Vgl. Bettis/Hitt (1995), S. 13; Schubert/Setz/Haertsch (2001), S. 46; Sampler (1998). Dieses Problem betrifft auch Märkte außerhalb der Internet-Ökonomie; vgl. Heuskel (1999); Bresser/Heuskel/Nixon (2000).

[724] Dieses Phänomen wurde unter dem Begriff „Konvergenz der Industrien" diskutiert; vgl. Hutzschenreuter (2000), S. 21.

[725] Vgl. Fritz (2000a), S. 64.

[726] Vgl. Wamser (2001), S. 54; Bresser/Heuskel/Nixon (2000).

[727] Vgl. Wirtz (2001), S. 153. Suchmaschinen werden daher auch als Navigatoren bezeichnet.

gesprochen.⁷²⁸ Für Internet-Nutzer war es unmöglich, das gesamte Angebot vollständig zu erfassen. Gleichzeitig fehlten Informationen über die Seriosität, Zuverlässigkeit und die Kaufmodalitäten der Anbieter, wodurch sich das Risiko bei Internet-Transaktionen erhöhte. Das bedeutete, dass zwar die Informations- und Suchkosten sanken, dafür jedoch die Kontrollkosten der Konsumenten im Internet stiegen.⁷²⁹

Porter stellte fest, dass das Internet die Attraktivität etablierter Branchen verändert hat, was zur Entstehung neuer Branchen führte.⁷³⁰ Durch die Veränderungsprozesse in der generellen Umwelt und vor allem die Durchlässigkeit der Branchengrenzen wird es für die Marktteilnehmer immer schwieriger, eine aussagekräftige Branchenstrukturanalyse durchzuführen.

4.4.2 Veränderungen in der Aufgabenumwelt

Das Internet hat das Potenzial, alle fünf von Porter ausgewiesenen Wettbewerbskräfte zu beeinflussen.⁷³¹ Dies ist bei Branchenstrukturanalysen für Internet-Startups, die ein neues Marktsegment im Internet geschaffen haben, zu berücksichtigen. Die folgende Zusammenstellung beschränkt sich auf die wesentlichen Branchenstrukturveränderungen, die die Internet-Technologie für Startup-Unternehmungen mit sich brachte.⁷³²

4.4.2.1 Markteintrittsbarrieren

Wesentlich für die Aufrechterhaltung von Pionier-Vorteilen ist die Möglichkeit, Markteintrittsbarrieren zu errichten. Insgesamt werden der Internet-Ökonomie sinkende Eintrittsbarrieren zugesprochen.⁷³³ So lassen sich Internet-Anwendungen aufgrund ihrer Struktur nur schwer gegen Nachahmung schützen. Die Transparenz der Internetseiten sowie die Verfügbarkeit von Quellcodes ermöglichen eine schnelle Imitation.⁷³⁴ Nicht nur aus diesem Grund gelang es Internet-Pionieren selten, Patente oder sonstige Schutzrechte für ihre Technologie eintragen zu lassen.⁷³⁵ Hinzu kommt, dass Geschäftsmodelle bzw. Geschäftsmethoden vom Patentrecht in Deutschland

---

728 Ein „Information Overload" ist eine Überfrachtung mit Informationen, die es dem Konsumenten unmöglich macht, zwischen wichtigen und unwichtigen Informationen zu unterscheiden; vgl. z. B. Dholakia et al. (2001), S. 65.
729 Kontrolle bspw. der Qualität nach Lieferung oder der Kreditkartenabbuchung bei Online-Bezahlung; vgl. Ethiraj/Guler/Singh (2000).
730 Vgl. Porter (2001), S. 63f.
731 Vgl. Porter (2001), S. 63ff.; Wamser (2001), S. 48; Lang/Utikal (2002), S. 170.
732 Vgl. für eine umfassende Darstellung der Auswirkungen auch für etablierte Unternehmungen z. B. Haertsch (2000).
733 Vgl. Yoffie/Cusumano (1999), S. 81; Porter (2001), S. 68.
734 Vgl. Haertsch (2000), S. 142.
735 Vgl. Specht (2001), S. 91ff.

nicht erfasst werden,[736] weshalb bei derartigen Innovationen eine Imitation durch Folger möglich wird. Als Eintrittsbarriere erzielten Technologieentwicklungen oder innovative Ideen daher in den meisten Fällen nicht die erhoffte Wirkung.

Auch im Bereich des **E-Business** sind sinkende Eintrittsbarrieren zu konstatieren.[737] So müssen Unternehmungen im Internet nicht unbedingt den Zugang zu physischen Distributionskanälen besitzen oder örtlich präsent sein, um einen lokalen Markt zu betreten (z. B. Amazon). Vernetzte Organisationsformen umgehen die physische Aneignung von Ressourcen, Lagerkosten sowie Kapitalbindungskosten. Auch ohne den Aufbau eines häufig sehr kostspieligen eigenen Vertriebs- oder Filialsystems können potenzielle Kunden jederzeit und überall über E-Business-Anwendungen informiert und beraten sowie anschließende Transaktionen online abgewickelt werden.[738]

Internetbasierten Startup-Unternehmungen fehlt eine **physische Identität**, die für den Aufbau einer greifbaren Unternehmungsidentität und Kundenloyalität nötig ist. Gleichzeitig bestehen nur geringe **Umstellungs- und Wechselkosten** für den Kunden bei einem Anbieterwechsel im Internet.[739] Für Pionier-Unternehmungen ist es daher schwierig, sich die Loyalität ihrer Kunden zu sichern. Auch hierdurch wird Folgern der Markteintritt erleichtert.

Durch den Wegfall einer örtlichen Präsenz mussten Internet-Pioniere außerdem den potenziellen Markteintritt **internationaler Wettbewerber** fürchten,[740] denn das Internet ist ein ideales Instrument zur globalen Markterschließung. Gerade die Ideen deutscher Internet-Startups waren vielfach aus den USA kopiert. Im Markteintritt erfolgreicher amerikanischer Marken bestand eine latente Gefahr, der sich Pionier-Unternehmungen stets bewusst sein mussten. Viele amerikanische Unternehmungen verfügten bereits über einen Markennamen, eine solide Kundenbasis, finanzielle Mittel und eine funktionierende Technologie.[741] Empirische Untersuchungen haben ergeben, dass Internet-Nutzer Webseiten präferieren, die sprachlichen und lokalen

---

736 Vgl. Specht (2001), S. 86.
737 Vgl. Haertsch (2000), S. 125; Bloch/Pigneur/Segev (1996); Wirtz (2001), S. 157ff.; Porter (2001), S. 68f.
738 Vgl. Wamser (2001), S. 53.
739 Vgl. Fritz (2000b), S. 223ff.; Dholakia et al. (2001), S. 66.
740 Vgl. Wamser (2001), S. 54.
741 Vgl. hierzu Kotha/Rindova/Rothaermel (2001).

Besonderheiten angepasst sind.[742] Sobald also internationale Unternehmungen ihre Seiten national angleichen, stellen sie eine erhebliche Konkurrenz für deutsche Unternehmungen dar.[743]

Im Gegensatz zu der bisher betrachteten Verringerung von Markteintrittsbarrieren gab es allerdings auch Internet-Startups, die erfolgreich hohe Markteintrittsbarrieren errichteten. Da sie vielfach mit **skalierbaren** Geschäftsmodellen (z. B. Internet-Auktionen, Online-Informationskanälen) arbeiteten, gelang es den Pionieren nach dem Erreichen einer kritischen Masse, Vorteile durch Skaleneffekte zu generieren. Außerdem war der **Kapitalbedarf** für die Entwicklung einer neuen Internet-Geschäftsidee erheblich,[744] den Venture Capital-Unternehmungen durch hohe Finanzzusagen gewährleisteten.[745] Dabei wurden generell neue, bisher am Markt nicht realisierte Ideen favorisiert, weil diese eine größere Erfolgswahrscheinlichkeit und Pionier-Vorteile versprachen. Imitatoren bzw. Folger wurden dagegen (vor allem gegen Ende des Internet-Hypes) von vielen Venture Capitalisten nicht finanziert.[746]

Sobald sich eine Pionier-Unternehmung im Internet etabliert hat, kann sie darüber hinaus eine neue Eintrittsbarriere errichten, die sich der klassischen Sicht von Porter nicht zuordnen lässt. Eine erfolgskritische Ressource sind in diesem Fall die detaillierten **Informationen über die Präferenzen** eines Kunden, die dem Pionier durch das Kaufverhalten des Kunden in der bisherigen Geschäftsbeziehung zugänglich werden.[747] Folger können z. B. Kundenwünsche niemals derart passgenau erfüllen, da sie sich die erforderlichen Informationen erst selbst beschaffen müssen.[748]

4.4.2.2 Rivalität

Mit den hohen Marktaufbaukosten der Pioniere im Internet und der ungewissen Wirkung von Markteintrittsbarrieren ging eine starke Rivalität in den Märkten einher. Da sich Patente und sonstige Schutzrechte umgehen und Geschäftsideen schnell imitieren ließen, konnten Internet-Pioniere nur für kurze Zeit eine **Alleinstellung am Markt**

---

742 Vgl. das Interview mit einem Gründer im August 2003. So favorisieren z. B. französische Internetnutzer eine auffällige Farbwahl und viele bewegte Elemente, wogegen deutsche Nutzer eher schlichte Seiten präferieren, die nicht von Pop-Up-Fenstern gestört werden.
743 Vgl. Kotha/Rindova/Rothaermel (2001), S. 770ff.
744 Dies war vor allem dann der Fall, wenn die Integration in das Management-System und die Warenlogistik erforderlich wurden; vgl. Fritz (2000b), S. 234.
745 Vgl. Taylor/Terhune (2001), S. 106f.
746 Vgl. die Aussagen mehrerer Venture Capitalisten in Interviews im August und Oktober 2003.
747 Vgl. Schubert/Setz/Haertsch (2001), S. 46; Christensen (1997), S. 210; Haertsch (2000), S. 125; Yoffie/Cusumano (1999), S. 81. Amazon bspw. verfolgt diese Strategie sehr extrem und schickt Kunden per Email Empfehlungen zu neuen Produkten, die deren bisherigen Käufen entsprechen.
748 Auf die Kundenbindung durch Individualisierung wird in Kapitel 4.5.3.5 genauer eingegangen.

genießen. Diese Zeit reichte nur wenigen Startups für den Aufbau einer soliden Kundenbasis und ausreichenden Marktbekanntheit, um sich langfristige Pionier-Vorteile zu sichern.

Die Transparenz der Internet-Märkte steigt u. a. aufgrund geringerer Informationsasymmetrien zwischen den Marktteilnehmern.[749] Dies führt zusammen mit den gesunkenen Markteintrittsbarrieren zu einer Verschärfung der **Rivalität zwischen Pionieren und Folgern**.[750] Quellcodes, die Aufschluss über Bestandteile der Webseiten geben, lassen sich leicht imitieren, so dass Wettbewerber sich häufig nur in der Illustration ihrer Internetseite, nicht aber in ihrer Geschäftsidee unterscheiden.[751] Umstellungs- und Wechselkosten des Kunden sinken ebenfalls, da für den Anbieterwechsel nur eine andere Internetseite aufgerufen werden muss.[752] Die geringe Kundenloyalität erleichtert den Markteintritt für Folger. Insbesondere bei standardisierten Produkten entstehen Preis- oder Differenzierungswettbewerbe (besserer Service, schnellere, bequemere Lieferung).[753] Da mögliche Economies of Scale und Erfahrungskurveneffekte von der realisierten Ausbringungsmenge abhängen, streben alle Unternehmungen im Internet nach einem möglichst großen Wachstum ihrer Kundenbasis.[754]

Die Kursrückgänge an der Börse änderten die Wettbewerbssituation der Internet-Startups stark. Viele Konkurrenten schieden aus dem Markt aus.[755] Einige Großunternehmungen hatten die erste Welle der Internet-Revolution abgewartet, um anschließend in die verbliebenen, Erfolg versprechenden Marktsegmente einzutreten.

Aufgrund der **globalen Natur des Internets** boten auf dem deutschen Markt in den Jahren 1999/2000 vermehrt auch internationale Internet-Startups ihre Leistungen an.[756] Ferner traten wegen der fließenden Branchengrenzen viele Startups implizit auch mit etablierten Wettbewerbern in anderen, reiferen Branchen (z. B. mit Verlagen oder Versandhäusern) in Konkurrenz. Eine vollständige Analyse der Rivalität für Internet-Unternehmung erweist sich daher als sehr komplex und schwierig.[757]

---

749 Vgl. Wirtz (2001), S. 152ff.
750 Vgl. Wamser (2001), S. 58.
751 Vgl. Theuvsen (2002), S. 24; Porter (2001), S. 67.
752 Vgl. Fritz (2000b); Dholakia et al. (2001), S. 66.
753 Vgl. Schubert/Setz/Haertsch, (2001), S. 47.
754 Vgl. Specht (2001), S. 148.
755 Vgl. Wamser (2001), S. 59.
756 Mit der Internationalisierung amerikanischer Unternehmungen setzten sich z. B. Kotha, Rindova und Rajgopal auseinander; vgl. Kotha/Rindova/Rajgopal (2001). Die Autoren stellten fest, dass hierbei die Reputation und das Volumen der Webseite entscheidende Faktoren waren.
757 Vgl. Taylor/Terhune (2001), S. 110ff.

4.4.2.3 Bedrohung durch Substitutionsprodukte

Neben dem Wegfall klarer Branchengrenzen liegt eine große Gefahr für Internet-Startups in der Existenz von Substitutionsprodukten. Zum einen substituierten etablierte Großunternehmungen außerhalb des Internets die Angebote der Startups (z. B. Versandhandel, Gelbe Seiten). Zum anderen führten technologische Innovationen zur Entwicklung von Produkten, die durch neue, zusätzliche Funktionen andere Produkte substituierten.[758] Pioniere und Folger eines Internet-Marktsegments standen so unerwartet mit neuen Konkurrenten im Wettbewerb (z. B. bei der Einführung mobiler Kommunikationstechnologien). Nicht immer wollten die Internet-Pioniere diesen neuen Trends folgen, weil sie befürchteten, ihr eigenes Produkt durch ein Substitutionsangebot zu kannibalisieren. Damit gingen sie jedoch das Risiko ein, den Anschluss an die neue Entwicklung zu verpassen.[759]

Konkurrenz aufgrund von Substitution entstand den Internet-Pionieren nicht nur durch andere Startups oder Großunternehmungen, sondern vor allem durch abweichende Wettbewerbsformen, wie den sog. **Intermediären**.[760] Diese nutzten die anfängliche Informationsüberflutung und Unübersichtlichkeit des Internets zur Entwicklung neuer Geschäftsmodelle.[761] Dabei substituierten sie einzelne Funktionen traditioneller Zwischenhändler oder Hersteller und waren anschließend durch ihr spezialisiertes Angebot in der Lage, umfangreiche Skaleneffekte zu erzielen. Der Grund für die Entstehung dieser Wettbewerber lag in Ineffizienzen und der Auflösung bestehender Wertschöpfungsketten, wodurch die einzelnen Wertschöpfungsstufen marktfähig wurden.[762] Durch das Beheben dieser Ineffizienzen etablierten sich Intermediäre als integrale Wertschöpfungsglieder.[763] Unter Intermediären sind Suchwerkzeuge wie Kataloge, Suchmaschinen und Portale zu verstehen, die dem Nutzer beim Einstieg in und der Suche im WWW Orientierungshilfen bieten, sowie elektronische Einkaufszentren und Internet-Dienste (AOL, T-Online).

---

758   Vgl. Schubert/Setz/Haertsch (2001), S. 46f.; Bettis/Hitt (1995), S. 13; Haertsch (2000), S. 125; Porter (2001), S. 67.
759   Vgl. Wamser (2001), S. 57.
760   Vgl. Taylor/Terhune (2001), S. 110f.; Wamser (2001), S. 56.
761   Vgl. Fritz (2000a), S. 44.
762   Dieser Vorgang wird unter dem Begriff „Dekonstruktion" diskutiert. Die Literatur spricht hierbei sogar von einem Perspektivenwechsel der Wertschöpfungsarchitektur; vgl. Heuskel (1999), S. 36; Bresser/Heuskel/Nixon (2000).
763   Vgl. Wamser (2001), S. 57.

4.4.2.4 Verhandlungsmacht der Kunden

Die bisherigen Ausführungen zur Branchenstrukturanalyse haben gezeigt, dass Kunden im Internet durch die erhöhte Markttransparenz und niedrige Wechselkosten über eine **hohe Macht** verfügen.[764] Auch die psychologischen Barrieren eines Wechsels sind niedrig, da Internet-Produkte homogen und oft sogar identisch sind.[765] Der Preis wird damit zum primären Selektionskriterium und muss von den Anbietern möglichst niedrig angesetzt werden.[766]

Durch die Koordination und Kooperation von Nachfragepotenzialen bietet das Internet den Kunden weitere Vorteile. Einige Geschäftsmodelle lassen es zu, dass bis dahin fragmentierte Käufergruppen gemeinsam auftreten, um bessere Konditionen auszuhandeln (z. B. die Einkaufsgemeinschaft von Letsbuyit.com).[767] Da Kunden durch das Internet direkt mit Herstellern in Kontakt treten können, findet eine **Eliminierung der Zwischenhändler** statt.[768]

Darüber hinaus können Kunden untereinander in einen Dialog treten, z. B. in Form von Online-Gemeinschaften bzw. „**Virtual Communities**". Diese bilden sich teilweise ohne Zutun von Unternehmungen und entwickeln so eine eigene Kultur der Mund-zu-Mund-Propaganda. Sie tragen zur schnellen Verbreitung von positiven oder negativen Erfahrungen bzgl. eines Produkts oder eines Produktanbieters bei. Dadurch ist es möglich, gewichtigen Einfluss auf die Position des Anbieters oder das Image seines Produktes zu nehmen.[769]

Die Internet-Pioniere können sich der Macht der Kunden nur schwer entziehen. Erfolg versprechend ist vor allem das Einrichten von **Lock-In-Mechanismen**, bei denen Kunden hohe Wechselkosten im Falle eines Anbieterwechsels drohen.[770] Netzwerkgüter aber auch Incentivierungen, wie Meilenprogramme oder Bewertungsmodelle, mögen zu Wechselkosten und Lock-In-Effekten bei Kunden zu führen. Daneben bietet die Internet-Technologie aber auch neue Chancen für die Kundenbetreuung.

---

764 Vgl. Schubert/Setz/Haertsch (2001), S. 46; Haertsch (2000), S. 125; Theuvsen (2002), S. 24; Porter (2001), S. 67; Picot/Neuburger (2002), S. 103.
765 Vgl. Shapiro/Varian (1999), S. 24.
766 Vgl. Wirtz (2001), S. 155ff.; Pörner (2002), S. 36.
767 Vgl. Haertsch (2000), S. 125.
768 Vgl. Wirtz (2001), S. 160ff.
769 Immer mehr Unternehmungen gehen dazu über, auf ihrer Seite ein eigenes Diskussionsforum einzurichten und für ihre Zwecke zu nutzen; vgl. McWilliam (2001), S. 72f.; Mai/Oelmann (2001), S. 71.
770 Vgl. Haertsch (2000), S. 126; Shapiro/Varian (1999), S. 11.

Durch die **individualisierte Ansprache** der Kunden können neue Wege der Kundenbindung erschlossen werden.[771]

4.4.2.5 Verhandlungsmacht der Lieferanten

Die Verhandlungsmacht der Lieferanten ist der der Kunden entgegengesetzt. Internet-Startups sind vor allem abhängig von Lieferanten von Technologie (Softwarehersteller), Kapitalausstattung (Venture Capitalisten) sowie sonstigen Waren oder Dienstleistungen.

Internet-Startups können bei der Produktion ihrer originären **Technologie** zwischen interner und externer Herstellung entscheiden.[772] Im ersten Fall wird das Produkt von eigenen Programmierern erstellt, wodurch eine individuelle Gestaltung und Anpassung an interne Prozesse möglich wird. Die interne Entwicklung gestattet die vollständige Kontrolle über die Technologie und die Chance, eigene **Patente** oder Standards zu erstellen.[773] Diese Variante wird vielfach als kostengünstig, Vertrauen generierend und flexibel bezeichnet, erfordert aber gleichzeitig einen hohen Personal- und Zeitaufwand. Im zweiten Fall wird ein Softwarehersteller mit der Programmierung beauftragt. Dies bringt oft einen Geschwindigkeitsvorteil mit sich. Das Startup als Auftraggeber kann sich zwar exklusive Rechte an der Nutzung der Technologie sichern, vielfach fürchten die Gründer aber den gleichzeitigen Verkauf ihrer Produkttechnologie an Konkurrenz-Unternehmungen. Daher ist bei der Auslagerung der Produkterstellung eine enge Zusammenarbeit und Kontrolle zwischen beiden Unternehmungen von besonderer Bedeutung. Die Anpassung der Technologie an unternehmungsinterne Prozesse oder veränderte Kundenbedürfnisse kann bei der Auslagerung Verzögerungen aufweisen.

Bei der **Kapitalbeschaffung** greifen Internet-Startups häufig auf Venture Capitalisten zurück.[774] Grundsätzlich besitzen diese eine ausgeprägte Machtposition, wenn sie die Finanzzusagen an bestimmte Ergebnisse oder Wachstumsraten knüpfen. Als Anteilseigner haben sie meist Aufsichtsratsposten inne und kontrollieren somit das Management des Startups. Pionier-Startups sind hinsichtlich der Finanzierung grundsätzlich im Vorteil, da sie aufgrund ihrer Alleinstellung eher mit einer Finanzzusage rechnen

---

771 Vgl. Albers (1998), S. 12.
772 Vgl. zu den Ausgestaltungsmöglichkeiten der technologischen Infrastruktur v. Werder/Reichel (2002).
773 Vgl. Shapiro/Varian (1999), S. 14ff.
774 Vgl. Brettel/Jaugey/Rost (2000), S. 49ff.

können. Während des Internet-Hypes wurden jedoch viele Geschäftsmodelle derart euphorisch bewertet, dass auch Imitatoren gefördert wurden.[775]

Rohstofflieferanten gibt es im Internet in der Regel nur in übertragenem Sinne (Technologie, Informationen). Zulieferer können ihre Verhandlungsposition nur in Einzelfällen erhöhen. Aus diesem Grund richtete z. B. Amazon inzwischen ein eigenes Lager ein und verringerte so die Abhängigkeit von Zulieferern.[776] Insbesondere bei standardisierten Produkten profitieren Zulieferer vom möglichen Kundenkontakt, von niedrigen Markteintrittsbarrieren und der Chance des Direktvertriebs.[777]

4.4.2.6 Veränderung der Branchenstruktur von Internet-Pionieren

Trotz der Veränderungen der digitalen Wirtschaft bleiben Porters „Five Forces" auch in der Internet-Ökonomie bedeutend. Einige Autoren empfehlen allerdings, weitere Wettbewerbskräfte hinzuzufügen, die die Branchenstruktureffekte des E-Business besser erfassen können.[778] Der Mehrwert dieser Kräfte ist jedoch begrenzt,[779] weshalb in dieser Arbeit keine Erweiterung von Porters Modell vorgenommen wird. Die Abbildung 4.1 fasst die Branchenstrukturanalyse in der Internet-Ökonomie noch einmal zusammen:

---

775 Vgl. Albers/Panten/Schäfers (2002a), S. 13.
776 Amazon erkannte, dass sein Wettbewerbsvorteil nicht in der Bereitstellung fremder Informationen, sondern in einem eigenen Vertriebs- und Logistiksystem begründet liegt.
777 Vgl. Wamser (2001), S. 52; Theuvsen (2002), S. 24; Porter (2001), S. 67.
778 Haertsch (2000), S. 131, spricht in diesem Zusammenhang von Komplementierern oder „Value Web Brokern"; Wirtz (2001), S. 151, unterscheidet Wettbewerb, Kunden, Virtualisierung und Organisationsstrukturen; Downes/Mui (1998), S. 64ff., differenzieren Digitalisierung, Globalisierung und Deregulierung.
779 Vgl. Wamser (2001), S. 5.

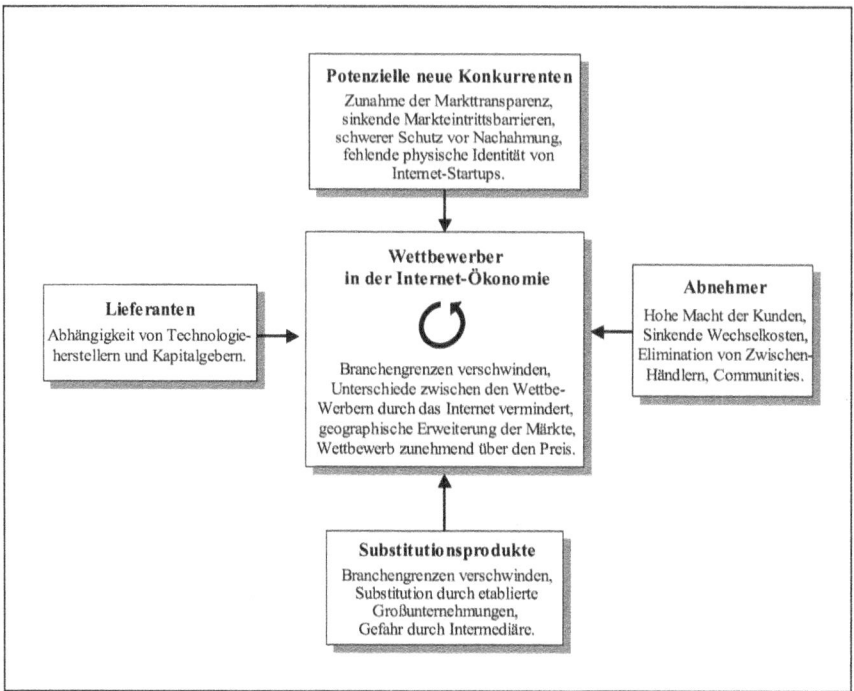

Abbildung 4.1: **Branchenstrukturanalyse in der Internet-Ökonomie**
Quelle: Eigene Darstellung in Anlehnung an Porter (2001), S. 68

Porter selbst verweist darauf, dass das Branchenstrukturmodell auch in jungen Märkten zur Anwendung gelangen kann. Sein Framework hilft dabei, die Komplexität des Phänomens „Internet" in einer limitierten Anzahl von Dimensionen wiederzugeben.[780] Außerdem kann es als Werkzeug Internet-Unternehmungen helfen, relevante Umweltveränderungen zu identifizieren und in der Folge entsprechende Wettbewerbsstrategien zu ergreifen.[781]

---

[780] Vgl. die Aussagen in einem Interview mit Michael Porter, Argyres/McGahan (2002), S. 45f.
[781] Vgl. Schubert/Setz/Haertsch (2001), S. 47; Haertsch (2000), S. 128; Bettis/Hitt (1995), S. 12.

4.4.3 Wettbewerbsstrategien in der Internet-Ökonomie

Das Internet hat nicht nur Auswirkungen auf die Branchenstruktur der neu entstandenen Industrien sondern auch auf die Wahl entsprechender Strategien. Die Positionierung der Startups innerhalb neuer Marktsegmente trägt dazu bei, inwieweit es gelingen kann, überdurchschnittliche Gewinne zu erzielen.[782] Im Folgenden wird daher die Bedeutung der generischen Strategien von Porter in der Internet-Ökonomie diskutiert. Berücksichtigung findet hierbei auch die besondere Rolle der Hybridstrategie sowie der neuen Follow the Free-Strategie.

Sowohl in der digitalen als auch in der globalen Wirtschaft wird es zunehmend schwieriger, sich durch eine **Kostenführerschaft** erfolgreich zu positionieren. Niedrige Kosten werden vielmehr zu einer Grundvoraussetzung, um überhaupt im Wettbewerb bestehen zu können.[783] Gerade die hohe Markttransparenz und die geringen Informationskosten im Internet erleichtern Kunden den Vergleich unterschiedlicher Angebote, weshalb sie bereits bei minimalen Preisänderungen den Anbieter wechseln können.[784] Die Etablierung digitaler Einkaufsgemeinschaften verstärkt diese Tendenz.[785]

Insbesondere Anbietern standardisierter Produkte fällt es schwer, eine Strategie der Kostenführerschaft zu verfolgen. Die hierzu notwendigen großen Transaktionsvolumina werden von Startups nur in Ausnahmefällen erreicht. Zur Etablierung eines Standards ist es vielfach nötig, Imitation und Reproduzierbarkeit zuzulassen.[786] Gleichzeitig müssen die jungen Unternehmungen bei einer Kostenführerschaft über optimierte interne Prozesse verfügen, die ein Höchstmaß an Effizienz erlauben.[787] Dies ist in einem frühen Stadium der Unternehmungsentwicklung höchst unrealistisch.

Der Verschiebung des Kräftegleichgewichts zwischen Produzent und Nutzer können Unternehmungen am besten durch eine konsequente **Differenzierung** begegnen.[788] Der Erfolg dieser Strategie wird durch den Aufbau von virtuellen Gemeinschaften,

---

782 Vgl. Schubert/Setz/Haertsch (2001), S. 44.
783 Vgl. Schubert/Setz/Haertsch (2001), S. 48; Theuvsen (2002), S. 39ff.
784 Vgl. z. B. Wirtz (2001); Zerdick et al. (2001); Downes/Mui (1998).
785 Vgl. Schubert/Setz/Haertsch (2001), S. 48.
786 Vgl. Specht (2001), S. 148.
787 Vgl. Schubert/Setz/Haertsch, S. 48f.
788 Vgl. Skiera (1998a), S. 283ff.; Theuvsen (2002), S. 43ff.

Kundentreue-Programmen und verstärktem Kundenservice erzielt.[789] Einige Internet-Unternehmungen nutzten die Möglichkeit, Produkte bzw. deren Merkmale zu individualisieren und so direkt auf die Kunden abzustimmen, um die Kundenbindung zu verstärken.[790]

Hinsichtlich der kognitiven Produktwahrnehmung genießen Pioniere Differenzierungsvorteile, da etablierte Startups bei der Informationsfülle im Internet Informationsverarbeitungs- und Lernvorteile verzeichnen konnten. Empirische Studien belegten folglich in der Praxis vermehrt Pionier-Vorteile infolge einer Differenzierungsstrategie.[791]

Die Ansprüche und Bedürfnisse der Kunden in Internet-Marktsegmenten sind sehr hoch und dabei gleichzeitig äußerst vielfältig. Mit einer branchenweiten Strategie ist es für Startups schwierig, diesen Erwartungen gerecht zu werden. Die **Konzentration auf Schwerpunkte** (oder Marktnischen) scheint daher gerade in einer frühen Phase der Unternehmungsentwicklung Erfolg versprechender zu sein.[792] Die Vorteile einer temporären Konzentrationsstrategie konnten an vielen Beispielen nachgewiesen werden. So verkaufte Amazon zunächst nur Bücher und erschloss erst nach dem Aufbau einer kritischen Kundenbasis auch andere Marktsegmente.

Porter weist auf die Probleme einer **Hybridstrategie** hin. Nur in temporären Ausnahmefällen, wie bei der Einführung von Innovationen, lässt er die gleichzeitige Kostensenkung und Differenzierung zu.[793] Sobald die Monopolstellung des Pioniers durch Imitationen aufgelöst wird, sollte der Pionier sich für eine der generischen Strategien entscheiden. Andere Autoren halten gerade in der Internet-Ökonomie hybride Strategien für vorteilhaft.[794] Bresser, Eschen und Millonig stellten bei einer empirischen Untersuchung im Online-Banken-Bereich fest, dass Wettbewerbsvorteile nur über eine Niedrigkostenposition entstanden, wobei gleichzeitig eine aktive Differenzierung (z. B. durch innovative und einzigartige Produkte) angeraten wurde, um Reputation und Kundenloyalität zu erzielen.[795]

---

[789] Man sprach vom sog. „One-to-One-Marketing" bzw. "Mass Customization"; vgl. Schubert/Setz/Haertsch (2001), S. 49; Bloch/Pigneur/Segev (1996); Theuvsen (2002), S. 46; Wamser (2001), S. 62.
[790] Vgl. Piller/Schaller (2002), S. 441ff. und die Ausführungen in Kapitel 4.5.3.5.
[791] Vgl. Specht (2001), S. 149; Schubert/Setz/Haertsch (2001), S. 49.
[792] Vgl. Schubert/Setz/Haertsch (2001), S. 49.
[793] Vgl. Porter (1980), S. 42.
[794] Vgl. Picot/Scheuble (2000), S. 254; Brynjolfsson/Smith (2000), S. 580.
[795] Vgl. Bresser/Eschen/Millonig (2001), S. 38.

Ein großes Problem bei der Wahl einer Wettbewerbsstrategie für Internet-Pioniere stellt die **geringe Zahlungsbereitschaft** der Abnehmer digitaler Produkte dar. Die Nutzer erwarten nach wie vor, dass Informationen und Dienstleistungen im Internet kostenlos zur Verfügung gestellt werden.[796] Da Internet-Startups zum Erreichen der kritischen Masse einen hohen Bekanntheitsgrad ihres Angebots erzielen müssen, sind sie gezwungen, die sog. **Follow the Free**-Strategie zur Marktdurchdringung zu ergreifen.[797] Dabei werden Informationsprodukte zunächst kostenlos angeboten, bis eine kritische Masse von ca. 10 % des jeweiligen Marktsegments erreicht ist.[798] Anschließend werden entweder Gebühren für die Nutzung eingeführt oder versucht, Einnahmen durch Komplementärleistungen, Services, Werbung, Premiumversionen oder Upgrades des Angebots zu generieren.[799]

Diese Follow the Free-Strategie führte, sobald der Übergang von einem kostenlosen zu einem kostenpflichtigen Service durchgeführt werden sollte, für die Internet-Pioniere zu einem harten Preiswettbewerb. Porter warf den Internet-Unternehmungen vor, den steigenden Preiswettbewerb selbst verschuldet zu haben, da eine kostenlose Abgabe von Leistungen als strategische Handlungsempfehlung nur für Unternehmungen mit einer niedrigen Kostenposition sinnvoll ist.[800] Reine Internet-Unternehmungen verfügen auf Grund ihrer ähnlichen und nur wenige Stufen umfassenden Wertschöpfungskette kaum über Möglichkeiten, Kosteneinsparungen zu realisieren. Ferner besteht generell die Gefahr, dass hohen, zum Erreichen der kritischen Masse nötigen, Investitionen im Falle einer schlechten Marktentwicklung keinerlei Erträge für alternative Strategien gegenüberstehen.

In engem Zusammenhang mit der Follow the Free-Strategie steht die spezifische Kostenstruktur von Informationsgütern. Deren Produktion wird durch hohe Fixkosten des ersten Angebots **(First Copy Costs)** bestimmt, die anschließend als Sunk Costs der Unternehmung anzusehen sind, da eine anderweitige Verwendung der geleisteten Investitionen nur selten möglich ist.[801] Die nachfolgende Reproduktion der Informationsgüter ist für die Unternehmungen allerdings nahezu kostenlos.[802]

---

796 Manche Autoren gehen sogar soweit, von einer Gratisökonomie zu sprechen, bei der das Netz nur dort boome, wo Produkte oder Leistungen gratis angeboten würden; vgl. Die Zeit (09.11.2000), S. 39.
797 Vgl. Picot/Neuburger (2002), S. 101f.; Picot/Neuburger (2001), S. 35f.; Kelly (1998), S. 50ff. Diese Strategie bürgerte sich 1994 mit der kostenlosen Abgabe des WWW-Browsers Netscape Navigator an Privatkunden ein; vgl. Specht (2001), S. 77.
798 Vgl. Zerdick et al. (2001), S. 191ff.
799 Vgl. Picot/Neuburger (2001), S. 35.
800 Vgl. Porter (2001), S. 69f.
801 Vgl. Zerdick et al. (2001), S. 165.
802 Vgl. Shapiro/Varian (1999), S. 37ff.; Kelly (1998), S. 54.

Aufgrund der vorstehenden Ausführungen ist Internet-Pionieren zu empfehlen, gefragte, exklusive Inhalte anzubieten, um die kritische Masse zu erreichen. Nur für diese Inhalte existiert eine Zahlungsbereitschaft. Die Preisgestaltung muss sich an der Zahlungsbereitschaft der Nutzer orientieren, d. h. frühe Nutzer sollten subventioniert werden. Zur langfristigen Absicherung von Pionier-Vorteilen können Wechselkosten aufgebaut werden.[803] Mit wachsender Kundenbasis wären dann Gebührenmodelle denkbar, die die Kosten anfänglicher Investitionen wieder einbringen und der Unternehmung langfristige Gewinne ermöglichen.

Neben Kriterien zum veränderten Marktumfeld (der Branchenumwelt) gehen einige Arbeiten auch der Frage nach, welche Ressourcen oder Kompetenzen erforderlich sind, um in den neuen Internet-Märkten erfolgreich bestehen und nachhaltige Wettbewerbsvorteile erzielen zu können.[804] Gerade in einer Umwelt, die von hohem technologischem Wandel geprägt ist, wird davon ausgegangen, dass nachhaltige Wettbewerbsvorteile eher aus den internen Ressourcen und Fähigkeiten resultieren als aus einer günstigen strategischen Marktpositionierung.

4.5 Ressourcen von Internet-Pionieren

Christensen und Overdorf (2000) schreiben den Erfolg von Unternehmungen den Bereichen Ressourcen (tangible sowie intangible), Prozesse (Interaktions- und Koordinationsmuster) und Werte (Unternehmungskultur) zu.[805] In der **Startup-Phase** werde der Unternehmungserfolg von Ressourcen, insbesondere den **Fähigkeiten der Organisationsmitglieder**, begründet. Erst wenn die Unternehmung wachse und die Mitarbeiter ihre Aufgaben in Form von Prozessen definierten, wechsele die Erfolgsquelle zu artikulierten Abläufen und schließlich hin zu Werten bzw. einer Kultur. Der Grund für das Scheitern vieler junger Unternehmungen liege häufig in der Unfähigkeit, die notwendigen Prozesse zu entwickeln, mit denen weiterhin Sequenzen innovativer Produkte hervorgebracht werden könnten.[806]

Junge Unternehmungen verfügen in der Gründungs- und frühen Expansionsphase kaum über Produktionsanlagen bzw. werthaltige Sicherheiten. Investiert wird stattdes-

---

803 Vgl. Clement/Litfin/Peters (1998), S. 89.
804 Vgl. Wamser (2001), S. 6; Bettis/Hitt (1995), S. 15.
805 Vgl. Christensen/Overdorf (2000), S. 68f.
806 Vgl. Christensen/Overdorf (2000), S. 71; Wolf/Haberstroh (2002), S. 128. Ein Gegenbeispiel hierfür ist die Unternehmung McKinsey, bei der Akteure nicht mehr essentiell sind, weil die Prozesse (formell und informell) so optimal gestaltet sind, dass die Qualität des Produktes unabhängig von Personen aufrechterhalten bleibt.

sen in immaterielle Güter, wie die Entwicklung des Geschäftsmodells und den Aufbau von Humankapital. Daher wird von „People-Companies" gesprochen, bei denen das Vermögen fast ausschließlich in Qualifikationen und Fähigkeiten der Unternehmer bzw. Mitarbeiter erfasst wird.[807] Analog zu Christensen und Overdorf und der Österreichischen Schule werden im Folgenden zunächst die Merkmale der Gründer besonders herausgestellt. Hierbei werden auch Erkenntnisse der Gründungs- und Pionier-Forschung einbezogen. Anschließend werden die Ideen (Innovation) bzw. die Geschäftsmodelle sowie weitere Ressourcen aufgeführt, denen in jungen Internet-Unternehmungen eine wichtige Rolle zukommen kann.

4.5.1 Gründer

Der Schwerpunkt der Gründungsforschung beschäftigt sich mit den Merkmalen personaler Erfolgsfaktoren und ihren Auswirkungen auf den Erfolg einer Gründung.[808] Dabei werden die Eigenschaften der Gründer (Ausbildung, Erfahrung, soziale Kompetenz) als bedeutende Erfolgskriterien herausgestellt. Insgesamt ist die Befundlage zur Wirkung von Persönlichkeitsmerkmalen der Gründer (insb. auch bei psychologischen Merkmalen) jedoch völlig unbefriedigend. Die Ergebnisse widersprechen sich, und die Erhebungsmethodik der Studien ist vielfach als problematisch zu bezeichnen.[809]

Die **Eigenschaften** von Gründern lassen sich generell in Ausbildung, Erfahrung und soziale Kompetenz einteilen.[810] Die Mehrheit der Autoren geht davon aus, dass eine höhere schulische und berufliche Ausbildung einen positiven Einfluss auf die Überlebenswahrscheinlichkeit einer Unternehmung hat.[811] Auch Werner unterstellt, dass die Erfolgschancen junger Unternehmungen mit der formalen Qualifikation der Gründer steigen.[812] Dies führt er vor allem auf das größere Kontaktnetz und vorhandene Kenntnisse zurück, die das Geschäftsverhalten eines Gründers positiv beeinflussen.[813]

---

807 Vgl Schmeisser/Krimphove/Grothe (2001), S. 4f.
808 Vgl. Mellewigt/Witt (2002), S. 82; Werner (2000), S. 55f.; Klandt (1984), S. 326; Schefczyk (2003), S. 67f.; Brüderl/Preisendörfer/Ziegler (1996). Dabei wird zwischen physischen (körperliche Leistungsfähigkeit,
Belastbarkeit), psychischen (Begabung, Charakter, Intelligenz) und soziodemographischen (Alter, Geschlecht, soziale Herkunft) Merkmalen unterschieden.
809 Vgl. Wolf/Haberstroh (2002), S. 132; Werner (2000), S. 16f. Hierbei wird die induktive und explorative Theoriebildung ohne Hypothesengenerierung ebenso bemängelt wie die unzureichende Abgrenzung des Untersuchungsgegenstandes und des Erfolgsmaßstabs.
810 Vgl. Gemünden/Konrad (2000), S. 255f.
811 Vgl. Gemünden/Konrad (2000), S. 255; Brüderl/Preisendörfer/Ziegler (1996), S. 116.
812 Vgl. Werner (2000), S. 58; Picot/Laub/Schneider (1989), S. 82ff.
813 Andere Autoren hingegen konnten diesen Zusammenhang nicht nachweisen. Vgl. Plaschka (1986); Knecht (2002), S. 122.

In etablierten Märkten ist ein hohes **Fach- und Branchenwissen** von Vorteil, da es den Gründern einen Informationsvorsprung verschafft.[814] Einige Autoren bezeichnen die Branchenerfahrung sogar als bedeutendste Komponente des Humankapitals.[815] Ebenso wurde auch die Erfahrung einer **vorherigen Gründung** als Erfolgsursache herausgestellt, weil dadurch Schwierigkeiten in Planung und Ablauf der Gründung bereits im Vorfeld besser abgeschätzt und gelöst werden können. Es ist daher anzunehmen, dass Gründer, die bereits **Managementerfahrung** sammeln konnten, besser auf ihre Vorgesetztenposition vorbereitet sind und weniger Unterstützung (z. B. durch Venture Capitalisten) benötigen.[816] Auch in der empirischen Pionier-Forschung wurde von Murthi und Kollegen (1996) ein signifikanter Marktanteilsvorteil bei Pionieren aufgrund besserer Managementressourcen festgestellt.[817]

Zu Beginn der Internet-Ökonomie in den Jahren 1998 bis 2000 suchten die Gründer von Internet-Startups, angesteckt vom allgemeinen Gründerboom, vielfach in Teams nach Erfolg versprechenden Geschäftsideen. Dabei wiesen viele Gründerteams übereinstimmende Merkmale auf: Nach einem (zumeist wirtschaftlichen) Studium fanden sich in der Regel drei bis sechs Kommilitonen oder Freunde zusammen, die eine neue Geschäftsidee entwickelten oder eine in den USA vorliegende am deutschen Markt imitierten. Die Internet-Gründer waren meist **sehr jung** (25-30 Jahre) und verfügten nur in Ausnahmefällen über Berufserfahrung. Sie galten als profitorientiert und waren keine Unternehmer im traditionellen Sinne. Außer Willensstärke und Leistungsbereitschaft brachten sie nur wenig eigenes Kapital in ihre Unternehmung ein, so dass ihre persönliche Existenz nicht vom Erfolg der Idee abhing.[818]

Bezüglich der Frage nach dem **optimalen Alter** eines Gründers nennt Werner (2000) ein Alter zwischen 27 und 38 Jahren. Eine frühere Gründung wird aufgrund mangelnder Fähigkeiten, eine spätere aufgrund der mit zunehmendem Alter sinkenden Risikobereitschaft (familiäre Bindungen, Etablierung im Beruf) nicht empfohlen.[819]

---

[814] Hinkel zeigte einen tendenziell positiven Zusammenhang zwischen Fachwissen und Erfolg von Unternehmungsgründungen; vgl. Hinkel (2001), S. 168ff.
[815] Vgl. Gemünden/Konrad (2000), S. 256; Brüderl/Preisendörfer/Ziegler (1996), S. 128; Schefczyk (2003), S. 72. Je jünger diese Erfahrung ist, desto größer ist ihre Auswirkung auf den Unternehmungserfolg (Halbwertzeit von Branchenwissen).
[816] Vgl. Gemünden/Konrad (2000), S. 256f.
[817] Vgl. Murthi/Srinivasan/Kalyanaram (1996), S. 333ff. Die Autoren kritisieren jedoch die Annahme, wonach Management-Fähigkeiten als ausschließliche Erklärung für den positiven Marktanteil-Effekt des Pioniers gelten.
[818] Vgl. Meschnig/Stuhr (2001), S. 43ff.
[819] Vgl. Werner (2000), S. 63; Harvey/Evans (1995), S. 331ff. Die Autoren sprechen hier sogar von einem „strategischen Fenster". Dieses gibt an, in welchem Alter ein Entrepreneur seine Unternehmung gründen sollte.

Vor der Gründung eines Internet-Startups wird vor allem **Kreativität** und **analytisch-konzeptionelles Denken** verlangt.[820] In Finanzierungsverhandlungen müssen die Geschäftsidee bzw. der Geschäftsplan sowie die Persönlichkeit der Gründer überzeugen. Die Management-Teams in Pionier-Startups zeichneten sich durch eine lebendige Führungskultur und gemeinsame Visionen aus.[821] Nach der Finanzzusage bestand die Herausforderung in der Umsetzung der Idee und der Beschaffung notwendiger Ressourcen (Technologie, Humankapital). Dies erforderte eine hohe soziale Kompetenz in Bezug auf Kommunikations- und Motivationsfähigkeiten.[822] In der Startup-Phase wird die **Leistungsbereitschaft**[823] und die effiziente Verteilung und Delegation von Aufgaben bedeutsam.[824]

Der Gründung durch ein **Team** wird ein positiver Wirkungszusammenhang auf den Erfolg unterstellt, da auf diese Weise komplementäres Wissen sowie kombinierte Fähigkeiten zu erwarten sind. Ein ausgewogenes Verhältnis zwischen technischen und kaufmännischen Fachkenntnissen ist essentiell, wobei sich gerade die Sicherstellung der technischen Kompetenz erfolgskritisch auswirkt.[825] **Branchenerfahrung** wird als weniger ausschlaggebend angesehen, wobei fraglich ist, inwieweit in den neuen Internet-Märkten reelle Branchenerfahrungen überhaupt vorliegen konnten. Nachweisbare Vorteile sollen hingegen vorhandene **Führungserfahrungen** bergen. Gründer, die zuvor eine leitende Position innehatten, schneiden besser ab, da sie weniger Unterstützung von Kapitalgebern benötigen, passender auf die Gründungssituation vorbereitet und mit der Vorgesetztenposition vertraut sind. Die Erfahrung vergangener Gründungen soll zusätzlich bei formalen Schwierigkeiten im Vorfeld der aktuellen Gründung helfen. Erfahrenen Gründern wird insgesamt auch ein größeres **Kontaktnetzwerk** und damit Beziehungskompetenz zugesprochen, die ihnen eine bessere Zusammenarbeit mit Kunden, strategischen Partnern, Kapitalgebern und der Presse gestattet.[826]

Es konnte ferner empirisch nachgewiesen werden, dass junge Startups mit steigender Unternehmungsgröße eine **Pionier-Krise** durchlaufen.[827] Ab einem bestimmten Zeit-

---

820 Vgl. Hinkel (2001).
821 Vgl. Ergenzinger/Krulis-Randa (2002), S. 95.
822 Vgl. Hack/Jost/Jost (2001), S. 44; Gemünden/Konrad (2000), S. 257.
823 Der empirische Nachweis hoher Leistungsmotivation, hohen Arbeitseinsatzes und hoher Verantwortung ist jedoch problematisch; vgl. Gemünden/Konrad (2000), S. 253.
824 Vgl. Wolf/Haberstroh (2002), S. 133f.
825 Vgl. Hack/Jost/Jost (2001), S. 44f.; Müller (2003).
826 Vgl. Gemünden/Konrad (2000), S. 256f.; Hack/Jost/Jost (2001), S. 45f.
827 Vgl. Kollmann (2003), S. 62; Greiner (1972).

punkt verfügen die Gründer nicht mehr über alle im operativen Geschäft notwendigen Informationen. Sie müssen sich auf ihre Vorgesetztenposition besinnen, aus dem operativen Geschäft zurückziehen und strukturierte Prozesse einführen. Gerade in Internet-Startups benötigten die Gründer aufgrund ihrer mangelnden Erfahrung die Unterstützung von führungserprobten Managern, die ihnen bei einschneidenden strategischen Entscheidungen (z. B. der Vorbereitung des Börsengangs) Hilfestellung leisten konnten. Damit war die Einsicht der jungen Gründer gefordert, ihre Grenzen zu erkennen, erfahrene Mitarbeiter zu gewinnen und diesen Verantwortung zu übertragen.[828]

4.5.2 Geschäftsmodell

Der Ausdruck „Geschäftsmodell" ist eng mit der Internet-Ökonomie verbunden. Ein Geschäftsmodell besteht in der strukturierten Darstellung wesentlicher Elemente einer Unternehmungsgründung. Es beschreibt, wie eine neue Unternehmung ihre Aktivitäten gestalten will und bestimmt die Art und Weise, in der ein Wert für Kunden und die Unternehmung geschaffen werden soll.[829]

Im Internet werden vielfältige Geschäftsmodelle verfolgt. Dabei ist u. a. zwischen den **vier Modellen** „Content" (Sammlung und Systematisierung von Informationen), „Commerce" (Anbahnung und Abwicklung von Geschäftstransaktionen), „Context" (Navigationshilfen und Kataloge) und „Connection" (Online-Service-Provider) zu unterscheiden.[830] Eine besondere Bedeutung erlangten auch die virtuellen **Communities**. Diese stellen Gemeinschaften von Nutzern dar, die sich für ein bestimmtes Thema interessieren und darüber auf einer Internetseite, per Email oder in Newsgroups kommunizieren.[831] Sie können dabei einen rein informellen (nichtkommerziellen) als auch kommerziellen Charakter haben, wenn z. B. ein entsprechendes Produkt über die Webseite verkauft wird.

Ausgehend von der Annahme, dass Unternehmungen und private Konsumenten gleichermaßen Anbieter und Empfänger von elektronisch basierten bzw. induzierten Leistungsaustauschprozessen sein können, ergeben sich außerdem vier prinzipielle **Interaktionsmuster** des E-Business. Diese bezeichnet man als „Consumer-to-

---

828 Vgl. Eggers/Grewe/Busch (2002), S. 657 ff.
829 Vgl. Hack/Jost/Jost (2001), S. 64; Ethiraj/Guler/Singh (2000), S. 18; Timmers (1999), S. 31; Krüger (2002), S. 80.
830 Vgl. Wirtz/Loscher (2001), S. 452 ff. Zu Content, Commitment, Community, Control, Technology vgl. Chappell/Feindt/Gutmann (2001), S. 410 ff.
831 Vgl. Fritz (2000a), S. 131 ff.

Business (Konsumenten bieten Unternehmungen Leistungen an, z. B. die Stellenvermittlung von Monster.de), „Consumer-to-Consumer" (Konsumenten bieten anderen Konsumenten Leistungen an, z. B. Napster, Ebay), „Business-to-Business" (Unternehmungen bieten anderen Unternehmungen Leistungen an, z. B. virtuelle Marktplätze) und „Business-to-Consumer" (Unternehmungen bieten Konsumenten Leistungen an, z. B. Amazon). Die Wahl des Interaktionsmusters hat Auswirkungen auf die Ausgestaltung von Marketing- und Vertriebsaktivitäten.[832]

Das Internet eignet sich besonders für Produkte oder Dienstleistungen, die aus **digitalisierbaren Informationen** bestehen.[833] Zeitungen und Informationsdienste befürchteten deshalb eine Kannibalisierung ihrer ursprünglichen Produkte. Erklärungsbedürftige Produkte, wie Automobile oder Immobilien, können nicht ausschließlich über das Internet vertrieben werden, da Käufer diese zuerst besichtigen oder testen wollen. Ferner weisen Internet-Angebote Eigenschaften von Vertrauensgütern auf,[834] weil sich der Nutzen des Gutes für den Konsumenten erst beim Einsatz herausstellt. Daher sind Vertrauen bzw. die Reputation eines Startups entscheidende Wettbewerbsfaktoren.[835]

Geschäftmodelle im Internet verwenden unterschiedliche **Erlösquellen**, die vielfach in Kombination angewendet werden.[836] Zunächst lassen sich analog zur Old Economy Transaktionsgebühren für den Austausch verschiedener Objekte erheben. Ferner werden Abonnement-Modelle entwickelt, bei denen Erlöse nicht transaktionsabhängig, sondern als Fixum erhoben werden.[837] Der Verkauf von Werbeplätzen (Bannern) stellt eine weitere Erlösquelle dar. Damit bleibt die Leistung für Konsumenten im Kern kostenlos, denn Werbepartner generieren die Erlöse.[838] Ein viertes Erlösmodell besteht im Verkauf von Nutzerprofilen. Durch die breit angelegte Analyse individueller Kundendaten lassen sich umfangreiche Nutzerprofile erstellen, deren Verkauf anschließend Erlöse einbringen kann.

---

832 Vgl. Clement/Peters/Preiß (1998), S. 56; Hermanns/Sauter (2001), S. 23f.
833 Darunter fallen z. B. Software, Finanzangebote, Auskunftsdienste oder Produkte, die informationsbasierte Komponenten enthalten (Bestelldienste, Zeitschriften); vgl. Albers et al. (1998), S. 267ff.
834 Vgl. Klodt (2001), S. 41.
835 Es wird in diesem Zusammenhang überlegt, bestimmte Zertifizierungen oder „Trust Marks" einzuführen; vgl. Klodt (2001), S. 43.
836 Vgl. Skiera/Lamprecht (2000); Zerdick et al. (2001), S. 165ff.
837 Typisch war diese Strategie für Spezialanbieter von Fachinformationen.
838 Erträge fallen bei Bannern sowohl durch die Bereitstellung der Werbung als auch in Form einer Vermittlungsgebühr bei Interesse des Kunden an. Vgl. Zerdick et al. (2001), S. 165. Diese Strategie wurde lange fälschlicherweise als wichtigste Erlösquelle angesehen.

Aufgrund des rasanten Wachstums der Internet-Ökonomie sowie der Unsicherheiten bezüglich der zukünftigen Marktentwicklung wird den Gründern bei der Erstellung einer Geschäftsidee empfohlen, **flexible Komponenten** einzubauen, mit denen sie auf Chancen oder Bedrohungen reagieren können.[839] Wichtig bei der Umsetzung der Idee ist ferner, den Status Quo ständig zu hinterfragen und ggf. bestehende Geschäfte zu kannibalisieren, um der „Incumbent Inertia" des Pioniers entgegenzuwirken.

4.5.3 Ausgewählte Ressourcenfaktoren

Neben den Ressourcen, die durch ein kompetentes Gründerteam sowie durch ein innovatives, wertstiftendes Geschäftsmodell gegeben sind, haben auch die im Folgenden näher beschriebenen Ressourcen große Bedeutung für den Erfolg von Internet-Pionieren. Diese Ressourcen lassen sich in (1) Mitarbeiterfähigkeiten, Unternehmungskultur und Organisation, (2) finanzielle Ressourcen, (3) Standortfaktoren, (4) Technologie, (5) Kundenbeziehungen, (6) Markenaufbau und Reputation und (7) strategische Partnerschaften unterteilen.

4.5.3.1 Mitarbeiterfähigkeiten, Unternehmungskultur und Organisation

Von den oben genannten Erfolgsfaktoren haben vor allem die **Mitarbeiter-Ressourcen** eine besondere Bedeutung, da diese in frühen Phasen der unternehmerischen Entwicklung auch als Quelle von Kernkompetenzen betrachtet werden.[840] Gerade die New Economy war während der Zeit ihres größten Booms durch einen hohen Veränderungsdruck gekennzeichnet, auf den die Unternehmungen nur mit Hilfe ihrer Humanressourcen flexibel reagieren konnten. Eine gute Personalplanung vermochte darüber hinaus eine Balance zwischen Kosten und Nutzen des Mitarbeiterstammes herzustellen. Ferner waren die Mitarbeiter Träger des relevanten Wissens, solange es keine etablierten Prozesse in den Startups gab. Der Einstellung passender Mitarbeiter wurde daher große Aufmerksamkeit geschenkt.[841]

Junge Unternehmungen haben generell Schwierigkeiten, fähiges und **erfahrenes Personal** zu gewinnen. Es fehlt ihnen an Bekanntheit und vor allem an finanziellen Mitteln, um im „Kampf um die Talente" als Sieger hervorzugehen.[842] Auch Internet-

---

839 Vgl. Lammerskötter/Klein (2001), S. 59.
840 Vgl. Ergenzinger/Krulis-Randa (2002), S. 97.
841 Vgl. Hack/Jost/Jost (2001), S. 53ff.
842 Es gibt kein Patentrezept für die Akquisition geeigneter Mitarbeiter. Jede Unternehmung muss hierbei ihre eigene Strategie entwickeln (Aktienoptionen, Unternehmungskultur etc.); vgl. Sattelberger/Hollmüller (2001), S. 341ff.

Ressourcen von Internet-Pionieren 147

Pioniere standen in der Anfangsphase vor diesem Problem. Einige konnten zwar die gesteigerte Aufmerksamkeit durch die Medien nutzen, um sich einen Namen bzw. Wahrnehmungsvorteil auf dem Arbeitsmarkt zu schaffen, das Überlebensrisiko und die Marktungewissheit, die jede junge Unternehmung bedroht, erwies sich jedoch bei der Mitarbeitergewinnung auch für die Internet-Startups als Schwierigkeit.[843]

Bei der **Auswahl der Mitarbeiter** achteten die Internet-Pioniere besonders auf Leistungsbereitschaft (Motivation) und Leistungsvermögen.[844] Geeignete Kandidaten mussten Fähigkeiten in mehreren Funktionsbereichen aufweisen. Aufgrund des Geschäftsmodells waren technische Fähigkeiten unerlässlich, um notwendige Anwendungen zu entwickeln und zu betreuen.[845] Betriebswirtschaftliches Wissen war für die Erfüllung kaufmännischer Positionen erforderlich (Controlling, Marketing, Personal). Branchenwissen war nur dann von Bedeutung, wenn mit der Internet-Technologie in bestehende Märkte eingedrungen werden sollte.[846]

Da sich gerade Humankapital als kritische Ressource in Internet-Startups erwies, mussten innovative **Anreiz- und Vergütungssysteme** gefunden werden, um im Personalwettbewerb gegen etablierte Unternehmungen bestehen zu können. Dafür werden zum einen finanzielle Anreize durch Aktienoptionen empfohlen, wobei die ersten Mitarbeiter die rasantesten Kursanstiege erwarten können.[847] Zum anderen sind die Aufgabenstellung sowie die Karriereentwicklung (schnelles Unternehmungswachstum, steigende Verantwortung) in jungen Startup-Unternehmungen reizvoll. Beide Aspekte, Aktienoptionen und Personalentwicklungschancen, führen im Idealfall zu einem stärkeren Commitment (Verpflichtung) der Mitarbeiter mit der Unternehmung. Da Humanressourcen nicht immobil sind, besteht jederzeit die Gefahr eines Wechsels von Mitarbeitern in andere Unternehmungen.[848]

Neben monetären Anreizen wurde die **Unternehmungskultur** in Pionier-Startups häufig als stärkster Motivationsfaktor angesehen. Hierzu zählt vor allem die Vision, „die Welt verändern zu können", aber auch die Kultur der Branche mit langen Arbeitstagen, unkonventionellen Arbeitsweisen, Großraumbüros sowie der

---

843 Alle Startups müssen sich von potenziellen Mitarbeitern nach ihrer Überlebenschance in den nächsten drei Jahren fragen lassen; vgl. Kuntz (2001), S. 90.
844 Vgl. Hack/Jost/Jost (2001), S. 53f.
845 Vgl. Haertsch (2000), S. 142.
846 Vgl. Sattelberger/Höllmüller (2001), S. 343f.
847 Vgl. Booz/Allen/Hamilton (2001), S. 145ff.
848 Vgl. Sattelberger/Höllmüller (2001), S. 346f. + 351; Strömer (2001), S. 110.

Verschmelzung von Freizeit und Arbeitszeit.[849] Die flachen Hierarchien, starke Teamorientierung und frühe Delegation von Verantwortung zog insbesondere Hochschulabsolventen an.[850]

Im Zuge ihrer Unternehmungsentwicklung durchlaufen auch Internet-Unternehmungen die klassischen **Wachstumsschwellen**, bei denen effektive Strukturen, Routinen und Arbeitsprozesse notwendig werden.[851] Es ist daher wichtig, sich nach der Gründungsphase rechtzeitig von den informellen, unkoordinierten Arbeitsweisen abzuwenden und strukturierte Prozesse zu etablieren.[852] In einigen Unternehmungen stellte die Strukturierung der Organisation ein großes Problem dar, da diese Professionalisierung gravierende Auswirkungen auf die Unternehmungskultur hatte.[853]

4.5.3.2 Finanzielle Ressourcen

Investitionen in Informations- bzw. Internet-Technologien sowie der Aufbau eines neuen Marktes sind äußerst kostspielig. Eine **ausreichende Finanzgrundlage** wird deshalb als „Achillesferse" des Unternehmungserfolgs bezeichnet.[854] Schon in ihrer Entstehungsphase benötigen Technologie-Unternehmungen eine entsprechende Kapitalausstattung für Marktrecherchen, Forschung, Technologieerstellung und Infrastrukturentwicklung.[855] Auch in der anschließenden Wachstumsphase ist der Kapitalbedarf hoch, da räumliche Erweiterungen, Verbesserungen der Fertigungstechnik und Infrastruktur vorgenommen werden müssen. Finanzressourcen werden nicht nur zur Gewinnung von Markenbekanntheit und zur Erstellung der Technologie benötigt, sondern werden insbesondere auch in den Aufbau von Humankapital investiert.[856] Fehleinschätzungen des Kapitalbedarfs, z. B. durch Zurückhaltung wichtiger Investitionen, haben eine gravierende Wirkung auf die Wettbewerbsposition eines Internet-Pioniers.

---

849 Vgl. Albers/Panten/Schäfers (2002a), S. 13.
850 Vgl. Booz/Allen/Hamilton (2001), S. 148.
851 Vgl. Greiner (1972); Eggers/Grewe/Busch (2002); Albach (1976).
852 Vgl. Kollmann (2003), S. 62.
853 Vgl. Finkelstein (2001), S. 17.
854 Hinsichtlich der Finanzgrundlage wurden drei Grundprinzipien propagiert: Mehr liquide Mittel sind besser als wenige; liquide Mittel zu einem frühen Zeitpunkt sind besser als zu einem späten; wenig risikobehaftete Mittel sind besser; vgl. Hack/Jost/Jost (2001), S. 59; Timmons (1994), S. 411f.
855 Es werden auch mögliche Finanzierungskonzepte für junge Technologie-Unternehmungen aufgezeigt; vgl. Pleschak/Ossenkopf (2003), S. 147ff.
856 Vgl. Lammerskötter/Klein (2001), S. 50.

Die Finanzierung von Startups erfolgt analog ihrer Unternehmungsentwicklung in mehreren **Venture Capital-Runden**.[857] Um Kapitalgeber zu überzeugen, präsentierten Gründer vielfach überzogene Umsatzprognosen oder setzten Investitionen zu niedrig an. Dadurch wurde die Finanzplanung zu einer der häufigsten Schwachstellen von Internet-Startups. Nur eine aktualisierte und realistische Planung macht eine situationsgerechte Unternehmungsführung möglich.[858] Internet-Pionieren wurde zudem **fehlendes Kostenbewusstsein** vorgeworfen. Zum einen vernachlässigten sie die Kostenüberwachung und setzten in den wenigsten Fällen moderne Kostenrechnungsverfahren ein. Zum anderen verführte eine gute Kapitalausstattung mit Risiko- oder Börsenkapital zu unreflektierten Entscheidungen.[859] Um die genannten Probleme zu vermeiden, bedarf es schon in frühen Phasen der Unternehmungsentwicklung eines detaillierten **Controlling**-Systems, wenn strategische Entscheidungen hinsichtlich des Marketings, der Produktpolitik sowie zukünftiger Kooperationen, der Internationalisierung oder des Börsengangs auf einer adäquaten Basis getroffen werden sollen.[860]

4.5.3.3 Standortfaktoren

Die Grundlage der Internet-Ökonomie ist eine elektronische Infrastruktur, mit deren Hilfe die Übertragung digitaler Informationen schnell und standortunabhängig möglich wird. Informationen lassen sich an dem Ort erzeugen, weiterverarbeiten und anzeigen, an dem sie benötigt werden. Entfernungen, Standorte und andere Begrenzungen spielen nur eine untergeordnete Rolle. Physische Leistungsprozesse, wie Entwicklung, Produktion und Transport von Technologien, lassen sich in den virtuellen Raum verlagern. Datenbanken ersetzen herkömmliche Lager. Diese Entwicklung wird in der Literatur als „Dematerialisierung durch Digitalisierung" bezeichnet.[861]

Dennoch lassen sich einige Standortüberlegungen auch im Zusammenhang mit Internet-Unternehmungen finden.[862] Startups siedeln sich bevorzugt in **Großstädten** an, da diese zum einen über Universitäten und damit den Zugang zu qualifizierten Mitarbeitern verfügen, zum anderen stellen sie ein attraktives Umfeld für neue Mitarbeiter dar

---

[857] „Seed-Money" erhielten die Unternehmungen in der Vorgründungsphase, „Startup-Money" für die Gründungsphase und weitere Finanzierungsrunden für die Wachstumsphase; vgl. Hack/Jost/Jost (2001), S. 59f.; Schmeisser (2001), S. 228ff.
[858] Vgl. Kollmann (2003), S. 63.
[859] Vgl. Axhausen/Thiele (2002), S. 218.
[860] Vgl. z. B. Horvath/Knust/Schindera (2001), die die Wirkung von Controlling-Instrumenten in der New Economy untersuchten.
[861] Vgl. Picot/Neuburger (2001), S. 28f.
[862] Vgl. Kotha (1998), S. 257. So war Seattle ein wichtiger Erfolgsfaktor für das virtuelle Business von Amazon.com., da es dort viele technische Talente sowie den Zugang zu Büchern gab und es ein schöner Ort zum Leben mit geringen Steuersätzen war.

und erleichtern darüber hinaus den Kontakt zu Geschäftspartnern, Kapitalgebern und Kunden. Standortprobleme ergeben sich für Internet-Pioniere allenfalls bei der Abwicklung bestimmter Transaktionen (z. B. bei fehlendem Zugang zu benötigten Produkten) sowie infolge von Sprachbarrieren im Zuge der internationalen Expansion.[863]

4.5.3.4 Technologie

Eine weitere wesentliche Ressource der Internet-Unternehmungen ist eine funktionierende Technologie, da sie als marktfähiges Produkt bzw. als interne Infrastruktur die Voraussetzung für eine erfolgreiche Umsetzung der Geschäftsidee ist.[864] Sie muss für Konsumenten einfach zu handhaben, sicher und kompatibel sowie für die Unternehmung selbst zuverlässig und erweiterbar sein. **Patentanmeldungen** sind nur bei interner Technologie-Erstellung möglich.[865] Allerdings lassen sich, wie bereits im Zusammenhang mit den Markteintrittsbarrieren erwähnt, Geschäftsmodelle bzw. E-Business-Lösungen in Deutschland bisher nicht durch Patente schützen.[866] Daher können in der Internet-Ökonomie Pionier-Unternehmungen durch Copyrights oder Patente allenfalls temporäre Wettbewerbsvorteile generieren.

Der Druck durch immer schneller wechselnde Technologien macht es für Pionier-Startups essentiell, die Lernkurve schneller als andere zu durchlaufen und dadurch ihre Adaptationsfähigkeit aufrecht zu erhalten. Dies ist umso wichtiger, als auch die Kundenanforderungen einem ständigen Wechsel unterliegen.[867] **Regelmäßige Innovationen**, gerade in der Produkt-Technologie, werden damit zur Voraussetzung für den Bestandserhalt der Internet-Pioniere.

4.5.3.5 Kundenbeziehungen

Die weltweite Vernetzung eröffnet Internet-Startups grundsätzlich die Möglichkeit, eine globale Kundschaft anzusprechen.[868] Über das Internet lassen sich zudem kosten-

---

863 Vgl. Theuvsen (2002), S. 43.
864 Vgl. Wamser (2001), S. 5; Downes/Mui (1998), S. 61f. Während die Technologie lange Zeit vor allem als Mittel zum Zweck betrachtet wurde, sollte sich im E-Business das Verhältnis von Technologie und Strategie verändern. Dabei soll nun hier auch nicht die Extremposition unterstützt werden, dass die Technologie die Strategie vollständig determiniert. Letztlich bilden die Internet-Lösungen trotz ihres Innovationspotenzials zunächst nur eine neutrale Plattform, die ohne die Hilfe strategischer Ziele nicht wirkungsvoll eingesetzt werden kann.
865 Vgl. Shapiro/Varian (1999), S. 14ff.
866 Vgl. Specht (2001), S. 96 und die Ausführungen in Abschnitt 4.4.2.1.
867 Vgl. Gratl (2002), S. 94.
868 Dabei sind in einem globalen Markt kulturelle und sprachliche Unterschiede wichtig, die lokale Anbieter in eine bessere Position bringen könnten; vgl. Haertsch (2000), S. 36f.

günstige Werbung für die eigenen Produkte sowie die portofreie Ansprache der Kunden per Email realisieren.[869]

Die Gewinnung und Kontrolle einer großen **Kundenbasis** wurde als elementare Ressource für Internet-Pioniere bezeichnet.[870] Sinkende Hardwarekosten aufgrund standardisierter Technik sowie die steigende Verbreitung elektronischer Märkte haben die **Wechselkosten** für Kunden minimiert.[871] Internet-Pioniere mussten daher attraktive Produkte oder Dienstleistungen anbieten, um die Akquisition eines ausreichenden Kundenstamms sowie eine langfristige Kundenbindung sicherzustellen.[872] Da Nutzer einerseits nur Webseiten annehmen, die sie als wertvoll bzw. nützlich erachten, Internet-Inhalte sich andererseits oft gleichen, war es umso wichtiger, bestimmte Werte der Unternehmung und ein Markenimage zu vermitteln.[873]

Während die Bedeutung der **Kundenakquisition** von vielen Pionieren erkannt wurde, unterschätzten sie deren Kosten.[874] Hohe Listungsgebühren auf Suchmaschinen und unfokussierte Marketingmaßnahmen wurden in Kauf genommen, ohne dass sich entsprechende Erfolge auf dem Markt verzeichnen ließen.[875] Auf der anderen Seite durften bestehende Kundenbeziehungen ebenfalls nicht vernachlässigt werden.[876] Die Marketingkonzepte vieler Internet-Pioniere bauten auf eine **Individualisierung** als strategische Option zur Kundenbindung auf. Dabei wurde durch die exakte Abfrage und Aufbereitung spezifischer Kundendaten (z. B. durch Agenten- oder Filterprogramme) versucht, die individuelle Präferenzstruktur der Kunden zu erfassen, welche anschließend durch eine optimale Kombination bestimmter Leistungen (z. B. die personalisierte Information über Produkte bei Amazon) erfüllt werden konnte. Die Pionier-Startups versprachen sich davon eine emotionale Bindung ihrer Kunden und den Aufbau von Wechselkosten.[877] Eine solche kundenindividuelle Differenzierungsstrategie war jedoch nur bei akzeptablen Preisen für das Angebot aussichtsreich.[878]

---

869 Vgl. Haertsch (2000), S. 125; Bloch/Pigneur/Segev (1996).
870 Vgl. Shapiro/Varian (1999), S. 16ff.; Earle/Keen (2000), S. 65ff.
871 Vgl. Haertsch (2000), S. 141.
872 Vgl. Finkelstein (2001), S. 16; Miller/Shamsie (1996), S. 539.
873 Vgl. Tomsen (2001), S. 11ff.
874 Ein Großteil der Marketing-Ausgaben wurde für die Steigerung der „Visits" eingesetzt, allerdings mit zweifelhaftem Erfolg. Zwar schnellten die Besucherzahlen in die Höhe, doch Transaktionen kamen dabei nur sehr selten zustande. Im Durchschnitt wurden nur 7 % der Besucher zu Käufern und nur 1 % kaufte wiederholt. Setzt man diese Zahlen in ein Verhältnis zu den gesamten Investitionskosten, so kostet ein virtueller Kunde in den USA ca. 250 Dollar, in Europa ca. 170 Dollar; vgl. Wölfer (2002), S. 96.
875 Vgl. Finkelstein (2001), S. 16f.; Schubert/Setz/Haertsch (2001), S. 54.
876 Vgl. Reichheld/Schefter (2000), S. 105.
877 Vgl. Piller/Schaller (2002), S. 443ff.
878 Vgl. Picot/Neuburger (2002), S. 103f.

4.5.3.6 Markenaufbau und Reputation

Trotz fehlender Anreize für impulsive Kaufentscheidungen (z. B. durch Gerüchte, Ausprobieren, Wühltisch)[879] geht der **emotionale Charakter des Kauferlebnisses** im Internet nicht vollständig verloren. Gute Online-Angebote zeichnen sich durch Bedienerfreundlichkeit, schnellen Zugriff auf Informationen, kompetente Inhalte, individuelle Angebote, transparente Abwicklungsabläufe sowie die schnelle Reaktionen auf Kundenanfragen aus.[880] Auch im Internet lassen sich so **Marken** aufbauen, die ein bestimmtes Lebensgefühl vermitteln.

Die Etablierung einer starken Marke stellt im Internet einen weitreichenden Erfolgsfaktor dar.[881] 80 % des Erfolgs von Internet-Startups werden als reiner Markenerfolg angesehen. Ohne den schnellen und nachhaltigen Aufbau einer Marke sinken die Überlebenschancen jedes Startups.[882] Da viele Internetseiten große Ähnlichkeiten aufweisen, ist die Differenzierung des eigenen Internet-Angebots unbedingt erforderlich. Ein Beispiel für eine wertstiftende Differenzierung liefert Amazon, das den Kunden vielfältige Suchfunktionen, Buchkritiken, eine einfache Abwicklung und personalisierte Empfehlungen bietet.[883]

Der Markenaufbau im Internet vollzieht sich in einer Markenaufbau-, einer Markenausbau- und der Markenstabilisierungsphase, bevor man von einer erfolgreichen Marke sprechen kann.[884] Ein wesentlicher Bestandteil der Marken im Internet ist der Unternehmungs- bzw. **Domain-Name**.[885] Aufgrund des „Information Overload" kann ein nahe liegender oder einprägsamer Domain-Name (z. B. Buch.de oder guenstiger.de) Vorteile mit sich bringen. Trotzdem führt die mangelnde Prüfbarkeit der im Internet angebotenen Produkte zu Skepsis bei potenziellen Neukunden. **Erfahrungen** mit einzelnen Marken werden daher zu Schlüsselinformationen, die zukünftige Kaufentscheidungen maßgeblich beeinflussen.[886]

---

879 Vgl. Wölfer (2002), S. 110.
880 Vgl. Stolpmann (2000), S. 25f. Schnelligkeit bedeutet in diesem Zusammenhang auch die ständige Überarbeitung des Produktes und der Produktionsprozesse; vgl. Pagé/Ehring (2001), S. 40.
881 Vgl. Earle/Keen (2000), S. 171ff. Amazon, Ebay und Yahoo sind weltweit fast ebenso bekannt wie Coca-Cola und IBM. Sie gehören zu den starken Marken des Internets.
882 Vgl. Meffert/Böing (2001), S. 474. Teege stellt sogar die These auf, dass die Marke wichtiger als das Produkt selbst sei (im Extremfall sogar wichtiger als die Qualität); vgl. Teege (2001), S. 635f.
883 Vgl. Tomsen (2001), S. 26f.
884 Vgl. Altobelli/Sander (2002), S. 184ff.
885 Vgl. Fritz (2000a), S. 30. Der Domain-Name entspricht einer bestimmten Identifikationsadresse von Webseiten im Internet (z. B. www.ebay.de).
886 Vgl. Wölfer (2002), S. 108.

In engem Zusammenhang mit dem Aufbau einer Marke steht auch die **Reputation** der Unternehmung. Reputation wird definiert als Menge von Eigenschaften, die einer Person oder einer Unternehmung aufgrund ihrer Historie zugeschrieben werden, und die als Indikator für ihr künftiges Verhalten anzusehen sind.[887] Die Bedeutung von Reputation als intangible Ressource und Quelle nachhaltiger Wettbewerbsvorteile wurde im RBV vielfach thematisiert.[888] Reputation ist ein Merkmal, das sich Unternehmungen erst im Laufe ihrer Entwicklung durch komplexe soziale Prozesse aneignen und das daher bei jungen Internet-Startups erst nachgewiesen werden muss.

In ihrer Arbeit aus dem Jahre 1998 wiesen Rindova und Kotha auf die starke Bedeutung von Reputation gerade bei Internet-Transaktionen hin. Da die Business-Modelle auf neuen technischen Möglichkeiten (z. B. Email, Communities) beruhen, die in traditionellen physischen Umgebungen unbekannt sind,[889] führt dies zu Unsicherheit bei der Auswahl von Geschäftspartnern. Beim Verlassen bekannter Verfahren der Geschäftsabwicklung müssen Kunden ihre Kaufentscheidung an neuen Kriterien festmachen. Vielfach sind dies positive Erfahrungen anderer Kunden. Die Medienprominenz von Amazon beispielsweise brachte der Unternehmung auch international eine Reputation als zuverlässiger Internet-Händler ein.[890]

Den **Aufbau von Reputation** unterteilten Rindova und Kotha in drei Prozesse.[891] Durch symbolische Aktivitäten kann eine Unternehmung ihre Identität aufbauen und kommunizieren (z. B. interessante Gründungsgeschichte, Mythen). Denkbar sind ferner Wettbewerbshandlungen (Rechtsstreit mit Konkurrenten, Preiskampf) und schließlich Maßnahmen, die der Beziehung zu den Stakeholdern (Personalisierung, individueller Service, Pressemitteilungen) förderlich sind.

Eine gute Marke und Reputation zeichnet sich nicht nur durch Werbeplakate und Banner aus, sondern hängt vielmehr von kreativem Denken, besonderer Differenzierung, stetigen Weiterentwicklungen und Originalität der Internet-Startups ab.[892] Diese Faktoren werden umso essenzieller, wenn **Netzeffekte** vorliegen und eine kritische Masse erreicht werden muss.[893]

---

887 Vgl. Eggs (2001), S. 97.
888 Vgl. Amit/Schoemaker (1993); Barney (1991); Dierickx/Cool (1989); Peteraf (1993).
889 Vgl. Rindova/Kotha (2000), S. 4.
890 Vgl. Evans/Wurster (1997); Kotha/Rindova/Rothaermel (2001), S. 776f.
891 Vgl. Rindova/Kotha (2000), S. 16ff.
892 Vgl. Earle/Keen (2000), S. 172.
893 Vgl. Shapiro/Varian (1999), S. 13 und die Ausführungen in Kapitel 4.5.3.7.

4.5.3.7 Strategische Partnerschaften

Strategischen Partnerschaften wird beim Aufbau von Internet-Startups einige Bedeutung zugeschrieben. Gerade Internet-Pionieren fehlen häufig Zeit und finanzielle Mittel, um Ressourcen in den Bereichen Technologie, Logistik, Zugang zu Waren und allgemeine Infrastruktur aufzubauen. Dafür wurden strategische Partnerschaften geschlossen, die den **Aufbau und die Erschließung der Infrastruktur** unterstützen sollten.[894] Die strategischen Partner stellen Leistungen, wie Informationstechnik, Datenbank-Lizenzen, Logistik, Werbeflächen oder Inhalte umsonst oder zu günstigen Konditionen zur Verfügung. Im Gegenzug erhalten sie häufig Aktienanteile am Internet-Startup.[895]

Durch das Internet und die globale Vernetzung werden darüber hinaus **neue Formen der Kooperation** und vernetzten Zusammenarbeit möglich. Einzelne Unternehmungen können sich auf bestimmte Kernkompetenzen spezialisieren, wodurch sich veränderte Formen der Zusammenarbeit mit Dritten ergeben.[896]

Pionier-Startups konnten vielfach besonders **attraktive Kooperationspartner** vertraglich an sich binden (z. B. T-Online und Yahoo).[897] Gleichzeitig verfügten gerade die Pioniere nicht über ausreichende Bekanntheit und Reputation, um als gleichwertiger Vertragspartner angesehen zu werden. Die hohen Ausfallraten junger Unternehmungen sowie die fehlende Historie des Internets machten sie nur begrenzt für eine Partnerschaft mit renommierten Unternehmungen attraktiv.[898] In einer empirischen Untersuchung wurde daher auch die **Vertrauensproblematik** als zentrale Hürde für internetbasierte Kooperationen festgestellt.[899]

Porter wies darauf hin, dass sich **Kooperationen auch nachteilig** für Internet-Startups auswirken können. Beispielsweise schlossen viele Pioniere zur Komplettierung des eigenen Angebots oder zum Erschließen weiterer Marktsegmente Partnerschaften mit direkten Wettbewerbern (Folgern). Derartige Kooperationen ermöglichten zwar ein schnelleres Wachstum beider Unternehmungen und eine gemeinsame

---

[894] Vgl. Steinle/Schumann (2003), S. 23f; Porter (2001), S. 69.
[895] Vgl. Ringlstetter/Oelert (2001), S. 35.
[896] Unternehmungen sind teilweise in „Business Webs" organisiert. Dabei handelt es sich um eine Gruppe von Unternehmungen, die unabhängig voneinander wertstiftende Teilleistungen erbringen, die isoliert betrachtet zu einem geringeren Kundennutzen führen würden als in ihrer Gesamtheit; vgl. Picot/Neuburger (2001), S. 30f.
[897] Vgl. Albers/Panten/Schäfers (2002b), S. 31.
[898] Vgl. Steinle/Schumann (2003), S. 24f.
[899] Vgl. Eggs (2001), S. 273.

Marktentwicklung, führten gleichzeitig aber zu Standardisierungen auf den Märkten, wodurch die Einzigartigkeit der Pioniere verloren ging und die Rivalität unter den Unternehmungen im Grunde eher angeheizt wurde.[900]

Nachdem nun sowohl das Marktumfeld als auch die Ressourcen, die für die Generierung nachhaltiger Wettbewerbsvorteile für Internet-Pioniere von Bedeutung sein können, untersucht wurden, sollen im Folgenden die vermuteten Wirkungszusammenhänge von Pionier-Mechanismen in der Internet-Ökonomie hergeleitet werden.

4.6 Vermutete Wirkungszusammenhänge von Pionier-Mechanismen in der Internet-Ökonomie

Aufbauend auf den Arbeiten von Lieberman und Montgomery (1988; 1998) führte Lieberman (2002) eine Untersuchung über die Bedeutung von First-Mover-Advantages bei Internet-Unternehmungen durch. Es hatte sich nämlich herausgestellt, dass die hohen Erwartungen, die viele Gründer und Kapitalgeber in die Wirksamkeit der Pionier-Mechanismen im Internet-Umfeld gesetzt hatten, in der Praxis häufig enttäuscht wurden. Gleichzeitig wollte Lieberman Porters These widerlegen, der zufolge First-Mover-Advantages im Internet generell nur eine Illusion sind. Die folgende Darstellung berücksichtigt diese Untersuchung Liebermans, die Aussagen Porters sowie Arbeiten anderer Autoren.[901]

4.6.1 Potenzielle angebotsbezogene Pionier-Vorteile in der Internet-Ökonomie

4.6.1.1 Technologische Führerschaft

Die Möglichkeit, technologische Pionier-Vorteile im Internet zu erzielen, wird sowohl durch die hohe Markttransparenz als auch durch die besonderen Eigenschaften der angebotenen Produkte beeinflusst.

Economies of Scale

Die Herstellung von Internet-Seiten und der Aufbau der entsprechenden Infrastruktur sind äußerst aufwändig und daher mit **hohen Anfangsinvestitionen** verbunden. Sobald jedoch ein Internet-Produkt erstellt wurde, ist jede weitere Kopie oder Nutzung nur noch mit **geringen Zusatzkosten** verbunden (First-Copy-Costs).[902] Im Idealfall

---

900   Vgl. Porter (2001), S. 69.
901   Vgl. Lieberman (2002); Porter (2001) und bspw. Specht (2001).
902   Vgl. Picot/Neuburger (2002), S. 100; Beck/Prinz (1999), S. 50; Shapiro/Varian (1999), S. 20.

könnte also ein Anbieter virtueller Netzwerkgüter überproportional von EOS profitieren, wenn es ihm gelänge, die Kunden in eine Lock-In-Situation zu bringen und so Markteintrittsbarrieren aufzubauen.[903] Auch in der Internet-Ökonomie ist es daher wichtig, schnell eine **kritische Masse** zu erreichen, um Skalenvorteile realisieren zu können. Zur schnellen Gewinnung einer ausreichenden Kundenbasis wird die Zusammenarbeit mit anderen Unternehmungen (Partnerschaft) empfohlen.[904]

Specht (2001) macht die Wirksamkeit kostenbedingter Wettbewerbsvorteile für Pioniere im E-Commerce u. a. davon abhängig, ob es dem Pionier gelingt, den Markteintritt anderer Wettbewerber durch Präventivinvestitionen zu verhindern. Geht dies nicht, hat grundsätzlich jeder frühe Folger die Möglichkeit, durch entsprechende Investitionen skalenbedingte Kostenvorteile zu erzielen. Dies trifft besonders für den Markteintritt finanzstarker Großunternehmungen der Old Economy zu.[905]

Auch wenn in der Internet-Ökonomie durch die Beschaffenheit der Produkte (geringe variable Kosten) durchaus die Möglichkeit besteht, Pionier-Vorteile aufgrund von EOS zu generieren, *ist zu prüfen, inwieweit die untersuchten Startups überhaupt in der Lage waren, in der kurzen zur Verfügung stehenden Zeit die für Skaleneffekte relevante kritische Masse zu erzielen.*

Erfahrungskurveneffekte

Auch dem Erfahrungskurven-Konzept wird nur eine bedingte Wirkung auf den Erfolg von Pionieren im Internet zugeschrieben.[906] Zwar verfügen die jungen Pionier-Unternehmungen durchaus über zeitbedingte Erfahrungsvorteile, ihre Folger können diese jedoch, insbesondere aufgrund der hohen Markttransparenz, leicht einholen. Dies geschieht umso einfacher, je schneller die **Erfahrung diffundiert** oder es mit Hilfe einer Follow the Free-Preisstrategie möglich ist, outputabhängige Erfahrungskurveneffekte zu erzielen.[907]

Erfahrungen sind häufig nur dann vorteilhaft, wenn das **Marktumfeld** von einer gewissen Konstanz gekennzeichnet ist, welche sich insbesondere auf Veränderungen

---

903 Vgl. Dietl/Royer (2000).
904 Vgl. Coltman et al. (2001), S. 70f.
905 Vgl. Specht (2001), S. 103.
906 Porter kritisiert, dass die Erfahrungskurve generell zu stark vereinfacht ist und dass es in vielen Branchen zu einem Desaster geführt hat, allein auf Erfahrungskurven zu vertrauen; vgl. Porter (2001), S. 69.
907 Vgl. Specht (2001), S. 108.

des technologischen Umfelds bezieht.⁹⁰⁸ Vor allem Veränderungen des Mediums „Internet" selbst sowie dessen Umfeldes (z. B. Veränderungen der Zahlungsmöglichkeiten im Internet, rechtliche Bestimmungen, Technologiesprünge im Datenaufbau) können die Erfahrungskurvenvorteile der Pioniere obsolet machen. *Es ist daher nicht zu erwarten, dass die betrachteten Startups Erfahrungskurveneffekte erzielen konnten.*

Forschungserfolge und Patente

In Liebermans Untersuchung (2002) wurde Patenten von Internet-Unternehmungen nur eine **geringe Schutzwirkung** attestiert.⁹⁰⁹ Die Geschäftsmodelle hinter den meisten Internet-Angeboten sind leicht zu imitieren. Darüber hinaus ist in Deutschland bislang ausschließlich der Schutz von Technologien, nicht aber der von Informationsgütern und Geschäftsmodellen möglich. Aufgrund der Struktur von Informationsprodukten lassen sich diese trotz Patent bzw. Lizenz beliebig oft kopieren (insbesondere Software) oder auch innerhalb kürzester Zeit von anderen Herstellern nachahmen. Und selbst patentierte Innovationen werden vielfach durch **„inventing around"** von der Konkurrenz imitiert und führen daher nicht zu Pionier-Vorteilen.⁹¹⁰

Ferner ist es recht **problematisch, Imitationen** von Internet-Lösungen einwandfrei **zu identifizieren**: Durch geringe Veränderungen kann der Quellcode eines Internet-Produktes zu einem im Kern identischen Konkurrenzprodukt führen. Der Diebstahl geistigen Eigentums lässt sich nur schwer nachweisen, wenn Texte umgestellt werden bzw. wenn sich die Benutzeroberfläche oder Gestaltung von der Internet-Seite des Pioniers unterscheidet.⁹¹¹

Trotz dieser Problematik und dem im Vergleich zu anderen Technologiesektoren geringen Prozentsatz von Patentanmeldungen hält Lieberman Patente für eine **mögliche Quelle nachhaltiger Pionier-Vorteile**. Dies gilt besonders für Patente von Geschäftsprozessen, wie z. B. das „One-Click-Ordering" von Amazon. Insgesamt konstatiert Liebermann, dass es im Vergleich zu frühen Folgern eher die Pionier-Unternehmungen waren, die Patente anmelden und entsprechende Vorteile ausnutzen konnten.⁹¹²

---

908 Vgl. Szymanski/Troy/Bharadwaj (1995), S. 27ff. Laut Kerin et al. besteht ein inverses Verhältnis zwischen dem Grad technologischer Veränderung und dem Kostenvorteil des Pioniers aus Erfahrungskurveneffekten, vgl. Kerin/Varadarajan/Peterson (1992), S. 45.
909 Vgl. Lieberman (2002), S. 4f.
910 Vgl. Gilbert/Newberry (1982), S. 514ff.; Lieberman/Montgomery (1988), S. 43; Lambkin (1992), S. 8.
911 Vgl. Specht (2001), S. 97.
912 Vgl. Lieberman (2002), S. 5 + 17.

Generell erscheint es für Pioniere in der Internet-Ökonomie aufgrund der hohen Transparenz der Produkte und der geringen Wechselkosten für die Kunden besonders schwierig, Markteintrittsbarrieren zu errichten, die von Folgern nicht durch geschickte Imitation überwunden werden können. *Es ist daher zu überprüfen, inwieweit die in dieser Arbeit untersuchten Fälle die These eines Pionier-Vorteils aufgrund von Patenten unterstützen.*

4.6.1.2 Besetzung knapper Ressourcen

Auch der Aneignung knapper Ressourcen kommt, so Liebermann, im Internet-Sektor nur eine geringe Bedeutung zu. Viel wichtiger ist es, von den potenziellen **Kunden wahrgenommen** zu werden.[913] Im Folgenden sollen dennoch Annahmen zu möglichen Pionier-Vorteilen aufgrund des Vorliegens knapper Ressourcen getroffen werden.

Zugang zu Inputfaktoren

In der Internet-Ökonomie verlieren die klassischen Input-Faktoren ihre Bedeutung, während **immaterielle Faktoren**, wie Kompetenz, Wissen, Serviceleistungen und Informationen an Wichtigkeit gewinnen.[914] Damit werden der Zugang zu gut ausgebildeten **Mitarbeitern** sowie deren Gewinnung für innovative Unternehmungen zu elementaren Erfolgsfaktoren. Auch Internet-Pioniere versprachen sich durch den frühen Zugang zu qualifizierten Mitarbeitern Vorteile im Rekruiting. *Aufgrund der Mobilität (der hohen Fluktuation von Mitarbeitern) erwies sich diese Ressource jedoch häufig als problematisch.*[915]

Einen weiteren wichtigen Inputfaktor stellt die Akquisition einer ausreichend hohen **Risikokapitalbeteiligung** dar. *Es ist zu erwarten, dass die Pionier-Startups Vorteile bei der Kapitalbeschaffung verzeichnen konnten*, da die Venture Capitalisten bevorzugt Innovationen förderten.

---

913 Vgl. Liebermann (2002), S. 5f. Lediglich von den Kunden „wahrgenommen" zu werden, stellt jedoch noch keinen nachhaltigen Erfolgsfaktor dar. Zur Kundenwahrnehmung vgl. die Darstellung nachfragebezogener Pionier-Vorteile in der Internet-Ökonomie in Abschnitt 4.6.2.
914 Vgl. Picot/Neuburger (2002), S. 96.
915 Vgl. Liebermann (2002), S. 5; Bryman (1997), S. 433. Wechselt ein Mitarbeiter vom Pionier zum Folger, so bringt er nicht nur fachliches Wissen mit, sondern auch Erfahrung mit organisatorischen und führungstechnischen Innovationen, die sich nicht patentieren lassen.

Zugang zu Lokalitäten in geographischer und produktcharakteristischer Hinsicht

Durch die elektronische Infrastruktur (Dematerialisierung durch Digitalisierung) verlieren klassische Standortfaktoren an Bedeutung. Physische Leistungsprozesse, wie Entwicklung und Transport, lassen sich in den virtuellen Raum verlagern. Damit ersetzen viele Informationssysteme klassische Lager- und Transportsysteme.[916]

Einige Pionier-Startups konnten sich einprägsame bzw. prägnante **Domain-Namen** und damit einen guten „Standort" im WWW sichern. Gleichzeitig gelang es diesen Unternehmungen häufig, wichtige **Kooperationsverträge** mit attraktiven Partnern vor ihren Folgern abzuschließen. Internet-Pioniere siedelten sich zudem verstärkt in **Großstädten** an, um einen besseren Zugang zu potenziellen Mitarbeitern und Kooperationspartnern zu gewährleisten. *Inwieweit durch den Zugang zu Lokalitäten bei den untersuchten Startups tatsächlich Pionier-Vorteile begründet wurden, bleibt zu untersuchen.*

Abschreckung durch Investitionsankündigungen

Die größte Abschreckungswirkung kann der Ankündigung einer **Finanzzusage** für ein Startup durch einen Venture Capitalisten zugesprochen werden. Damit wird anderen Teams auf der Suche nach Risikokapital signalisiert, dass ein Pionier den Markt vor ihnen betreten wird. Ferner verringern sich dadurch die Chancen, als Folger selbst eine Finanzierung zu erhalten.

Das Instrument der Vorankündigung empfiehlt sich ferner bei **Netzwerkgütern**, um aktuelle und potenzielle Nachfrager vom Wechsel in ein später angebotenes System abzuhalten (z. B. durch Hervorhebung exklusiver Nutzungsvorteile). Dabei sollten die drohenden Wechselkosten besonders unterstrichen werden.[917]

Investitionen in Technologie oder Ausstattung wurden eher selten angekündigt. Vielmehr kündigten Internet-Pioniere vor allem die Akquisition qualifizierter und bekannter Mitarbeiter oder Kooperationspartner sowie die Übernahme kleinerer Wettbewerber an. *Es bleibt dennoch zu prüfen, ob Internet-Startups durch Investitionsankündigungen Pionier-Vorteile generieren konnten.*

---

916 Vgl. Picot/Neuburger (2002), S. 94f.
917 Vgl. Clement/Litfin/Peters (1998), S. 87ff.

Preisgestaltung

Gerade für kleinere Startups mit **dünner Kapitaldecke** besteht die Gefahr, durch einen zu niedrigen Anfangspreis in finanzielle Engpässe zu geraten und Technologiesprüngen aus finanziellen Gründen nicht mehr folgen zu können.[918] Auf der anderen Seite sind die **Kosten für die Erstellung** elektronischer Informationsverarbeitungsprodukte in den letzten Jahren deutlich gesunken.[919] *Es ist daher anzunehmen, dass Pioniere hohe Investitionen tätigen mussten, die sie über einen höheren Preis zu amortisieren versuchten.*

Inwieweit Pioniere durch ihre Preisgestaltung Markteintrittsbarrieren errichten konnten, ist insbesondere durch das Vorliegen der **Follow the Free-Strategie** in der Internet-Ökonomie höchst fraglich. Auch die **Alleinstellungsphase** der Pioniere, in der eventuell höhere Preise abgeschöpft werden konnten, dürfte in der ersten Zeit des Internet-Hypes nur von kurzer Dauer gewesen sein, da Kapitalzusagen von Venture Capitalisten großzügiger gewährt wurden, wodurch schnell Folger an den Markt kamen.

4.6.2 Potenzielle nachfragebezogene Pionier-Vorteile in der Internet-Ökonomie

Im Gegensatz zur Wirkung angebotsbezogener Vorteile wurde die Wirkung nachfragebezogener Pionier-Vorteile in der Literatur zur Internet-Ökonomie wesentlich intensiver diskutiert.[920] Dabei ist die Zuordnung bestimmter Charakteristika der New Economy zu einzelnen Mechanismen des Pionier-Vorteils aufgrund von Überschneidungen nicht immer eindeutig möglich.

4.6.2.1 Produktdifferenzierung

Für Internet-Pioniere bieten sich verschiedene Möglichkeiten der Produktdifferenzierung. In der Literatur wurde vornehmlich die Strategie der **Individualisierung** des Leistungsangebots empfohlen.[921] Hierbei können mit Hilfe digitaler Leistungen und der durch das Internet generierten Kundeninformationen für jeden Nutzer personalisierte Produkte entworfen werden, die eine individuelle Bedarfsdeckung ermöglichen

---

918 Vgl. Oelsnitz (1998), S. 28
919 Ein Gesetz von Moore besagt, dass alle 18 Monate mit einer Verdopplung der Leistungsfähigkeit von Chips bei gleichzeitiger Halbierung der Kosten zu rechnen ist. Ferner geht man von einer Vervierfachung der Bandbreite in der Telekommunikation alle zwei Jahre bei sinkenden Kosten aus; vgl. Picot/Neuburger (2002), S. 94.
920 Vgl. z. B. Porter (2001), S. 68f.; Lieberman (2002), S. 6ff.; Shapiro/Varian (1999), S. 183ff.; Zerdick et al. (2001), S. 155f. sowie die in Abschnitt 4.5.3 angegebene Literatur.
921 Vgl. Specht (2001), S. 111.

und gleichzeitig zur Kundenbindung beitragen sollen. Weitere Möglichkeiten zur Produktdifferenzierung ergeben sich aus der Einführung bestimmter **Varianten**, der Ausweitung der Zielgruppe bzw. Änderung des Marktsegmentes (z. B. vom B2B- in das B2C-Segment) sowie durch eine Preisdifferenzierung.

Es muss im Folgenden untersucht werden, ob die Produktdifferenzierung und Kundenbindung durch Individualisierung zu nachhaltigen Pionier-Vorteilen im Internet führte.

4.6.2.2 Asymmetrisches Marketing

Der **Marke** kommt im Electronic Commerce eine besondere Bedeutung zu. Durch die Neuartigkeit und Anonymität elektronischer Geschäftsbeziehungen stellt das **Vertrauen** in den Geschäftspartner eine generelle Voraussetzung für den Erfolg eines Internet-Geschäftsmodells dar.[922] Dies gilt umso mehr bei Informationsgütern, bei denen ex ante nicht beurteilt werden kann, wie hoch ihr Wert für den Nutzer sein wird.[923] Darüber hinaus ist davon auszugehen, dass sich die Verbraucher nur wenige Domain-Adressen innerhalb eines Segments merken können.[924]

Ein Pionier-Startup hat generell die Möglichkeit, mit **frühen, exklusiven Werbebotschaften** Markenloyalität bei seinen Kunden aufzubauen. Aufgrund der hohen Streuverluste im Internet ist jedoch fraglich, inwieweit die von den untersuchten Startups gewählten Kommunikationsinstrumente ihre volle Wirkung entfalten konnten.[925] Daher war ein gutes Marketing-Management vonnöten, das die Höhe der Marketing-Investitionen und deren Wirkung auf Markenaufbau und -pflege kontrollierte.[926]

Porter weist darauf hin, dass die **fehlende physische Präsenz** den Aufbau von Internet-Marken erschwere. Der mangelnde direkte Kontakt zu den Geschäftspartnern mache virtuelle Geschäfte für Kunden weniger fassbar. Trotz erheblicher Marketingaufwendungen, Preisnachlässen und Kaufanreizen konnten sich Internet-Startups daher zunächst mit den Marken etablierter Unternehmungen nicht messen.[927] Da jedoch die hohen Investitionen für den Markenaufbau einiger Internet-

---

922 Vgl. Specht (2001), S. 159.
923 Vgl. Picot/Franck (1988), S. 545; Shapiro/Varian (1999), S. 5.
924 Vgl. Ringlstetter/Oelert (2001), S. 18f.
925 Freedman weist darauf hin, dass die schnelle Positionierung einer Marke in den seltensten Fällen erfolgreich war. Die durchschnittlichen Werbeausgaben der Startups betrugen im Jahre 2000 ca. 88 Mio. $. Das brachte Priceline als einem der bekanntesten Startups eine 0,1 %-ige Steigerung in der Wahrnehmung für jede ausgegebene Million; vgl. Freedman (2001).
926 Vgl. Specht (2001), S. 160.
927 Vgl. Porter (2001), S. 69.

Unternehmungen, wie beispielsweise Amazon, Ebay und Yahoo, inzwischen als durchaus erfolgreich zu bezeichnen sind,[928] *soll in der vorliegenden Arbeit untersucht werden, inwieweit Pionier-Startups Marketingvorteile gegenüber ihren Folgern generieren konnten.*

4.6.2.3 Wechselkosten

Porter vertritt ferner die Auffassung, dass Wechselkosten im Internet geringer seien als in der traditionellen Ökonomie, da die Konkurrenten „nur einen Mausklick" entfernt seien.[929] An anderer Stelle wird dem Aufbau von Wechselkosten bei Software-Produkten eine große Bedeutung beigemessen, da diese hohe **Anfangsinvestitionen** für den Kunden mit sich bringen. Auch Anbieter von Internet-Seiten haben die Möglichkeit, durch die **Lernerfahrung** ihrer Kunden und deren Gewöhnung an ihr Angebot Wechselkosten aufzubauen.[930]

Interessant ist die Frage, inwieweit eine **Follow the Free-Strategie** den Aufbau von Lern- und Anpassungskosten für Kunden fördert. Specht unterstellt einen positiven Zusammenhang zwischen dieser Strategie und technischen Wechselkosten sowie anbieter- und produktspezifischen Lernkosten.[931] Die zunächst kostenlose Abgabe beschleunigt Lernprozess und Gewöhnung der Kunden an ein Produkt. Sobald die Nutzeroberfläche verstanden und die technischen Standards erlernt wurden, verharren die Kunden im Allgemeinen bei dem Pionier-Produkt, selbst wenn Folger ebenfalls kostenlose Produkte anbieten. D. h. die Kunden scheuen neue Lern- und Anpassungsprozesse, wodurch **Lock-In-Effekte** beim Pionier-Produkt entstehen. *Es wird angenommen, dass die Follow the Free-Strategie damit die Diffusion des Pionier-Produktes unterstützt.*

Wechselkosten können ferner **über Anreize** geschaffen werden. Durch gute Erfahrungen mit dem Produkt und zusätzlichen Service, wie z. B. dem personalisierten Empfehlungskatalog bei Amazon, werden die Kunden gebunden. Die positiven Erfahrungen mit dem Pionier-Produkt werden als **Senkung des Transaktionsrisikos** im Internet angesehen und führen zu Kundenbindung, auch wenn neue, kostengünstigere Anbieter nachfolgen.[932] In einigen Fällen überlassen die Nachfrager dem Pionier auch

---

928 Vgl. Lieberman (2002), S. 5f.
929 Vgl. Porter (2001), S. 68.
930 Vgl. Lieberman (2002), S. 6.
931 Vgl. Specht (2001), S. 127.
932 Vgl. Lieberman (2002), S. 6. Aus diesem Grunde kann Amazon inzwischen auch Kosten für die Lieferung und besonderen Service (24-h-Lieferung, Grußkarte, Geschenkverpackung) erheben.

bestimmte Informationen (eine Art Investition), die im Falle eines Anbieterwechsels verloren gehen würden.[933]

Echte Wechselkosten werden durch die Einrichtung von **Punkte-Systemen, Meilenprogrammen** und **Transaktionsbewertungen** geschaffen, da Kunden daran interessiert sind, weitere Punkte oder gute Bewertungen zu erhalten und einen Anbieterwechsel von daher ablehnen.

Es kann also angenommen werden, dass das Vorliegen von Wechselkosten von der Art des Angebots (z. B. Software), der Geschäftsidee (Verkauf standardisierter Produkte versus Aufbau einer Community) und des jeweiligen Marktsegments abhängt. *Es soll folglich geprüft werden, inwieweit die in dieser Arbeit untersuchten Geschäftsmodelle den Aufbau von Wechselkosten ermöglichen.*

4.6.2.4 Qualitätsunsicherheiten

Im Zusammenhang mit den Wechselkosten stehen auch die Qualitätsunsicherheiten. Gerade zu Beginn der Internet-Ökonomie bestanden aufgrund der **unsicheren Rechtslage** und der **mangelnden Erfahrungen** mit Internet-Unternehmungen große Unsicherheiten bezüglich des Ablaufs und der Qualität von Internet-Transaktionen. Insbesondere die Angabe von Kontodaten wurde von potenziellen Kunden als Risiko angesehen. Sobald jedoch positive Erfahrungen mit dem Pionier-Produkt vorlagen, beseitigten diese die Qualitätsunsicherheiten gegenüber dem Pionier, wogegen Folger mit identischen Geschäftsideen nach wie vor für die Nutzer ein vermeidbares Risiko darstellten. Gerade unter Berücksichtigung des Information Overload und der Trägheit vieler Kunden führte dies zu Lock-In-Effekten beim Pionier-Produkt.

Die allgemeine Unsicherheit potenzieller Kunden in Bezug auf die Sicherheit und Zuverlässigkeit von Internet-Diensten könnte zu höheren Anforderungen an die Qualität des Pionier-Produkts geführt haben. *Es ist zu überprüfen, ob die hier untersuchten Internet-Unternehmungen ihre in der Regel kurze Monopolphase ausnutzen konnten, um die Qualitätsunsicherheiten hinsichtlich ihrer Produkte zu beseitigen und eine ausreichend große Zahl an Kunden zu gewinnen.*

---

933 Vgl. Specht (2001), S. 128f.

4.6.2.5 Psychologische Wettbewerbsvorteile

Die Follow the Free-Strategie machte es häufig leicht, Erstnutzer zu akquirieren. Im zweiten Schritt mussten jedoch Integrationsmaßnahmen ergriffen werden, um die Test-Kunden in eine Lock-In-Situation zu bringen. Internet-Pioniere konnten dabei generell von **Lernvorsprüngen** ihrer Konsumenten ausgehen. Es wird angenommen, dass die spezifischen Charakteristika des Internets zu effizienteren Informationsverarbeitungsprozessen führten, wodurch Lernprozesse grundsätzlich noch verstärkt wurden.[934]

Wie bereits im Zusammenhang mit der Wettbewerbsstrategie erläutert, genießen Pioniere Differenzierungsvorteile aufgrund der kognitiven Produktwahrnehmung und können **Informationsverarbeitungs-** und **Lernvorteile** verzeichnen.[935] Das Pionier-Startup Amazon beispielsweise prägte nachweislich die Erwartungen an eine Online-Handelsunternehmung. Folger-Unternehmungen, wie Buch.de, mussten ihr Angebot an der Internet-Plattform und den Prozessen von Amazon ausrichten.

In der vorliegenden Arbeit soll untersucht werden, inwieweit die Internet-Pioniere die Präferenzen und Erwartungen ihrer Kunden prägen konnten und so zu einer Prototypisierung beitrugen. Auch wenn dem „Ersten am Markt" eine besondere Beachtung in den Medien und bei potenziellen Nutzern zukommt, so ist fraglich, ob sich daraus gerade in der frühen Entwicklungsphase der Internet-Ökonomie auch eine reale Nachfrage bzw. Kundenbasis entwickeln konnte. Die Dauer der Alleinstellung soll zusätzlich Aufschluss darüber geben, ob ein zeitlicher Vorteil beim Aufbau von Reputation ausgenutzt werden konnte.

4.6.2.6 Dominantes Design (Standard)

Es ist für Geschäftsmodelle im Internet von größter Wichtigkeit, über kompatible Schnittstellen, Protokolle und Verfahren zu verfügen. Aus diesem Grund mussten sich die Internet-Pioniere bei der Herstellung ihrer Technologie an den Anforderungen der digitalen Wirtschaft sowie den technischen Möglichkeiten und Standards des Internets orientieren.[936]

---

[934] Zur detaillierten Darstellung der Charakteristika Multimedialität, Interaktivität und Hypertextstruktur vgl. Specht (2001), S. 137ff.
[935] Vgl. Specht (2001), S. 149.
[936] Vgl. Picot/Neuburger (2002), S. 101.

Während ihrer Pionier-Phase erforschten die Startups mit Hilfe **kostenloser Einführungsangebote** die Präferenzen potenzieller Kunden. Sobald sich das Pionier-Produkt aufgrund psychologischer Wettbewerbsvorteile als Prototyp etabliert hatte, erfolgte die Durchsetzung eines echten Standards in der jeweiligen Objektkategorie. Pioniere konnten dabei ihren Zeitvorsprung nutzen, um den „ersten Eindruck" bei ihren Kunden zu bestätigen und Markteintrittsbarrieren aufzubauen.[937] Die Kombination bestimmter Eigenschaften eines Geschäftsmodells wurde so ausschlaggebend für alle Folgerprodukte.

Auch für die Ausbildung eines dominanten Designs spielt die **Alleinstellungszeit** des Pioniers und das Erreichen einer **kritischen Masse** an Kunden eine wichtige Rolle. *Es muss daher geprüft werden, ob es bei den untersuchten Internet-Pionieren und in deren Marktsegmenten überhaupt zur Herausbildung eines dominanten Designs kam.*

4.6.2.7 Netzeffekte

Die **Relevanz** von Netzeffekten wird in der New Economy besonders hervorgehoben. Auf Netzeffekten basieren viele Anwendungen im Internet, wie z. B. Email, Auktionen, Chatrooms oder Online-Informationsdienste. Pionier-Vorteile aufgrund von Netzeffekten werden von vielen Autoren als Hauptgrund dafür angesehen, dass sich etliche Unternehmungen für eine Pionier-Strategie in technologie- und kommunikationsorientierten Branchen entschieden haben.[938] Die Realität widersprach jedoch vielfach dieser Annahme: Obwohl der Pionier die Chance hatte, Netzeffekte zu nutzen, erwiesen sich spätere Folger dennoch als erfolgreicher.[939]

Die **Offenheit des Internets** mit allgemein verbreiteten Standards und einfacher Navigation erschwert für viele Pioniere das Generieren von Netzeffekten.[940] Eine Möglichkeit, die kritische Masse an Kunden zu erreichen, versprechen **exklusive Produkte**, die zunächst kostengünstig angeboten werden. Mit zunehmender Kundenbasis nimmt der Nutzen und damit auch die Zahlungsbereitschaft der Kunden zu, wodurch sich Spielräume für Preiserhöhungen auftun, d. h. es können mittels Preisdifferenzierung oder durch den Einsatz alternativer Erlösmodelle Umsätze generiert

---

937 Vgl. Specht (2001), S. 141.
938 Vgl. z. B. Porter (2001), S. 68f.; Zerdick et al. (2001), S. 157; Shapiro/Varian (1999); Kelly (1998), S. 16ff.
939 Vgl. Lieberman (2002), S. 6f. Ein Beispiel hierfür ist der Wettstreit zwischen den Internet-Browsern Netscape Navigator und dem Microsoft Internet Explorer.
940 Vgl. Klodt (2001), S. 39f.

werden.⁹⁴¹ Auch durch das kostenlose Angebot von Komplementärgütern lassen sich Netzeffekte im Internet erreichen (Services zu Online-Auktionen oder Email-Accounts). Gleichzeitig ist eine richtungweisende, **kontinuierliche Kommunikationsstrategie** von Beginn an nötig, um potenziellen Kunden die Zukunftssicherheit des Systems glaubhaft zu vermitteln.⁹⁴²

*Inwieweit die hier untersuchten Unternehmungen die Meinung Porters und Liebermans bestätigen, dass Pionier-Vorteile durch Netzeffekte erzielt werden können, soll in Kapitel sieben beantwortet werden.*⁹⁴³

4.6.3 Potenzielle Pionier-Nachteile in der Internet-Ökonomie

Pionier-Nachteile in der Internet-Ökonomie wurden in der Literatur nur vereinzelt untersucht. Dies mag vor allem daran liegen, dass Daten erfolgloser Unternehmungen nur schwer zugänglich sind. Gerade die Untersuchung gescheiterter Pionier-Startups in dieser Arbeit soll daher Aufschluss über die Auswirkungen von Pionier-Nachteilen in der Internet-Ökonomie geben.

4.6.3.1 Kostenbezogene Faktoren (Free-Rider-Effekte)

Auch in der Internet-Ökonomie entstehen Pionier-Nachteile durch Free-Rider-Effekte von Folgern. Diese betrafen insbesondere **Investitionen in den Marktaufbau** und die Herstellung der **Technologie** des Pioniers.⁹⁴⁴ Gerade die hohe Markttransparenz im Internet könnte zu schnellen Imitationen geführt haben, da Wettbewerber die Geschäftsidee und deren Umsetzung einfach nachvollziehen konnten. Die späteren Marktteilnehmer nutzten dabei die bereits entwickelte Infrastruktur beispielsweise in bezug auf ein umfangreiches Angebot an Hard- und Software oder das bereits vorhandene Verständnis für die Geschäftsidee.⁹⁴⁵ Auch das anfängliche Misstrauen der Kunden hinsichtlich der Zweckmäßigkeit und Sicherheit von Internet-Transaktionen hatte sich zum späteren Markteintrittszeitpunkt von Folger-Unternehmungen in der Regel verringert.

In der vorliegenden Untersuchung soll die Wirkung von Free-Rider-Effekten vor dem Hintergrund kurzer Alleinstellungsphasen der Pioniere bei gleichzeitig unkomplizier-

---

941 Vgl. Zerdick et al. (2001), S. 192.
942 Vgl. Clement/Litfin/Peters (1998), S. 87ff.
943 Vgl. Porter (2001); Lieberman (2002).
944 Vgl. Lieberman (2002), S. 9.
945 Vgl. Specht (2001), S. 143. Hier zeigt sich die Nähe zu risikobezogenen Faktoren.

Vermutete Wirkungszusammenhänge von Pionier-Mechanismen 167

ten Imitationsmöglichkeiten von Geschäftsideen in der Internet-Ökonomie geprüft werden. Aufgrund der Ressourcenausstattung junger Unternehmungen wird dabei ein besonderes Augenmerk auch auf der Mitarbeitergewinnung von Folger-Unternehmungen und möglichen Free-Rider-Effekten auf dem Arbeitsmarkt liegen.[946]

4.6.3.2 Risikobezogene Faktoren (Auflösung von Ungewissheit)

Die Internet-Pioniere mussten in den Bereichen Marktentwicklung und Technologie auch risikobezogene Pionier-Nachteile in Kauf nehmen. Auf der einen Seite entwickelten sich die meisten Marktsegmente nicht in dem Ausmaß, wie es in den Businessplänen prognostiziert worden war, so dass viele Pioniere in einem wirtschaftlich noch **unattraktiven Markt** agierten, während Folger-Unternehmungen eine positivere Entwicklung abwarten konnten.[947] Gleichzeitig profitierten die Folger von der wachsenden Zunahme der Internet-Zugänge in privaten Haushalten bzw. Unternehmungen sowie von der allgemein höheren Akzeptanz, die die Attraktivität des Mediums erheblich steigerten.[948]

Auf der anderen Seite war die Internet-Ökonomie eine Branche mit hoher Entwicklungsgeschwindigkeit, weshalb die Gefahr **technologischer Diskontinuitäten** bestand. Die Pionier-Startups mussten ihre Geschäftsideen mit der zum Entwicklungszeitpunkt aktuellen Technologie umsetzen, wobei das Risiko bestand, dass Folger mögliche Veränderungen (z. B. Chancen des Mobile Business) oder Verbesserungen der Technologie (z. B. neue Programmiersprachen, bessere Verschlüsselung von Daten) in ihrem Leistungsangebot berücksichtigen konnten.[949]

Auch wenn sich die Grundfunktionen des Internets seit dem Jahr 1999 nicht maßgeblich verändert hatten, stellten doch gerade die Datensicherheit und die Zuverlässigkeit der Abwicklung von Transaktionen für Pioniere hohe **Akzeptanzbarrieren** bei potenziellen Kunden dar. *Es muss daher untersucht werden, ob sich aus den risikobezogenen Faktoren tatsächlich Pionier-Nachteile für die Internet-Startups dieser Studie ergeben haben.*

---

946 Vgl. die Aussagen von Guasch und Weiss (1980), die Pioniernachteile nachwiesen, weil Folger bereits ausgebildete Mitarbeiter des Pioniers abwerben konnten.
947 Vgl. Lieberman (2002) S. 9. Ein Beispiel dafür, dass der Markt für Lebensmitteleinkäufe nicht attraktiv zu bewirtschaften ist, stellt die Firma Webvan dar.
948 Vgl. Specht (2001), S. 143.
949 Vgl. zu dieser Problematik z. B. Wernerfelt/Karnani (1987), S. 189.

4.6.3.3 Lerneffekte bzw. Trägheit des Pioniers

In der Internet-Ökonomie hatten Folger vielfältige Möglichkeiten, aus den Fehlern der Pioniere zu lernen. Die falsche Einschätzung der Zielgruppe (B2B statt B2C), das Angebot einer zu umfangreichen Produktpalette oder die Wahl ineffizienter Marketinginstrumente (TV-Werbung für Internet-Produkte) sind nur drei Möglichkeiten, die zu Nachteilen der Pioniere gegenüber ihren Nachfolgern führen konnten. Gerade die Neuheit der Technologie und der gesamten Branche erhöhte die Wahrscheinlichkeit von **Fehlern der Pioniere** beispielsweise in der Produktpositionierung, bei der Anlageninvestition sowie im Organisationsaufbau.

Die **Trägheit** und Inflexibilität von Internet-Pionieren wurde bisher **noch nicht explizit untersucht**. Es ist jedoch anzunehmen, dass die hohen Anfangsinvestitionen in den Aufbau einer Internet-Präsenz und die aufwändige Erschließung relevanter Zielgruppen auch bei einer zunächst enttäuschenden Geschäftsentwicklung zu einem Festhalten an der gewählten Strategie führten. Hinzu kam die Orientierung vieler Gründer an ihren amerikanischen Vorbildern. Die erfolgreiche Entwicklung bestimmter Geschäftsideen im amerikanischen Markt könnte deutsche Gründer in ihrer Imitationsstrategie bestätigt haben, so dass das Geschäftsmodell auch für den deutschen Markt nicht in Frage gestellt wurde.

In der vorliegenden Arbeit muss daher untersucht werden, inwieweit Startup-Gründer bereit waren, aus den eigenen Fehlern zu lernen, ihre Strategie zu verändern und ein vermeintlich erfolgreiches Produkt zu kannibalisieren bzw. angemessen an nationale Marktgegebenheiten anzupassen.

4.7 Zusammenfassung der vermuteten Wirkungszusammenhänge

Lieberman stellte in seiner Untersuchung von Internet-Unternehmungen fest, dass Pioniere geringfügige Vorteile in Märkten erzielen konnten, in denen Innovationen patentiert worden waren und Netzwerkeffekte vorlagen. Die Wirkung anderer Mechanismen, wie z. B. von Skaleneffekten, schien nur gering zu sein. Lieberman warf vielen Pionier-Unternehmern vor, in einen Markt eingetreten zu sein, ohne vorher eine intensive Marktanalyse durchgeführt zu haben. Durch eine Fehleinschätzung des Marktpotenzials sei ein Scheitern dieser Startups daher vorprogrammiert gewesen und würde das Konzept der Pionier-Vorteile an sich nicht in Frage stellen.[950] Inwieweit sich das Scheitern der hier untersuchten Unternehmungen auf eine fehlerhafte Marktanalyse zurückführen lässt, muss überprüft werden.

Die nachfolgende Tabelle 4.1 fasst die Vermutungen zur Wirkung der einzelnen Pionier-Mechanismen noch einmal zusammen. Das Erreichen einer kritischen Kundenmasse bezeichneten Zerdick und Kollegen (2002) als Schlüsselfaktor.[951] Dafür sind in der Regel hohe Investitionen in Marketing, Produktentwicklung und Kundenbindung zu tätigen. Startups leiden generell unter einer Ressourcen-Armut, die sich umso problematischer auswirkt, als die Schnelligkeit oft als entscheidender Erfolgsfaktor im E-Business bezeichnet wurde.[952] Inwieweit einige Startups trotzdem die erforderlichen Ressourcen aufbauen konnten, um einen erfolgreichen Markteintritt als Pionier zu realisieren und sich langfristig am Markt zu positionieren, wird im Kapitel sechs und sieben überprüft. Gerade die Untersuchung auch erfolgloser Pionier-Startups, d. h. der Auswirkungen von Pionier-Nachteilen, könnte in diesem Zusammenhang aufschlussreich sein.

---

[950] Vgl. Lieberman (2002), S. 27f.
[951] Vgl. Zerdick et al. (2001), S. 16.
[952] Vgl. Jarillo (1989), S. 133ff.

	Pionier-Mechanismus	Vermutete Wirkungszusammenhänge
Angebotsbezogene Pionier-Vorteile	**Technologische Führerschaft**	
	Economies of Scale	• Eignung für EOS durch die Beschaffenheit der Produkte: Hohe Anfangsinvestitionen, geringe Zusatzkosten. • Schnelles Erreichen der kritische Masse notwendig.
	Erfahrungskurveneffekte	• Wirkung fraglich, da Umwelt durch wenig Konstanz gezeichnet und Erfahrung aufgrund der Markttransparenz schnell diffundiert. • Gefahr technologischer Sprünge.
	Forschungserfolge und Patente	• Geringe Schutzwirkung technologischer Innovationen erwartet, da die Imitation der Produkte einfach ist. • Kein Schutz von Geschäftsmodellen durch das deutsche Patentrecht. • Gefahr eines „Inventing Around".
	Besetzung knapper Ressourcen	
	Zugang zu Inputfaktoren	• Immaterielle Faktoren (insb. Mitarbeiter) ausschlaggebend. • Pionier-Vorteile aufgrund des frühen Zugangs zu Mitarbeitern. Mobilität der Mitarbeiter jedoch problematisch. • Pionier-Vorteile bei Venture Capital-Gewinnung erwartet.
	Zugang zu Lokalitäten in geografischer und produktcharakteristischer Hinsicht	• Klassische Standortfaktoren verlieren an Bedeutung. • Pionier-Vorteile durch frühen Zugang zu Kooperationspartnern möglich.
	Abschreckung durch Investitionsankündigungen	• Starke Abschreckung von Folger durch Finanzzusage der Venture Capitalisten vermutet.
	Preisgestaltung	• Höhere Investitionen in die Technologie legen einen höheren Preis nahe. • Follow the Free-Strategie und geringe Zahlungsbereitschaft der Kunden lassen keine Pionier-Vorteile erwarten.

Tabelle 4.1: Vermutete Wirkungszusammenhänge von Pionier-Mechanismen in der Internet-Ökonomie
Quelle: Eigene Darstellung

	Pionier-Mechanismus	Vermutete Wirkungszusammenhänge
Nachfragebezogene Pionier-Vorteile	Produktdifferenzierung	• Pionier-Vorteile durch Individualisierung des Angebots und Einführung von Varianten möglich.
	Asymmetrisches Marketing	• Marke und Reputation sind im Internet sehr wichtig, da eine physische Identität der Unternehmungen fehlt. • Möglichkeit für Pioniere, frühe Botschaften in der Presse zu lancieren.
	Wechselkosten	• Geringe Wechselkosten durch hohe Markttransparenz. Höhe der Wechselkosten abhängig vom Geschäftsmodell. • Suche nach neuen Arten von Wechselkosten oder besonderen Anreizen zur Kundenbindung nötig.
	Qualitätsunsicherheiten	• Unsichere Rechtslage und mangelnde Erfahrung der Kunden mit dem Medium könnten Pionier-Vorteile begründen. • Alleinstellungsphase könnte zu kurz sein.
	Psychologische Wettbewerbsvorteile	• Follow the Free-Strategie erleichtert die Akquisition von Kunden und Lernvorteile bei diesen. • Die Dauer der Alleinstellung könnte für die Prototypisierung und den Reputationsaufbau nicht ausgereicht haben.
	Dominantes Design (Standard)	• Eine kostenlose und exklusive Einführungsphase des Pionier-Produkts ist prägend für die Kombination der Produkteigenschaften. • Das Erreichen einer kritische Masse und die Dauer der Alleinstellung sind elementar.
	Netzeffekte	• Netzeffekte sind im Internet besonders relevant und oft Hauptgrund für die Wahl einer Pionier-Strategie. • Ein Erreichen der kritischen Masse ist erfolgsentscheidend.

Tabelle 4.1 (Fortsetzung 1): Vermutete Wirkungszusammenhänge von Pionier-Mechanismen in der Internet-Ökonomie
Quelle: Eigene Darstellung

	Pionier-Mechanismus	Vermutete Wirkungszusammenhänge
Pionier-Nachteile	**Kostenbezogene Faktoren (Free-Rider-Effekte)**	• Hohe Markttransparenz erleichtert Imitation und Free-Rider-Effekte beim Marktaufbau sowie der Technologie- und Infrastrukturentwicklung. • Besonders relevant könnten Free-Rider-Effekte auch an einem Arbeitsmarkt für Internet-Spezialisten sein.
	Risikobezogene Faktoren (Auflösung von Ungewissheit)	• Pionier-Nachteile werden aufgrund einer falschen Einschätzung der Marktentwicklung vermutet. • Technologische Diskontinuitäten können Technologie-Investitionen des Pioniers obsolet werden lassen. • Hohe Akzeptanzbarrieren bei potenziellen Kunden.
	Lerneffekte bzw. Trägheit des Pioniers	• Folger profitieren von der falschen Wahl des Marktes bzw. der Kundengruppe sowie von Fehlern im Marketing. • Trägheit wurde noch nicht explizit untersucht. Ein Festhalten am Geschäftsmodell lässt sich gerade bei der Imitation erfolgreicher Ideen aus einem anderen Markt (z. B. USA) erwarten.

Tabelle 4.1 (Fortsetzung 2): Vermutete Wirkungszusammenhänge von Pionier-Mechanismen in der Internet-Ökonomie
Quelle: Eigene Darstellung

5 Methodik der empirischen Untersuchung

Die bisherigen Ausführungen dienten dazu, den Erfolg von Pionier-Unternehmungen in der Internet-Ökonomie als Ergebnis des Zusammenwirkens unterschiedlicher Faktoren des marktbasierten und des ressourcenbasierten Ansatzes aufzuzeigen. Auf diese Weise konnte ein theoretischer Rahmen zur Erklärung bestimmter Merkmale von First-Mover-Advantages erstellt werden. **Ziel** der nun folgenden Untersuchung ist es, die erarbeiteten Merkmale einer empirischen Prüfung zu unterziehen, um so einen validen Beitrag zur Erklärung des Pionier-Erfolges bzw. -misserfolges leisten zu können.

Für die Durchführung empirischer Untersuchungen stellt die Wahl des geeigneten methodischen Designs einen Schlüsselfaktor dar. Die Forschungsmethode muss nicht nur der zu untersuchenden Fragestellung, sondern darüber hinaus auch dem Untersuchungshintergrund gerecht werden. In diesem Kapitel soll daher nach einer kurzen Vorstellung der generellen Untersuchungsarten die Wahl der Fallstudienmethode aus der qualitativen empirischen Sozialforschung als geeignete Forschungsmethode für die empirische Untersuchung von Pionier-Vorteilen in der Internet-Ökonomie begründet und diskutiert werden. Im Anschluss an die Beschreibung und kritische Betrachtung der Fallstudienmethode im Allgemeinen folgt eine Erläuterung des für diese Arbeit gewählten konkreten methodischen Vorgehens nach dem Ablaufschema von Eisenhardt (1989). Dabei werden die Auswahlkriterien für die Untersuchungsobjekte, der Ablauf der Datenerhebung, die Erhebungsinstrumente sowie die Datenauswertung ausführlich erörtert.

5.1 Forschungsmethoden für empirische Studien

Grundsätzlich lassen sich in der empirischen Forschung zwei Richtungen unterscheiden: die quantitative und die qualitative Forschung.[953] Die **quantitative Forschung** bedient sich zur Erfassung der Realität standardisierter Erhebungsmethoden und zielt darauf ab, quantifizierbare Unternehmungsdaten statistisch, häufig mittels multivariater Analysemethoden, auszuwerten. Dieses Vorgehen dient oft der Untersuchung quantifizierbarer Ursache-Wirkungs-Zusammenhänge zwischen Erfolgsgrößen und Erfolgsfaktoren.

---

953 Vgl. hierzu z. B. Girtler (2001), S. 35; Mayring (1990b), S. 16ff.

Die **qualitative Methode** arbeitet hauptsächlich mit Fallstudien, deren Daten vielfach mit Hilfe explorativer Expertengespräche und Interviews erhoben werden, um ein möglichst facettenreiches und detailliertes Bild des Untersuchungsgegenstandes sowie des Kontextes und damit eine validere Beschreibung des Untersuchungsgegenstands zu erhalten.[954]

Im geschichtlichen Ablauf fanden beide Methoden in der empirischen Forschung unterschiedlich starke Beachtung. Bis 1935 dominierte zunächst die Chicago School mit qualitativen Untersuchungen. In der Folgezeit gewannen statistische Methoden, insbesondere durch die Columbia University in New York, an Gewicht, was zu einer gewissen Rivalität der Methoden führte.[955] Bis Ende der 60er Jahre blieb die quantitative Sozialforschung dominierend für die Untersuchung empirischer Phänomene. Der angebliche Vorzug wurde dabei in ihrer Nähe zu naturwissenschaftlichen und mathematischen Verfahren gesehen. Der qualitativen empirischen Sozialforschung wurde in dieser Zeit nur eine geringe Bedeutung im Repertoire sozialwissenschaftlicher Methoden beigemessen.[956] Forschern, die sich qualitativer Methoden, wie etwa der Analyse von Fallstudien, bedienten, wurden in ihren wissenschaftlichen Disziplinen aufgrund (vermeintlich) mangelnder Präzision (d. h. Quantifizierung) und fehlender Objektivität weniger anerkannt.[957] Erst mit Beginn der 80er Jahre mehrten sich wieder Stimmen für eine qualitativ ausgerichtete Forschung unter Beibehaltung sinnvoller Quantifizierungen.[958] Mayring (1990) sprach in diesem Zusammenhang von einer **qualitativen Wende**, die sich nicht nur im erneuten Trend zu qualitativen Forschungsmethoden äußerte, sondern auch tief greifende Veränderungen der Sozialwissenschaften insgesamt erwarten ließ.[959]

Die Gründe für die gestiegene Akzeptanz qualitativer Forschungen lagen zum einen in den Erkenntnisbeiträgen, die durchgeführte qualitative Studien mit sich brachten.[960] Zum anderen etablierte sich der Vorwurf, dass die quantitative Forschung nur den Anschein einer höheren Objektivität besäße, denn eine objektive, d. h. eigene Vorstellungen und Weltbilder abstrahierende Wahrnehmung der Umwelt ist nur schwer

---

[954] Zu weiteren Unterschieden qualitativer und quantitativer Forschung siehe auch Lamnek (1988), insbesondere Abschnitte 2.1 und 4.8.
[955] Vgl. Hamel/Dufour/Fortin (1993), S. 15 + 18.
[956] Vgl. Lamnek (1988), S. 6.
[957] Vgl. Yin (1989), S. 10.
[958] Vgl. Dyer/Wilkins (1991), S. 613.
[959] Vgl. Mayring (1990a), S. 1.
[960] Vgl. Gomm/Hammersley/Foster (2000) und z. B. die Studie von Bourgeois/Eisenhardt (1988).

denkbar.[961] Die weitgehende Formalisierung und Quantifizierung von Annahmen und Hypothesen sowie die Anwendung statistischer Verfahren bei der Auswertung vermittelten zwar den Eindruck, es handele sich um eine weitgehend objektive und wertfreie Wirklichkeit, die anhand von Modellen und Formeln beschrieben werden könne. Jede Umwelt sei jedoch sozial konstruiert, und die damit einhergehenden sozialen Vernetzungen und mehrstufigen Entscheidungshierarchien (z. B. soziale Phänomene in der Unternehmungskultur, politische Spiele zwischen unterschiedlichen Akteuren) ließen sich quantitativ vielfach nur schwer erfassen.

Qualitative Forschung dagegen wird als **Kommunikation** zwischen Forscher und Forschungsgegenstand gedacht. Die Interaktion zwischen diesen beiden Größen ist damit kein Störfaktor, sondern konstitutiver Bestandteil des Forschungsprozesses und für die Interpretation des Untersuchungsgegenstandes von elementarer Bedeutung.[962] Als typische Beispiele qualitativer Sozialforschung gelten die Analyse von Einzelfällen, das Durchführen von qualitativen Interviews, die Dokumentenerhebung und -analyse sowie die Beobachtung von Arbeitsabläufen.[963] Die große **Stärke** qualitativer Analysen liegt in der **Offenheit**, die sie in Bezug auf den Untersuchungsgegenstand, die Untersuchungssituation und die Anwendung unterschiedlicher Methoden mit sich bringt.[964] Gleichzeitig impliziert die Anwendung qualitativer Methoden bei der Datensammlung keinen vollkommenen Verzicht auf Quantifizierung oder die Anwendung geeigneter statistischer Auswertungsverfahren.[965] Yin (1989) fordert daher, dass bei der Wahl einer geeigneten Forschungsstrategie der Fokus nicht auf der Unterscheidung zwischen qualitativen bzw. quantitativen Methoden, sondern auf den unterschiedlichen Untersuchungsdesigns (Interviews, Surveys, Case Studies etc.) liegen sollte.[966] Nicht die Art der Erhebung sei entscheidend, sondern vielmehr die Aussagekraft der Daten.

Zur Entschärfung des Streits zwischen qualitativer und quantitativer Forschung ließe sich mit Mayring (1990) argumentieren, dass qualitatives Denken auch die Funktion hat, sinnvolle Quantifizierungen zu ermöglichen. Damit sind beide Methoden also

---

961 Vgl. Bonß/Hartmann (1985), S. 9ff. sowie Teil II, S. 111ff.
962 Vgl. Lamnek (1988), S. 23f.
963 Vgl. Mayring (1990a), S. 26ff.; Hopf (1984), S. 14f.
964 Vgl. Lamnek (1988), S. 22.
965 Vgl. Hugl (1995), S. 27; Hopf (1984), S. 14.
966 Vgl. Yin (1989), S. 15f.

eher als **integrative Elemente** im Sinne einer Vorstufe für Erhebungen[967] oder als gegenseitige Anreicherung[968] zu verstehen.

Die herausragende **Bedeutung** qualitativer Forschungsmethoden spiegelt sich in der Vielzahl aktueller Veröffentlichungen wider, die verstärkt qualitative empirische Untersuchungen berücksichtigen. Diese bilden oftmals die einzige Möglichkeit, Faktoren, wie Verhalten und Erfahrungen, persönliche Handlungen und Motive sowie Werte und Einstellungen, zu analysieren.[969] Unter anderem ist es auch kaum möglich, bestimmte Ressourcen, wie z. B. die Management-Fähigkeiten von Personen, rein quantitativ über einen Fragebogen zu identifizieren. In einem so jungen Forschungsgebiet, wie dem in dieser Arbeit betrachteten, übernimmt die qualitative Empirie darüber hinaus die Aufgaben der **Hypothesenfindung und Theoriebildung**.[970] Aus den genannten Gründen wird in der vorliegenden Arbeit die empirische Untersuchung mit Hilfe eines qualitativen Forschungsansatzes durchgeführt. Hierzu bietet sich ein Verfahren an, auf dessen Entwicklungsgeschichte im Folgenden näher eingegangen werden soll.

5.2 Grounded Theory nach Glaser und Strauss

Die **Grounded Theory** von Glaser und Strauss (1998) hatte erheblichen Einfluss auf die qualitative Forschung. Die Autoren thematisierten schon 1967 die Frage, inwieweit sich eine Theorie mit Hilfe von Daten (qualitativen wie quantitativen) gewinnen ließe.[971] Als Grounded Theory wurde dabei eine induktiv entwickelte Theorie bezeichnet, die durch systematische Datensammlung zu einem bestimmten Phänomen identifiziert, erschlossen und verifiziert wurde.[972]

Obwohl Glaser und Strauss Vorschläge für die Entwicklung und Verbesserung von Verfahren zur Theoriebildung entwickelten, standen sie erst am Anfang einer umfassenden Methodologie. Mit ihren Arbeiten legten sie einen Grundstein für die qualitativen Studien der nachfolgenden Jahre.[973] Die Autoren betonten, dass letztlich jede Form von **Daten** sowohl für die Verifizierung als auch für die Generierung einer Theorie geeignet sei. Häufig benötige ein Forscher sogar unterschiedliche Arten von

---

967 Vgl. Mayring (1990a), S. 24.
968 Vgl. Jick (1979), S. 602f.; Strauss/Corbin (1990), S. 18f.
969 Vgl. Foddy (1993), S. 1f.
970 Vgl. Mayring (1990b), S. 20ff.
971 Vgl. Glaser/Strauss (1998), S. 11.
972 Vgl. Strauss/Corbin (1990), S. 21.
973 Vgl. Glaser/Strauss (1998), S. 11.

Daten, nicht um sie aneinander zu testen, sondern als gegenseitige Ergänzung, da beide für einen bestimmten Sachverhalt wichtig sein könnten. Glaser und Strauss betrachteten die qualitative Sozialforschung nicht als Vorstufe einer quantitativen Forschung, sondern sahen deren wesentliche Aufgabe in der Entdeckung und Entwicklung von Theorien.[974] Diese Meinung widerspricht Mayrings Ansicht, der das Verhältnis von qualitativer und quantitativer Forschung als Abfolge bzw. Phasenmodell konstruierte.[975]

Eine weitere Besonderheit der Grounded Theory liegt darin, dass schon während der Datenerhebung Schritte der vorwiegend induktiven Konzept- und Theoriebildung zugelassen werden.[976] Bereits im Verlauf der Datenerhebung kann sich so ein theoretischer Bezugsrahmen herauskristallisieren, der dann sukzessive modifiziert und vervollständigt wird.[977] Dies stellte eine Innovation in der empirischen Forschung dar.

Die Gedanken der Grounded Theory wurden in jüngerer Zeit von Robert Yin und Kathleen Eisenhardt aufgegriffen, die sich mit einer besonderen Form qualitativer Forschung, der **Fallstudienforschung,** beschäftigten.[978] Vor allem die Untersuchungsmethode von Eisenhardt nutzt dabei den von Glaser und Strauss vorgezeichneten ständigen Vergleich zwischen Theorie und Daten.[979]

5.3 Fallstudienforschung

Die **ersten Arbeiten** zur Fallstudienforschung gehen schon auf das frühe 20. Jahrhundert und die Universität Chicago zurück. Ausgehend von Untersuchungen im Bereich der Familiensoziologie gründeten die Mitglieder der Chicago School das erste wichtige Forum qualitativer Forschung und insbesondere der Fallstudienmethode.[980]

Ein **Fall** stellt einen Bericht über eine Aktivität, ein Ereignis oder ein Problem dar, anhand dessen die Realität widergespiegelt und bestimmte Entwicklungen dokumentiert werden sollen. Hierbei sind keine Veränderungen der Wirklichkeit zulässig. Die

---

974 Vgl. Glaser/Strauss (1998), S. 26.
975 Vgl. Mayring (1990b), S. 19f. Solange das Forschungsgebiet noch neu und wenig erforscht ist, ist eine qualitative Untersuchung von Nöten, um Begriffe und Kategorien herauszufiltern.
976 Vgl. Mayring (1990a), S. 77.
977 Vgl. Glaser/Strauss (1998), S. 52.
978 Vgl. Eisenhardt (1989); Yin (1989).
979 Vgl. Eisenhardt (1989), S. 534 sowie die Ausführungen in Abschnitt 5.3.2.
980 Vgl. Dooley (2002), S. 335; Hamel/Dufour/Fortin (1993), S. 2ff. Deren wichtigsten Forscher waren William Thomas und Robert Parks.

einzelnen Komponenten eines Falles sind die Ausgangslage, beteiligte Personen, Ereignisse, Probleme und Konflikte. Die genannten Komponenten müssen essentiell wahr sein, auf einer sorgfältigen Untersuchung und Forschung basieren und unterschiedliche Perspektiven bei den Forschern fördern.[981]

Unter einer **Fallstudie** wird die Untersuchung und kontextuelle Analyse einer limitierten Anzahl von Ereignissen oder Bedingungen sowie ihrer Beziehungen zueinander verstanden. Diese können sowohl einfach als auch komplex sein.[982] Ziele einer Fallstudie sind die Beschreibung von Untersuchungsgegenständen und damit der Test einer bestehenden oder das Generieren einer neuen Theorie.

Die **Fallstudienmethode** kann einen oder mehrere Fälle sowie verschiedene Analyseebenen (Branchen oder Einzel-Unternehmungen) umfassen. Typischerweise handelt es sich dabei um eine Kombinationen verschiedener Datenerhebungsmethoden, die sowohl qualitativer als auch quantitativer Natur sein können.[983] Fallstudien eignen sich im eigentlichen Sinne nicht zur **Generalisierung oder Vorhersage**. Wird die Fallstudienmethode verwendet, soll meist ein besonderes Phänomen umfassend untersucht werden, und zwar nicht mit Hilfe von Kontrollvariablen sondern eher durch die Beobachtung verschiedener Variablen und ihrer Interaktionen.[984]

5.3.1 Fallstudienmethode nach Robert Yin

Durch **Robert Yin** erlangte die Fallstudie in den 80er Jahren erneut Beachtung als Forschungsstrategie. Das Hauptziel der Arbeiten Yins lag darin, der Fallstudienmethode die nötige Akzeptanz zu verschaffen und diese als spezifisches Werkzeug für die Untersuchung betriebswirtschaftlicher Phänomene zu etablieren. Trotz der von Kritikern bemängelten offenen Beweisführung und Datensammlungsmethoden beinhaltete die Fallstudienmethodik Yins wohldefinierte Schritte, die die Anforderungen an methodologische Striktheit, Validität und Verlässlichkeit durchaus erfüllten.[985] Hiermit gab Yin anderen Forschern praktische Hinweise zum effektiven Einsatz der Fallstudienmethode und zur Analyse, Verifizierung und Präsentation der erzielten

---

981 Vgl. Dooley (2002), S. 337.
982 Vgl. Yin (1989), S. 23.
983 Vgl. Eisenhardt (1989), S. 534f.
984 Vgl. Dooley (2002), S. 336.
985 Vgl. Dooley (2002), S. 337f. sowie die Gütekriterien bei Lamnek (1988), S. 140ff.

Ergebnisse.[986] Yin stellte als erster einen detaillierten Ablaufplan für die Bearbeitung von Fallstudien auf, der in Abbildung 5.1 grafisch dargestellt ist.[987]

Yin grenzte nicht nur die Fallstudienmethode von anderen Forschungsstrategien ab, sondern wies auch darauf hin, dass die Fallstudie sowohl Einzelfälle (**Single-Case-Studies**)[988] als auch mehrere Fälle (**Multiple-Case-Studies**) betreffen könne.[989] Erstere wurden in der Vergangenheit häufiger eingesetzt, wogegen Multiple-Case-Studies erst in jüngerer Zeit an Popularität gewinnen.

Der wesentliche Vorteil bei der gleichzeitigen Betrachtung mehrerer Fälle und ein essenzielles Element des Ansatzes von Yin ist die „**Replication Logic**" (Wiederkehr von Aussagen).[990] Da die einzelnen Fälle zunächst wie Experimente behandelt werden, können Übereinstimmungen oder Abweichungen der Ergebnisse die Logik einer Theorie tragen oder ihr widersprechen.[991] Dieser Effekt mag zwar auch für das Verständnis von Einzelfällen hilfreich sein, wenn z. B. Interview-Ergebnisse und Dokumentenanalysen übereinstimmen. Der wahre Wert der Replication Logic zeigt sich jedoch erst beim Vergleich mehrerer Fälle. Hierzu betonte Yin, dass Vermutungen aus einem einzigen Fall zur Theoriebildung nicht ausreichen, sondern weitere Daten und Fälle zum Vergleich herangezogen werden müssten, um den betrachteten Fall als Ganzes besser zu verstehen. Die Verwendung der Replication Logic führe daher zur Entwicklung eines guten theoretischen Frameworks, das Bedingungen erfasse, mit deren Hilfe Übereinstimmungen oder Widersprüche in den Fällen festgestellt werden könnten.[992]

---

986   Vgl. Bruns (1989), S. 157; Yin (1989), S. 13.
987   Vgl. Yin (1989), S. 56f. Dieser Ablaufplan wurde in der Folge von Eisenhardt aufgegriffen; vgl. hierzu die detaillierte Darstellung in Abschnitt 5.3.2.
988   Zur Beschreibung von Single-Case-Studies vgl. z. B. Kratochwill/Levin (1992).
989   Vgl. Yin (1989), S. 23ff.
990   Vgl. Yin (1989), S. 53ff.
991   Yin erwähnte die Replication Logic zwar als erster, aber es war Eisenhardt, die die Fallstudienmethode und diese Logik im Detail beschrieb und ihre Vorzüge zur Theoriebildung hervorhob; vgl. hierzu auch Chetty (1996), S. 74f.
992   Vgl. Yin (1989), S. 54.

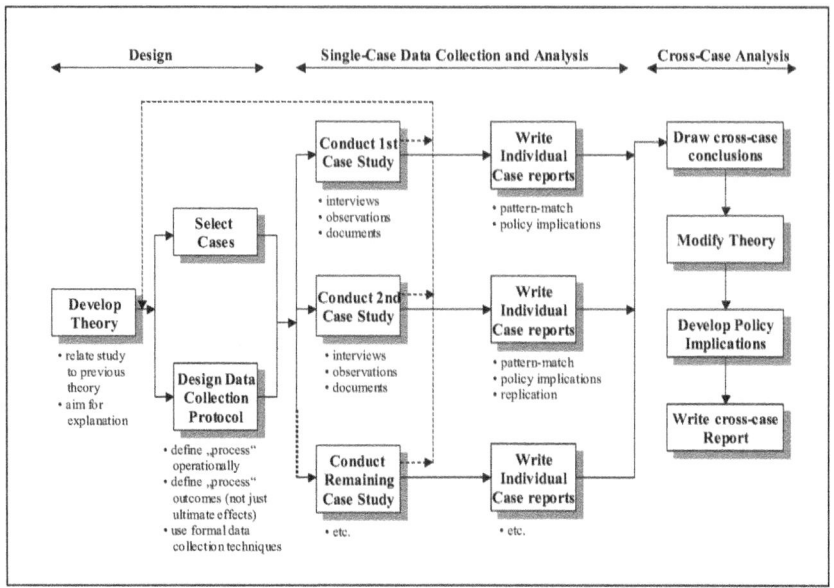

Abbildung 5.1: Der Ablaufplan nach Yin
Quelle: Yin (1989), S. 56

5.3.1.1 Gütekriterien von Fallstudien

Wesentliche Hinweise auf die Qualität einer Fallstudie geben die sog. **Gütekriterien**. Qualitativ orientierte Forschung bedarf im Vergleich zu quantitativer Forschung eigener Kriterien zur Beurteilung der Güte ihrer Ergebnisse.[993] Yin befasste sich ausführlich mit den Gütekriterien, die insbesondere empirische Fallstudien erfüllen müssen, und hob hervor, dass für Fallstudien, ebenso wie für alle anderen Methoden der empirischen Sozialforschung, die Güte über die Validität und die Reliabilität ermittelt werden müsse.[994] Die **Validität** (Gültigkeit) betrifft die Frage, ob tatsächlich die Merkmale erfasst wurden, die erfasst werden sollten. Dazu wird ein Vergleich mit anderen Messungen angestellt. Abweichende Ergebnisse können unter Umständen beabsichtigt sein, wenn es um die Ermittlung besserer Messinstrumente oder -prozesse geht. Die **Reliabilität** (Verlässlichkeit) betrifft die Exaktheit des Vorgehens

---

993 Vgl. hierzu z. B. Lamnek (1988), S. 140ff.
994 Vgl. Yin (1989), S. 40ff.

und der Messung. Zentral ist hierbei die Konsistenzprüfung und damit der Nachweis, dass eine Wiederholung der Untersuchung zu gleichen Ergebnissen führen würde.[995]

Neben der Reliabilität unterteilt Yin die Validität zusätzlich in drei Bereiche, die bei der Fallstudienforschung erfüllt sein müssen. Um die Güte einer Untersuchung zu gewährleisten, bietet Yin Lösungen für den Ablauf des Datensammlungs- und Datenanalyseprozesses an.[996] Da diese Lösungsvorschläge bei der nachfolgenden empirischen Untersuchung berücksichtigt wurden, soll hier kurz auf sie eingegangen werden.

Konstruktvalidität (Construct Validity)

Da die Gefahr besteht, dass Forscher bei der Datensammlung auf subjektive Urteile zurückgreifen, obwohl für die Fragestellung die Benutzung korrekter operativer Messungen wichtig ist, kommt der richtigen Auswahl der Untersuchungsinstrumente große Bedeutung zu.[997] Entscheidend für die Gewährleistung der Konstruktvalidität ist die Verwendung möglichst vielfältiger Quellen bei der Datensammlung, wie beispielsweise Archivinformationen, Interviews und Beobachtungen,[998] das Aufstellen einer Beweiskette[999] mit Hilfe von Notizen, Tabellen zu den Fällen bzw. Protokollen der Interviews und schließlich der Austausch mit Experten über die ersten Entwürfe der Ergebnisprotokolle.[1000]

Interne Validität (Internal Validity)

Im Bereich der Datenanalyse sollten kausale Beziehungen zwischen den einzelnen Variablen hergestellt werden. Die Argumentationskette muss glaubhaft und sauber sein. Die interne Validität zeigt an, dass die Untersuchungsbedingungen notwendigerweise zu den vorliegenden Ergebnissen führen.[1001]

Externe Validität (External Validity)

Externe Validität liegt vor, wenn die Ergebnisse außerhalb des einzelnen Fallkontextes generalisierbar sind. Je mehr Personen, Fälle und/oder Situationen untersucht werden, desto besser kann die externe Validität überprüft werden. Eine wichtige Rolle

---

995 Vgl. Mayring (1990a), S. 101.
996 Vgl. Yin (1989), S. 40.
997 Vgl. Yin (1989), S. 41f.
998 Vgl. Yin (1989), S. 84ff.
999 Vgl. Yin (1989), S. 98ff.
1000 Vgl. Yin (1989), S. 41.
1001 Vgl. Yin (1989), S. 42f.

spielt hierbei der Einsatz der Replication Logic bei Multiple-Case-Studies. Wenn sich beim Vergleich einzelner Fälle Ergebnisse wiederholen, können diese als generalisierbar anerkannt und für eine größere theoretische Basis akzeptiert werden.[1002]

Verlässlichkeit (Reliability)

Eine Untersuchung wird dann als verlässlich bezeichnet, wenn sich nachweisen lässt, dass die Studie wiederholt werden könnte und dabei zu den gleichen Ergebnissen führen würde. Das Auftreten von Fehlern und Bias kann durch eine gute Dokumentation der Prozeduren minimiert werden.[1003] Als wesentliche Voraussetzung für die Verlässlichkeit der Daten empfiehlt Yin die Anfertigung eines **Protokolls**, in dem ein Überblick über das Fallprojekt, den Ablauf der Untersuchung, die Fragestellungen der Fallstudien und die Richtlinie für den Fallreport gegeben wird.[1004]

5.3.1.2 Kritik an der Fallstudienmethode nach Yin

Obwohl die Fallstudienmethode Yins durchaus Erfolg versprechende Elemente zur Untersuchung betriebwirtschaftlicher Phänomene enthielt, wurde wiederholt der Vorwurf laut, dass diese Methode Verwirrung hinsichtlich qualitativer Daten und induktiver Logik hervorrufe.[1005] In der bis 1989 vorliegenden Literatur gab es wenige Hinweise darauf, wann der Einsatz der Fallmethode sinnvoll ist, welches ihre Stärken und Schwächen sind und wie der Prozess der Theorieentwicklung mit Hilfe von Fällen vonstatten gehen soll. Die Wissenschaft verlangte nach mehr qualitativer und kontextueller Forschung in dieser Richtung.

5.3.2 Fallstudienmethode nach Kathleen Eisenhardt

Als Antwort auf die genannte Kritik entwickelte Eisenhardt (1989) einen eigenen Ansatz, der dem fehlenden Prozesswissen über den konkreten Ablauf von Fallstudien Abhilfe schaffen sollte. Hierzu entwarf sie einen eigenen Ablaufplan (**Roadmap**) für die Theoriebildung anhand von Fallstudien, der den von Yin ihrer Meinung nach an Umfang und Vollständigkeit übertraf.[1006] Außerdem stellte sie Stärken und Schwächen der Methode heraus, zeigte Forschungsgebiete und Situationen auf, in denen der Einsatz der Methode sinnvoll ist, und gab Hinweise zur Auswertung der Daten. Damit

---

1002 Vgl. Yin (1989), S. 43ff. sowie die Grafik S. 56.
1003 Vgl. Yin (1989), S. 45.
1004 Vgl. Yin (1989), S. 70.
1005 Vgl. Eisenhardt (1989), S. 532.
1006 Vgl. Eisenhardt (1989), S. 532 sowie die Grafik S. 533; Yin (1989), S. 56.

konnte Eisenhardt ihren Ansatz zur Theoriebildung mit Hilfe der Fallstudienmethode in einen erweiterten Kontext sozialwissenschaftlicher Forschung positionieren. Im Mittelpunkt ihrer Forschung standen vor allem Multiple-Case-Studies. Der Ansatz von Eisenhardt fand in den folgenden Jahren große Aufmerksamkeit und wurde vermehrt in der empirischen Forschung eingesetzt, da seine offene Gestaltung es ermöglichte, qualitative Faktoren und quantitative Daten bei der Untersuchung zu kombinieren.[1007]

Step	Activity
1. Getting Started	• Definition of research question • Possibly a priori constructs
2. Selecting Cases	• Neither theory nor hypotheses • Specified population • Theoretical, not random, sampling
3. Crafting Instruments and Protocols	• Multiple data collection methods • Qualitative and quantitative data combined • Multiple investigators
4. Entering the Field	• Overlap data collection and analysis, including field notes • Flexible and opportunistic data collection methods
5. Analyzing Data	• Within-case analysis • Cross-Case pattern search using divergent techniques
6. Shaping Hypotheses	• Iterative tabulation of evidence for each construct • Replication, not sampling, logic across cases • Search evidence for "why" behind relationships
7. Enfolding Literature	• Comparison with conflicting literature • Comparison with similar literature
8. Reaching Closure	• Theoretical saturation when possible

Tabelle 5.2: **Ablaufschema für die Fallstudienbearbeitung nach Eisenhardt**
Quelle: In Anlehnung an Eisenhardt (1989), S. 533

[1007] Vgl. Eisenhardt (1989), S. 533ff.; so setzten z. B. Hite (2003) und Kreuter (1999) den Ansatz ein.

Die Tabelle 5.2 zeigt die von Eisenhardt definierten acht Schritte für die Durchführung einer Fallstudienuntersuchung. Eine detaillierte Beschreibung der einzelnen Ablaufpunkte sowie die konkrete Umsetzung der beschriebenen Schritte in der vorliegenden Untersuchung findet sich in Abschnitt 5.5.

5.3.2.1 Aufbau der Fallstudienmethode nach Eisenhardt

Die besondere Stärke und **Einzigartigkeit** der Fallstudienmethode von Eisenhardt besteht im Zusammenführen unterschiedlicher theoretischer Gedanken zu einer Gesamtlogik. Ihr Ansatz stellt eine Synthese der Grounded Theory von Glaser und Strauss, der Fallstudienmethode nach Yin sowie der Arbeiten zu qualitativen Analysetechniken von Miles und Huberman (1994) dar.[1008] Im Folgenden werden daher die Anknüpfungspunkte der einzelnen Ansätze mit der Fallstudienmethode nach Eisenhardt aufgezeigt.

Verbindung mit der Grounded Theory von Glaser und Strauss

Die Grounded Theory von Glaser und Strauss stellt die Grundlage für die Entwicklung einer Theorie auf Datenbasis dar. Ein wichtiges Element der Theorie besteht in der komparativen Analyse zur Generierung einer Theorie[1009] und damit im wiederholten Vergleichen der Daten mit der Theorie, und zwar ausgehend von der Datensammlung. Für ihren Ansatz übernimmt Eisenhardt dieses ständige Vergleichen der Daten, ebenso die Hinweise zur theoretischen Auswahl der Fälle, die zeitliche Überschneidung von Datensammlung, Codieren und Datenanalyse sowie den Gedanken einer theoretischen Sättigung.[1010]

Verbindung mit der Replication Logic nach Yin

Yin definierte die Fallstudie als Forschungsstrategie, entwickelte eine Typologie des Fallstudiendesigns und beschrieb die für Multiple-Case-Studies essenzielle Replication Logic. Eisenhardt überträgt auf ihren Ansatz insbesondere die Replication Logic, den Ablauf der Untersuchung und die Gedanken zur internen Validität.[1011] Im Sinne der Replication Logic verweist sie auf die Vorteile von Multiple-Case-Studies, durch

---

1008   Vgl. Eisenhardt (1989), S. 534.
1009   Vgl. Glaser/Strauss (1998), S. 31ff. und zur genauen Vorgehensweise S. 111ff.
1010   Vgl. Eisenhardt (1989), S. 534 + 545f.; Glaser/Strauss (1998), S. 68.
1011   Vgl. Eisenhardt (1989), S. 534ff.

die sich übereinstimmende Handlungsmuster herausfiltern lassen, anstatt auf zufälligen Assoziationen zu vertrauen.[1012]

Verbindung mit der Datenanalyse nach Miles und Huberman

Miles und Huberman (1994) stellten Techniken, wie z. B. den Einsatz von Tabellen oder Graphiken, zur Analyse qualitativer Daten zusammen, um diese Daten aufzubereiten, ohne ihre Bedeutung durch intensive Codierung zu zerstören. Auch Eisenhardt empfiehlt das Erfassen der Ergebnisse in Tabellenform bei der Entwicklung der Konstrukte.[1013]

Während es Eisenhardt zufolge Miles und Huberman vor allem um die Datenanalyse ging, bei Yin der Einsatz der Fallstudienmethode lediglich deskriptiv behandelt wird und Glaser und Strauss die Theoriebildung über Daten (insb. Fallstudien) zwar propagierten, dabei aber keine genaueren Angaben zur Anwendung machten, wollte Eisenhardt ein **umfassenderes Framework** entwickeln. Dazu stellte sie einen iterativen Prozess vor, der zur Entwicklung testbarer Hypothesen und generalisierbarer Theorien führen sollte.[1014] Sie bereicherte die wissenschaftliche Forschung durch neue Ideen, wie z. B. das Dreiecksverhältnis mehrerer Forscher, „Within-Case"- und „Cross-Case"-Analysen und die Aufarbeitung der vorhandenen Literatur.[1015] Hierdurch wollte Eisenhardt mögliche Zweifel an der Fallstudienmethode aus dem Weg räumen.

Die Anwendung der Fallstudienmethode nach Eisenhardt wird besonders **in frühen Phasen der Erforschung** bestimmter Fragestellungen oder für Phänomene, die noch wenig bekannt sind, als sinnvoll erachtet, da sie nicht auf vorhandene Literatur oder vorherige empirische Nachweise angewiesen ist.[1016] Ein solches Forschungsgebiet stellt auch die Internet-Ökonomie dar. Das Wissen über die Erfolgsfaktoren von Internet-Startups ist noch relativ gering, und es liegen nur vereinzelte Literaturquellen und empirische Untersuchungen vor, weshalb der Einsatz der Methode Eisenhardts besonders angebracht erscheint. Darüber hinaus bestätigt beispielsweise Bygrave (1989) mit seiner Arbeit über die Verwendung empirischer Methoden in der Entrepreneurforschung die besondere Eignung von Fallstudien für diese Thematik, da sie

---

1012 Vgl. Chetty (1996), S. 73f.
1013 Vgl. Eisenhardt (1989), S. 534ff.; Miles/Huberman (1994), S. 50ff.
1014 Vgl. Eisenhardt (1989), S. 546.
1015 Vgl. dazu Eisenhardt (1989), S. 532ff. sowie die Ausführungen in Abschnitt 5.5
1016 Vgl. Eisenhardt (1989), S. 548. Ferner bietet sich diese Methode zur Untersuchung neuer Fragestellungen im Zusammenhang mit bereits erforschten Konstrukten an.

durch ihren ganzheitlichen Ansatz den Unternehmer nicht von seinen Handlungen trennen.[1017]

5.3.2.2 Kritik an der Fallstudienmethode Eisenhardts

Insgesamt fanden die Arbeiten von Eisenhardt große Anerkennung. Kritik an ihrer Fallstudienmethode übten vor allem Dyer und Wilkins (1991).[1018] Sie betrachteten Eisenhardts Ansatz als hybride Methode, die paradoxerweise darauf abziele, eine Theorie zu generieren, obwohl sie eher die Charakteristika einer Forschung aufweise, mit der Hypothesen getestet werden sollten.[1019]

Die Kritik von Dyer und Wilkins bezog sich vor allem auf die **Vernachlässigung von Single-Case-Studies**. Eisenhardt verliere damit die Essenz der Fallstudienmethode, die in der intensiven Untersuchung eines Falles bestehe, aus den Augen. Ferner befürchteten Dyer und Wilkins, dass sich die Beschreibung mehrerer Fälle auf **oberflächliche Daten** statt auf tiefere soziale Dynamiken beschränken könne und durch die Datenmenge und das häufige Vergleichen wichtige Einsichten in den Hintergrund treten und Zusammenhänge vernachlässigt werden könnten. Die tiefer liegenden Strukturen jedes einzelnen Falles gingen verloren, sobald man nur zwischen den Fällen vergleiche.[1020]

Eisenhardt entkräftete diese Vorwürfe, indem sie betonte, sie habe die Bedeutung von Single-Case-Studies nicht vernachlässigt, sondern eine neue Methode entwickelt, die dieser insofern überlegen sei, als sie Wiederholungen zuließe und eine Erweiterung individueller Fälle darstelle.[1021] Nicht die Anzahl der Fälle sei entscheidend, sondern der aktuelle Wissensstand und mögliche neue Informationen, die aus weiteren Fällen gewonnen werden könnten.[1022]

Ein weiterer Vorwurf von Dyer und Wilkins lag in der **Reihenfolge der Konstruktentwicklung**. Während sich der klassische Fallstudienschreiber erst in das Feld begibt und seine Konstrukte im Untersuchungsprozess findet, lässt Eisenhardt das Aufstellen erster Konstrukte schon vor der Untersuchung zu. Den Vorteil des klassischen Ansatzes sahen Dyer und Wilkins darin, dass er die Beschreibung genereller Phänomene in

---

1017 Vgl. Bygrave (1989), S. 20.
1018 Vgl. Dyer/Wilkins (1991), S. 613ff.
1019 Vgl. Chetty (1996), S. 76f.
1020 Vgl. Dyer/Wilkins (1991), S. 614.
1021 Vgl. Eisenhardt (1991), S. 620.
1022 Eisenhardt zufolge handelte es sich auch bei Einzelfallstudien nicht immer um einzelne Fälle; vgl. Eisenhardt (1991), S. 622ff.

einer Form ermögliche, die dem Leser eine Übertragung auf andere Forschungsfragen gestatte (**Good Stories**).[1023]

Eisenhardt nahm auch zu diesem Vorwurf Stellung, indem sie darauf hinwies, dass „Storytelling" häufig kognitiven Bias unterläge. Individuen bewerteten den Informationswert von Geschichten über. Im Grunde sei die bessere Informationsgewinnung durch eine gute Geschichte statt durch abstrakte Daten nur suggeriert. Inwieweit sich daraus eine Theorie generieren ließe, sei fraglich. Storytelling sei zwar unterhaltsam, jedoch eher für den Einstieg in eine Fragestellung geeignet, da eine Theoriegenerierung eher anhand strikten Methoden und Vergleiche erfolgversprechend sei.[1024]

5.4 Kritik und Bewertungen der methodischen Überlegungen

Trotz ihrer Bedeutung gerade in der Entwicklungsphase einer Theorie sind auch die qualitative Empirie und die Fallstudienmethode nicht ohne **Probleme**. Um eine verlässliche und empirisch valide Theorie zu generieren, müssen wichtige Kritikpunkte in der folgenden eigenen Untersuchung berücksichtigt werden. Die Kernprobleme der verwendeten Methode lassen sich in den folgenden drei Punkten zusammenfassen:[1025]

1) die mögliche **Selektivität der Beobachtungen und Erhebungen**, die eine Generalisierbarkeit der Ergebnisse unmöglich machen (mangelnde externe Validität),

2) die Wahrscheinlichkeit der **Einflussnahme auf das Verhalten** des Befragten durch die empirische Datenerhebung bzw. den Forscher selbst (mangelhafte Konstruktvalidität),

3) die **geringe Verlässlichkeit** der erhobenen Daten und damit verbunden die Schwierigkeit einer **Wiederholbarkeit** der Erhebung (mangelnde Reliabilität).

Zu 1) Untersuchungen einer kleinen, selektiven Anzahl von Fällen können keine vollständige Basis für die Verlässlichkeit und **Generalisierbarkeit** von Ergebnissen liefern. Sie sind eher als „Exploratory Tool" sinnvoll.[1026] Eisenhardt selbst sah bei der

---

1023 Vgl. Dyer/Wilkins (1991), S. 617.
1024 Vgl. Eisenhardt (1991), S. 621 + 626f.
1025 Vgl. Gummesson (1991), S. 1ff. und S. 74ff.; Downey/Ireland (1979), S. 631; Lamnek (1988), S. 134ff.; Piore (1979), S. 560ff.
1026 Vgl. Soy (2001), S. 1.

Theorieentwicklung anhand von Einzelfällen die Gefahr, dass eine eher fallnahe und idiosynkratische Theorie ermittelt würde. Für das Aufstellen einer „großen" Theorie[1027] sei dieser Ansatz nicht ausreichend. Aus qualitativen Untersuchungen ließen sich vielmehr „kleine" Theorien entwickeln, die bestimmte Phänomene erklären, damit aber auch einen Ansatzpunkt für „große" Theorien enthalten könnten.[1028] Komplexe Sachverhalte können nicht in Variablenkonstellationen, sondern müssen in einer ganzheitlichen und realitätsgerechteren Sichtweise abgebildet werden.[1029] Die in dieser Arbeit ermittelte Theorie kann daher keinen Anspruch auf Vollständigkeit oder den Stellenwert einer „großen" Theorie erheben. Mit den Ergebnissen soll jedoch eine Grundlage für weitere – auch quantitative – Arbeiten geschaffen und verlässliche Aussagen zur Theorie von Pionier-Vorteilen ermöglicht werden.

Zu 2) Auch bei der klassischen Fallstudienmethode kann eine **subjektive Voreingenommenheit** des Verfassers nicht ausgeschlossen werden.[1030] Yin befasste sich daher ausführlich mit den Anforderungen, die an einen Fallstudienforscher zu stellen sind. So muss dieser ein ausgeprägtes Verständnis für die Forschungsfrage haben und ein guter Frager und Zuhörer, flexibel und bereit für Anpassungen an neue Situationen und gleichzeitig aber unvoreingenommen in Bezug auf die Ergebnisse sein.[1031] Der Gefahr, durch die intensive Beschäftigung mit einem Phänomen oder einer Unternehmung an Objektivität zu verlieren, soll in dieser Arbeit durch die Befragung verschiedener Interessengruppen, wie z. B. Gründer, Mitarbeiter, Wettbewerber und Venture Capitalisten begegnet werden. Erste Eindrücke des Forschers lassen sich zudem in der Diskussion mit späteren Interviewpartnern und Experten überprüfen.

Zu 3) Zur Unterstützung der **Verlässlichkeit** sollte in einer empirischen Untersuchung eine Vielzahl unterschiedlicher Datenquellen betrachtet werden. Dabei bietet sich die Einbeziehung quantitativer oder qualitativer Daten an, die umfangreiche historische Daten, Aussagen der Entscheidungsträger und beobachtbare Merkmale enthalten, die in einem quantitativen Fragebogen nicht erfasst werden könnten. Besonders wichtig ist die lückenlose Dokumentation der Daten. Um die Anforderungen an die Güte der Studie zu erfüllen, müssen die Ergebnisse sich direkt aus den Daten ableiten lassen. Nur dann ist zu erwarten, dass die Essenz der Daten der Realität entspricht.[1032] Das

---

1027 Unter „großen" Theorien sind z. B. die Evolutionstheorie oder die Systemtheorie zu verstehen.
1028 Vgl. Eisenhardt (1989), S. 547.
1029 Vgl. Lamnek (1988), S. 173ff.
1030 Vgl. Dyer/Wilkins (1991), S. 618.
1031 Vgl. Yin (1989), S. 61ff.; Bruns (1989), S. 157f.
1032 Vgl. Chetty (1996), S. 75f. sowie die Ausführungen von Yin (1989), S. 45.

Einbeziehen des Kontextes, die Zusammenarbeit mit Praktikern und der Vergleich fallübergreifender Daten ist sinnvoll und verspricht wertvolle Erkenntnisse.[1033] Eisenhardt warnte jedoch auch davor, dass der intensive Gebrauch empirischer Nachweise zu einer hochkomplexen und zu detaillierten Theorie führen könnte.[1034] Die Schwierigkeit besteht daher auch darin, die wirklich essenziellen Beziehungen zu identifizieren und zu entscheiden, welche Daten letztlich Berücksichtigung finden.[1035] In der vorliegenden Arbeit sollen aus diesem Grund besonders die aus der Pionier-Rolle resultierenden Erfolgs- bzw. Misserfolgsfaktoren der Internet-Startups dargestellt und diskutiert werden.

Neben den genannten Kritikpunkten an der Fallstudienmethode können **weitere Probleme** auftreten, denen sich der Fallschreiber im Laufe der Untersuchung stellen muss. So erfordert die Fallstudienmethode einen hohen zeitlichen und organisatorischen Aufwand. Der Erfolg der Untersuchung hängt nicht nur von der sinnvollen Auswahl der Fälle, sondern auch von der Unterstützung der jeweiligen Unternehmungen und der Bereitschaft der Gesprächspartner ab.[1036] Yin warnt davor, dass zu Beginn einer Fallstudie der gesamte Umfang und die komplexen Zusammenhänge dieser Studie meist noch nicht überschaubar sind und daher mit „Überraschungen" gerechnet werden muss. Feldstudien enthalten vielfach unerwartete Faktoren, da sich sowohl die Ergebnisse von den erwarteten Einflussfaktoren unterscheiden als auch völlig ungeahnte Fragestellungen auftreten können.[1037] Es ist daher vor allem die Flexibilität, während des Forschungsprozesses auf die Situation und sich verändernde Konstellationen reagieren zu können, die als großer Vorteil der Fallstudienmethode angesehen wird.[1038]

Die Fallstudienmethode genießt als qualitative Untersuchungsmethode **inzwischen allgemeine Anerkennung**.[1039] Sie stellt eine legitimierte Forschungsmethode dar, deren Einsatz sich gerade in der Phase der Theoriebildung anbietet.[1040] Diese Methode gestattet es, ein bestimmtes Phänomen nicht als statischen Zustand zu untersuchen,

---

1033 Vgl. Dooley (2002), S. 351f.
1034 Vgl. Eisenhardt (1989), S. 547.
1035 Vgl. Chetty (1996), S. 83f.
1036 Vgl. Chetty (1996), S. 83f.
1037 Vgl. Yin (1989), S. 21; Bruns (1989), S. 158.
1038 Vgl. Lamnek (1988), S. 24ff.
1039 Eisenhardt selbst hat hierzu durch die wiederholte Anwendung der Methode beigetragen; vgl. z. B. Bourgeois/Eisenhardt (1988) sowie Hite (2003); Kreuter (1999) und für die Internet-Ökonomie Mulzer (1999); Müller (1999).
1040 Vgl. Eisenhardt (1989), S. 532.

sondern als einen dynamischen Prozess zu erfassen, der unterschiedlichen Einflüssen unterliegt.

Vom Untersuchungshintergrund der Internet-Ökonomie und zur Frage nach Pionier-Vorteilen in Internet-Unternehmungen fehlen bis heute ausreichend große und zuverlässige Datenbanken sowie anerkannte und gesicherte Theorien. Dieses Fehlen einer vorangegangenen Theoretisierung legt die induktive Fallstudienmethode zur Entwicklung einer neuen Theorie nahe.[1041] Die Fallstudienmethode ist gerade auch bei der Untersuchung junger Startup-Unternehmungen, die noch nicht der Publizitätspflicht unterliegen und keine genormten Abläufe etabliert haben, besonders sinnvoll, da essenzielle Informationen über die Pionier-Vorteile dieser Unternehmungen vor allem anhand persönlicher Interviews der Unternehmer sowie mit Hilfe einer intensiven Dokumentenanalyse vielfältiger Quellen generiert werden können.

Aus den oben angeführten Gründen wurde die Fallstudie für die eigene empirische Untersuchung als Forschungsmethode ausgewählt, da sie trotz möglicher Kritikpunkte ein großes Potenzial birgt und für die vorliegende Fragestellung geeigneter als eine quantitative Fragebogenerhebung erscheint.

5.5 Ablauf der eigenen empirischen Untersuchung

Um den wissenschaftlichen Ansprüchen bezüglich Validität und Reliabilität genügen zu können, ist die induktive Theoriebildung mit Hilfe der Fallstudienmethode auf einen systematischen Prozess angewiesen. Dieser ist durch das strukturierte Ablaufschema Eisenhardts (vgl. Tabelle 5.1) gegeben, dem in der vorliegenden Arbeit gefolgt werden soll.

5.5.1 Einstieg in das Thema (Getting Started)

Die erste Phase des Ablaufplans nach Eisenhardt besteht aus der groben **Definition der Forschungsfrage**, um die weitere Forschung exakt fokussieren zu können und die Datenfülle beherrschbar zu machen. Eisenhardt betont, dass es sich bei diesem ersten Schritt nur um eine vorläufige Festlegung der Konstrukte handele. Das Ziel dieser Phase sei eine **a priori-Spezifikation**, mit deren Hilfe das Design der Theoriebildung entwickelt werden soll. Eisenhardt weist ferner darauf hin, dass dieses Vorgehen in der Literatur eher unüblich sei. Es biete den Forschern aber den Vorteil, theore-

---

[1041] Vgl. auch die Begründung von Amit/Zott (2001), S. 500.

tisch flexibel zu bleiben, denn das Entfernen bzw. Hinzufügen bestimmter Konstrukte bis hin zu einer Verlagerung der Forschungsfrage während der Untersuchung seien so möglich. Gleichzeitig rät Eisenhardt von voreingenommenen Perspektiven oder Hypothesen ab, da sie die Ergebnisse der Fallstudien beeinflussen könnten.[1042]

Die Forschungsfrage für dieses Dissertationsvorhaben stand bereits vor Beginn der empirischen Untersuchung fest. Der theoretische Rahmen für die eigene Untersuchung konnte in den Kapiteln zwei, drei und vier herausgearbeitet werden. Zum Einstieg in die empirische Forschung wurde zunächst die vorhandene Literatur gesichtet, um erste Eindrücke hinsichtlich bestimmter Einflussfaktoren und Erfolgsursachen von Pionieren in der Internet-Ökonomie zu gewinnen. Gleichzeitig ergab sich aus den zugrunde gelegten Theorien (markt- bzw. ressourcenbasierter Ansatz sowie Österreichische Schule) eine bestimmte Ordnung dieser Einflussfaktoren, die sich insbesondere für die Erstellung des Interviewleitfadens und die Einordnung der jeweiligen Dokumente als sinnvoll herausstellte (siehe die Zusammenfassung in Tabelle 4.1).

5.5.2 Auswahl der Fälle (Selecting Cases)

Bei der Durchführung einer empirischen Studie ist vor allem die Auswahl geeigneter Untersuchungsobjekte, d. h. Unternehmungen, sowie die Identifizierung möglicher Interviewpartner von größter Wichtigkeit. Um diese Auswahl geht es beim zweiten Schritt in Eisenhardts Ablaufschema.[1043] Im Vergleich zu statistischen Erhebungsmethoden handelt es sich beim Auswahlprozess nach der Fallstudienmethode nicht um die Analyse zufälliger Stichproben,[1044] die einen Durchschnitt der Gesamtheit aller Unternehmungen abbilden und damit die Anforderungen an die Repräsentativität erfüllen. Es wird vielmehr eine **bewusste Auswahl** getroffen, bei der die Anzahl der Fälle und die Auswahlkriterien vorher festgelegt werden. Davon verspricht sich Eisenhardt eine bessere Kontrolle wichtiger Merkmale sowie möglicher Abweichungen. Die ausgewählten Fälle sollen anhand von Vergleichsbetrachtungen (Cross-Case-Analysen) zur Erweiterung bestimmter Erkenntnisse führen und so Generalisierungen ermöglichen.[1045] Es ist daher empfehlenswert, möglichst Extrempunkte bzw. Polaritäten zu wählen, um Abweichungen der Phänomene beobachtbar zu machen. In der

---

1042 Mit diesem Hinweis geht Eisenhardt (1989), S. 536) auf die Kritik an qualitativen Untersuchungen im Allgemeinen ein; vgl. hierzu auch Abschnitt 5.4.
1043 Vgl. Eisenhardt (1989), S. 536f.
1044 Vgl. hierzu die Auswahl möglicher Stichprobe nach Miles/Huberman (1994), S. 27f.
1045 Vgl. zur Parallele mit Yins Replication Logic Eisenhardt (1989), S. 537.

vorliegenden Arbeit soll dies durch eine vergleichende Betrachtung erfolgreicher und nicht erfolgreicher Unternehmungen gewährleistet werden.

Für die **Größe der Stichprobe** schlägt Eisenhardt eine Anzahl zwischen vier und zehn Unternehmungen vor, um sowohl eine aussagekräftige Theorie aufzubauen, als auch Komplexität und Volumen der Daten überschaubar zu halten. In der hier vorgenommenen Untersuchung wurden sechs Fälle betrachtet. Eine so geringe Stichprobenanzahl ist zwar nicht als repräsentativ anzusehen, lässt jedoch eine größere Untersuchungstiefe erwarten. Da der Erkenntnisgewinn durch den Einsatz von Fallstudien nicht auf statistischem, sondern auf argumentativem Weg erreicht wird, führen wenige gründlich durchgeführte Fallstudien eher zum Ziel als zahlreiche Fallbetrachtungen mit geringer Untersuchungstiefe.[1046]

Die **Untersuchungsobjekte** der Stichprobe müssen im Hinblick auf eine mögliche Generalisierung bestimmte Anforderungen erfüllen. In der vorliegenden Arbeit wurde daher zunächst der Untersuchungshintergrund „Internet-Ökonomie" nach geeigneten Unternehmungen durchsucht. Um die Vergleichbarkeit der Fälle zu gewährleisten, fokussiert sich die Untersuchung auf **neu gegründete Internet-Startups**, deren Geschäftsmodelle den Einsatz und die Nutzung der Internet-Technologie beinhalten. Das Merkmal der Neuheit der Geschäftsidee wird durch neue Produkte, Verfahren oder innovative Dienstleistungen abgebildet.[1047]

Die ausgewählten Unternehmungen bezeichneten sich als **Pioniere** in ihrem Marktsegment und waren als First-Mover bzw. gleichzeitig mit einem anderen Wettbewerber in ihren Markt eingetreten. Zum Markteintrittszeitpunkt hatten sich noch keine Wettbewerbsregeln am Markt entwickelt. Die Untersuchung von Folgern entfiel, da bei diesen keine Vergleichbarkeit der situativen Ausgangsbedingungen gewährleistet werden kann. Alle Unternehmungen wurden zwischen 1998 und 2000 gegründet. Der Markteintrittszeitpunkt wurde dabei von den Gründern nach unterschiedlichen Kriterien, wie beispielsweise dem Gründungszeitpunkt durch Registereintrag, der Sicherung des Domain-Namens, der Veröffentlichung der ersten Presseerklärungen oder der Kapitalbereitstellung durch Venture Capitalisten, bestimmt. Der Erfolg bzw. das Überleben wurde im Jahr 2003 gemessen. Alle Unternehmungen waren für eine

---

1046   Vgl. Eisenhardt (1989), S. 545; Miles/Huberman (1994), S. 30.
1047   Vgl. die Merkmale junger Technologieunternehmungen bei Werner (2000), S. 12f. Die Gründer waren Privatpersonen, die die Unternehmen als selbständige unternehmerische Existenz verfolgten. Es sollen keine Spin-Offs oder Ausgründungen von etablierten Unternehmen untersucht werden.

andere Studie[1048] bereits in den Jahren 2000/2001 interviewt worden, so dass eine Zeitbetrachtung möglich wurde und dynamische Effekte in die Betrachtung des Unternehmungserfolges einfließen konnten.

Die Festlegung eines **Erfolgsmaßstabs** für Internet-Unternehmungen erwies sich aufgrund der mangelnden Daten über die Geschäftsentwicklung dieser Unternehmungen als schwierig. Die Finanzdaten junger, persönlich geführter Startups sind Forschern nicht zugänglich. Die Unternehmungen unterliegen keiner Publizitätspflicht, sondern sind erst mit der Aufnahme in den Aktienmarkt gezwungen, ein solides Rechnungswesen aufzustellen und ihre Bilanzen offen zu legen.[1049] Es besteht jedoch Einigkeit darüber, dass das **Überleben** bzw. der Fortbestand einer Unternehmung als Minimalziel formuliert werden kann.[1050] Ein derartiges Bestandskriterium bildete häufig die fundamentale Messvariable der Unternehmungsperformance in First-Mover-Studien.[1051] Daher wurde auch in dieser Arbeit das Überleben der Internet-Unternehmungen als Erfolgsgröße festgelegt. Neben diesem Bestandskriterium bieten sich beispielsweise auch Umsatz, Rentabilität, Arbeitszufriedenheit sowie Kundenzufriedenheit für die Bestimmung des Unternehmungserfolgs an.[1052] Als erfolgreich im Sinne dieser Arbeit wurden Unternehmungen betrachtet, die während der vergangenen Jahre neben dem Überleben auch eine **positive Entwicklung** vorweisen konnten (z. B. durch regelmäßige Umsatzsteigerungen, hohen Marktanteil und eine solide Kundenbasis).

Ein weiterer wesentlicher Punkt bei der Auswahl geeigneter Unternehmungen für die Fallstudien bestand in der Identifikation von **Fallpaaren**, die sich für vergleichende Analysen eigneten. Um Unterschiede zwischen Pionier-Unternehmungen herauszuarbeiten zu können, wurden jeweils zwei Unternehmungen mit ähnlichen Geschäftsmodellen untersucht. Beide Unternehmungen hatten sich als Pioniere bezeichnet und konnten zunächst eine Alleinstellung in ihrem Marktsegment ausnutzen. Zum Untersuchungszeitpunkt war eine der Unternehmungen noch am Markt tätig, während die andere Insolvenz oder Liquidation angemeldet hatte. Der Vergleich erfolgreicher und nicht erfolgreicher Pionier-Unternehmungen versprach wertvolle Erkenntnisse in Bezug auf deren interne und externe Erfolgskriterien.

1048 Vgl. Busch (2001b) und Eggers/Grewe/Busch (2002).
1049 Vielfach existierte kein detailliertes Rechnungswesen, dem sich Finanzkennzahlen bzw. Erfolgsgrößen der Kundenbasis entnehmen ließen; vgl. Knecht (2002), S. 105ff. Eine detaillierte Analyse solcher Kennzahlen erscheint auch erst nach einigen Jahren sinnvoll; vgl. Lieberman (2002), S. 9.
1050 Vgl. Brüderl/Preisendörfer/Ziegler (1996), S. 91.
1051 Vgl. Lieberman (2002), S. 10.
1052 Vgl. Klandt (1984), S. 89ff.; Schmidt (2002), S. 21ff.

5.5.3 Auswahl der Instrumente und Protokollierung (Crafting Instruments and Protocols)

Für die Datenerhebung empfiehlt Eisenhardt den **Einsatz unterschiedlicher Datenerhebungsmethoden** (z. B. problemzentrierte Interviews, teilnehmende Beobachtung, Dokumentenanalyse).[1053] Diese können sowohl qualitativer als auch quantitativer Natur sein, da eine solche Kombination synergetische Wirkung entfaltet und einen hohen Beitrag zu Theoriebildung leisten kann. Mit Hilfe quantitativer Daten lassen sich Wirkungszusammenhänge aufdecken, die anhand der eher weichen, qualitativen Faktoren nicht hätten erkannt werden können. Qualitative Daten hingegen gewinnen vor allem dann an Wert, wenn das Verständnis für die Wirkungsbeziehungen erst geschaffen werden muss.[1054]

Eine weitere Notwendigkeit bei der Durchführung von Fallstudienuntersuchungen ist nach Eisenhardt der **Einsatz multipler Ermittler**, deren unterschiedliche Perspektiven zu umfangreicheren Einsichten führen. Gegebenenfalls subjektive Eindrücke eines Forschers können in der Diskussion mit weiteren Forschern bestätigt oder korrigiert werden, bevor die empirische Untersuchung zu einem ansonsten möglicherweise zu frühen Zeitpunkt abgeschlossen wird.[1055]

Auch die vorliegende Arbeit basiert auf mehreren Datenerhebungsmethoden. Beginnend mit einer Dokumentensammlung und -analyse[1056] wurden anschließend persönliche Interviews mit den Schlüsselpersonen (Gründern) durchgeführt.[1057] Von schriftlichen Befragungen wurde aufgrund der erheblichen Nachteile dieser Methode abgesehen.[1058] Hinsichtlich des Befragungstyps fiel die Wahl auf das **teilstrukturierte, offene Interview**, das auf einem Gesprächsleitfaden basiert.[1059] Die Fragenkomplexe und Themenschwerpunkte waren bereits vorstrukturiert, exakte

---

1053 Zur detaillierten Beschreibung der einzelnen Erhebungsverfahren vgl. Mayring (1990a), S. 31ff. + S. 45ff. sowie Lamnek (1989).
1054 Vgl. Eisenhardt (1989), S. 537f.
1055 Hiermit wird die Erhebung auch dem Kritikpunkt, Ermittler seien zu subjektiv, gerecht; vgl Eisenhardt (1989), S. 538.
1056 Vgl. Mayring (1990a), S. 31.
1057 Diese Methode wird teilweise als Königsweg der qualitativen Sozialforschung dargestellt; zur genauen Beschreibung dieser Methode siehe Lamnek (1989), S. 35ff.
1058 Vgl. Friedrichs (1980), S. 236ff. sowie Müller-Böling/Klandt (1994), S. 30. Bei einer schriftlichen Befragung kann zum einen nicht sichergestellt werden, dass der Adressat den Fragebogen selbst ausfüllt und dass die Fragen eindeutig genug formuliert sind, denn Rückfragen und spätere Erklärungen sind nicht möglich. Zum anderen sind Motivation und Sorgfalt der Befragten bei schriftlichen Interviews oft sehr viel geringer, so dass meist der Rücklauf spärlicher und die Fehlerquote höher ausfallen.
1059 Vgl. die Übersicht unterschiedlicher Formen der Befragung bei Lamnek (1989), S. 36.

Antwort-Formulierungen sowie die Reihenfolge der Fragen dagegen nicht.[1060] Vielmehr war beabsichtigt, erst im Gespräch situationsabhängig zu entscheiden, welche Fragen zu welchem Zeitpunkt gestellt bzw. vertieft werden sollten. Der Vorteil problemzentrierter Interviews liegt im persönlichen Gespräch und damit in der Offenheit sowie Flexibilität der Methode. Da dem Befragten keine vorgegebenen Antwortalternativen vorliegen, kann er stattdessen Zusammenhänge sowie kognitive Strukturen gemeinsam mit dem Interviewer entwickeln. Sofern eine Vertrauensbeziehung zwischen den Gesprächspartnern vorliegt, führt diese Methode zu einem reflektierteren und genaueren Ergebnis als Fragebogenerhebungen.[1061]

Im Rahmen einer Dissertationsleistung konnte naturgemäß kein Forscherteam gebildet werden. Der Hinweis Eisenhardts zur **Vermeidung subjektiver Einschätzungen** fand dennoch insofern Berücksichtigung, als nach der Befragung der Gründer zunächst **weitere Interviews** mit Mitarbeitern der Unternehmungen durchgeführt wurden, um einen möglichst umfassenden Eindruck über interne Prozesse und Erfolgsfaktoren zu gewinnen. In einem zweiten Schritt erfolgten die Befragung von Branchenexperten und Venture Capitalisten zu ihrer Einschätzung der Erfolgsfaktoren in den konkreten Fällen und eine Diskussion der bisher aufgestellten Vermutungen. Diese Erörterung der Fälle mit Experten erlaubte eine objektivere und komplexere Sichtweise des Fallgeschehens.

5.5.4 Datenerhebung (Entering the Field)

Im Anschluss an die Auswahl der Fälle und der Instrumente für die Datenerhebung fand die eigentliche Erhebung der Daten statt. Eine unerlässliche Voraussetzung für die Theoriebildung mit Hilfe der Fallstudienmethode ist die **zeitliche Überschneidung von Datensammlung und Datenanalyse**, worunter der ständige Wechsel zwischen den beiden Aufgaben verstanden wird. Eisenhardt empfiehlt ferner die Anfertigung von „Field Notes", die Kommentare zur Situation, Empfindungen des Forschers sowie Anekdoten zu den Fällen enthalten, um ein stärkeres Bewusstsein für den vorgegebenen Forschungsfall zu entwickeln. Durch die Dokumentation und ständige Beschäftigung mit den Daten soll später der tatsächliche Analysevorgang erleichtert werden.[1062]

1060 Vgl. Friedrichs (1980), S. 208f. Kopien der Fragenkataloge für die Interviews mit Gründern, Mitarbeitern und Experten bzw. Venture Capitalisten befinden sich im Anhang.
1061 Vgl. Mayring (1990a), S. 47.
1062 Vgl. Eisenhardt (1989), S. 538f.

Die Methode nach Eisenhardt lässt **Modifikationen** der Art der Erhebung, der Fragestellung, der Zusammensetzung der Fälle sowie der Datenquellen im Zeitablauf zu. Dies ist im Hinblick auf die Validität der Studie zulässig, da es bei der Fallstudienmethode nicht um statistische Genauigkeit geht, sondern darum, die einzelnen Fälle so tief wie möglich zu durchdringen. An den Forscher wird hierbei die Anforderung gestellt, während der Erhebungsphase eventuelle, für die Theoriebildung Erfolg versprechende Umgestaltungsmöglichkeiten zu erkennen. Diese Flexibilität in der Erhebungsphase darf jedoch nicht zu unsystematischen Messungen führen.[1063]

Für die vorliegende Arbeit fand zunächst eine Auseinandersetzung mit allen zur Verfügung stehenden **Dokumenten,** wie Presseberichten, Unternehmungsveröffentlichungen und Internet-Präsentationen, statt.[1064] Die Daten der ersten Interviews aus den Jahren 2000/2001 dienten als Grundlage für die Betrachtung der Startups über einen längeren Zeitabschnitt. Aus der detaillierten Zusammenstellung aller Dokumente ergaben sich erste Vermutungen zu wichtigen Ressourcenfaktoren sowie zu kritischen Punkten in der Unternehmungsentwicklung. Daher wurden anschließend die Unternehmungen erneut persönlich kontaktiert, um die offenen Fragen aus der Dokumentenanalyse genauer zu beleuchten und in einem **persönlichen Gespräch** mit den beteiligten Akteuren zu diskutieren. Die Befragten erhielten im Vorfeld der Erhebung keinen Fragebogen o. ä., um möglichst spontane Antworten sicherzustellen. Erst zum Einstieg in das Interview wurde den Gesprächspartnern eine Übersicht der zu behandelnden Problemstellungen (siehe Leitfaden, Abbildung 5.2) vorgelegt, so dass sie sich auf den Inhalt des Interviews einstellen konnten.

1063   Vgl. Eisenhardt (1989), S. 539.
1064   Vgl. Mayring (1990a), S. 31.

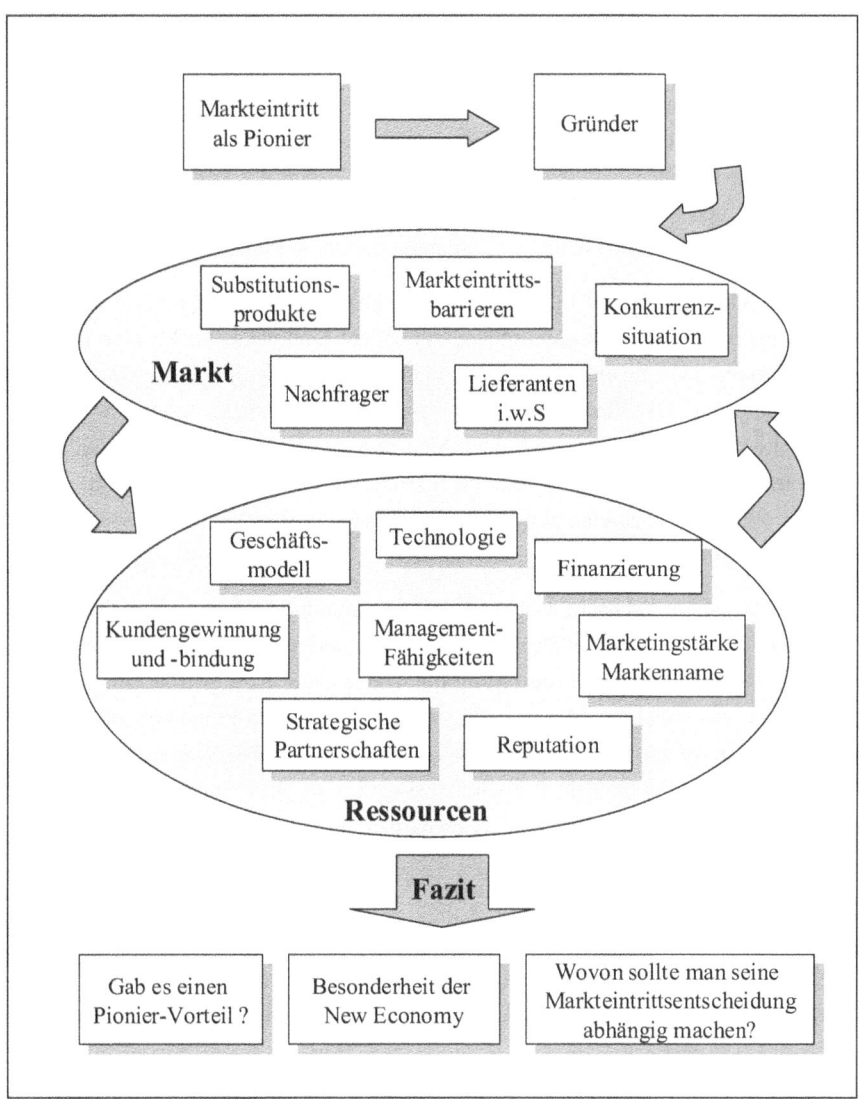

Abbildung 5.2: Leitfaden des Gesprächs
Quelle: Eigene Darstellung

Der in Abbildung 5.2 dargestellte **Interview-Leitfaden** sorgte für eine grundlegende Struktur der Themenschwerpunkte.[1065] Er bestand aus Sondierungsfragen zum allgemeinen Einstieg, Leitfadenfragen, welche die jeweiligen Aspekte der Problembereiche von Pionieren behandelten, sowie unternehmungsindividuellen Fragen, die sich aus der Dokumentenanalyse ergeben hatten.[1066] Die Fragen wurden dabei möglichst offen gehalten, um die Antworten nicht zu beeinflussen. Konzeption und Konsistenz des Interviewleitfadens sowie Eindeutigkeit und Klarheit der Fragestellung konnten im Rahmen mehrerer **Pretests** im Juni/Juli 2003 mit zwei Doktoranden, einem Startup-Gründer sowie einem ehemaligen Mitarbeiter eines Startups überprüft werden.[1067]

Unter Berücksichtigung der Empfehlungen Eisenhardts wurden nach jedem Interview Bemerkungen zur Gesprächsatmosphäre und andere Eindrücke zur Situation in **Field Notes** dokumentiert. So entstand für jeden Fall ein Interview- und Datenprotokoll.[1068] Eine **Änderung der Vorgehensweise** war nicht erforderlich. Allerdings führten bestimmte Fragen, wie z. B. nach dem Alter und den Erfahrungen der Gründer, zu unerwarteten Erkenntnissen, so dass bereits interviewte Gesprächspartner zu einem späteren Zeitpunkt noch einmal per Email zu diesen Merkmalen befragt wurden, um die Vollständigkeit der Daten zu gewährleisten.

Auch der ständige Wechsel zwischen der Datensammlung (Dokumenten sowie persönlichen Interviews) und der Datenanalyse wurden aufgegriffen. Als Zwischenschritt erfolgte eine regelmäßige **Aufbereitung der Daten** unter Rückgriff auf die Technik der qualitativen Inhaltsanalyse, um die aufbereiteten Daten-Protokolle methodisch kontrolliert verfassen zu können.[1069] Danach wurden die Aussagen zu bestimmten Themenkomplexen gebündelt, doppelte Aussagen gestrichen und anschließend Vergleiche mit den Angaben anderer Interviewpartner vorgenommen.

5.5.5 Datenanalyse (Analyzing Data)

In der qualitativen empirischen Sozialforschung ist die Datenanalyse von besonderer Bedeutung. Während der mit quantitativen Daten arbeitende Forscher meist klare Vorgaben und Konventionen zum Umgang mit seinem Datenmaterial vorfindet, gibt

---

1065 Zur Frageformulierung vgl. Müller-Böling/Klandt (1994), S. 34ff.
1066 Vgl. Mayring (1990a), S. 48f. Hinzu kamen Fragen, die zwar im Leitfaden nicht verzeichnet waren, sich jedoch aus der konkreten Interviewsituation ergaben.
1067 Zur Bedeutung von Pretests vgl. Friedrichs (1980), S. 221f.
1068 Gerade Fragestellungen, die Gesprächspartner nicht beantworten wollten oder in denen sich Widersprüche zwischen der Dokumentenanalyse und den persönlichen Gesprächen abzeichneten, wurden besonders notiert und für eine späterer Diskussion mit den Experten vorbereitet.
1069 Vgl. Mayring (1990a), S. 60ff. + 68.

es **kein Standardvorgehen** für die Analyse der Daten aus qualitativen Erhebungen. Wichtig im Sinne der Gütekriterien ist vor allem, die qualitativen Daten so aufzubereiten, dass ein anderer Wissenschaftler mit dem gleichen Datenmaterial zu den gleichen Ergebnissen käme. Eisenhardt lehnt ihre Ausführungen zur Datenauswertung an die Arbeit von Miles und Huberman an, die ein iteratives Vorgehen vorschlagen, das eine Rückkopplung zwischen Datenreduktion, Datendarstellung und den daraus zu ziehenden Schlussfolgerungen beinhaltet.[1070] Datenreduktion bedeutet hier, aus der Menge der Daten eine Auswahl zu treffen, diese zu abstrahieren oder zu codieren und sie schließlich zu verdichten. Dies darf jedoch nicht willkürlich erfolgen, sondern muss sich an die zu untersuchende Fragestellung der Untersuchung orientieren.

Eisenhardt bezeichnet die Datenanalyse als das **Herz der Fallstudienmethode**. Sie weist jedoch darauf hin, dass diese Phase auch der schwerste und am wenigsten kodifizierte Teil des Theoriebildungsprozesses sei. Aus diesem Grund empfiehlt sie eine Datenanalyse in zwei Schritten. Zunächst sind die Daten eines einzelnen Falles zu analysieren (**Within-Case-Analysis**). Anschließend soll nach fallübergreifenden Phänomenen (**Cross-Case-Patterns**) gesucht werden.[1071] Die Within-Case-Analysis verschafft einen Überblick über die Datenfülle. Diese detaillierte Beschreibung jedes einzelnen Falles dient dazu, den Forscher mit den Besonderheiten des Falles vertraut zu machen. Die Gefahr vorschneller Entscheidungen und unausgereifter, subjektiver Schlüsse soll im zweiten Schritt durch die Suche nach fallübergreifenden Phänomenen verringert werden. Dabei bietet die Cross-Case-Analysis dem Forscher die Möglichkeit, die vorliegenden Daten aus verschiedenen Blickwinkeln zu betrachten. Im Sinne der Replication Logic von Yin verspricht das wiederholte Auftreten bestimmter Phänomene verlässlichere Schlüsse und eine strukturiertere Datenauswertung.[1072]

In der vorliegenden Fallstudienuntersuchung wurden unter Berücksichtigung der Hinweise Eisenhardts zur Datenanalyse mit Hilfe der Interviewerkenntnisse und der Dokumentenanalyse **ausführliche Fallstudien** angefertigt und anschließend nach Markt- und Ressourcen-Kategorien geordnet.[1073] Daraus ergab sich eine umfangreiche Informationsbasis für jeden einzelnen Fall (Within-Case-Analysis). Diese Daten wurden in einem zweiten Schritt mit den Merkmalen der jeweils anderen Unternehmung des betrachteten Fallpaares (erfolgreicher oder nicht erfolgreicher Pionier)

[1070] Vgl. Eisenhardt (1989), S. 539; Miles/Huberman (1994), S. 16f. + 50ff.
[1071] Vgl. Eisenhardt (1989), S. 539ff.
[1072] Vgl. Yin (1989), S. 53ff. sowie die Ausführungen in Abschnitt 5.3.1.
[1073] Z. B. in Gründer, Technologie, Marketing, Unternehmungskultur; vgl hierzu die detaillierten Ausführungen bei Eisenhardt (1989), S. 540f.

verglichen (Cross-Case-Analysis), um mögliche Ähnlichkeiten oder Unterschiede zwischen den Paaren, z. B. in der Ressourcenausstattung, herauszuarbeiten. Der dritte Schritt diente dem Vergleich aller erfolgreichen mit allen nicht erfolgreichen Unternehmungen, um unter Verwendung der Replication Logic übergreifende Ursachen für den Erfolg oder Misserfolg der Unternehmungen zu identifizieren. Vermutungen und subjektive Eindrücke aus den einzelnen Fallstudien wurden regelmäßig hinterfragt und mit den Beteiligten oder mit Experten diskutiert.

5.5.6 Hypothesenbildung (Shaping Hypothesis)

Nach der Analysephase, in der sich erste Tendenzen und Beziehungen zwischen den Variablen abzeichneten, erfolgte im nächsten Schritt die **Bildung von Hypothesen**. So wie Eisenhardts Ansatz bereits in der Erhebungsphase den **ständigen Vergleich der Theorie mit den Daten** verlangt, bis durch diesen iterativen Vorgang die Erkenntnisse verschiedenartiger Datenquellen in ein gut definiertes Konstrukt münden (Close Fit to the Theory), so muss im Umkehrschluss überprüft werden, ob die sich ergebenden Beziehungen zwischen den Konstrukten auch wieder auf die jeweiligen Fälle zurückgeführt werden können. Sobald Übereinstimmungen in den Fällen festgestellt werden, hilft eine erneute Auseinandersetzung mit den zugrunde liegenden Falldaten, um die Dynamiken zu verstehen, die zu den gewonnenen theoretischen Erkenntnissen führten. Eisenhardt verweist darauf, dass dieser Punkt essentiell ist, um die interne Validität zu gewährleisten.[1074]

Im Unterschied zu statistischen Verfahren der Hypothesenprüfung sollte bei der Fallstudienerhebung jeder Fall wie ein Experiment betrachtet werden, denn es ist durchaus nicht ungewöhnlich, dass einige Fälle eine Hypothese unterstützen, während andere diese eher widerlegen. Gerade von der Auseinandersetzung mit diesen **Widersprüchen** zwischen bestimmten Beziehungen verspricht sich Eisenhardt eine Erweiterung und klarere Definition der entstehenden Konstrukte.[1075]

Bereits während der Datenanalyse zur vorliegenden Arbeit ergaben sich erste Vermutungen, welche Markt- oder Ressourcenfaktoren für den Erfolg oder Misserfolg der Internet-Pioniere verantwortlich gewesen sein könnten. Durch das wiederholte Überprüfen dieser Merkmale durch Within-Case-Analysis und Cross-Case-Analysis sowie den Austausch mit Experten entwickelten sich im Laufe der Zeit bestimmte Faktoren,

---

1074 Damit leitet Eisenhardt (1989, S. 541f.) die Theorie gewissermaßen direkt aus den Daten ab.
1075 Vgl. Eisenhardt (1989), S. 542.

denen ein besonderer Einfluss auf den Erfolg zuzuschreiben war. Andererseits gaben Widersprüche Anlass zu weiterer Überprüfung, die das Einbeziehen alternativer Ergebnisse und Literaturquellen erforderlich machte.

5.5.7 Einbeziehen der Literatur (Enfolding Literature)

Ein weiterer wichtiger Schritt im Ablaufplan nach Eisenhardt besteht in der Gegenüberstellung der ermittelten Erkenntnisse mit weiteren Literaturquellen. Das **Einbeziehen möglichst umfangreicher Literaturquellen** stellt einen Schlüssel für die Konzepterstellung dar, wodurch sowohl übereinstimmende als auch widersprüchliche Aussagen erfasst werden. Gerade diskrepante Aussagen vermitteln nach Eisenhardt ein tieferes Verständnis für eine neue Theorie, da sie das Denken in kreativer, „den Rahmen sprengender" Weise fördern und den Forscher davor bewahren können, wichtige Daten zu ignorieren. Die interne Validität wird durch die Auseinandersetzung mit konträren Ergebnissen ebenso verbessert wie durch das Hinzuziehen ähnlicher Untersuchungsergebnisse, die vielfach helfen, Übereinstimmungen aufzudecken, die auf den ersten Blick gar nicht assoziiert worden wären.[1076]

Für die vorliegende Arbeit ergab sich bereits in der Phase der Hypothesenbildung die Notwendigkeit, die Ergebnisse der eigenen Studie durch das Hinzuziehen vorhandener Literaturquellen zu überprüfen. Hierzu boten sich insbesondere **drei Forschungsgebiete** an, deren empirische Arbeiten den Bereich der Pionier-Vorteile tangierten. Zunächst wurden die Studien zu **First-Mover-Advantages** erneut gesichtet. Um die situativen Besonderheiten der Internet-Ökonomie mit den Auffälligkeiten der untersuchten Startups in Verbindung bringen zu können, wurde anschließend auch die Literatur zur **Internet-Ökonomie** einbezogen. Schließlich musste zusätzlich die Literatur zu Unternehmungsgründungen **(Entrepreneurship)** berücksichtigt werden, um dem geringen Alter der Untersuchungsobjekte gerecht zu werden. Auffälligkeiten und Widersprüche halfen bei der Erklärung der eigenen Ergebnisse. Die Resultate dieses Abgleichs mit den Erkenntnissen der wissenschaftlichen Literatur sind in Kapitel sieben dokumentiert.

5.5.8 Erreichen eines Schlusses (Reaching Closure)

Den letzten Schritt der Fallstudienmethode nach Eisenhardt stellt das Erreichen eines Schlusses dar. Sobald das Hinzuziehen weiterer Fälle keine neuen Erkenntnisse

---

1076 Vgl. Eisenhardt (1989), S. 544f.

erwarten lässt, sollte die empirische Forschung abgeschlossen werden. Diese Phase wird vor allem durch die Feststellung einer **theoretischen Sättigung** geprägt.[1077] Diese geht häufig mit rein pragmatischen Gründen, wie begrenzten Zeit- und Finanzressourcen, einher, die eine Beendigung der Datensammlung nahe legen. Ein weiteres Kennzeichen der theoretischen Sättigung liegt dann vor, wenn das schrittweise Vergleichen zwischen Theorie und Daten nur noch minimale Beiträge zur Weiterentwicklung der Theorie erbringt. Eisenhardt verweist darauf, dass es keinen idealen Zeitpunkt für das Abbrechen der Datenerhebung gäbe, jedoch habe sich eine Zahl zwischen vier und zehn Fällen in den meisten Untersuchungen als sinnvoll herausgestellt. Bei weniger als vier Fällen sei es oft schwer, eine Generalisierung vorzunehmen, bei mehr als zehn Fällen dagegen würde die Komplexität der Datenmengen schnell unbeherrschbar. Als Ergebnis der Fallstudienuntersuchung seien Konzepte, Frameworks, Thesen oder sogar eine „kleine" Theorie zu erwarten.

Bereits zu Beginn der vorliegenden Untersuchung war das Umfeld der New Economy nach potenziellen Untersuchungsobjekten durchsucht worden, wobei mehrere Startups als geeignet identifiziert werden konnten. Die Datenerhebung in den für die Untersuchung ausgewählten Unternehmungen dauerte zunächst sechs Monate. Da bereits bei der Aufbereitung und Auswertung dieser Daten interessante Phänomene bzw. Übereinstimmungen festgestellt werden konnten und die letzten Interviews nur noch wenig neue Erkenntnisse mit sich brachten, schien eine theoretische Sättigung nach der Durchführung von sechs Fallstudien erreicht zu sein. Auf ein Hinzufügen weiterer Fälle wurde daher verzichtet und die Untersuchung beendet. Die Darstellung der Ergebnisse der empirischen Untersuchung erfolgt in Kapitel sechs.

5.6 Fazit zur eigenen Methode

Das vorliegende Kapitel erläutert die Überlegungen zur Wahl der geeigneten empirischen Methode und enthält die Beschreibung der konkreten Vorgehensweise bei der eigenen Untersuchung. Die Anwendung der Fallstudienmethode nach Eisenhardt versprach neben diversen weiteren Vorteilen die Wahrscheinlichkeit, eine (neuartige) Theorie zu generieren und stellte sich als geeignete Methode zur Untersuchung der Pionier-Vorteile von Internet-Startups heraus. Der ständige Vergleich von Daten und Konstrukten und das Hinzuziehen sich widersprechender und paradoxer Tatbestände

---

1077 Vgl. Eisenhardt (1989), S. 545, sowie zur theoretischen Sättigung z. B. Glaser/Strauss (1998), S. 68ff.

lieferten neue Einsichten in festgefahrene Meinungen aus der wissenschaftlichen Literatur.[1078]

Neben der strikten Einhaltung der Vorgaben Eisenhardts berücksichtigte die empirische Studie auch allgemeine **Kritikpunkte an der qualitativen Forschung**. Der mangelnden **Generalisierbarkeit**, die sich zum einen aus dem geringen Umfang der Stichproben bei qualitativen Erhebungen, zum anderen aus der weitgehend offenen Vorgehensweise ergibt, konnte dadurch begegnet werden, dass sechs unterschiedliche Unternehmungen für die Fallstudien ausgewählt und insgesamt 20 Interviews mit Mitarbeitern, Gründern und Branchen- bzw. fachlichen Experten geführt wurden. Zur Reduzierung der **Einflussnahme** durch den Forscher bei der Interviewdurchführung selbst erfolgte eine Vorstrukturierung des Gesprächs in Form eines Interviewleitfadens. Die **Validität** der Konstrukte wurde durch eine große Zahl unterschiedlicher Quellen bei der Datenerhebung sowie durch die Diskussion mit Experten gestärkt. Die Ergebnisse leiteten sich so direkt aus den Daten ab. Dem Kritikpunkt einer nicht gegebenen **Wiederholbarkeit** der empirischen Erhebung wurde durch die ausführliche Dokumentation der Daten und die Konzeption Rechnung getragen, die zur Herleitung des Leitfadens geführt hatte. Zur Sicherstellung der **Verlässlichkeit** der Studie dienten detaillierte Fallstudienprotokolle mit allen Daten aus den Interviews und der Dokumentenanalyse.

Die in Kapitel 3.1.2.1 genannten **Vorwürfe an der Erfolgsfaktorenforschung** wurden in der vorliegenden Studie ebenfalls wie folgt berücksichtigt: Die **Multidimensionalitätsproblematik** konnte nicht entkräftet werden, da sie sich im Grunde nur durch statistisch komplexe Verfahren auflösen lässt, welche wie z. B. die Faktorenanalyse auch indirekte Einflüsse messen können. Diese Verfahren setzen eine hohe Zahl an untersuchten Fällen voraus. Aufgrund der geringen Fallanzahl war eine Faktorenanalyse nicht durchführbar. Das Risiko einer **wertenden Vorauswahl**, nach der nur jene Erfolgsfaktoren identifiziert werden können, die zuvor in der empirischen Untersuchung erhoben wurden, sollte durch eine möglichst breite Gestaltung der Interviews sowie vielfältige Quellen der Datengenerierung verringert werden.[1079] Die **Zeitverschiebung zwischen Durchführung und Wirkung** der Faktoren, die sich dadurch ergibt, dass zwischen einer bestimmten Aktivität der untersuchten Unternehmung und deren Wirkung auf den Erfolg eine gewissen Zeit verstreichen kann, wurde

---

1078 Vgl. Eisenhardt (1989), S. 546.
1079 Eine vollständige Verhinderung wertender Annahmen ist jedoch im Entstehungszusammenhang jeder wissenschaftlichen Arbeit unvermeidlich.

durch die Wahl einer Langzeitstudie reduziert, bei der die wichtigsten Daten zu mehreren Zeitpunkten erhoben wurden. Die Probleme in der **Datenerhebung** von Erfolgsfaktoren, wie z. B. Falschaussagen der interviewten Personen und ein allgemein unterschiedliches Verständnis der Interviewpartner über bestimmte Fragestellungen,[1080] wurden in der vorliegenden Untersuchung durch eine offene Gestaltung der Interviewfragen, klare Abgrenzungen des Untersuchungsbereichs und regelmäßige Kontrollfragen vermindert. Auch wenn durch das gewählte Untersuchungsdesign die Kritik an der Erfolgsfaktorenforschung reduziert werden konnte, war ein Ausschluss aller Risiken jedoch nicht möglich.

Bei der Auswahl der Internet-Startups fand zusätzlich die **Kritik an den PIMS-Studien** Berücksichtigung, um eine Verzerrung der Ergebnisse zu vermeiden.[1081] Ferner fehlten bisher Studien in unabhängigen Startup-Unternehmungen, da hauptsächlich Großunternehmungen im Mittelpunkt der empirischen Forschung gestanden hatten. Hinzu kommt die Forderung von Lieberman und Montgomery, durch die Betrachtung von Startup-Unternehmungen aus anderen Ländern einen Gegenpol zu der Vielzahl amerikanischer Studien aufzubauen.[1082] Zum anderen wurde durch die Befragung gescheiterter Pioniere der Forschungsstand von Pionier-Vorteilen erweitert. Die Berücksichtigung gescheiterter Pioniere versprach neue Einsichten, insbesondere in die Auswirkungen von Pionier-Nachteilen.

Wenngleich mit einer Stichprobe von (nur) sechs Fällen kein Anspruch auf eine breite Generalisierbarkeit der Ergebnisse verbunden werden kann, so ist doch ein gewisser Anspruch auf Repräsentativität hervorzuheben. Dieser Anspruch kann so lange bestehen, bis die erzielten Ergebnisse als Hypothesen Eingang in andere (quantitative) empirische Studien gefunden haben und dort falsifiziert worden sind.[1083]

1080 Vgl. Müller (1999), S. 67.
1081 Diese bezieht sich vor allem auf die Selbsteinschätzung der Unternehmungen, der Pionier-Definition und der fehlenden Daten zu gescheiterten Pionier-Unternehmungen; vgl. Lieberman/Montgomery (1988), S. 53.
1082 Vgl. Lieberman/Montgomery (1998), S. 1114 + 1122.
1083 Vgl. Hopf (1984), S. 15.

6 Ergebnisse der empirischen Untersuchung

Aufgabe des sechsten Kapitels ist die Präsentation der Ergebnisse der empirischen Untersuchung. Dazu gliedert sich das Kapitel in zwei Teile: Im ersten Teil werden die aus den einzelnen Fällen bzw. Fallpaaren (**Single-Case-Analysis**) gewonnenen Erkenntnisse detailliert dargestellt, um dem Leser einen generellen Überblick über die Fakten und Besonderheiten eines jeden untersuchten Fallpaares zu vermitteln. Der zweite Teil dient der Wiedergabe der Ergebnisse aus Vergleichen zwischen den einzelnen Fällen (**Cross-Case-Analysen**). Die Ausführungen werden dabei der in den Abschnitten 4.4 und 4.5 vorgenommenen Unterteilung in einzelne theoretische Markt- bzw. Ressourcenfaktoren folgen. Hierbei erschien es allerdings sinnvoll, dem Gang der Single-Case-Analysen folgend, zunächst auf die Ressourcenfaktoren und erst anschließend auf die Marktfaktoren einzugehen.

6.1 Ergebnisse der Single-Case-Analysen

Für die Single-Case-Analysen der vorliegenden Arbeit werden die Internet-Startups nach ihren Geschäftsmodellen unterschieden.[1084] Eine solche Unterteilung ist im Kontext der Internet-Ökonomie insofern sinnvoll, als das Internet als Ganzes keine eigene Branche darstellt. Zwar wurde in frühen Veröffentlichungen zu diesem Thema die Internet-Ökonomie als homogene Branche aufgefasst, mit zunehmendem Erkenntnisstand zeigten sich jedoch starke Differenzen in den einzelnen Marktsegmenten und Geschäftsmodellen. Daher soll im Folgenden eine zum Teil an Lieberman (2002) angelehnte Klassifizierung in Kategorien vorgenommen werden.[1085]

Alle in dieser Arbeit untersuchten Unternehmungen wurden im Zeitraum zwischen Juli 1998 und Herbst 2000, also in der ersten Phase des Internet-Booms, gegründet. In den folgenden Single-Case-Analysen werden in jedem Marktsegment zunächst die erfolgreiche und anschließend die gescheiterte Unternehmung beschrieben. Ein solcher direkter Vergleich zwischen ähnlichen Fällen wird auch von Rindova und Kotha zur Kontrolle der Ergebnisse empfohlen.[1086] Die sechs untersuchten Startup-

---

[1084] Zur Erklärung des Begriffs Geschäftsmodell wird auf Abschnitt 4.5.2 verwiesen.
[1085] Die Klassifizierung nahm Lieberman zunächst nach eigenem Ermessen und anschließend anhand von Daten aus Hoover's Online vor. Die Marktsegmente wurden in verschiedene Kategorien wie Market-Maker, Broker, Portal, Retailer, Content provider oder Infrastructure eingeteilt; vgl. Lieberman (2002), S. 13f.
[1086] Vgl. Rindova/Kotha (2000), S. 9f. Hier wird Barnes & Nobles Internet-Ableger als Kontrollvariable für Amazon in Bezug auf das Marktsegment und seine Charakteristika dargestellt.

Unternehmungen lassen sich in zielgruppenspezifische Geschäftsmodelle, Intermediäre bzw. Vermittler von Dienstleistungen im Internet und Online-Auktionshäuser unterteilen.

6.1.1 Zielgruppenspezifische Geschäftsmodelle

Die Unternehmungen **KinderCampus AG** und **Ovivo AG** entwickelten zielgruppenspezifische Geschäftsmodelle. Das erste hier untersuchte Fallpaar wurde ausgewählt, da die beiden Internet-Startups ähnliche Ideen und vergleichbare Gründungsumgebungen aufwiesen, jedoch in der Wahl ihrer Kunden sehr unterschiedliche Marktsegmente bedienten. Ihr Ziel bestand in der umfassenden Bearbeitung und Beratung einer vorher festgelegten Kundengruppe. Dabei wählte KinderCampus die Zielgruppe der vier- bis zwölfjährigen Kinder, wogegen Ovivo seine Internet-Seite auf die Bedürfnisse von Personen über 50 Jahren zugeschnitten hatte.

Die Geschäftsmodelle beider Unternehmungen beinhalteten die folgenden vier wichtigen Punkte: Erstens enthielten die Internet-Seiten Elemente von **Portalen**. Diese wirken wie eine Art Eingangstor zum Internet, da sie – ähnlich einer Suchmaschine – Besuchern die Möglichkeit geben, Zugang zu allen Informationen zu finden, die diese zu bestimmten Themen suchen.[1087] Zweitens erstellten die Unternehmungen eigene **Inhalte** (Content), indem sie Informationen sammelten und selektierten oder eigene redaktionelle Beiträge veröffentlichten.[1088] Drittens enthielten die Seiten **Shoppingangebote** für die Nutzer bzw. bei KinderCampus für die Eltern. Ähnlich einem virtuellen Kaufhaus boten die Unternehmungen Produkte zum Kauf an, wobei sie meist die Rolle des Vermittlers zu anderen Anbietern, wie z. B. Otto oder Klingel, übernahmen und nur in Ausnahmefällen Produkte selbst vertrieben.[1089] Das vierte Element der Geschäftsideen bestand im Aufbau einer **Community**, d. h. einer virtuellen Gemeinschaft von Menschen mit spezifischen gemeinsamen Interessen, die auf der Internet-Plattform des Anbieters miteinander kommunizieren konnten.[1090] Die gemeinsamen Interessenschwerpunkte der Mitglieder wurden allerdings auch unter kommerziellen Gesichtspunkten (z. B. durch das Angebot bestimmter Produkte im Shop-Bereich) auf der Internet-Seite berücksichtigt.

1087 Vgl. Busch (2001a), S. 255; Deitel/Deitel/Steinbuhler (2001), S. 35f.
1088 Vgl. Wirtz/Loscher (2001), S. 452.
1089 Vgl. Quiring/Backmann (2001), S. 93ff.; Mangstl/Resch (2001), S. 141.
1090 Vgl. Wick/Kaiser (2001), S. 77ff.; McWilliam (2001), S. 72ff.; Ringlstetter/Oelert (2001), S. 15.

6.1.1.1 KinderCampus AG – Cobra Youth Communications

Die KinderCampus AG wurde im März 2000 in einem Berliner Hinterhof gegründet.[1091] Das Startup erstellte in enger Kooperation mit Pädagogen, Medienpädagogen und einem wissenschaftlichen Beirat die erste europäische Edutainment-Seite[1092] im Internet für Kinder im Alter zwischen vier und zwölf Jahren. Diese Geschäftsidee wurde entwickelt, weil drei Betriebswirtschafts-Absolventen der Universität St. Gallen aufgefallen war, dass im Internet eigentlich keine gute Webseite existierte, die Kindern Spaß und Lerninhalte vermitteln und sie so spielerisch an das Internet heranführen konnte.

Die Gründer starteten als Pioniere mit dem Ziel, die beste Kinder-Internet-Seite Deutschlands zu entwickeln und **qualitativ hochwertige Lerninhalte** anzubieten.[1093] KinderCampus wurde als zugriffssichere und unterhaltsame **Spiel- und Lernwelt** im Sinne eines Planetensystems konzipiert. Die Internet-Seite bestand aus Spielen, einer eigenen Zeitschrift, Chatroom- und Emailfunktionen, einer kindgerechten Suchmaschine, verschiedenen Themenschwerpunkten (Sport, Natur, Medien, Spiele, Kinder) sowie einer Sicherheitssoftware.[1094] Auf diese Weise sollte das Internet mit allen seinen Möglichkeiten auch jüngsten Nutzern nahe gebracht werden. KinderCampus agierte dabei nicht als Marketing-Plattform, sondern bot hauptsächlich selbst erstellte Inhalte an.[1095]

Die Kontrolle zielgruppengerechter Webinhalte stellte der sog. „Zwergenrat" sicher, eine wöchentlich stattfindende Institution, bei der Kinder die einzelnen Ideen bewerten und ihre eigenen Interessen einfließen lassen konnten.[1096] Die wissenschaftliche Unterstützung bei der Produktentwicklung leistete ein aus renommierten deutschen Medienpädagogen und Kommunikationswissenschaftlern bestehender **Fachbeirat**. Aufgrund des intensiven Einsatzes für das Thema „Kinder" gewann KinderCampus mehrere Auszeichnungen für seine Internet-Seite.[1097]

1091 Soweit nicht anders gekennzeichnet, stammen die folgenden Daten bzw. Informationen aus einem Interview mit dem Gründer im Dezember 2000 sowie drei Interviews mit einem Gründer, Mitarbeiter und Venture Capitalisten im August 2003.
1092 Das Wort „Edutainment" setzt sich aus den Bestandteilen „Education" und „Entertainment" zusammen.
1093 Vgl. Frankfurter Rundschau (20.11.2000).
1094 Vgl. KinderCampus AG (15.05.2001). Die Sicherheitssoftware soll dafür sorgen, dass Minderjährige beim Zugriff auf die Internet-Seiten nur zu kindgerechten Inhalten Zugang erhalten.
1095 Vgl. KinderCampus AG (24.05.2000).
1096 Vgl. Internet Standard (20.10.2000), S. 23.
1097 Vgl. Berliner Wochenblatt (11.04.2001); Die Welt (11.01.2001); Der Tagesspiegel (14.01.2001).

Das **Managementteam** wurde mit einem Spezialisten für Medienpädagogik und einem Techniker auf fünf Personen aufgestockt. Der **Mitarbeiterstamm** setzte sich aus jungen Redakteuren, die für die Entwicklung der Inhalte zuständig waren, sowie aus Programmierern für deren technische Umsetzung zusammen. Obwohl beide Gruppen das gemeinsame Interesse an „Kinderthemen" verband, gestaltete sich die Abstimmung aufgrund der unterschiedlichen Mentalität beider Gruppen sowie der geringen Berufserfahrung eines Großteils der Mitarbeiter nicht immer einfach. Darüber hinaus wurden die Unternehmungsaktivitäten – analog zur Entwicklung anderer Startups – auf einen wachsenden Markt ausgerichtet, wodurch gerade in den ersten Monaten auf Drängen der Venture Capitalisten die Mitarbeiterzahl auf bis zu 60 Personen erhöht wurde. Diese stellte sich im Nachhinein als zu hoch heraus und brachte organisatorische Probleme mit sich.[1098]

Die Geschäftsidee besaß nur einen geringen Erklärungsaufwand, so dass schon bald nach der Gründung eine **Finanzierung** in Höhe von 10 Mio. DM durch Business Angels und einen Venture Capitalisten sichergestellt werden konnte.[1099] Als großer Vorteil des Businessmodells wurden vor allem die geringen Grenzkosten und mögliche Skalenvorteile angesehen (ein neues Mitglied verursacht kaum zusätzliche Kosten).

Die **Technologie** der Internet-Seite und die eigene Entwicklung einer Sicherheitslösung stellten die besondere Stärke der Unternehmung dar. Die Unternehmungsleitung entschied sich frühzeitig, die neue Programmiersprache Flash zu verwenden und hatte das Glück, entsprechende Flash-Experten früher als Folger-Unternehmungen zu gewinnen und langfristig an sich zu binden.

Auch im Marketing konnte KinderCampus seine Pionier-Stellung und den geringen Erklärungsaufwand seiner Produktidee ausnutzen, um eine „kleine" **Marke** aufzubauen. Aufgrund des geringen Budgets und der bei Internet-Werbeaktivitäten hohen Streuverluste mussten allerdings kreative Wege der Vermarktung gesucht werden. Da sich herausstellte, dass die Nutzergewinnung mit Anlaufschwierigkeiten verbunden war und **hohe Kundenwerbungskosten** verursachte, suchten die Gründer Unterstützung durch das Alumni-Netzwerk ihrer Universität sowie durch eine frühe **Partnerschaft** mit Arcor.

1098 Vgl. VDI nachrichten (22.03.2002), S. 32f.
1099 Vgl. VDI nachrichten (22.03.2002), S. 32.

Das Geschäftsmodell beinhaltete mehrere **Gewinnquellen**. Nach einer kostenlosen Einführungsphase wurde ein Abonnement-System für die Nutzer der Internet-Seite eingeführt. Dabei mussten die Gründer feststellen, dass sie die Zahlungsbereitschaft junger Kunden für Internet-Angebote zu hoch eingeschätzt hatten[1100] und viele Nutzer nicht bereit waren, für eine zunächst gratis angebotene Leistung später Geld auszugeben. Nur jedes zehnte Mitglied nahm das Abonnement in Anspruch, wodurch sich jedoch die Herstellungskosten der Seite nicht amortisierten. Da sich auf diese Weise die kritische Masse zahlungsbereiter Kunden nicht erreichen ließ, nahmen die Gründer eine **Erweiterung ihres Geschäftsmodells** vor und erschlossen ein neues Geschäftsfeld: die Produktion von Kinderportalen für Großunternehmungen.[1101]

Mit dieser Sanierung des Geschäftsmodells konnten die Gründer ihr Startup vor der drohenden Insolvenz bewahren. Indem es sich auf seine Kompetenzen besann und flexibel auf die Anforderungen des Marktes reagierte, gelang dem Managementteam die Wandlung der Unternehmung in eine Agentur für integrierte Kinder- und Jugendkommunikation. Unter dem Namen **Cobra Youth Communications** konnte das Startup wichtige Kunden, wie Lego, DaimlerChrysler, Die Bahn und Intersnack, gewinnen. Gleichzeitig blieb die ursprüngliche Webseite KinderCampus.de weiterhin ein Produkt der Unternehmung, das langsam steigende Kundenzuwächse verzeichnen konnte.

Der **Änderung des Geschäftsmodells** hatte große Auswirkungen auf das Startup und seine Kultur. Redakteure mussten entlassen werden, und die eher **lockere Startupkultur** wich einer Geschäftskultur mit effizienteren Prozessen. Auch die Zielgruppe änderte sich, sobald die Akquisition etablierter Großkunden an Bedeutung gewann. Im Zuge einer **Professionalisierung** des Unternehmungsauftritts, der Straffung organisatorischer Abläufe und der Zielkontrolle der Mitarbeiter wurden sowohl die Belegschaft als auch der Vorstand dezimiert. Dieser für die Unternehmung schmerzhafte Wandel zahlte sich jedoch aus: Seit November 2000 verzeichnet Cobra Youth Communications schwarze Zahlen und befindet sich in einem Aufstiegstrend, bei dem wichtige Kunden gewonnen und erneut Mitarbeiter eingestellt werden konnten.

Im Jahre 2003 konnte das Startup eine sehr wichtige **Partnerschaft** mit T-Online und EM.TV eingehen. Die Folge war die gemeinsame Gründung der Spiel- und Lernwelt

---

1100 Vgl. Die Welt (28.06.2001).
1101 Vgl. VDI nachrichten (22.03.2002), S. 32.

Kamba.[1102] Die beiden renommierten Kooperationspartner hatten dabei zunächst die Marktbereinigung abgewartet, bevor sie sich für ein Internet-Startup entschieden. KinderCampus konnte trotz des turbulenten Internet-Markts auf Kontinuität und Beständigkeit verweisen und wurde so als verlässlicher Geschäftspartner anerkannt. Von der Zusammenarbeit mit diesen starken Partnern erhofft sich das Startup eine bessere Absicherung gegen zukünftige Marktschwankungen.

Mit seiner Internet-Seite KinderCampus.de gelang es der Pionier-Unternehmung, sich im Internet als Qualitätsführer für Kinder-Edutainment zu positionieren. Im Jahr 2003 gab es keine Internet-Seite für Kinder, die so sicher und zuverlässig funktionierte und gleichzeitig Unterhaltung und Lerninhalte kombinierte. Durch die **fachliche Auseinandersetzung** mit den Interessen jugendlicher Nutzer und die Nähe zur Zielgruppe konnte sich KinderCampus erfolgreich von der Konkurrenz abheben und sich ein Expertenwissen für den Umgang mit Kinder-Aktivitäten aneignen. Der klare **Fokus** auf das Marktsegment „Kinder" schützte die Unternehmung vor Angriffen großer Marketingagenturen.

Eine länger andauernde Monopolstellung oder nachhaltige First-Mover-Advantages konnte die Unternehmung indes nicht ausnutzen, da ihr die hierfür erforderlichen Ressourcen fehlten. Zudem galten Internet-Angebote für Kinder im Jahre 2000 als schnell wachsendes Marktsegment, weswegen innerhalb kurzer Zeit weitere Internet-Kinderseiten sowie Webangebote von TV-Kanälen (insb. Super RTL), Kinderbuchverlagen und privaten Elterninitiativen folgten.[1103] Der Offline-Konkurrent Super RTL bewies mit seiner Marketingmacht, dass das Fernsehen für die Ansprache von Kindern (noch) das stärkste Medium ist. Die Gründer von KinderCampus betonten jedoch, dass sie vor allem aufgrund ihrer Pionier-Rolle zum Gründungszeitpunkt die Chance hatten, Venture Capital zu akquirieren, Mitarbeiter zu gewinnen und so ihre spezialisierte Marktposition aufzubauen.

6.1.1.2 Ovivo AG

Die Ovivo AG wurde im Oktober 1999 von vier Gründern als erste deutschsprachige Internet-Seite für Lebenskenner in Berlin gegründet.[1104] Unter „**Lebenskennern**" sind

---

1102 Vgl. Werben & Verkaufen (04.04.2003), S. 47.
1103 Vgl. Die Welt (19.09.2000), S. 43; Frankfurter Rundschau (20.11.2000). Beispielsweise folgte das Startup 4kidz mit nur kurzer Verzögerung, ist inzwischen jedoch insolvent.
1104 Soweit nicht anders gekennzeichnet, stammen auch hier die folgenden Daten bzw. Informationen aus einem Interview mit dem Gründer im Dezember 2000 und drei Interviews mit einem Gründer, Mitarbeiter und Venture Capitalisten im August 2003.

Ergebnisse der Single-Case-Analysen 211

Menschen mit einer gewissen Lebenserfahrung zu verstehen, die offen für neue Impulse geblieben sind.[1105] Zu Beginn betrug das Alter dieser Zielgruppe zwischen 45 und 60 Jahren.[1106] Die Unternehmung hatte sich das Ziel gesetzt, ein Produkt zu entwickeln, mit dem die Zielgruppe ihr Leben unterhaltsamer, angenehmer und praktischer gestalten konnte.

Drei der **Ovivo-Gründer** bildeten den Vorstand. Es handelte sich dabei um Studienkollegen, die zuvor gute Positionen in Großunternehmungen oder Werbeagenturen innegehabt hatten. Sie ergänzten ihr Gründerteam mit einem Technikexperten, der bereits über Erfahrung in einer Internet-Unternehmung verfügte und die technischen Voraussetzungen für die Geschäftsidee schaffen sollte. Da sich die Gründer selbst als Genießer mit einem Blick für die schönen Dinge des Lebens betrachteten, war es ihrer Meinung nach unerheblich, dass sie zehn bis zwanzig Jahre jünger als ihre Zielgruppe waren.[1107] Andererseits entsprachen die drei Gründer auch nicht dem Durchschnittsalter der meisten Startup-Gründer, sondern bewirkten einen Vorstoß der „über-30-jährigen" im Internet. Dies sahen sie ebenfalls als Vorteil an, denn wenn ihnen auch die Unbekümmertheit jüngerer Gründer fehlte, glaubten sie sich aufgrund ihrer Erfahrung in der Lage, die besseren Entscheidungen zu treffen und ein größeres Netzwerk von Kontakten auszunutzen.

Das **Geschäftsmodell** von Ovivo bestand in der Verbindung redaktioneller Informationen (Magazin) mit Einkaufsmöglichkeiten. Die Internet-Seite war klar und einfach aufgebaut, ohne Spielereien oder Bilder mit langen Ladezeiten. Der **Magazin-Bereich** beinhaltete Schlagzeilen und Informationen aus verschiedenen Bereichen, wie z. B. Gesundheit, Finanzen und Reise. Im Gegensatz zu anderen Unternehmungen, die ihre Inhalte von Dritten kauften, setzte Ovivo auf eine eigene Redaktion. Zusätzlich verfassten prominente Autoren, wie z. B. Jochen Mass oder Günter Jauch, exklusive Kolumnen. Der **Shoppingbereich** umfasste verschiedene Kategorien qualitativ hochwertiger Waren, darunter Bücher, Geschenke und Wein. Beide Elemente der Internet-

---

1105 Vgl. Ovivo AG (04.02.2000). Mit dieser Definition behielt sich das Unternehmen die Möglichkeit vor, den Altersbereich variabel festzusetzen.
1106 Die Entscheidung für diese Zielgruppe wurde mit der demographischen Entwicklung in Deutschland begründet, deren Prognosen zufolge die anvisierte Generation im Jahre 2010 bereits 25 % der Gesamtbevölkerung Deutschlands stellen würde. Da 75 % dieser Personengruppe angaben, ihr Geld ausgeben sowie ihr Leben genießen zu wollen und die monatliche Kaufkraft von Personen im Alter über 60 in offiziellen Statistiken mit 20 Mrd. DM eingeschätzt wurde, bot sich hier eine gute Grundlage für den Aufbau des Geschäftsmodells; vgl. Horizont (12.09.2002).
1107 Vgl. Der Tagesspiegel (24.06.2001), S. 23.

Seite waren vielfach miteinander verknüpft, indem ein Produkt im Magazin beschrieben und dessen Bezug über den Shop angeboten wurde.[1108]

Im Gegensatz zu den Gründern besaßen die bis zu 34 **Mitarbeiter** von Ovivo nur wenig Berufserfahrung und waren wesentlich jünger als die Zielgruppe. Die **Unternehmungskultur** war durch lockere Umgangsformen, ehrgeizige Mitarbeiter und eine ansprechende Atmosphäre gekennzeichnet. Zudem legten die Gründer Wert darauf, nicht mit den chaotischen Verhältnissen anderer Startups verglichen zu werden, sondern eine gewisse Seriosität zu vermitteln.

Nach einer ersten Finanzierungsrunde mit Hilfe von Business Angels beteiligten sich fünf Monate nach Gründung mit der Burda Beteiligungsholding und später der Klingel-Gruppe etablierte Unternehmungen der Old Economy an Ovivo. Diese Geldgeber waren allerdings vorrangig daran interessiert, die eigenen Internet-Aktivitäten auszubauen.[1109] Mit einer **Kapitalausstattung** in Höhe von ca. 8,2 Mio. Euro sollte der Break-Even-Point 2002 erreicht werden. Die überdurchschnittlichen Finanzressourcen führten jedoch dazu, dass einige unüberlegte **Marketing-Maßnahmen** ergriffen wurden, die weder die Zielgruppe erreichten, noch das Geschäftsmodell vermitteln konnten. Für den Aufbau einer starken und nachhaltigen Marke langte das zur Verfügung stehende Kapital jedoch nicht.

Die **Einnahmen** von Ovivo sollten maßgeblich aus **Vermittlungsprovisionen** von Shop-Anbietern und dem **Verkauf der Magazin-Inhalte** an Dritte generiert werden. Da die Gründer sich als Qualitätsführer im Internet positionieren wollten, wurden Werbung und Banner unauffällig platziert. Im Jahre 2000 wurde Ovivo zur Premiumseite gekürt und konnte 470.000 Besucher im Monat verzeichnen.

Die **Technologieerstellung** erfolgte intern. Dies brachte zwar größere Flexibilität und Schnelligkeit bei nötigen Veränderungen mit sich, die Konzentration auf eine Person – einen der vier Gründer – führte jedoch häufig zu einer Überlastung des Technikbereiches und daraus resultierende Verzögerungen bei der Umsetzung technischer Neuerungen.

Nach der Einführungsphase begannen die Gründer, weitere Elemente und Funktionen, wie z. B. Gewinnspiele, zu testen. Gleichzeitig wurden sowohl der Spaßeffekt als auch der Aufbau einer „Webcommunity" mit Diskussionsforen und Kurzumfragen

---

1108 Vgl. Der Tagesspiegel (07.04.2000), S. 34.
1109 Vgl. Ovivo AG (07.11.2000).

forciert.[1110] Versuchsweise richtete man auch ein **eigenes Lager** für Waren ein, die schnell verfügbar sein sollten.[1111] Dieses wurde jedoch nach kurzer Zeit wieder aufgelöst, da sich der Absatz nicht den Erwartungen entsprechend entwickelte und hohe Lagerkosten entstanden.

Obwohl Ovivo als Pionier gestartet war, sah es sich einem **starken Wettbewerb** ausgesetzt. In der Offline-Welt bestand eine starke **Substitutionskonkurrenz** in jedem spezialisierten Einzelhändler, jeder Fachzeitschrift und dem Medium Fernsehen als Informations- und Unterhaltungskanal. Auch im Internet folgten weitere **kommerzielle Anbieter** mit Senjoy.de, Vavo.de oder Welivit.de, die sich allerdings nicht etablieren konnten und schnell aufgeben mussten.[1112]

Mit seinen starken Finanzpartnern im Rücken plante Ovivo die **Expansion** nach Europa. Ein Studienfreund der Vorstandsmitglieder, selbst erfahrener Vertriebschef eines französischen Markenherstellers, eröffnete im Dezember 2000 eine **französische Dependance**.[1113] Die reine Übersetzung deutscher Internet-Inhalte reichte jedoch für die Marktbearbeitung nicht aus, da französische Internet-Seiten einer anderen Logik folgen. Der Aufbau der französischen Seite war daher mit hohen Anfangsinvestitionen verbunden.

Im Jahre 2001 zeigten sich erste **Probleme** des Geschäftsmodells. Zwar gab es viele Besucher auf der Ovivo-Webseite, die Umsätze entwickelten sich aber nicht wie erwartet. Die Nutzer beschafften sich im Internet lediglich Information über ein Produkt, für den Kauf selbst wählten sie dann den Einzelhandel, d. h. ihr **Kaufimpuls** konnte von Ovivo nicht angeregt werden.[1114] Außerdem wollte die **Zielgruppe** „Lebenskenner" nicht über ihr Alter sondern über ihre Interessen definiert werden.[1115] Als die Gründer einsahen, dass die Ansprache von 40- bis 60-jährigen Menschen nicht über eine einzige Internet-Seite realisierbar war, beschränkten sie sich auf eine ältere Zielgruppe. Diese verfügte jedoch häufig über keinen Internet-Zugang oder hatte Schwierigkeiten mit der Handhabung der neuen Technologie.[1116]

1110 Vgl. Ovivo AG (04.02.2000); Der Tagesspiegel (07.04.2000), S. 34.
1111 Vgl. Ovivo AG (Juni 2001).
1112 Vgl. Horizont (12.09.2002), S. 102; Wirtschaftswoche (13.03.2003), S. 108.
1113 Vgl. Der Tagesspiegel (07.04.2000), S. 34.
1114 Vgl. Der Tagesspiegel (24.06.2001), S. 23.
1115 Einige Studien bestätigen, dass die Zielgruppe der Lebenskenner sensibel auf die Frage nach dem Alter reagiert und nicht gezielt darauf angesprochen werden möchte; vgl. Werben & Verkaufen (09.02.2001), S. 90.
1116 Vgl. Computerwoche (01.06.2001), S. 90.

Auch das **Geschäftsmodell** von Ovivo musste mehrfach umgewandelt und die Internet-Seite in ihren Grundfunktionen verändert werden. Ovivo befand sich insofern in einer schlechten Position, als man nicht gleichzeitig die Bedürfnisse einer Zielgruppe in voller Breite bedienen und mit der eigenen Redaktion die inhaltliche Tiefe spezialisierter Fachzeitschriften erreichen konnte.

Die Probleme von Ovivo verschärften sich im April 2001. Drei der vier Gründer sowie 50 % der Mitarbeiter verließen die Unternehmung und die französische Internet-Präsenz wurde geschlossen.[1117] Als **Turnaround-Maßnahme** wurde die Internet-Seite noch einmal überarbeitet. Man vereinfachte die Handhabung und ergriff Marketingmaßnahmen, um das Startup neu zu positionieren und die Zielgruppe auf anderem Wege zu erreichen.[1118]

Als sich im September 2001 abzeichnete, dass auch der Turnaround-Versuch keine deutliche Steigerung der Mitgliederzahlen mit sich bringen würde, kamen die Investoren überein, keine weiteren Investitionen zu tätigen. Das Konzept, ein Magazin und einen Shop zu integrieren, hatte sich bei der anvisierten Zielgruppe nicht durchsetzen können. Ovivo wurde **zum 31.01.2002 liquidiert**.[1119] Als Marktführer bei Internet-Angeboten für Senioren etablierte sich der Online-Club **Feierabend.com**, der mit nur zehn Mitarbeitern agierte und eine andere Strategie verfolgte.[1120] Der Erfolg des zunächst unauffälligen Konkurrenten lässt sich auf dessen geschickte Verbindung zwischen Internet- und Präsenz-Angeboten zurückführen. Mit Hilfe regionaler Treffen erzielte Feierabend.com **Log-In-Effekte** bei seinen Mitgliedern.[1121] Ovivo hatte derartigen Effekte und vermeintliche First-Mover-Advantages nicht realisieren können.

6.1.2 Vermittler von Dienstleistungen im Internet

Das zweite Fallpaar der untersuchten Internet-Startups verfolgte ein Geschäftsmodell, welches in der Vermittlung von Dienstleistungen für verschiedene Zielgruppen

---

1117 Vgl. Ovivo AG (24.04.2001).
1118 Vgl. Der Tagesspiegel (24.06.2001), S. 23.
1119 Alle Gläubiger konnten bedient werden, und auch für die Anteilseigner verblieb ein – wenn auch geringer – Anteil am Liquidationserlös. Vgl. zu den rechtlichen Folgen auch Hilverkus/Rosenberg (2003).
1120 Vgl. Bücker (2002), S. 70; Werben & Verkaufen (09.02.2001), S. 90ff. Feierabend.com startete als kostenlose Kontaktbörse für Senioren zur Verabredung gemeinsamer Aktivitäten und Suche von Gleichgesinnten. Erst sehr viel später wurde die Seite durch Werbung, Seniorenmarketing und einen Shop erweitert und kommerzialisiert. Seit August 2001 schreibt Feierabend mit monatlich rund 120.000 Besuchern schwarze Zahlen.
1121 Vgl. Wirtschaftswoche (13.03.2003), S. 108. Das Treffen in Regionalclubs und zu Stammtischen wurde zu einem Kundenbindungstool der Mitglieder von Feierabend.com und führte zu dessen Position als Marktführer.

bestand. Ähnlich den Intermediären substituierten die Unternehmungen einzelne Wertschöpfungsstufen, um den Kontakt zwischen Anbietern und Nachfragern von Dienstleistungen über ihre Internet-Seite direkt herzustellen.[1122] Die Unternehmungen verstanden sich als Alternative zu den Gelben Seiten im Internet.

Beide Unternehmungen waren Pioniere in ihrem Marktsegment. WorkXL spezialisierte sich zunächst auf mittelständische Unternehmungen, wogegen Yellout mit der Vermittlung von Dienstleistungen für Privatpersonen startete. Als beide Marktsegmente nicht das prognostizierte Wachstum zeigten, mussten die Unternehmungen ihre Geschäftsmodelle auch auf andere Marktsegmente ausdehnen und traten so miteinander in direkten Konkurrenzkampf.

6.1.2.1 WorkXL AG

Mit dem Slogan „Unternehmen leichter gemacht" wurde die WorkXL AG am 10.10.2000 in Berlin gegründet.[1123] Als **Einkaufsmanager** wollte das Startup andere Unternehmungen bei der Beschaffung von Produkten und komplexen Dienstleistungen, wie z. B. Marketing- oder Gebäudemanagement-Services, unterstützen und konnte dabei aufgrund der ausgewählten Zielgruppe eine Pionier-Rolle einnehmen.[1124]

Die vier **Gründer** waren jünger als 30 Jahre und verfügten über Erfahrung als Unternehmungsberater, E-Commerce-Berater bzw. Programmierer. Mit großem Enthusiasmus starteten sie in die Selbständigkeit, wobei sie sich mit ihrem professionellen Auftreten von der lockeren Unternehmungskultur anderer Startups abgrenzen wollten.

Als **Zielgruppe** wurden die 2,6 Mio. kleinen und mittleren Unternehmungen (KMU), also das B2B-Segment, sowie Freiberufler ausgewählt. Diese Zielgruppe erschien insofern lukrativ, als die genannten Unternehmungen jährlich 200 Mrd. DM in den von WorkXL bearbeiteten Dienstleistungsbereichen umsetzten, gleichzeitig aber selten über die für die Angebotseinholung und -prüfung benötigten Ressourcen verfügten. Dieses Defizit wollte WorkXL beheben und hierbei für seine Kunden optimale Angebote ermitteln.

1122 Vgl. Haertsch (2000), S. 35; Kotha (1998), S. 242 sowie die Ausführungen zu Intermediären in Abschnitt 4.4.2.3.
1123 Soweit nicht anders gekennzeichnet, stammen die folgenden Daten bzw. Informationen aus der Unternehmungspräsentation im Internet, einem Interview mit dem Gründer im Dezember 2000 und zwei Interviews mit einem Gründer und Mitarbeiter im September und Oktober 2003.
1124 Vgl. WorkXL AG (10.10.2000).

Das Angebot von WorkXL bestand im Unterschied zu anderen Geschäftsmodellen nicht nur in der anonymen Vermittlung von Ausschreibungen. Eine wichtige Rolle bei der Vermittlungstätigkeit spielte die persönliche **Beratung** durch unternehmungseigene Branchenfachleute per Email oder Telefon. Da es sich bei Dienstleistungen um Vertrauensgüter handelt, die eine Sicherstellung der Angebotsqualität erfordern, sollten Nachfrager ferner über ein **Bewertungssystem** die Möglichkeit erhalten, ihre Geschäftspartner qualitativ einzuschätzen, um so wichtige Hinweise für spätere Nutzer bereitzustellen. Durch die genannten Maßnahmen wollte sich WorkXL als einzigartiges und qualitativ hochwertiges **Markenprodukt** etablieren.[1125]

Die **Finanzierung** der Geschäftsidee erfolgte durch eine Beteiligung in Höhe von ca. 4 Mio. DM einer Venture Capital-Unternehmung. Dieses Kapital investierten die Gründer hauptsächlich in die Entwicklung ihrer Technologie und nur geringfügig in **Marketingmaßnahmen**. Nachdem einige Marketingkampagnen im Offline- und Online-Bereich nicht zum erwarteten Kundenzuwachs geführt hatten, wurden die Marketingmaßnahmen fast vollständig eingestellt. Stattdessen suchte WorkXL nach geeigneten **Kooperationspartnern**, die eine Dienstleistungsvermittlung in ihr Produktportfolio aufnehmen wollten.

Die **technischen Vorraussetzungen** zur Umsetzung der Geschäftsidee wurden intern entwickelt. Eine Agenten-Technologie filterte für jede Ausschreibung eines Nachfragers zweckmäßige Anbieter aus einer Datenbank heraus.[1126] Diese Technologie wurde als Schlüssel für den Erfolg der Unternehmung betrachtet. Durch ihren Aufbau in Modulen konnten schnelle Anpassungen an Veränderungen durchgeführt werden. Außerdem ließ sich die Technologie in die Angebote der **Partner** einfach integrieren.

Nach einer kostenlosen Testphase sollten **zwei Gebührenmodelle** die Einnahmen von WorkXL sichern. Zunächst mussten die Anbieter der Dienstleistungen eine Gebühr für die Abgabe ihres Gebotes entrichten. Bei erfolgreicher Vermittlung fiel im zweiten Schritt eine Provision in Höhe von 3 % des Vertragswerts an. Für die Nachfrager war der Vermittlungsservice kostenlos. Schon bald erwies sich allerdings dieses Gebührenmodell als **problematisch**, denn WorkXL konnte nicht nachvollziehen, wann ein Vertrag in welcher Höhe zustande gekommen war. Nachdem sich in einigen Stichproben die Unehrlichkeit der Anbieter herausgestellt hatte, änderte WorkXL sein

---

1125 Vgl. Market (23.03.2001), S. 42; WorkXL AG (10.10.2000); WorkXL AG (16.11.2000).
1126 Vgl. WorkXL AG (10.10.2000).

Gebührenmodell. Statt der Transaktionsgebühr wurde eine Zugangs- oder Listinggebühr als Jahresabonnement eingeführt.[1127]

Aufgrund der prognostizierten Attraktivität der Zielgruppe folgten WorkXL bald **weitere Wettbewerber** in den B2B-Markt bzw. wechselten aus anderen Marktsegmenten über. Unter diesen befand sich z. B. Yellout im Bereich Dienstleistungsvermittlung und Printium als Spezialist für Druckerzeugnisse.[1128] Außerhalb des Internets waren die **Gelben Seiten** ein sehr starker **Substitutionskonkurrent** mit hoher Kundenbindung. Die Trägheit der Kunden beim Wechsel zu Internet-Vermittlungen war unterschätzt worden. So konnte WorkXL auf seiner eigenen Plattform nur eine geringe Anzahl Anbieter und Nachfrager verzeichnen.

Eine weitere **Markteintrittsbarriere** stellte die geringe **Internet-Durchdringung der Zielgruppe** dar. Das Potenzial der KMU konnte WorkXL nicht ausschöpfen, weil hier zunächst eine gedankliche und prozessuale Umstellung stattfinden musste, die die Nutzung des Internets hinauszögerte. Hinzu kam die Tatsache, dass nur relativ **selten Bedarf** an einer Dienstleistungsvermittlung besteht. Ein durchschnittlicher Kunde schreibt zwei bis dreimal pro Jahr eine komplexere Dienstleistung aus. Viele Dienstleistungsvermittler blieben auf der Strecke, weil sie ihre Ressourcen nicht auf ein derart langsames Wachstum ausgerichtet hatten.

Die Mitarbeiter, deren Zahl im Jahre 2001 bis auf 20 stieg, wurden hauptsächlich für die Programmierung der Technologie und im Vertrieb eingesetzt. Die Gründer achteten darauf, in Schlüsselpositionen nur Mitarbeiter mit Berufserfahrung einzustellen. Als sich abzeichnete, dass das Potenzial einer Dienstleistungsvermittlung für KMU kurzfristig nicht ausgeschöpft werden konnte, musste WorkXL seine **Strategie ändern**. Nach der Krise am Aktienmarkt waren darüber hinaus die Chancen für eine zweite Finanzierungsrunde schlecht, so dass aus Gründen der Kostensenkung ein großer Teil der Belegschaft entlassen wurde.[1129]

Zu diesem Zeitpunkt identifizierten die Gründer von WorkXL ihre technologische Stärke und **erweiterten das Geschäftsmodell**. Dank ihres besonderen Aufbaus konnte die Technologie lizenziert und externen Partnern zur Verfügung gestellt werden.[1130]

1127 Dieses Abonnement bestand aus einem Paket, dessen Preis – je nach Wahl des Kunden – zwischen 164 und 420 Euro betrug, in dem die Jahresgebühr, die Zugangsberechtigung sowie die Art der Darstellung auf der Seite enthalten waren.
1128 Weitere Konkurrenten waren Econia, Mondus und Mercateo; vgl. Market (23.03.2001), S. 42.
1129 Vgl. Die Welt am Sonntag (25.05.2003).
1130 Vgl. Die Welt (28.05.2001).

Dazu forcierte die Unternehmung Kooperationen mit regionalen **Partnern** und bestimmten Marktplätzen, wie z. B. Banken, Verlagen sowie Industrie- und Handelskammern, auf deren Internet-Auftritt sich die Vermittlungstechnologie anwenden ließ.[1131] Durch diese Kooperationen konnte WorkXL **Lizenz- bzw. Betriebsgebühren** erzielen und gleichzeitig Marketing- und Kundengewinnungskosten einsparen.[1132] So gewann die Unternehmung bis August 2003 16 renommierte Partner und agierte durch diese auf verschiedenen Marktplätzen.

Als weitere Turnaround-Maßnahmen erweiterten die Gründer die **Kundengruppe**. Nachdem im B2B-Bereich keine Skaleneffekte erreicht werden konnten, dehnten sie ihre Leistung auf private Konsumenten aus.[1133] Gleichzeitig wurde das Angebot dienstleistungsnaher Produkte, wie z. B. Druckdienstleistungen, reduziert.[1134]

Ein zusätzlicher Baustein für den Erfolg zum Untersuchungszeitpunkt war die Bekanntmachung **öffentlicher Ausschreibungen**. Durch WorkXL erhielten Anbieter eine Möglichkeit, sich auf öffentliche Ausschreibungen zu bewerben. Diese wurden jeden Monat von WorkXL herausgesucht und den Mitgliedern entsprechend ihren Kapazitäten unterbreitet.

Durch die Reduzierung der Kosten (insb. der Fixkosten) und die Ausrichtung auf ein Partnermodell konnte WorkXL seine Wachstumsrate im Jahre 2002 auf 400 % steigern und erreichte Ende 2002 die **Gewinnschwelle**. Im Jahr 2003 verzeichnete WorkXL 30.000 Anbieter in 150 Kategorien.[1135]

Obwohl der Marktaufbau sehr langsam vor sich gegangen war und die Unternehmung viele Elemente ihres Businessplans verändern musste, waren die Gründer mit ihrer Markteintrittsstrategie zufrieden. Die **Pionier-Vorteile** von WorkXL waren zwar gering, aber sie existierten. Zu einem späteren Zeitpunkt wäre der Zugang zu den Kapitalgebern und den entscheidenden Partnern schwieriger gewesen. Als für den Erfolg entscheidend erwiesen sich sowohl das langsame Unternehmungswachstum als auch der sparsame Einsatz der Finanzressourcen.[1136] Zum Untersuchungszeitpunkt waren bis auf einen spezialisierten Wettbewerber alle Folger aus dem Markt ausgeschieden.

1131 Partner waren z. B Allago, die IHK Hannover oder Handwerk.de; vgl. Die Welt (31.08.2001).
1132 Die Partner brachten nicht nur ihre Kunden auf die Webseite, sondern führten auch eigene Marketingaktivitäten durch.
1133 Vgl. Die Welt (31.08.2001).
1134 Vgl. Hofkurier (August 2003), S. 3.
1135 Vgl. Die Welt am Sonntag (25.05.2003).
1136 Vgl. Küsell/Katzschke (2003), S. 40.

6.1.2.2 Yellout AG

Als Vermittlungsplattform für Dienstleistungen im Internet wurde die Yellout AG im Herbst 1999 in Berlin gegründet.[1137] Dazu kopierten die Gründer das Geschäftsmodell einer im Jahre 1998 in den USA erfolgreich verwirklichten Dienstleistungsvermittlung von Respond.com,[1138] passten sie an nationale Gegebenheiten an und starteten als Pionier in Deutschland. Ihr **Ziel** war die Entwicklung einer intelligenten Internet-Alternative zu den Gelben Seiten und die Marktführerschaft in Europa.

Das **Gründerteam** bestand aus fünf Personen im Alter zwischen 25 und 30 Jahren mit heterogenen Ausbildungshintergründen,[1139] wodurch sich das Team Synergien und die Abdeckung vieler Wissensbereiche versprach. Die Gründer hatten ihr Studium zwar abgeschlossen, verfügten aber nur über geringe Berufs- und Gründungserfahrung. Branchenkenntnisse, z. B. in den Bereichen Dienstleistungen, Handwerk oder Versicherungen, waren weder bei den Gründern noch später bei ihren Mitarbeitern vorhanden.

Mit seiner Vermittlungstechnologie unterbreitete Yellout **privaten Konsumenten** maßgeschneiderte Angebote für Service- bzw. Dienstleistungen in vielfältigen Kategorien (Handwerk, Versicherungen, Reisen etc.). Die Vorteile für die Nachfrager von Dienstleistungen bestanden in **Zeit- und Kostenersparnissen**, da nur eine Anfrage zu stellen war, statt alle Anbieter einer Branche zu kontaktieren. Den Anbietern wurden über Yellout detaillierte Kundenanfragen übermittelt, zu denen sie ohne das Startup keinen Zugang erhalten hätten. Yellout selbst war nicht für den Abschluss des Kaufvertrags verantwortlich, sondern agierte lediglich als Vermittler bei der Anbahnung der Kontakte.[1140]

Yellouts **Unternehmungskultur** entsprach der üblichen Spaßkultur der Internet-Branche. Zum einen absolvierten die Mitarbeiter lange Arbeitstage, zum anderen wurden sie durch Aktienoptionen motiviert. So verschmolzen Arbeits- und Freizeit,

---

1137 Vgl. Focus (Januar 2000), S. 181f. Soweit nicht anders gekennzeichnet, stammen die folgenden Daten bzw. Informationen aus dem Businessplan der Unternehmung, einem Interview mit dem Gründer im Dezember 2000 und sechs Interviews mit drei Gründern, zwei Mitarbeitern und einem Venture Capitalisten zwischen August und Dezember 2003.
1138 Vgl. Handelsblatt (14.06.2000), S. 64.
1139 Es handelte sich um einen Juristen, einen Venture Capitalisten, einen Kommunikationswirt, einen Programmierer und einen Netzwerkspezialisten.
1140 Damit konnte sich die Unternehmung, ebenso wie WorkXL, rechtlich zwar den Rücken frei halten, hatte jedoch keine Kontrolle darüber, ob und zwischen wem ein Vertrag bzw. Auftrag zustande kam; vgl. Die Welt (19.06.2000).

da auch gemeinsame Freizeitaktivitäten (z. B. Kickertisch, Tanzkurs) angeboten wurden.[1141]

Zur **Finanzierung** ihrer Geschäftsidee konnten die Gründer mehrere Venture Capital-Unternehmungen gewinnen. Mit einer Kapitalausstattung in Höhe von 10 Mio. DM wurde sogar ein künftiger Börsengang in Erwägung gezogen.[1142] Die Akquisition von Risikokapital brachte jedoch nicht nur Vorteile mit sich, da die Kapitalgeber massiv in die Strategie- und Unternehmungsentwicklung eingriffen. Aus Angst vor schnellen Folgern drängten sie darauf, dass die Unternehmung innerhalb kürzester Zeit auf eine bestimmte Größe anwuchs, die Yellout in die Position eines widerstandsfähigen Marktführers bringen sollte. Den Gründern wurden in einigen Fragestellungen nur geringe Handlungsspielräume gewährt und **strikte Vorgaben** zum Wachstum der Mitarbeiterzahl sowie zur Kundengewinnung auferlegt. Im Ergebnis wuchs die Unternehmung schnell bis auf **80 Mitarbeiter** an, ohne dass die Auftrags- und Ertragslage von Yellout eine derartige Unternehmungsgröße rechtfertigte. Dies brachte nicht nur mehrere Standortwechsel sondern auch Wachstumsprobleme aufgrund fehlender Strukturen in den Unternehmungsprozessen mit sich. Mitarbeiter mit echten Führungsqualitäten oder Branchenexperten konnte die Unternehmung aufgrund ihres geringen Bekanntheitsgrades dabei ebenfalls nicht für sich gewinnen.

Im Software-Markt gab es keine standardisierte **Technologie** zur Umsetzung einer Vermittlungsplattform. Die technischen Voraussetzungen für das Produkt mussten daher intern geschaffen werden. Die Gründer erhofften sich davon zusätzlich einen Wettbewerbsvorsprung, schnellere Reaktionen auf Marktentwicklungen und eine individualisierte technische Infrastruktur.[1143] Diese Technologie wurde als wichtige Ressource der Unternehmung angesehen, obgleich sie nicht für einen Weiterverkauf oder eine Lizenzierung geeignet war.

Als tragende Säule des Geschäftmodells und essentiell für die Sicherstellung der Angebotsqualität wurde ein **Bewertungssystem der Transaktionspartner** angesehen. Hierdurch sollte das Vertrauen neuer Kunden in mögliche Geschäftspartner erhöht werden, während gleichzeitig Yellout eine Kontrollmöglichkeit seiner Anbieterqualität erhalten konnte. Diese Bewertungstechnologie wurde jedoch nicht verwirklicht.[1144]

1141 Vgl. Die Welt (20.09.2000).
1142 Vgl. Die Welt (23.08.2000).
1143 Vgl. Die Welt (30.08.2000).
1144 Vgl. Market (23.03.2001), S. 42.

Aufgrund der Neuheit des Marktes und der fehlenden Erkenntnisse über Werbewirkungsbeziehungen im Internet wurden anfänglich umfangreiche **Marketingmaßnahmen** ergriffen. In den ersten Monaten investierten die Gründer, auch auf Wunsch ihrer Kapitalgeber, jeweils 1 Mio. DM pro Monat in klassische Marketinginstrumente.[1145] Dadurch gewann die Unternehmung zwar an Bekanntheit, jedoch keine neuen Kunden, da lediglich der Name, nicht aber der Inhalt der Geschäftsidee vermittelt wurde. In der Folgezeit änderten die Gründer daher ihre Marketingstrategie und versuchten, durch den Erwerb schwächerer Konkurrenten und den Abschluss von Partnerschaften mit anderen Internet-Unternehmungen Kunden zu gewinnen.[1146]

Zur erfolgreichen Realisierung der Geschäftsidee war ein umfangreiches **Netzwerk** (kritische Masse) von Dienstleistungsanbietern notwendig, das sowohl im Hinblick auf **Vielfalt** als auch auf **Quantität** optimal gestaltet sein musste. Folglich wurde das Angebotsspektrum so lange ausgebaut, bis die Yellout-Webseite 500 Kategorien in allen Regionen Deutschlands umfasste. Eine regionale Beschränkung auf Ballungszentren erfolgte nicht. Stattdessen planten die Gründer eine internationale Expansion nach England und Frankreich. Auch die Zielgruppe wurde erweitert. Neben Privatkunden wurden ab Herbst 2000 auch Unternehmungen (B2B) angesprochen.[1147]

Die **Einnahmen** des Startups sollten über ein **Preismodell** realisiert werden. Die Gründer begannen mit einer kostenlosen Einführungsphase. Anschließend wurden Gebühren von den Dienstleistungsanbietern eingefordert, da diese von der Vermittlungsleistung am meisten profitierten.[1148] Für Nachfrager blieb der Service kostenlos. Die Gewinnschwelle sollte bei 15.000 Anbietern und 100.000 Nachfragern erreicht werden. Die Einführung dieses **Preismodells** und damit die Sicherstellung von Einnahmen wurde mehrfach verschoben und konnte erst im Mai 2001 realisiert werden. Nur ca. 10 % der Anbieter akzeptierten das Gebührenmodell.[1149] Für einen durchschlagenden Erfolg fehlte Yellout vor allem die kritische Masse an Nachfragern, ohne die sich die Gebühren gegenüber den Anbietern nicht rechtfertigen ließen.

1145 Die Marketingmaßnahmen bestanden z. B. in Radiospots, im Sponsoring von Olympiateilnehmern und in einem Startup-Wagen auf der Berliner Love-Parade; vgl. Handelsblatt (14.06.2000).
1146 Übernommen wurde die Unternehmung Smartyoo am 02. November 2000, Kooperationen fanden mit den Partnerportalen MSN, Lycos, Evita, Fireball, Freenet und Web.de statt.
1147 Als zusätzliches Geschäftsfeld wurde die Einbeziehung öffentlicher Ausschreibungen vorbereitet; vgl. Handelsblatt (14.06.2000), S. 64.
1148 Dienstleistungsanbieter konnten ohne eigenen Online-Shop im Internet präsent sein und auf teure Werbeanzeigen verzichten, weil Yellout ihnen Aufträge vermittelte; vgl. Handelsblatt (14.06.2000) S. 64; Die Welt (19.06.2000).
1149 Das Modell war sehr aufwändig konzipiert und dadurch auch recht unübersichtlich.

Im Frühjahr 2001 zeigten sich erste Probleme bei Yellout. Die Idee, für Anbieter und Nachfrager eine Kommunikationsplattform zu schaffen, ließ sich nur in mühevoller Kleinarbeit verwirklichen.[1150] Das Geschäftsmodell hatte einen hohen Erklärungsaufwand, bot wenig spielerische Elemente und Anreize für Kunden, die Seite auszuprobieren.[1151] Wiederholungskäufer gab es kaum, und insbesondere die Zahl der aktiven Nachfrager wuchs nicht wie erhofft. Aufgrund der falschen Einschätzung der Marktentwicklung musste die Unternehmung Mitarbeiter entlassen, Expansionspläne zurücknehmen und sämtliche Kostenströme stark einschränken.

Ungeachtet seiner Pionier-Stellung konnte Yellout **keine lange Alleinstellung** ausnutzen. Inspiriert durch den Erfolg von Respond.com in den USA erkannten zunehmend auch andere Gründer die Marktlücke bzw. Chancen in Deutschland. Im Oktober 2000 trat mit WorkXL ein erster Konkurrent im B2B-Segment auf. Weitere Startups folgten. Der wichtigste Wettbewerber im Ausschreibungsmarkt befand sich jedoch außerhalb des Internets. Die Gelben Seiten als **Substitutionskonkurrent** profitierten von ihrer Markenmacht, denen die Internet-Vermittler nichts entgegensetzen konnten. Die Wechselbereitschaft möglicher Kunden war gering, wodurch sich die Markterschließungskosten für alle Startups extrem erhöhten.

Yellout musste am 09.10.2002 **Insolvenz** anmelden, nachdem eine zweite Finanzierungsrunde nicht zustande gekommen war, da die Kapitalgeber das Vertrauen in das Internet sowie in die Geschäftsidee verloren hatten.[1152] Es war der Unternehmung nicht gelungen, die **hohen Entwicklungskosten** zu amortisieren.[1153] Der vermeintliche **First-Mover-Advantage** erwies sich als irrelevant, da es für eine Internet-Dienstleistungsvermittlung neben den Gelben Seiten nicht genügend **Nachfrager** gab.

Als eindeutige **Fehler des Geschäftsmodells** waren der hohe Erklärungsbedarf der Geschäftsidee, die Überdimensionierung des Angebots (zu viele Kategorien), die fehlende Beschränkung auf Ballungszentren[1154] und der mangelnde Unterhaltungseffekt anzusehen. Es wurde darauf hingewiesen, dass die Unternehmung nicht an internen organisatorischen Problemen gescheitert war, sondern an falschen Strategien und

---

1150 Vgl. Die Welt (15.05.2001).
1151 Der Sinn des Geschäftsmodells wurde nur durch die Nutzung im Zusammenhang mit einem realen Bedarfsfall ersichtlich. Einen anderen Grund, die Seite täglich zu betrachten oder darin zu stöbern, gab es nicht.
1152 Vgl. VDI Nachrichten (22.02.2002), S. 24.
1153 Vgl. Die Welt (21.01.2002).
1154 Üblicherweise liegt nur in Ballungszentren eine ausreichende Anonymität zwischen Anbietern und Nachfragern von Dienstleistungen vor, die die Nutzung einer Vermittlungsplattform attraktiv erscheinen lässt.

den daraus resultierenden Ausgaben im Marketing und Vertrieb. Aufgrund seiner **Langfristverträge** mit Kooperations- und Marketingpartnern hatte Yellout sehr hohe laufende Verbindlichkeiten, die ein Überleben unmöglich machten.

6.1.3 Online-Auktionshäuser

Unter **Auktionen** werden Markttransaktionen mit expliziten Regeln (Auktionsform, -dauer etc.) verstanden, bei denen Produkte in einem Bieterverfahren an denjenigen verkauft werden, der den höchsten Preis zu zahlen bereit ist.[1155] Durch seinen globalen Fokus und die damit verbundene **Reichweite** sowie **niedrige Kosten** bei der Durchführung oder Teilnahme an einer Auktion eröffnete das Internet traditionellen Auktionen neue Möglichkeiten.

Aufgrund der Einsparung von Transaktionskosten, orts- und zeitunabhängigen Zugangsmöglichkeiten sowie internetspezifischen Wegen der Kundenansprache (Individualisierung) entwickelten sich Internet-Auktionen zu einem beliebten Absatzkanal mit **ungeahnten Dimensionen**.[1156] Aber auch für Internet-Auktionshäuser war das Erreichen einer kritischen Masse essenziell. Nur der Anbieter, dem es gelang, schnell eine hohe Zahl von Käufern und Verkäufern auf seinem Marktplatz zu versammeln, lockte weitere Interessenten an und hatte die Chance, Netzeffekte zu realisieren.[1157]

Besonders lohnenswert sind Internet-Auktionen bei **exklusiven Gegenständen** (Sammlerstücke, Schmuck), für die kein Marktpreis existiert.[1158] Hier ermöglichen Online-Auktionshäuser die Zusammenführung von Sammlern, Fans etc., die sich ohne das Medium „Internet" niemals getroffen hätten.[1159]

Das Internet-Startup **eBay** begründete in den USA den Erfolg von Online-Auktionen. Die 1995 in Kalifornien als Marktplatz für den Austausch von Sammlerartikeln gegründete Unternehmung hatte sich rasch zum amerikanischen Marktführer und zu einem besucherstarken Marktplatz entwickelt. 1997 wurde es zur beliebtesten Internet-Seite in den USA gekürt und ging 1999 mit einer Unternehmungsbewertung vom 12 Mrd. US$ sehr erfolgreich an die Börse, woraufhin auch eine internationale Expansion geplant wurde.[1160]

1155 Vgl. Glänzer/Schäfers (2000), S. 231.
1156 Vgl. Glänzer/Schäfers (2000), S. 231f.; Skiera (1998b), S. 297ff.
1157 Vgl. Rheinboldt/Guenthert (2002), S. 64.
1158 Vgl. Beck/Prinz (1999), S. 47.
1159 Vgl. Skiera (1998b), S. 300.
1160 Vgl. Wirtschaftswoche (14.01.1999); Rheinboldt/Guenthert (2002), S. 61.

Die beiden hier untersuchten Auktionshäuser Alando/eBay und Ricardo besaßen zunächst unterschiedliche Geschäftsmodelle und waren auf verschiedene Zielgruppen ausgelegt. Aus diesem Grund lassen sich beide Unternehmungen auch als Pioniere in ihrem jeweiligen Marktsegment bezeichnen. Erst im Laufe ihrer Unternehmungsentwicklung näherten sich die Auktionshäuser durch die Hinzunahme weiterer Funktionen und die Ausweitung ihres Leistungsangebot an und wurden zu direkten Konkurrenten.

6.1.3.1 Alando AG – eBay GmbH

Die Begeisterung für das US-amerikanische Geschäftsmodell des Internet-Auktionators eBay wirkte ansteckend auf den Unternehmergeist sechs junger Universitätsabsolventen bei der Suche nach einer **Geschäftsidee**.[1161] Online-Auktionen waren ein attraktives Marktsegment, das sich schnell erklären ließ. Die Gründer wollten einen Marktplatz im Internet zur Verfügung stellen, auf dem Anbieter und Nachfrager Gegenstände ver- bzw. ersteigern konnten. Ihre am 15.02.1999 unter dem Namen Alando AG in Berlin gegründete Unternehmung führte dabei keine eigenen Auktionen durch, sondern agierte als reiner Vermittler, wodurch aufwändige Logistik, Fuhrpark und Lagerkosten gespart werden konnten.

Die **Gründer**, drei Brüder und drei Freunde, hatten vornehmlich betriebswirtschaftliche Studien absolviert und verfügten erst über geringe Berufserfahrung. Da sie bereits seit ihrer Schulzeit verschiedene Unternehmungen gegründet hatten, konnten sie eine gewisse **Gründungserfahrung** vorweisen. Unbelastet von Statussymbolen oder Hierarchiedenken besaßen die Gründer ein hohes Maß an Kreativität und eine glückliche Hand in ihren Entscheidungen.

Das Alando-Team richtete sein Internet-Auktionshaus zunächst auf **Sammler** oder **Flohmarktbesucher,** d. h. auf Privatpersonen (C2C) aus. In Anlehnung an einen realen Basar sollte jeder Teilnehmer mit jedem anderen Teilnehmer Geschäfte machen können. Die Internet-Technologie machte es möglich, Kontakte zwischen Personen herzustellen, die sich aufgrund räumlicher Distanzen oder unterschiedlicher

---

[1161] Vgl. Der Spiegel (28.06.1999). Soweit nicht anders gekennzeichnet, stammen die folgenden Daten bzw. Informationen aus Fallstudien der Harvard Business School, einem Interview mit einem Gründer im Dezember 2000 und sechs Interviews mit einem Gründer, zwei Mitarbeitern und drei Experten zwischen August und Dezember 2003.

Ergebnisse der Single-Case-Analysen 225

Interessen ansonsten nicht getroffen hätten. Damit konnte Alando seinen Nutzern einen **echten Mehrwert** bieten.[1162]

Mit 6.000 Artikeln wurde am 01.03.1999 die Internet-Seite Alando eröffnet. Die bunte Webseite wirkte sympathisch und war einfach zu verstehen. Die Bedienerfreundlichkeit und das Erreichen neuer Zielgruppen überzeugten besonders.[1163] Als nächsten Schritt besuchten die Mitarbeiter **Flohmärkte**, Sammlermessen, Vereine oder Stammtische von Fans, um die Teilnehmer über Alando zu informieren und gleichzeitig den Austausch mit den Nutzern zu suchen. So wurde die Unternehmung immer mehr zum Experten für ausgefallene Angebote und Sammlerstücke und baute daneben eine Community unter den Nutzern seiner Webseite auf. In einem dritten Schritt animierten die Alando-Gründer auch **professionelle Händler**, die Auktionsplattform zu testen. Sie versprachen sich durch diese Erweiterung eine noch größere Vielfalt des Internet-Marktplatzes.

Die Stadt **Berlin** war stark von der Aufbruchstimmung in der Internet-Ökonomie geprägt und erschien aufgrund kreativer, offener Akteure in der Medienbranche ein idealer Standort für ein neues Startup zu sein.[1164] Ihre ersten **Mitarbeiter** rekrutierten die Gründer aus dem persönlichen Netzwerk. Anschließend wurden vor allem Studenten bzw. **Praktikanten** aufgrund ihrer Begeisterung für eine bestimmte Produkt-Kategorie (z. B. Eisenbahnen, Computerspiele) eingestellt, da diese neben ihrem Expertenwissen auch Kontakte zu anderen Sammlern einbringen konnten. Das Team arbeitete mit viel Idealismus und glaubte an den Erfolg der Unternehmung. Mit seinem jungen, eher ungewöhnlichen Mitarbeiterteam erreichte das Startup ein **schnelles Marktwachstum**.

Die Unternehmungskultur besaß einen überwiegend demokratischen Tenor. Die Wünsche der Kunden standen stets im Mittelpunkt des Interesses. Keiner scheute sich, viele Entscheidungen auch unter Zeitdruck zu treffen und Risiken einzugehen, um die Geschwindigkeit des Markt- und Unternehmungsaufbaus beibehalten zu können.

Die **finanziellen Mittel** zur Realisierung ihres Auktionshauses beschafften die Gründer innerhalb von zwei Wochen nach Fertigstellung des Businessplans durch einen

---

1162 Vgl. Stippel (2002), S. 50.
1163 Vgl. Rheinboldt/Guenthert (2002), S. 65. Jede Transaktion lässt sich bequem von zu Hause aus erledigen, ist also orts- und zeitunabhängig. Durch die große Reichweite des Internets sind bessere Preise zu erzielen.
1164 Vgl. Die Welt (31.08.1999).

Venture Capitalisten. Sie überzeugten in den Verhandlungen mit der Kopie des eBay-Geschäftsmodells und durch ihre Pionier-Rolle in Deutschland.

Nach der Bereitstellung des Kapitals ließen die Gründer ihre **Technologie** durch ein **Softwarehaus** programmieren, welches bereits einen Prototypen für Auktionssoftware entwickelt hatte. Zwar gab es keinen Technikspezialisten im Gründerteam, dank der eingehenden Beschäftigung mit eBay hatten die Gründer jedoch genaue Vorstellungen von den einzelnen Bestandteilen ihres Modells. Durch den externen Bezug der Technologie war Alando ein **schneller Markteintritt** möglich. Gleichzeitig kontrollierten die Gründer den Softwarehersteller aber streng und gaben ihm Entwicklungszeiten und -prozesse vor. Die Abstimmung beider Unternehmungen funktionierte gut, da beide die **Vision** verband, an einer technologischen Revolution mitzuwirken.

Zur Sicherstellung der **Unternehmungsgewinne** war nach einer kostenlosen Einführungsphase ein Gebührenmodell vorgesehen, bei dem von den Verkäufern für jede erfolgreiche Auktion eine Provision erhoben werden sollte. Ferner plante man eine Gebühr für die Aufnahme jedes Produkts in die Internet-Seite (Einstellgebühr). Alando baute dabei auf eine große Masse kleiner Gebührenbeiträge zum langfristigen Erfolg der Unternehmung (Mikropayment[1165]).

Innerhalb von drei Monaten konnte das Startup aufgrund von Events, Charity-Auktionen und innovativen **Marketingaktivitäten**[1166] täglich 60.000 Auktionen auf seiner Seite verzeichnen. Statt hoher Werbebudgets baute Alando auf **Kooperationen** mit wichtigen Internet-Unternehmungen.[1167] Aufgrund ihrer Pionier-Rolle in Deutschland profitierten die Gründer außerdem von einem starken **Interesse der Medien**, welches die Öffentlichkeitsarbeit erleichterte und für Bekanntheit auch außerhalb der Internet-Branche sorgte. Gleichzeitig überprüften die Gründer alle Marketingmaßnahmen sowie den Sinn anderer kostenintensiver Aktivitäten oder Investitionen ständig auf ihre Erfolgswirkung hin. Hierdurch wurde es ihnen möglich, die durchschnittlichen Akquisitionskosten pro Neukunden nachzuvollziehen.[1168]

[1165] Vgl. Die Welt (31.08.1999). Unter Mikropayment ist die Zahlung von kleinsten Beträgen (z. B. 0,25 € für die Einstellung einer Ware auf der Auktionsseite) zu verstehen.
[1166] Vgl. Frankfurter Rundschau (18.07.2002). Solche Events waren z. B. der letzte Flug mit der Concorde, ein Besuch bei Big Brother, eine Privataudienz beim Papst. Weitere Marketingaktivitäten bestanden in der Ausgabe von Hamburgergutscheinen für die Kundenanwerbung sowie in der geschickten Listung auf allen Schnäppchenseiten.
[1167] Bei T-Online bspw. konnte eine Positionierung auf der Startseite erreicht werden, die der Unternehmung den Zugang zu einer Vielzahl von Kunden und eine gesteigerte Bekanntheit einbrachte.
[1168] Vgl. Rheinboldt/Guenthert (2002), S. 65.

Nachdem Online-Auktionen in den USA ein riesiges **Marktwachstum** zu verzeichnen hatten, wollten viele Startups in Deutschland die Erfolgsgeschichte von eBay imitieren. Alando startete als Pionier im Marktsegment „Auktionen für Privatleute". Bald folgten weitere Anbieter, bei denen es sich nicht nur um Startups, sondern auch um Spin-Offs etablierter Großunternehmungen, wie z. B. Bertelsmann, und um Zusatzangebote anderer Internet-Unternehmungen, wie z. B. Yahoo oder Amazon, handelte. Die Unternehmung **Ricardo** führte seit 1998 ebenfalls Internet-Auktionen durch, hatte sich dabei jedoch auf Markenprodukte, Neuwaren, B2C-Auktionen sowie Live-Auktionen spezialisiert und wollte sich als Qualitätsmarke etablieren, während Alando auf den Sammlerbereich und den Massenmarkt fokussiert war. Die Gefahr einer **Substitutionskonkurrenz** für Internet-Auktionshäuser durch Zweite-Hand-Magazine, Trödelmärkte oder den Einzelhandel erwies sich als gering, da diese Wettbewerber insbesondere in ihrer Verfügbarkeit und Verbreitung nicht die Vorzüge der Internet-Technologie bieten konnten.

Dagegen stellte die für das Frühjahr 1999 angekündigte **Expansion eBays** (eBay.com) nach Europa ein großes Risiko für alle Wettbewerber dar. eBay wollte diese Expansion mit Hilfe einer Partnerunternehmung durchführen und verhandelte mit vielen Marktteilnehmern. Da Alando seit seiner Gründung mehr als 50.000 registrierte Mitglieder an sich binden konnte und in 800 Kategorien mehr als 80.000 Objekte offerierte, übernahm eBay Alando nach nur 14-tägigen Verhandlungen gegen Aktienanteile im Wert von 83 Mio. DM.[1169] Die gemeinsame eBay Deutschland GmbH (eBay.de) entstand im Juni 1999.[1170] Hierbei bildete der Kauf von Alando für eBay eine wichtige Voraussetzung, um sich im europäischen Markt mit landessprachlichen Angeboten zu positionieren, während Alando in Deutschland allein ebenfalls nur begrenzte Wachstumsmöglichkeiten gehabt hätte.

Für die Wahl von Alando als Partner wurden neben den oben genannten Gründen noch weitere angegeben. Alando befand sich in einer frühen Phase seiner Entwicklung und war damit günstiger zu akquirieren als z. B. Ricardo, wo bereits ein Börsengang geplant wurde. Zusätzlich richteten sich eBay.com und Alando an eine identische Zielgruppe, und schließlich ähnelten sich nicht nur die Geschäftsmodelle, sondern es bestand auch Harmonie hinsichtlich der Unternehmungskulturen beider

---

1169 Vgl. Die Welt (23.10.2000).
1170 Vgl. Computerwoche (25.06.1999).

Partner sowie auf persönlicher Ebene zwischen den Gründern.[1171] Dadurch erhofften sich beide Seiten eine leichtere Integration und Abstimmung zwischen den Mitarbeitern beider Unternehmungen.

Nach der Übernahme durch eBay.com verzögerten sich aufgrund der räumlichen Trennung die Entscheidungsprozesse bei eBay.de. Außerdem erforderte die neue Unternehmungsgröße eine **professionellere Ausrichtung der Unternehmungskultur**. eBay.de veränderte sich dadurch stark. Viele Mitarbeiter, die bei Alando wichtige Positionen innegehabt hatten, verließen die Unternehmung, da sie ihre Kreativität und ihren Umsetzungswillen nicht mehr einbringen konnten.

Zur **Zerreißprobe** für die Kooperation wurde die **Einführung von Einstellgebühren** in Deutschland, die von eBay.com vorgegeben wurden und vom ursprünglich vorgesehenen Gebührenmodell abwichen. Zwar brachte die Einstellgebühr eine Steigerung der Angebotsqualität, weil Pfennigartikel oder defekte Produkte aus dem Angebot verschwanden, diese **Qualitätsverbesserung** wurde allerdings von den Nutzern erst mit Verzögerung und nach heftigen Protesten erkannt. Durch die Anordnung von Einstellgebühren realisierten die ehemaligen Alando-Gründer, dass eBay.com die Geschicke ihrer Unternehmung von nun an beherrschen würde. Fünf der sechs Gründer verließen daraufhin eBay.de, um ein neues Startup zu gründen. Ein Gründer blieb in der Unternehmung, und das Managementteam wurde durch einen jungen aber branchenerprobten Unternehmungsberater aufgestockt.[1172]

In der Folgezeit wurde durch die Verbesserung der Kommunikationswege und eine klarere Strukturierung von Zuständigkeiten für die Professionalisierung von eBay.de gesorgt. Neben vielen Praktikanten stellte man nun auch Spezialisten und erfahrenere Mitarbeiter ein. Im Jahre 2000 verlegte eBay.de seinen Standort nach Brandenburg, da dort besondere Fördermöglichkeiten und günstigere Gewerbeflächen existierten.[1173] Mit über 500 Mitarbeitern stellte eBay Deutschland zum Untersuchungszeitpunkt eine der stärksten Unternehmungen der Region dar. Dennoch herrschten trotz des immensen Wachstums noch immer der Geist der ersten Tage und eine familiäre Atmosphäre.

[1171] Alando erinnerte den eBay-Gründer an die Anfänge seiner eigenen Firma, die ebenfalls von Aufbruchstimmung und unternehmerischen Abläufen geprägt waren.
[1172] Vgl. Horizont (21.03.2002), S. 42. Um eine anschließende Fluktuation in der Unternehmung und damit einen starken Wandel der Unternehmungskultur zu verhindern, wurde die zweite Führungsebene durch Stock-Optionen an die Unternehmung gebunden.
[1173] Vgl. Net-Business (16.12.2000), S. 51.

Ergebnisse der Single-Case-Analysen 229

Aufgrund von **Synergieüberlegungen** wurde die **Technologie** von eBay.de im Sommer 2000 in eBay.com integriert. Koordination und Programmierung fanden fortan in den USA statt, so dass in Deutschland nur noch geringfügige technische Kompetenzen verblieben.

Bereits Alando hatte bei Spezialisten und Sammlern einen sehr hohen Bekanntheitsgrad erreicht. Nun aber führte die Fusion mit eBay.com zu einer kraftvollen **Markenbildung** und dem Erreichen eines Kultstatus in Deutschland. Im Oktober 2003 wurde eBay.de zur beliebtesten Marke Deutschlands mit 10 Mio. Nutzern und täglich 1 Mio. Artikeln gewählt. Damit hatte sich eBay.de eine **Monopolstellung** aufgebaut. Dank effektiver Netzeffekte erschloss eBay.de immer neue Kategorien für den virtuellen Handel. Ricardo – ebenso wie viele Spin-Off-Unternehmungen – musste aufgeben.

eBay.de **erweiterte** sein **Geschäftsmodell** sukzessive um weitere Kategorien, Regionen und Angebotsformate. Der Kern des Geschäftsmodells ist jedoch seit der Gründung gleich geblieben.[1174] Durch die Einführung von **Festpreisauktionen** und Neuwaren trat eBay.de im Jahr 2001 auch in den Einzelhandel ein. Im Gegensatz zu seiner Konkurrenz betrieb eBay.de keinen **Eigenhandel** und konzentrierte sich stattdessen auf ein reines Marktplatz-Konzept und eine ausschließliche Vermittlertätigkeit. Die Profitabilität des Geschäftsmodells stand schon bei Alando im Vordergrund. Seit dem Jahr 2001 kann eBay.de steigende **Gewinne** verzeichnen.[1175]

6.1.3.2 Ricardo AG

Am 21.07.1998 wurde die Unternehmung Ricardo von drei Medienexperten in Hamburg gegründet.[1176] Ricardo war eine der ersten Internet- bzw. E-Commerce-Unternehmungen in Deutschland, die professionell auftrat und so die Aufmerksamkeit der Öffentlichkeit erlangen konnte. Die Gründer profitierten von ihrem leicht erklärbaren Geschäftsmodell. Dieses traf sowohl das Bedürfnis potenzieller Kunden nach **Unterhaltung**, Spielbegeisterung und Nervenkitzel als auch deren **Schnäppchenfieber**.

Die drei **Gründer** waren über 35 Jahre alt und hatten bereits Erfahrung im Aufbau neuer Unternehmungen. 1991 gründeten sie gemeinsam einen Verlag und 1996 gaben

---

[1174] Vgl. Rheinboldt/Guenthert (2002), S. 60; Financial Times Deutschland (22.03.2001).
[1175] Vgl. Rheinboldt/Guenthert (2002), S. 64.
[1176] Soweit nicht anders gekennzeichnet, stammen die folgenden Daten bzw. Informationen aus der Unternehmungsgeschichte, einem Interview mit dem Gründer im Dezember 2000 und vier Interviews mit einem Gründer und drei Experten zwischen August und Dezember 2003.

sie die erste Internet-Programmzeitschrift heraus. Neben einer betriebswirtschaftlichen Ausbildung sowie komplementären Fähigkeiten verfügten sie über ein umfangreiches **Kontaktnetzwerk** in der Medienbranche sowie mit Herstellern von Markenartikeln, das sie sich im Laufe ihrer Berufstätigkeit hatten aufbauen können. Aufgrund ihrer Kontakte zu Gruner+Jahr und einer intensiven Kooperation mit dem „Stern" wagten sie den Schritt in die bis dahin noch unbekannte Internet-Branche. Mitarbeiter aus ihren früheren Gründungen sowie Praktikanten und Studenten unterstützten sie beim Unternehmungsaufbau.

Die **Unternehmungskultur** von Ricardo war von einer unbändigen Schaffenskraft, wenig politischen Spielen und großem Zusammenhalt der Mitarbeiter geprägt. Es bestanden flache Hierarchien und lockere Umgangsformen, wobei jeder Mitarbeiter eine große **Eigenverantwortung** besaß. Innerhalb von 18 Monaten stellten die Gründer ein Team von 150 Mitarbeitern zusammen. Im Gegensatz zu ihren bisherigen Gründungen wollten sie mit Ricardo in neue Dimensionen vorstoßen und gingen damit bereitwillig ein hohes Risiko ein.[1177]

Zum Gründungszeitpunkt im Jahre 1998 war der Venture Capital-Markt in Deutschland noch nicht so ausgereift, wie einige Jahr später in den Boomzeiten der New Economy. Mit Hilfe eines **Risikokapitalgebers** und der **Multi-Media-Förderung** der Stadt Hamburg konnten die Gründer ca. 1 Mio. DM akquirieren. In einer zweiten Finanzierungsrunde wurde die Kapitalausstattung noch einmal um 3 Mio. DM aufgestockt.

Kooperationspartner, wie z. B. Der Stern, Lufthansa oder Sat1, verliehen dem Startup eine gewisse Seriosität. Das Vertrauen der Nutzer in die aus den Auktionen resultierenden Verpflichtungen sollte durch Feedback-Systeme, Ander-Konten, Auktionsversicherungen und eine Hermes-Kooperation gefördert werden.[1178] Neben der Akquisition von Werbepartnern und der Marge beim Eigenverkauf sollten **Provisionen** für erfolgreich abgeschlossene Auktionen die Einnahmen der Unternehmung ab April 2000 sichern.[1179] Im Laufe der Zeit wurde dieses Erlösmodell jedoch aufgrund der veränderten Wettbewerbssituation immer wieder umgestellt.

Den Gründern fehlten die **technischen Kenntnisse** zum Aufbau einer Internet-Seite. Auch hier erwiesen sich ihre Kontakte als sehr nützlich. In den ersten Monaten erstell-

---

1177 Vgl. Computerwoche (03.11.2000). S. 184.
1178 Hierbei orientierte man sich am Erfolg des Bewertungssystems des Konkurrenten eBay.
1179 Vgl. Ricardo AG (27.03.2000).

ten Programmierer von Gruner+Jahr die Technologie der Ricardo-Webseite. Erst nach und nach konnten die technischen Aufgaben intern bearbeitet werden. Die Gründer sahen ihren Tätigkeitsschwerpunkt eher im **Marketing**. Dieser Bereich erhielt folglich eine entsprechende Personal- und Kapitalausstattung. Die leichte Erklärbarkeit der Produktidee sowie die Pionier-Stellung der Unternehmung in Deutschland führten zwar zu einem hohen Bekanntheitsgrad, die Neuheit des Mediums Internet erforderte dennoch hohe Ausgaben für die Neukundenwerbung.[1180]

Ricardo hatte als Internet-Auktionshaus mit innovativen **Live-Auktionen** begonnen. In live moderierten Foren wurden vor allem Markenprodukte an Privatkunden (B2C) versteigert. Damit positionierte sich die Unternehmung klar im **Hochpreissegment**. Später wurde das Geschäftsmodell durch besondere Events, Charity-Auktionen und eigene Angebote von Ricardo erweitert. Die **Eigenauktionen** stellte man aufgrund hoher Lagerkosten und Lieferschwierigkeiten im Dezember 2000 jedoch wieder ein.[1181] Im Jahre 1999 wurde die Seite auch für private Auktionen (C2C-Segment) geöffnet. Darüber hinaus betrieb Ricardo mit ricardobiz.com ab 2000 eine Auktionsplattform für kleine und mittelständische Firmen.[1182]

Nachdem eine Studie Ricardo als **bekanntestes Auktionshaus im Internet** und seine Kunden als größte kauffreudige Internet-Gemeinde bezeichnet hatte, sah man die kritische Masse als erreicht an und begann, den Börsengang sowie eine Internationalisierung zu planen.[1183] Da den Gründern bewusst war, dass ihnen für einen Börsengang und die geplante Expansion nach Europa sowohl internationale Kontakte als auch Erfahrung fehlten, holten sie prominente und einflussreiche Personen in den Aufsichtsrat sowie in Schlüsselpositionen ihrer Unternehmung. Die guten Umfrageergebnisse führten zu einer Unternehmungsbewertung von 200 Mio. Euro.[1184] Zum Börsengang im Juli 1999 konnte Ricardo 150.000 registrierte Nutzer und täglich 45.000 Artikel auf ihrer Internet-Seite vorweisen.[1185]

Angesichts des Erfolgs von eBay in den USA schien der **Markt für Internet-Auktionen** auch für deutsche Unternehmungen äußerst interessant zu sein. Zum Gründungszeitpunkt Ricardos planten viele etablierte Großunternehmungen, wie z. B. der Otto-Versand oder Bertelsmann, den Aufbau eigener Internet-Auktionen. Diese

---

1180 Vgl. Financial Times Deutschland (21.08.2000), S. 3.
1181 Vgl. Handelsblatt (05.12.2000), S. 23.
1182 Vgl. Die Welt (18.01.2000).
1183 Vgl. Ricardo AG (07.01.2000).
1184 Vgl. Börsenzeitung (15.07.1999).
1185 Vgl. Computerwoche (03.09.1999).

Spin-Offs konnten sich kaum gegen die Bekanntheit von Ricardo durchsetzen. Erst im Frühjahr 1999 trat mit der Unternehmung Alando ein ernsthafter Konkurrent in den Markt. Mit der Akquisition Alandos durch **eBay** änderten sich die Wettbewerbsbedingungen auf dem deutschen Markt für Internet-Auktionen. eBay und Ricardo wurden zu den wichtigsten Wettbewerbern, da viele kleine Auktionshäuser dem steigenden Wettbewerbsdruck nicht standhalten konnten.[1186]

Nachdem eBay.de Einstellgebühren für jedes Produkt eingeführt hatte, sah sich auch Ricardo im Januar 2001 gezwungen, Gebühren zur Aufrechterhaltung seiner Qualität einzuführen.[1187] Damit begann ein **Gebührenwettbewerb** zwischen den beiden Konkurrenten. Ricardo versuchte zunächst, den Gebührensatz von eBay.de zu unterbieten und zusätzliche Serviceleistungen für Großkunden anzubieten, musste im Jahre 2002 seine Einstellgebühren jedoch wieder zurückzunehmen, um Marktanteile gegenüber eBay zurück zu gewinnen.

Nach dem Börsengang im Jahre 1999 begann Ricardo seine **Internationalisierung** und baute in fünf europäischen Ländern eigene Repräsentanzen auf. Im internationalen Wettbewerb mussten die Gründer jedoch schnell feststellen, dass ihnen das Wissen über regionale Besonderheiten fehlte. Die Markterschließung in den einzelnen Ländern erwies sich als sehr aufwändig und brachte einer **Zerfaserung der Unternehmungsressourcen** mit sich. Im Rückblick bedauerten die Gründer ihre Expansion als Folge des übereilten **Börsengangs**. Der deutschsprachige Markt mit einem geschätzten Volumen von 100 Mio. Euro wäre für Ricardo als Zielmarkt attraktiv genug gewesen. Die Internet-Aktionäre erwarteten jedoch Expansionsstrategien. Ohne den Börsengang hätte die Unternehmung ein langsameres Wachstum verfolgen und seine bisherigen Stärken weiter ausbauen können. Bei einer schlechteren Kapitalausstattung wäre Ricardo gezwungen gewesen, kreativere und innovativere Strategien zu ergreifen.[1188]

Mit der Übernahme von Alando hatte **eBay** in Deutschland einen **überragenden Wettbewerber** aufgebaut. Die eBay Deutschland GmbH konnte der durch die Internationalisierung geschwächten Unternehmung Ricardo immer mehr Kunden abgewinnen und wurde so zum führenden deutschen Online-Auktionshaus im Jahre 2001. Anschließend begann auch eBay.de mit der Expansion in andere europäische Länder.

1186   Als Folge kaufte Ricardo Offerto, und Bertelsmanns Spin-Off Andsold.com wurde wieder eingestellt.
1187   Vgl. Ricardo AG (18.01.2001).
1188   Zitat eines Gründers: „Zu viel Geld verhindert Kreativität."

Um die Vormachtstellung von eBay.de anzugreifen, fusionierten im Mai 2000 nach zähen Verhandlungen und vielen Zugeständnissen auf Seiten Ricardos die zwei bekanntesten Internet-Auktionshäuser, Ricardo und QXL[1189] aus Großbritannien, zu **QXL Ricardo plc**.[1190] Durch die räumliche Ergänzung versprachen sich beide Unternehmungen Synergieeffekte und Bekanntheitszuwächse, wobei Ricardos Gründer nach der Umsetzung der Fusion aus dem operativen Geschäft ausscheiden sollten.[1191] Auch die Fusion konnte jedoch die Vormachtstellung von eBay.de in Europa nicht zurückdrängen. Nach weiteren Überarbeitungen des Designs, der Inhalte sowie des Gebührenmodells wurde im November 2003 QXL Ricardo an ein holländisches Auktionshaus (Intoko.de) überführt.[1192]

Ricardo konnte zwar seine **Pionier-Rolle** in den ersten Jahren ausnutzen, um einen ausreichend hohen Bekanntheitsgrad zu erreichen und erfolgreich an die Börse zu gehen. Mit der darauf folgenden Internationalisierung hatte sich die Unternehmung jedoch übernommen. Somit ist es Ricardo nicht gelungen, seinen First-Mover-Advantage langfristig aufrecht zu erhalten. eBay.de dagegen hat es mit seiner Strategie geschafft, einen Massenmarkt zu erschließen und Netzeffekte auszunutzen.

6.2 Ergebnisse der Cross-Case-Analysen

Nach der vorstehenden detaillierten Analyse der einzelnen Internet-Startups und Gegenüberstellung der jeweiligen Fallpaare soll nun ein Vergleich aller untersuchten Fälle (Cross-Case-Analyse) folgen. Im folgenden Teil des Kapitels gilt es, Gemeinsamkeiten zwischen allen erfolgreichen und allen nicht erfolgreichen Unternehmungen zu ermitteln. Die Erkenntnisse aus den Single-Case-Analysen (Kapitel 6.1) sowie den Cross-Case-Analysen (Kapitel 6.2) werden anschließend noch einmal auf ihre Konsistenz bzw. eventuelle Widersprüche unter Berücksichtigung aller untersuchten Fälle überprüft. Die Ergebnisse werden in den nachstehenden Abschnitten strukturiert nach den in Kapitel vier eingeführten Kriterienbereichen (Ressourcen- bzw. Marktfaktoren) beginnend mit den Ressourcen Gründer und Geschäftsmodell dargestellt. Die von Eisenhardt geforderte Einbeziehung der Literatur erfolgt in der Diskussion der Ergebnisse in Kapitel sieben.

1189 Vgl. Börsenzeitung (17.05.2000), S. 16. QXL war der größte Konkurrent Ricardos in Europa.
1190 Vgl. Wirtschaftswoche (13.07.2000), S. 48.
1191 Vgl. Hamburger Abendblatt (17.05.2000), S. 23; Ricardo AG (28.11.2000).
1192 Vgl. Ricardo AG (10.11.2003).

6.2.1 Gründer

Die **Motivation** zur **Gründung** eines eigenen Internet-Startups beruhte in allen Fällen auf einer gewissen „Goldgräberstimmung", die der Internet-Hype mit sich gebracht hatte. Alle Gründer gaben an, nach einer Idee gesucht zu haben, mit der sie die Chancen des Internets ausnutzen konnten. In allen Fällen kannten sich die Gründer entweder schon seit der Kindheit, durch die Ausbildung, den Kollegenkreis oder eine vorangegangene gemeinsame Gründung und waren befreundet oder sogar verwandt. Die Gründerteams entstanden nicht als Zweckbündnis oder auf Anordnung der Kapitalgeber, sondern aufgrund bestehender Vertrauensverhältnisse zwischen den Beteiligten.

In drei Fällen war die **Zusammensetzung der Gründerteams** homogen und in drei weiteren heterogen. Rückschlüsse auf die Vorteilhaftigkeit heterogener Teams ließen sich nicht ziehen.[1193] Wichtig war allein, dass die erforderlichen Fähigkeiten und Kompetenzen in der Unternehmung sichergestellt wurden. Fehlten dem Vorstand die nötigen Kenntnisse, ließ sich dies durch den Einsatz geeigneter Mitarbeiter in den entsprechenden Bereichen, wie z. B. Personal, Controlling, Recht, kompensieren.

Die **Gründerteams** bestanden jeweils aus drei bis sechs Personen, wobei der **Teamgröße** keine eindeutige Erfolgswirkung nachgewiesen werden konnte. Die Gründer gaben jedoch an, dass ihren Erfahrungen zufolge kleine Teams von vielen Kapitalgebern keine Finanzierung erhalten hätten, größere Teams dagegen im Vorteil gewesen seien, da man diesen umfangreichere Fähigkeiten zugeschrieben habe. Im Laufe der Unternehmungsentwicklung waren bei größeren Teams (fünf bis sechs Gründer) jedoch häufig Konflikte, Entscheidungsverzögerungen und unklare Aufgabenzuständigkeiten zu konstatieren. In zwei erfolglosen Unternehmungen mangelte es beispielsweise an der nötigen Verantwortungsstruktur, d. h. die Führungsrolle im Vorstand war ungeklärt.

Das **Alter** der Gründer lag in vier Fällen zwischen 22 und 32 Jahren. In zwei erfolglosen Teams waren die Gründer bereits über 35 Jahre alt. Damit konnte ein Vorteil aufgrund des Alters der Gründer nicht nachgewiesen werden.

Da es sich beim Internet um eine neue Branche bzw. Kommunikationsform handelte, verfügten die untersuchten Gründer zum Gründungszeitpunkt über keine

---

[1193] Bisher ging man davon aus, dass heterogene Team aufgrund von Wissenssynergien homogenen Teams überlegen sind. Dies wurde inzwischen mit dem Hinweis relativiert, dass der Vorteil zusätzlicher Ressourcen durch ein größeres Konfliktpotenzial zwischen den Teammitgliedern aufgehoben werde. Vgl. Mellewigt/Späth (2002), S. 121ff.

Branchenerfahrungen, die bei der Entwicklung neuer Ideen in einem neuen Markt wichtig gewesen wäre. Aufgrund der Neuheit der Geschäftsmodelle gab es auch nur wenige Internet-Spezialisten oder geeignete Startup-Berater in dieser Branche. Lediglich das intensive Studium des amerikanischen Marktes gab einige Hinweise auf die mögliche Entwicklung in Deutschland. Die **Aufgabenteilung** in den Teams erfolgte entsprechend der bisherigen Berufserfahrungen der Gründer bzw. je nach Studien- und Interessenschwerpunkten.

In allen Startups hatte mindestens ein Mitglied des Vorstands bereits eine Unternehmung gegründet und Erfahrungen als **Unternehmer** sammeln können. Die Teams unterschieden sich jedoch stark hinsichtlich der **Berufserfahrungen** ihrer einzelnen Mitglieder. So verfügten zwei erfolglose Teams mit älteren Gründern bereits über Erfahrungen in der Führung von Mitarbeitern und der Organisation von Unternehmungen. Überraschenderweise war hierin jedoch vielfach eher ein Nachteil zu sehen. So gaben Mitarbeiter an, dass die Gründer aufgrund ihrer Positionen in Großunternehmungen bestimmte Erwartungen an Budgets, Prozesse und Statussymbole gestellt hätten. Diese führten z. B. dazu, dass nicht auf Business-Class-Flüge für Vorstände verzichtet, hohe Budgets in falschen Marketingkanälen eingesetzt und viel Zeit auf die Ausarbeitung bürokratischer Formulare verwendet wurde.

Viel wichtiger als die Berufserfahrung wurde jedoch eine **Leidenschaft** eingeschätzt, d. h. die innere Einstellung gegenüber dem Thema „Internet" und dem eigenen Geschäftsmodell. Beispielsweise zeichneten sich die erfolgreichen Teams neben einem hohen Arbeitseinsatz durch kreativere Strategien bei der **Kundengewinnung** aus. Das Einbeziehen der Zielgruppe bei der Kontrolle der eigenen Internet-Seite, der Besuch von Flohmärkten, Mitgliedertreffs für Sammler sowie der Aufbau von Communities waren entscheidende Faktoren für den Erfolg der Unternehmungen. Gründerteams, die **ungewöhnliche Wege zur Kundengewinnung** einschlugen, die Weitervermittlung neuer Kunden belohnten und sich ein Spezialwissen über ihre Zielgruppe erwarben, konnten große Wettbewerbsvorteile gegenüber ihrer Konkurrenz realisieren. Die potenziellen Kunden wurden dabei eher durch **sympathisches Auftreten** als durch eine professionelle Unternehmungspräsentation überzeugt.

Ein gutes **Kontaktnetzwerk der Gründer** erwies sich als wichtiger Grundstein für den Eintritt in das neue Geschäftsfeld. In der Gründungsphase halfen entsprechende Kontakte bei der Suche nach Kapitalgebern, bei der Öffentlichkeitsarbeit, der Mitarbeiterrekrutierung und der Akquisition von Kunden. Gute Kontakte allein reichten jedoch nicht aus für einen dauerhaften Erfolg des Startups. Langfristiges Überleben sicherte nur eine kritische Masse an Kunden, die die Geschäftsidee nutzten und zudem die nötige Zahlungsbereitschaft aufwiesen.[1194] Alando verfügte nach der Übernahme durch eBay über ein Netzwerk, welches ihm nicht nur gestattete, seine Kundenbasis zu erweitern, sondern gleichzeitig internationale Erfahrungen mit dem Geschäftsmodell in die Unternehmung zu holen.

Ein weiterer wichtiger Faktor für den Unternehmungserfolg war die **Flexibilität der Gründer**. Nachdem z. B. die erwartete Unternehmungs- und Marktentwicklung nicht der Realität entsprach und das ursprüngliche Geschäftsmodell in vier Fällen vor dem Scheitern stand, konnten die erfolgreichen Gründerteams die nötigen Fähigkeiten entwickeln, um ihr Produkt dem veränderten Markt anzupassen. Hierzu waren die Gründer bereit, nicht funktionierende Bestandteile ihres Geschäftsmodells abzustoßen und notwendige Stärken sowie Kompetenzen ihrer Unternehmung zu identifizieren. Die nicht erfolgreichen Unternehmungen erkannten die Probleme zu spät bzw. **zögerten** bei der Anpassung des Geschäftsmodells an die Marktgegebenheiten.[1195]

6.2.2 Geschäftsmodell

Bei der Anfertigung ihrer Geschäftspläne hatten alle Gründer die Entwicklung ähnlicher Geschäftsmodelle in den **USA** vor Augen. Eine Unternehmung positionierte sich als identische Kopie ihres amerikanischen Wettbewerbers. Die anderen fünf verfolgten eine individuelle Internet-Lösung oder Vision der Marktbearbeitung und imitierten daher nur einzelne Bestandteile bereits vorhandener, amerikanischer Geschäftsmodelle.

Eine elementare Rolle für den Erfolg der Unternehmungen spielte der **Erklärungsbedarf** der Geschäftsideen. Je klarer und einfacher das Geschäftsmodell und dessen Nutzungsmöglichkeiten für potenzielle Kunden waren, desto leichter ließen sich Neukunden sowie Geschäftspartner gewinnen. Die Geschäftsmodelle erfolgloser Unternehmungen enthielten oftmals Bestandteile, deren Nutzen und logischer Zusammenhang für potenzielle Kunden nicht nachvollziehbar waren. Auch eine fehlende regionale Eingrenzung wirkte sich nachteilig aus. Eine Unternehmung konnte den Angriffen ihrer Wettbewerber u. a. dadurch standhalten, dass sie sich eindeutig auf ein Marktsegment **fokussiert** und dort Spezialwissen aufgebaut hatte.

1194   Vgl. hierzu die Angaben zur Verhandlungsmacht der Nachfrager im Abschnitt 6.2.4.5.
1195   Hierbei muss angemerkt werden, dass in einigen Startups auch von den Venture Capitalisten Druck ausgeübt wurde, das Modell beizubehalten.

Ferner war der Tatsache Rechnung zu tragen, dass die Kunden im Internet **Spaß-effekte bzw. spielerische Elemente** erwarteten. Die Produkte der Dienstleistungsvermittler ließen diese Forderung unberücksichtigt und konnten zudem nur dann ausprobiert werden, wenn ein konkreter Bedarf beim Nachfrager vorlag.

Der entscheidende Faktor für den Erfolg eines Geschäftsmodells liegt in der schnellen Gewinnung einer **kritischen Masse an Kunden**, um die hohen Anfangsinvestitionen einer Internet-Unternehmung zu amortisieren. Gleichzeitig dürfen die Werbungskosten nicht zu hoch sein. Die untersuchten Portale scheiterten daran, dass sie versuchten, die Kauflust der Kunden durch Sekundärthemen zu stimulieren. Hier mussten sich die Gründer neue Wege erschließen, um Kunden zu binden und Erlöse zu generieren.

Besonders geeignet zur Kundengewinnung war die Aneignung von **Zielgruppenwissen** und der Aufbau von Kompetenzen auf diesem Gebiet. Die erfolgreichen Unternehmungen suchten die Kommunikation mit ihren Kunden und integrierten Kundenwünschen in ihre Angebote. Zwar unterschied sich bei allen untersuchten Unternehmungen die im Businessplan avisierte Zielgruppe von der im Jahre 2003 tatsächlich vorliegenden Kundenbasis, den erfolgreichen Unternehmungen gelang es aber, ihre Kunden genauer zu bestimmen, ihr Angebot besser auf sie zuzuschneiden und sich als kompetenter Ansprechpartner der Zielgruppe zu etablieren.

Insbesondere für Geschäftsmodelle, bei denen Geld gegen Waren getauscht oder z. B. der Zugriff von Kindern auf Internet-Seiten kontrolliert werden sollten, stellte das **Vertrauen der Kunden** in die Unternehmung einen wichtigen Erfolgsfaktor dar. Alle Unternehmungen arbeiteten an speziellen Sicherheitslösungen, die ihre Kundendaten gegen Zugriffe von außen schützen sollten. Ein Startup entwickelte ein Bewertungssystem, mit dem Geschäftspartner sich gegenseitig beurteilen konnten.[1196] Dieses Bewertungssystem führte gleichzeitig zu **Lock-In-Effekten** der Nutzer, da beim Wechsel zu einem neuen Anbieter positive Bewertungen nicht übertragbar waren. Den anderen Unternehmungen gelang es trotz entsprechender Bemühungen nicht, ebenfalls ein Bewertungssystem mit Erfolg einzusetzen.

Die **Ausgestaltung der Webseite**, und damit die Produkteigenschaften, lassen keine direkten Rückschlüsse auf den Erfolg der Unternehmung zu. Unscheinbare, aber leicht verständliche und zuverlässig zu handhabende Seiten brachten mehr Erfolg, als Webseiten mit elegantem Design oder aufwändigen Elementen. Ein erfolgloser

---

[1196] Mit Hilfe positiver Bewertungen „erkauften" sich Nutzer eine positive Reputation und konnten so über die Internet-Seite bessere Preise erzielen.

Gründer gab an, zu viel Zeit und Ressourcen in die Ausgestaltung eines perfekt programmierten und gestalteten Produkts investiert zu haben, statt die notwendige Kundengewinnung voranzutreiben.

Neben der leicht verständlichen Vermittlung des Geschäftsmodells war auch die Möglichkeit der **Anpassung** des Modells an Marktgegebenheiten wichtig. Ein Erfolg versprechendes Geschäftsmodell zeichnete sich daher durch flexible Bestandteile, durchführbare Erweiterungen bzw. neue Einsatzfelder der Unternehmungsressourcen aus. Wichtig war dabei jedoch auch die Bereitschaft der Gründer, einen einmal eingeschlagenen Weg zu verlassen. Im Falle der nicht erfolgreichen Geschäftsideen geschah dies erst mit großer Verzögerung, d. h. die Änderungen kamen zu spät, waren nicht weit reichend genug oder führten insofern nicht zum Erfolg, als auch für das abgeänderte Geschäftsmodell kein Interesse seitens der Kunden bestand.

Die **Gewinne** der Startups sollten mit Hilfe unterschiedlicher Preismodelle generiert werden. Alle Unternehmungen begannen mit einer **kostenlosen Einführungsphase**, um Kunden zum Testen ihrer Produkte zu animieren. Die Dauer dieser Phase war jedoch unterschiedlich lang. So gelang es nur einer Unternehmung, innerhalb von zwölf Monaten ein Preismodell einzuführen und erste Einnahmen zu erzielen. Vor allem die vielfach im Internet zu beobachtende **Follow the Free-Strategie** hatte gravierende Auswirkungen auf die Zahlungsbereitschaft der Kunden. Dennoch konnten folgende Erkenntnisse hinsichtlich der Gewinnquellen gewonnen werden:

Ein Abonnement-Modell stellte sich als sehr sinnvoll heraus, da es Unternehmungen eine gute Grundlage für die Kalkulation bot und in der Regel Skaleneffekte möglich waren. Unabhängig von der Häufigkeit der Nutzung einzelner Kunden kann die Unternehmung durch ein Abonnement feste Einnahmen generieren, Wechselkosten aufbauen und langfristig Kunden an sich binden. Die Probleme dieses Modells lagen jedoch zum einen in der Schwierigkeit, die kritische Masse an Nutzern zu erreichen, und zum anderen in der mangelnden Zahlungsbereitschaft der Kunden.

Preismodelle, bei denen eine Vermittlungsgebühr für die Weiterleitung der Kunden (z. B. an Händler) erhoben wurde, waren nicht erfolgreich. Die Kunden informierten sich im Internet zwar über bestimmte Produkte, zweifelten aber an der Sicherheit einer digitalen Vertragsabwicklung und der Qualität der angebotenen Produkte. Nur bei sehr homogenen und standardisierten Produkten, wie z. B. Büchern, die zu einem günstigen Preis angeboten wurden, machte dieses Modell Sinn.

Erlöse aus dem Verkauf von Produkten über einen eigenen Shop zu erzielen, erwiesen sich als noch problematischer als die Shop-Vermittlung. Neben dem geringen Interesse und Vertrauen der Kunden an bzw. in Internet-Produkte(n) ergaben sich für den Anbieter hohe Lagerkosten. Von dieser Erlösquelle nahm man daher auch in allen Fällen schnell wieder Abstand.

Ebenfalls erfolglos war es, Einnahmen über die für das Internet als klassisch erachteten Gewinnquellen der Werbung, Bannerschaltung oder des Sponsoring zu generieren.

Die Internet-Portale erhofften sich Einnahmen durch den Verkauf ihrer Inhalte (Content) an Dritte. Auch diese Strategie scheiterte jedoch an der mangelnden Zahlungsbereitschaft und Mentalität der Nachfrager und Geschäftspartner, die nicht für Inhalte bezahlen wollten, die an anderer Stelle kostenlos zur Verfügung standen.

Eine Unternehmung setzte auf ein Transaktionsmodell (Gebühren- bzw. Provisionsmodell), bei dem erst bei der Vermittlung einer Transaktion über die Webseite eine geringe Gebühr erhoben wurde. Dieses Modell eines Mikropayments war erfolgreich, wobei der Erfolg allerdings stark von einer großen Zahl an Transaktionen und damit der kritischen Masse an Kunden abhängig war. Um diese zu erreichen, musste die Unternehmung ihren Kunden den Mehrwert ihres Produktes verdeutlichen und eine interne Infrastruktur für die Abwicklung des Mikropayments schaffen.

Durch das Erkennen der eigenen Stärken und die daraufhin erfolgte **Änderung des Geschäftsmodells** gelang es zwei erfolgreichen Unternehmungen außerdem, neue Gewinnquellen zu erschließen und komplementäre Dienstleistungen zu ihren Produkten zu verkaufen. Eine Unternehmung lizenzierte ihre Software für Kooperationspartner. Eine andere konnte mit ihrem Zielgruppenwissen einen neuen Geschäftszweig erschließen und agierte anschließend als Spezialagentur.

Im Jahr 2003 schrieben alle erfolgreichen Unternehmungen bereits **schwarze Zahlen**.[1197] Die nicht erfolgreichen Unternehmungen dagegen waren aus dem Markt ausgeschieden.

1197 Hierbei handelte es sich um die Gewinnsituation am Ende des Geschäftsjahres. Die getätigten Anfangsinvestitionen wurden dabei noch nicht wieder in allen Unternehmungen eingespielt.

6.2.3 Ausgewählte Ressourcenfaktoren

6.2.3.1 Mitarbeiterfähigkeiten

In der Startup-Phase besaß die **Beschaffung geeigneter Mitarbeiter** neben der Technologieentwicklung für die Gründer höchste Priorität. Um das von den Venture Capitalisten geforderte schnelle Unternehmungswachstum vorweisen zu können, wurden die ersten Mitarbeiter aus dem persönlichen Netzwerk der Gründer rekrutiert. Formale **Auswahlkriterien** oder Stellenbeschreibungen existierten in dieser Phase noch nicht. Wie bei den Gründern selbst wurde daher auch von den Mitarbeitern vor allem Begeisterung für das Produkt und das Medium Internet gefordert. Daneben war die schnelle Verfügbarkeit wichtig, wogegen Erfahrungen in der Branche oder in Unternehmungsführung eher vernachlässigt wurden. Zum Thema Personalbeschaffung gaben die Gründer an, dass zu Beginn der Internet-Ökonomie ohnehin nur vereinzelte E-Commerce-Spezialisten am Markt vorhanden gewesen seien.[1198] Aus diesem Grund bestand die Belegschaft der Startups zumeist aus Praktikanten oder Absolventen, denen bereits eine hohe Verantwortung übertragen wurde. Die bevorzugten Einsatzgebiete waren Marketing/Vertrieb und Technologieerstellung.

Eine hohe Bedeutung im Rahmen der Mitarbeiterfähigkeiten kam auch den Kenntnissen über die Branche und ihren Kunden zu. Gerade in der Gründungsphase waren diese bei den am Arbeitsmarkt verfügbaren Mitarbeitern kaum vorhanden. Die erfolgreichen Unternehmungen eigneten sich die nötige **Branchenkenntnis** daher durch die Kooperation mit Experten, Partnerschaften und enge Kundenkontakte an. Vor allem dieser Austausch, der zu detaillierten Kenntnissen über die Zielgruppe führte, war ein Erfolgsfaktor dieser Unternehmungen. Die Mitarbeiter besuchten Kundenveranstaltungen, ließen ihr Produkt durch die Zielgruppe testen oder arbeiteten mit spezialisierten Internet-Unternehmungen zusammen. Die nicht erfolgreichen Unternehmungen richteten ihre Mitarbeiterfähigkeiten eher auf die Weiterentwicklung einer ausgefeilten Technologie für ihren Internet-Auftritt aus und hatten die Bedeutung des **Zielgruppenwissens und -kontaktes** schlichtweg unterschätzt.

6.2.3.2 Organisation

Bei dem Vergleich erfolgreicher und nicht erfolgreicher Unternehmungen fällt auf, dass vor allem letztere dem **Druck der Venture Capitalisten** nach schnellem

---

[1198] Diese Spezialisten forderten in der Regel ein zu hohes Gehalt und/oder fürchteten aufgrund des Bestandsrisikos den Einstieg in ein junges Startups.

Unternehmungswachstum nachgaben. Ein übereiltes Unternehmungswachstum führte jedoch in der Anfangsphase der Startups zu Organisations- und Abstimmungsproblemen sowie zu hohen Personalkosten. Die erfolgreichen Startups dagegen wählten ein eher langsameres und bedarfsgerechteres Unternehmungswachstum. Dennoch durchliefen alle untersuchten Unternehmungen die klassischen **Wachstumsschwellen**, indem sie gerade bei ihren Mitarbeitern auf Probleme durch den Aufbau formaler Strukturen und die Professionalisierung der Geschäftstätigkeit stießen.

6.2.3.3 Unternehmungskultur

Jede Unternehmungskultur im eigentlichen Sinne bedarf einer längeren historischen Entwicklung. Daher kann in jungen Unternehmungen nur bedingt von einer eigenen Kultur gesprochen werden. Die im Folgenden dargestellten Fakten betreffen folglich eher kurzfristige Umgangsformen und die sichtbaren Elemente einer „Unternehmungskultur".[1199]

Als wichtigen Einflussfaktor auf die Mitarbeitermotivation bezeichneten alle Gründer die gute Stimmung und den Zusammenhalt unter ihren Mitarbeitern. Die Unternehmungskulturen der Startups wurden von der **Aufbruchstimmung** der Branche geprägt. Die Idee und der schnelle Markteintritt standen im Vordergrund, während politische Spiele und Hierarchieunterschiede sich anfangs nicht bemerkbar machten. Trotz einer **ähnlichen Branchenkultur** mussten die Unternehmungen eine eigene Identität entwickeln, um sich insbesondere von ihren direkten Wettbewerbern abzusetzen. Die Pionier-Rolle sowie die Position des Innovators wurden hierbei gern als Unterscheidungsmerkmale herangezogen.

Die Unternehmungskulturen veränderten sich in der Wachstumsphase mit der Einrichtung einer Organisationsstruktur und formalen Regelungen (Arbeitszeit, Mitarbeiter-Beurteilungssysteme). Dadurch entstanden **professionelle, leistungsorientierte Kulturen**.[1200] Aufgrund der angeschlagenen Situation der Internet-Branche rückten die Effizienz der Startups und die genaue Erfüllung der Kundenbedürfnisse weiter in den Vordergrund. Der vielfach erforderliche Personalabbau führte zu Unsicherheit und Angst bei den verbliebenen Mitarbeitern.

Kein Gründer gab an, dass die Unternehmungskultur verantwortlich für das Scheitern seines Startups gewesen sei. In zwei nicht erfolgreichen Unternehmungen wurde

---

1199 Vgl. Schein (1984), S. 4.
1200 Vgl. die Ausführungen von Greiner zur Pionier-Krise der Organisation; Greiner (1972).

jedoch angedeutet, dass das Vorhandensein **großer liquider Finanzressourcen** (z. B. durch einen Börsengang) zu einer Verschlechterung der Arbeitsauffassung geführt habe. Kreative, zielgerichtete und Ressourcen schonende Maßnahmen z. B. im Marketing seien zugunsten aufwändiger, kostenintensiver Aktivitäten aufgegeben worden und weder die Prioritäten der Unternehmung noch die Effizienz bestimmten Investitionen seien länger hinterfragt worden.

6.2.3.4 Finanzielle Ressourcen

Die Finanzierung aller untersuchten Startups erfolgte durch **Beteiligungen** von Venture Capitalisten bzw. Business Angels. Zum Gründungszeitpunkt befand sich die Internet-Ökonomie noch in einer prosperierenden Phase. Für die erste Runde, in der das Kapital für den Aufbau der Unternehmung zur Verfügung gestellt wurde, gewährten die Risikokapitalgeber den Startups zwischen vier und sechzehn Mio. DM Beteiligungskapital. Ein direkter Zusammenhang zwischen der Höhe der Kapitalzusage und dem langfristigen Erfolg der Unternehmungen ließ sich in keinem Falle feststellen.

Bemerkenswerter Weise hatten gerade die nicht erfolgreichen Unternehmungen im Vergleich zu ihren direkten Konkurrenten eine bessere Kapitalausstattung, die sie allerdings nicht in einen Erfolg verwandeln konnten. Eine Unternehmung gewann strategische Investoren, die erhebliche Finanzmittel zur Verfügung stellten, diese gleichzeitig aber auch mit Bedingungen an die strategische Einbindung verknüpften. Eine weitere konnte zwar einen **erfolgreichen Börsengang** realisieren, das plötzlich vorhandene Kapital bremste jedoch Kreativität und Ressourcen schonende Planung. Statt innovative Ideen auf schnellen Entscheidungswegen hervorzubringen, musste sich die Unternehmung nach dem Börsengang den Vorgaben des Wertpapierhandelsgesetzes sowie den Erwartungen ihrer Aktionäre beugen. Dieser Druck führte zu einer übereilten Expansion.

Alle Gründer gaben an, dass die Zusammenarbeit mit Venture Capital-Gesellschaften nicht nur Vorteile mit sich gebracht hätte. Die Erwartung, „**Smart Money**" akquiriert zu haben, erfüllte sich oftmals nicht. Zwar vermittelten alle Venture Capitalisten den Startups Kontakte zur Kundengewinnung und Öffentlichkeitsarbeit, die erhoffte Unterstützung des Managementteams durch Finanz- oder Branchenexperten blieb jedoch aus. Stattdessen beklagten drei Unternehmungen, dass sie von den Investoren mit hohen Vorgaben belegt worden seien. Zugunsten des schnellen Unternehmungswachstums forderten viele Venture Capitalisten hohe Marketingausgaben und übten zudem großen Druck auf „Nebenschauplätzen"[1201] aus. Es lässt sich allerdings keine Aussage über die Wirkung der Macht der Kapitalgeber auf den Erfolg von Unternehmungen treffen.

6.2.3.5 Standortfaktoren

Die Bedeutung des Standorts für Internet-Unternehmungen wurde bereits in Kapitel vier diskutiert. Standortvorteile im Internet ergeben sich durch die Verfügbarkeit immaterieller Ressourcen, wie z. B. Mitarbeiter, Presseagenturen und Kontaktnetzwerke.[1202] Alle Startups wurden in den **Großstädten** Berlin und Hamburg gegründet, weil die Gründer sich aufgrund der hohen Lebensqualität dieser Städte und des Vorhandenseins von Universitäten Zugang zu Mitarbeitern und Praktikanten erhofften.

In Hamburg war ein Gründerteam bereits in ein umfangreiches **Netzwerk** der Medienbranche eingebunden, wodurch Mitarbeiter, Kapital und Kooperationspartner akquiriert werden konnten. Die übrigen fünf Startups wurden in Berlin gegründet, da die **Aufbruchstimmung** in dieser Stadt als besonders hoch angesehen wurde.[1203] In Berlin entstand im Jahre 1999 eine lebendige Internet-Branchenkultur. Viele Startup-Gründer organisierten sich in Clubs (Silicon-City-Club) zur gegenseitigen Unterstützung ihres Unternehmungsaufbaus.[1204]

Da alle Unternehmungen in einem vergleichbaren Umfeld starteten, konnte **keine Unternehmung einen Standortvorteil** ausnutzen. Die Berliner Gründer gaben jedoch rückblickend an, dass die geringe Ansiedlung großer Unternehmungen im Industrie- oder Dienstleistungsbereich in dieser Stadt von Nachteil bei der Suche nach Kooperationspartnern oder Kunden außerhalb der Internet-Ökonomie gewesen sei.

6.2.3.6 Technologie

In Internet-Startups stellte die Technologie den wichtigsten Bestandteil der Geschäftsidee dar. Die Beschaffung oder Herstellung der Technologie war daher eine der ersten Aufgaben aller Gründer nach der Kapitalzusage. Dabei ging es nicht um

---

1201 Nach Ansicht der Gründer hatten die Venture Capitalisten nicht die Unternehmungsinteressen, d. h. die langfristige Gewinnsteigerung im Auge, sondern forderten vielmehr prestigeträchtige Marketingkampagnen.
1202 In einigen Großstädten wurden regelmäßige Treffen von Gründern, Kapitalgebern, Beratern und interessierten Personen, die gern in einem Startup arbeiten wollten oder Mitarbeiter für ihre eigene Unternehmung suchten, an jedem ersten Dienstag durchgeführt. Unter dem Begriff „First Tuesday" fanden Informationsveranstaltungen, Mail-Verteileraktionen und Kontakt- oder Ideenbörsen statt.
1203 Berlin-Bias konnten dabei nicht festgestellt werden.
1204 Durch diese Organisation wurde das Medieninteresse an jedem einzelnen Startup gesteigert und färbte auch auf die schwächeren Mitglieder ab.

eine interne Infrastruktur (wie z. B. bei Servern und Emailsystemen), sondern um die **technischen Abläufe auf der Webseite** und die Verknüpfung wichtiger Funktionen dieser Seite (z. B. mit dem Zugriff auf Datenbanken, der Weiterleitung auf andere Webseiten, der Abwicklung von Aufträgen). Gerade die Pioniere mussten eine funktionsfähige, zuverlässige, sichere und für den Nutzer leicht verständliche Webseite aufbauen, da die Kunden noch keine Erfahrungen mit Internet-Angeboten sammeln konnten.

Die Wahl zwischen **interner** oder **externer Herstellung** der Technologie betrachteten alle Gründer als wichtiges Entscheidungsproblem. Es lässt sich dabei kein einheitliches Bild der Vorteilhaftigkeit einer Strategie ableiten.

Sowohl die Unternehmungen mit zielgruppenspezifischen Geschäftsmodellen als auch die Dienstleistungsvermittler setzten auf eine **interne Programmierung**. Die Notwendigkeit der internen Herstellung ergab sich hauptsächlich dadurch, dass im „freien Markt" noch keine Technologie zur sinnvollen Umsetzung der Geschäftsidee vorhanden war.[1205] Außerdem versprachen sich die Gründer insofern Vorteile durch die interne Herstellung, als sie so schneller auf Veränderungen der Kundenbedürfnisse reagieren, funktionsbedingte Anpassungen an interne Prozesse einfacher durchführen und **Abhängigkeiten** von externen Programmierern **vermeiden** konnten. Darüber hinaus schien eine interne Lösung **kostengünstiger** zu sein, weil das Wissen über die Technologie in der Unternehmung verankert war. Rückblickend ist jedoch festzustellen, dass sich die erfolglosen Unternehmungen mit der eigenen Technologieherstellung übernommen hatten. Vielfach wurde an kleinen Layout-Problemen gefeilt, während weder wichtige Entwicklungsschritte erreicht, noch ein fertiges, funktionsfähiges Produkt präsentiert werden konnte.

Die untersuchten Auktionshäuser entschlossen sich für die **externe Programmierung** ihrer Webseite, da das notwendige technische Know-how nicht im Gründerteam war und der Aufbau dieser Fähigkeiten einen Geschwindigkeitsverlust beim Unternehmungsaufbau bedeutet hätte. Die erfolgreiche Unternehmung entschied sich für ein **Technologiehaus**, das bereits einen Prototypen für eine Auktionssoftware entwickelt hatte. Bei der Zusammenarbeit der beiden Unternehmungen übte das Auktionshaus hohen Druck aus und stellte strenge Vorgaben an Schnelligkeit, Transparenz, Zuverlässigkeit und Entwicklungserfolge, so dass die Macht eindeutig auf seiner Seite lag.

1205 Die Erstellung der Technologie durch ein externes Programmierhaus hätte den Unternehmungen keine Zeit- und Kostenvorteile gebracht.

Durch diese **strenge Kontrolle der Technikressourcen** erwies sich die externe Beschaffung als **Erfolgsfaktor** dieser Unternehmung. Erst zu einem späteren Zeitpunkt, d. h. nach der Übernahme durch eBay.com, wurde die Technologie in die gemeinsame Unternehmung integriert, wodurch zum Untersuchungszeitpunkt Synergieeffekte in der Abstimmung der verschiedenen Ländergesellschaften erzielt werden konnten.

Das nicht erfolgreiche Auktionshaus ließ die Technologie durch ein **externes Programmiererteam** erstellen, welches den Gründern aus einer vorangegangenen Zusammenarbeit bekannt war. Diese Kooperation gestaltete sich jedoch problematisch, da die Motivation und Kontrolle der Programmierer nicht sichergestellt werden konnten. Qualität und Geschwindigkeit der Technologieerstellung litten dadurch, dass es zu politischen Spielen zwischen beiden Partnern sowie zu Blockaden wichtiger Entwicklungsschritte kam.[1206]

Bei der Ausgestaltung der Internet-Seite war die **Struktur** bzw. der Aufbau der Technologie ein wesentlicher Erfolgsfaktor. Zwei erfolgreiche Unternehmungen gestalteten ihre Technologie so flexibel (z. B. durch Module), dass sie diese zu einem späteren Zeitpunkt entweder gegen eine Lizenz verkaufen oder selbst als Technik-Spezialisten auf ihrem Gebiet agieren konnten.

Lernvorteile oder Skaleneffekte aufgrund der Technologie konnte keine Unternehmung realisieren, da in allen Fällen das Wachstum der Kundenbasis zu langsam verlief.

6.2.3.7 Marketing und Markenaufbau

Die Wahl einer geeigneten Marketingstrategie empfanden alle Gründer als große Herausforderung. Da die Kapitalausstattung der Startups nicht mit den Marketingbudgets etablierter Markenhersteller konkurrieren konnte, mussten innovative Wege zur Steigerung der Bekanntheit und zum Aufbau einer Reputation gefunden werden. Der **Bekanntheitsgrad** allein war jedoch kein Indikator für den späteren Erfolg der Startups, da in zwei Fällen die bekanntere Pionier-Unternehmung scheiterte.

Zunächst wählten alle Unternehmungen klassische **Marketinginstrumente**, wie Anzeigen, Radio-Werbung, Online-Banner, Öffentlichkeitsarbeit, um Bekanntheit zu erlangen. Aus Mangel an Erfahrung mit Werbewirkungsbeziehungen im Internet

---

1206 Eine Beteiligung der Technik-Spezialisten an der Unternehmung oder die interne Beschaffung der Technologie wären wahrscheinlich bessere Lösungen gewesen.

wurden auch kostenintensive Instrumente eingesetzt (Sportsponsoring, Radio- und TV-Werbespots). Die klassischen Werbemaßnahmen stellte man in allen Unternehmungen schnell wieder ein, da sie kaum Neukunden mit sich brachten, dabei jedoch hohe Kosten verursachten. Nur die **Öffentlichkeitsarbeit** schien viel versprechend zu sein und wurde von den Startups weiter forciert. Dabei profitierten einige Gründer von ihren Kontakten zur Presse.[1207]

Die erfolgreichen Unternehmungen reduzierten ihre Marketingausgaben schneller und entwickelten **innovative Strategien** zur Kundengewinnung und -bindung. Hierbei brachten Vertriebs-Partnerschaften, Direkt-Marketing und in einem Fall sogar Guerilla-Marketing-Strategien die größten Kundenzuwächse. Auch im Marketing waren Kommunikation mit der Zielgruppe und die emotionale Einbindung von Kunden von Vorteil.

Für die Kundengewinnung spielte der **Erklärungsbedarf des Produktes** eine wichtige Rolle. Während Online-Auktionen für potenzielle Kunden leicht verständlich sind und damit einfach beworben werden können, musste der Nutzen einer Dienstleistungsvermittlung erst durch aufwändige Marketingkampagnen erklärt werden. Aus diesem Grunde wuchs die Zahl der Nutzer in den Auktionshäusern sehr viel schneller, Wiederholungen kamen vermehrt vor, und die kritische Masse an Kunden konnte eher erreicht werden.

Die Wahl einer geeigneten **Preisstrategie** erwies sich in der Internet-Ökonomie als besonders schwierig.[1208] Alle Unternehmungen erachteten eine **kostenlose Einführungsphase** als notwendig, um erste Kunden für ihre Webseite zu interessieren. Eine Unternehmung gab jedoch an, dass die Nutzer aufgrund der kostenlosen Testphase das Produkt nicht als „wertvoll" erkannt hätten und daher zu einem späteren Zeitpunkt die Akzeptanz eines kostenpflichtigen Angebots gering gewesen sei.[1209] Den erfolgreichen Unternehmungen gelang es dennoch, nach Erreichen einer kritischen Kundenbasis auch die **Zahlungsbereitschaft** ihrer Kunden oder Lizenz-Partner zu gewinnen. Die Preisgestaltung selbst spielte dabei nur eine untergeordnete Rolle.

Trotz ihrer Pionier-Stellung konnten alle Gründer aufgrund ihrer verhältnismäßig geringen Kapitalausstattung keine nachhaltige **Marke** bzw. Reputation aufbauen und

---

1207 Insbesondere die Mitgliedschaft im Silicon-City-Club sowie in der Hamburger Medienszene unterstützten die Kontakte zur Presse.
1208 Vgl. die Ausführungen zum Geschäftsmodell in Abschnitt 6.2.2.
1209 Vgl. den Ausspruch eines Gründers im August 2003: „Einmal kostenlos, immer kostenlos."

nur einem war es möglich, Markteintrittsbarrieren zum Schutz gegen Folger zu errichten.

6.2.3.8 Strategische Partnerschaften

Beim Aufbau ihrer Startups setzten alle Gründer auf **Partnerschaften**, da sie sich dadurch **Kontakte** zu Kundengruppen, Pressevertretern, Kapitalgebern oder Mitarbeitern erhofften. Dabei wurden unterschiedliche Arten der Zusammenarbeit gewählt. Zur Steigerung ihrer Bekanntheit schalteten alle Unternehmungen bei anderen Online-Unternehmungen (insbesondere Portalen, wie t-online und Suchmaschinen) Banner oder Werbeanzeigen. Die Unternehmungen im Bereich Dienstleistungsvermittlung schlossen Kooperationsverträge mit regionalen oder auf besondere Kundengruppen spezialisierten Vertriebspartnern. Ein Startup fand einen strategischen Investor, der neben der Zusammenarbeit mit der Unternehmung dieser auch Kapital zur Verfügung stellte.

Die **Pionier-Rolle** brachte bei der Kontaktaufnahme mit potenziellen Partnern tendenziell Vorteile. Insbesondere bei der Akquisition von **Online-Partnern** konnten die Pioniere einen Zeitvorteil ausnutzen. Daneben kam es allerdings auch vor, dass die geringe Erfahrung mit Internet-Unternehmungen und die unsichere Marktentwicklung von vielen Großunternehmungen der Old Economy als Hemmnis für die Zusammenarbeit mit einem Startup angesehen wurden. Viele Unternehmungen der **Old Economy** warteten die Marktbereinigung ab, bevor sie den verbliebenen Startups eine Zusammenarbeit anboten. In solchen Fällen brachte die Pionier-Rolle keinen Vorteil, denn die für die Startups wichtigen Partnerschaften wurden nicht in der Pionier-Phase geschlossen.

Auch wenn Partnerschaften für alle Startups wichtig waren, erwies sich die Bindung entsprechender Kooperationspartner häufig als **kostenintensiv**. Bei der Untersuchung der nicht erfolgreichen Pionier-Unternehmungen fällt auf, dass diese geringere Vorteile aus den Partnerschaften ziehen konnten. Stattdessen stellten **langfristige Verträge**, die aufgrund zu optimistischer Prognosen hinsichtlich der Marktentwicklung geschlossen wurden, eine hohe Belastung für diese Unternehmungen dar. Die Kooperationsverträge eines Startups sahen bspw. bestimmte monatliche Mindestabnahmen und Nutzungsgebühren vor, die dessen Monatseinnahmen überstiegen. Die Unternehmung scheiterte u. a. aufgrund dieser Verträge.

6.2.3.9 Controlling

Trotz ihrer kurzen Unternehmungshistorie und der vielfach geringen Berufserfahrung der Gründer erkannten alle Startups den **Wert eines guten Rechnungswesens.** Einige Startups vergaben diese Aufgaben zunächst extern an Steuerberater und Buchhalter. Nach der Gründungsphase verankerten sie diese Kompetenzen mit Hilfe von Finanzspezialisten auch intern in den Unternehmungen. Das Controlling selbst wurde mit der Zeit immer detaillierter, wodurch sich Kosten und Erlöse einzelner Marketingaktionen oder bestimmter Produktkategorien zuordnen ließen.

Es lässt sich keine Aussage über die Auswirkungen des Rechnungswesens auf den Unternehmungserfolg treffen. Das detaillierteste Controlling mit einer Zuordnung der Ergebnisse je Business-Unit und Produktsegment fand sich in einer nicht erfolgreichen Unternehmung.

6.2.4 Marktfaktoren

6.2.4.1 Allgemeine Marktcharakteristika

Alle untersuchten Unternehmungen wurden zwischen Juli 1998 und Juli 2000 gegründet und profitierten damit von der **ersten Phase des Internet-Hypes.**[1210] Alle Gründer bezeichneten sich als Pioniere in ihrem Marktsegment und betraten aufgrund der Entwicklungen in den USA ihren jeweiligen Markt mit hohen Erwartungen. Diese erfüllten sich jedoch einzig im Segment der Internet-Auktionen. Im Bereich der Senioren- bzw. Kinderportale sowie der Dienstleistungsvermittlung fand nur ein geringes Marktwachstum statt. Auch zum Untersuchungszeitpunkt gab es dort keinen eindeutigen Marktführer, und es war unklar, ob diese Marktsegmente jemals ein hohes Potenzial entwickeln werden.

In allen Marktsegmenten fand nach den Rückgängen an den Börsen im Jahre 2001 eine **Marktbereinigung** statt, so dass den erfolgreichen Unternehmungen zum Untersuchungszeitpunkt nur noch eine geringere Anzahl von Wettbewerbern gegenüberstanden. Eine echte **Monopolstellung** aufgrund seiner Pionier-Strategie konnte nur ein einziges Startup erlangen. Die übrigen erfolgreichen Startups verdanken ihr Ergebnis der Anpassung ihres Geschäftsmodells an die Marktbedürfnisse sowie der Erschließung alternativer Ertragsquellen.

1210 In dieser Phase waren Risikokapitalgesellschaften schneller bereit, eine Finanzzusage zu erteilen; vgl. hierzu die Ausführungen in Kapitel vier.

Die **Internet-Technologie** wurde zwar zwischen 1998 und 2003 immer umfangreicher und um bestimmte Funktionen erweitert (z. B. Integration von mobilen Diensten oder Zahlungsmöglichkeiten), welche die Startups durchaus in ihr Angebot aufnehmen mussten. Es fanden jedoch keine Sprünge durch disruptive Technologien (Leapfrogging) statt, sodass die Investitionen in die Erstellung der Internet-Seiten für die Pioniere nicht obsolet wurden.

6.2.4.2 Markteintrittsbarrieren

Trotz ihrer Pionier-Strategien war es nur einem der untersuchten Startups möglich, Markteintrittsbarrieren aufzubauen. Mit Hilfe seines Bewertungssystems gelang es einem Internet-Auktionshaus, echte **Lock-In-Effekte** bei seinen Kunden zu erzeugen, die zu hohen Wechselkosten führten. Dies stellte eine Barriere dar, die kein Konkurrent wirksam überwinden konnte.

Die übrigen fünf Startups gaben an, dass selbst eine Positionierung als Qualitätsführer, die Verwendung neuer Technologien, das Angebot innovativer Sicherheitslösungen oder der Einsatz von Kundenbindungsinstrumenten[1211] nicht dazu beigetragen habe, Konkurrenten abzuwehren und/oder Kunden langfristig an ein Produkt zu binden.

Selbst den vier Startups, die gehofft hatten, mit Hilfe der internen Technologieerstellung und des damit verbundenen Zeitvorsprungs eine **technologische Barriere** errichten zu können, gelang es nicht, ihren Folgern den Markteintritt zu erschweren.

6.2.4.3 Rivalität

In Internet-Märkten herrschte stets eine gewisse **Paranoia**, da jeder Gründer damit rechnete, dass zeitgleich an neuen Ideen und besseren Problemlösungen gearbeitet wurde. Auch wenn sich zum Gründungszeitpunkt noch keine Wettbewerber in den betrachteten Marktsegmenten befanden, d. h. die untersuchten Startups eine Pionier-Stellung innehatten, konnte keines seine **Monopolstellung** am Markt länger als maximal sechs Monate ausnutzen. Die nachdrängende Konkurrenz bestand nicht nur aus neuen Startups, sondern auch aus Ausgründungen oder Diversifikationen etablierter Großunternehmungen.

1211 Hierunter ist die Kooperation eines Startups mit dem Unternehmen Payback zu verstehen, welches ein Punktesystem zur Kundenbindung erstellt hatte.

Bei den Folger-Unternehmungen handelte es sich in keinem Fall um reine **Kopien bzw. Imitationen**, sondern um Geschäftsmodelle, die veränderte Produkte herstellten bzw. auf andere Zielgruppen ausgerichtet waren. Ein nicht erfolgreicher Pionier sah sich sogar nach dem Markteintritt seines Folgers gezwungen, Eigenschaften des Konkurrenzprodukts zu imitieren, um den Wünschen seiner Kunden nachkommen zu können.

6.2.4.4 Bedrohung durch Substitutionsprodukte

Die Rolle der Substitutionskonkurrenz wurde in der Internet-Ökonomie zunächst unterschätzt. Dabei existierten für alle untersuchten Startups Substitutionsprodukte innerhalb und außerhalb des Internets. Vor allem Unternehmungen, die ähnliche Problemlösungen boten, sich jedoch nicht des Internets sondern anderer Kommunikationstechnologien bedienten (Telefon, Fernsehen, Zeitungen), hatten einen **erheblichen Einfluss** auf die Entwicklung der Internet-Startups.

Zum Erhebungszeitpunkt hatten die erfolgreichen Startups der Segmente Kinder-Portal und Dienstleistungsvermittler zwar eine solide Kundenbasis aufgebaut, die prognostizierten Kundenzuwächse konnten sie aufgrund der **starken Position der Substitutionskonkurrenz** dennoch nicht erreichen. Das Internet hatte sich in Deutschland nicht so schnell und weit reichend etabliert, wie es noch im Jahre 1999 angenommen worden war. So ist und bleibt für die Information und Unterhaltung bestimmter Zielgruppen nach wie vor das **Fernsehen** der omnipräsente Kommunikationskanal. Zur Befriedigung von Kaufbedürfnissen dient vornehmlich der **Einzelhandel**. Die Gelben Seiten schließlich genießen eine nicht zu erschütternde Marktmacht bei der Vermittlung von Dienstleistungen. Der Pionier-Vorteil reichte also für die Startups nicht aus, um gegenüber der Substitutionskonkurrenz nachhaltige Wettbewerbsvorteile zu generieren.

Einzig den Online-Auktionen gelang es, die Position ihrer Substitutionskonkurrenz (Auktionshäuser, Second Hand-Anbieter) zu schwächen. Vor allem Gebrauchsgegenstände im Niedrigpreisbereich werden aufgrund der bequemen Handhabung, der geringen Einstellkosten und des Zugangs zu einer großen Kundenzahl bevorzugt über Online-Auktionshäuser versteigert. Diese boten ihren Nutzern damit einen echten Mehrwert, den Substitutionsprodukte nicht verschaffen konnten.

6.2.4.5 Verhandlungsmacht der Kunden

Zum Gründungszeitpunkt der untersuchten Unternehmungen war das Internet in Deutschland noch wenig verbreitet. Viele Geschäftsmodelle mit kostengünstigen und innovativen Angeboten konzentrierten sich auf eine geringe Anzahl von Internet-Nutzern. Daraus resultierte eine hohe **Machtposition** der vorhandenen Kunden, die aus einer Vielzahl von Angeboten das beste oder kostengünstigste wählen konnten. Dies trieb die **Kundenwerbungskosten** in die Höhe und verringerte gleichzeitig die **Wechselkosten** für die Kunden erheblich.

Im Zusammenhang mit der Verhandlungsmacht der Kunden zeigte sich auch, dass die genaue Definition und **gezielte Ansprache der Zielgruppe** eine Schlüsselrolle für den Erfolg der Startups spielten. Nur zwei Unternehmungen orientierten ihre Angebote an den Bedürfnissen ihrer Kunden, indem sie sich detailliert über deren Wünsche informierten oder sie in die Produktentwicklung mit einbezogen. Ihr Erfolg ist maßgeblich auf ihre starke Kundenorientierung zurückzuführen.

Die Kunden nutzten ihre Verhandlungsmacht auch gegenüber dem Versuch der Startups, Abonnements oder Gebührenmodelle einzuführen. Sie waren nicht bereit, Gebühren für ein Produkt zu zahlen, welches sie anfangs kostenlos nutzen konnten und an anderer Stelle nach wie vor kostenlos zugänglich war. Einigen erfolgreichen Startups gelang es dennoch, **Zahlungsbereitschaft** und **Lock-In-Effekte** der Kunden zu erzeugen, weil sie eine hohe Produktqualität, individuelle Lösungen, spezialisiertes Wissen über die Kundengruppe, besonderen Service oder einzigartige Produkte mit besonderem Kundennutzen anboten. Mit Hilfe ihres Bewertungssystems baute eine Unternehmung sogar Kundenloyalität und gleichzeitig hohe **Wechselkosten** auf.

6.2.4.6 Verhandlungsmacht der Lieferanten

Als Lieferanten im Zusammenhang mit Startups sind Technologie-, Kapital- und Warenlieferanten anzusehen. Ein Abhängigkeitsverhältnis mit **Technologielieferanten** lag nur bei zwei Unternehmungen vor. Dies erwies sich in einem Fall als negativ, da der Lieferant nicht motiviert werden konnte, seine Vorgaben ordnungsgemäß zu erfüllen. Im zweiten Fall kontrollierte das Startup den Lieferanten derart stark, dass der Lieferant sich in allen Punkten den Forderungen des Auftraggebers fügen musste.

Alle untersuchten Unternehmungen wurden in der ersten Finanzierungsrunde von Risikokapitalgebern unterstützt. Damit lag eine grundsätzliche Abhängigkeit von den **Kapitalgebern** vor. Einigen Unternehmungen gelang es, diese Abhängigkeit sowie damit verbundene strategische Vorgaben und den Ergebnisdruck der Venture Capitalisten einzudämmen.

Eine Lieferung von **Waren** erfolgte nur in drei Unternehmungen. Dabei konnten keine Abhängigkeiten von den Lieferanten festgestellt werden. Das Angebot eigener Waren verursachte dagegen Lagerkosten und Logistikaufwand für die Startups.

Insgesamt konnte **kein direkter Zusammenhang** zwischen der Abhängigkeit von Lieferanten und dem Erfolg der Startups nachgewiesen werden.

6.2.4.7 Wettbewerbsstrategie

In Bezug auf die **Wettbewerbsstrategie** lässt sich konstatieren, dass die Bearbeitung des gesamten Marktes ein hohes Risiko birgt, wogegen eine **Fokusstrategie** Vorteile beim Aufbau der Organisation, der Unternehmungsidentität sowie der gezielten Kundenansprache mit sich bringt.

Drei Unternehmungen scheiterten, weil sie entweder ihre Zielgruppe, ihr Angebotsspektrum oder ihr Geschäftsmodell nicht ausreichend fokussiert hatten. So war es z. B. für eine junge Unternehmung nicht zu schaffen, für sämtliche Regionen Deutschlands einen Markt von 500 Dienstleistungskategorien für Privat- und Geschäftskonten zu bearbeiten. Auch Geschäftsmodelle mit zu vielen unterschiedlichen Funktionen (Shop, Magazin, Eigenverkauf) überforderten die Ressourcen junger Startups. Die erfolgreichen Unternehmungen starteten in einer **Nische** oder mit klarem Strategiefokus. Nachdem sich diese in der Anfangsphase auf bestimmte Anforderungen konzentriert hatten, konnten sie mit wachsender Kundenbasis eine Ausweitung des Geschäftsbereichs und neue Funktionen, wie z. B. Festpreisauktionen, die Gründung einer Agentur oder die Hinzunahme weiterer Kategorien, in Angriff nehmen.

Hinsichtlich der Auswirkungen, die eine **Qualitäts- oder Kostenführerschaft** auf den Erfolg hatte, sind keine eindeutigen Aussagen möglich.[1212] So konnten weder diejenigen Anbieter Wettbewerbsvorteile erzielen, die sich als Qualitätsführer positioniert hatten, noch brachte die Ausrichtung auf den Massenmarkt immer den gewünschten Erfolg. Eine reine Qualitätsstrategie mit hohen Preisen wäre wegen der geringen Zahlungsbereitschaft der Kunden im Internet auf keinen Fall durchzusetzen gewesen. Alle Startups wollten ihre Kunden damit überzeugen, dass sie kostengünsti-

---

1212 Vier Startups strebten die Qualitätsführerschaft an, zwei weitere fokussierten den Massenmarkt.

ge Alternativen zu Substitutionsprodukten aus Bereichen außerhalb des Internets anboten.[1213]

6.2.4.8 Internationale Expansion

Die internationale Expansion war 1999 **Ziel vieler Venture Capitalisten oder Aktionäre** und daher vielfach auch eine der Bedingungen für eine Kapitalbeteiligung. Alle Businesspläne enthielten folglich Vorgaben für eine Internationalisierung, wobei nur drei Unternehmungen tatsächlich ins Ausland expandierten.

Eine erfolgreiche Unternehmung realisierte ihre internationale Ausweitung durch den **Zusammenschluss** mit einem ausländischen Wettbewerber. Zwei erfolglose Unternehmungen expandierten **aus eigener Kraft** ins europäische Ausland. Die Internationalisierung brachte ihnen jedoch keine Vorteile, sondern stellte sich als Fehlentscheidung heraus, weil das Ausmaß einer Expansion unterschätzt worden war. Die erhofften Synergieeffekte stellten sich nicht ein, stattdessen verursachten **lokale Unterschiede** beim Aufbau von Internet-Seiten, bei der Zahlungsabwicklung und hinsichtlich der Kundenerwartungen einen so großen finanziellen **Aufwand**, dass die internationalen Ländergesellschaften nach kurzer Zeit wieder geschlossen werden mussten.

Rückblickend äußerten die Gründer, dass die Expansion einer ihrer größten **Fehler** gewesen sei. In diese Aktivität hätten sie zuviel Kapital investiert bzw. gebunden, welches ihre **Handlungsmöglichkeiten** an anderer Stelle einschränkte. Da ihre Position am Heimatmarkt noch nicht ausreichend gesichert gewesen sei, hätte man die Expansion nicht durchführen dürfen. Auch ein vermeintlicher **Pionier-Status** im Ausland brachte keine Vorteile beim Betreten der entsprechenden Märkte.

6.3 Fazit und Übersicht der Ergebnisse

Ziel des vorliegenden Kapitels war die Präsentation der Ergebnisse der eigenen empirischen Untersuchung in Form von Single-Case- und Cross-Case-Analysen. Alle Interviewpartner waren der Überzeugung, dass eine **Pionier-Strategie** für den Erfolg eines Startups im Internet essenziell sei.[1214] Ohne das Ausnutzen dieser First-Mover-Advantages und die Wirkung der zugrunde liegenden Mechanismen hätten es die

---

1213 Vgl. auch die Ausführungen zu Hybridstrategien in Abschnitt 4.4.3.
1214 Eine Unternehmung bezeichnete den First-Mover-Advantage als „...die stärkste Karte, die wir überhaupt ausspielen konnten."

Unternehmungen – auch die erfolglosen – nicht so weit geschafft. Somit wurde die Existenz von Pionier-Vorteilen von keinem Interviewpartner in Frage gestellt. Dieser Vorteil stellte jedoch nur einen der für den Unternehmungserfolg wichtigen Faktoren dar und reichte allein nicht aus, um im Internet langfristig erfolgreich agieren zu können.

Durch den Vergleich erfolgreicher und nicht erfolgreicher Startup-Unternehmungen konnten Besonderheiten von Internet-Pionieren herausgearbeitet werden. Diese werden in der folgenden Tabelle 6.1 zusammengefasst. Die Diskussion der Ergebnisse sowie eine abschließende Bewertung von Pionier-Vorteilen in der Internet-Ökonomie folgen im Kapitel sieben.

Ressourcenfaktoren	Ergebnisse der empirischen Studie
Gründer	• Die Motivation zur Gründung lag in der Goldgräberstimmung. • Zusammensetzung oder Größe der Gründerteams hatten keinen direkten Einfluss auf den Erfolg. • Berufs- oder Gründungserfahrungen der Gründer waren nicht ausschlaggebend für den Erfolg. • Die Leidenschaft für das Geschäftsmodell und die intensive Auseinandersetzung mit der Zielgruppe (Aneignung von Spezialwissen) waren entscheidende Faktoren. • Ein großes Kontaktnetzwerk reichte nicht aus, um den langfristigen Erfolg zu sichern. • Die Flexibilität der Gründer, das Geschäftsmodell den Marktgegebenheiten und Stärken der Unternehmung anzupassen, war entscheidend für den Erfolg der Startups.
Geschäftsmodell	• Die erfolgreichen Geschäftsmodelle waren leicht zu erklären und boten Spieleffekte zur Kundengewinnung. • Die Aneignung von umfangreichem Wissen über die Zielgruppe war ein elementarer Erfolgsfaktor. • Die Fokussierung des Geschäftsmodells auf Marktsegmente, eine Zielgruppe oder bestimmte Regionen war wichtig (Nischenstrategie). • Ein überlegenes Geschäftsmodell zeichnet sich durch eine gewisse Flexibilität aus. Es kann an unvorhergesehene Marktgegebenheiten angepasst werden. • Transaktionsgebühren und Abonnementmodelle waren bei der Erlösgenerierung am erfolgreichsten.

Tabelle 6.1: Zusammenfassung der Ergebnisse
Quelle: Eigene Darstellung

Ressourcenfaktoren	Ergebnisse der empirischen Studie
Mitarbeiterfähigkeiten	• Da Mitarbeiter eine wichtige Ressource darstellten, mussten sie durch gute Personalentwicklung permanent motiviert und an die Unternehmung gebunden werden.
Organisation	• Ein übereiltes Unternehmungswachstum auf Druck von außen sollte nicht vorangetrieben werden, da es hohe Personalkosten und Abstimmungsprobleme verursacht.
Unternehmungskultur	• Alle Startups hatten eine ähnliche Kultur, die von der Aufbruchstimmung der Branche geprägt wurde. • Eine zu hohe Kapitalzusage verschlechterte die Stimmung in einigen Unternehmungen und führte zu unüberlegten Handlungen.
Finanzierung	• Die Finanzierung aller untersuchten Startups erfolgte durch Beteiligungen von Venture Capitalisten bzw. Business Angels. • Die Venture Capitalisten brachten den Managementteams vielfach nicht das erhoffte Wissen und die versprochene Unterstützung. • Viele Venture Capitalisten gaben bestimmte Entscheidungen vor, die sich für die Unternehmungen später als nachteilig erwiesen. • Die Höhe der Investition hatte keinen direkten Einfluss auf den Erfolg der Unternehmung. • Ein übereilter Börsengang war von Nachteil.
Standort	• Alle Startups wurden in den Großstädten Berlin und Hamburg gegründet, weil sich die Gründer aufgrund der hohen Lebensqualität dieser Städte und des Vorhandenseins von Universitäten Zugang zu Mitarbeitern und Praktikanten erhofften. • Da alle Unternehmungen in einem vergleichbaren Umfeld starteten, konnte keine Unternehmung einen Standortvorteil ausnutzen.
Technologie	• Bei interner Erstellung der Technologie war ein Aufbau in Modulen sinnvoll. • Bei externer Erstellung musste die Kontrolle über die Technologie in der Unternehmung gewährleistet sein. • Lernvorteile oder Skaleneffekte durch die Technologie konnte kein Startup realisieren, da die Kundenbasis erst langsam aufgebaut wurde.

Tabelle 6.1 (Fortsetzung 1): Zusammenfassung der Ergebnisse
Quelle: Eigene Darstellung

Marktfaktoren	Ergebnisse der empirischen Studie
Marketing	• Bis auf die Öffentlichkeitsarbeit funktionierten die klassischen Marketinginstrumente im Internet nicht. Es mussten neue, kreative Wege gesucht werden. • Keine Unternehmung schaffte es, in den ersten Jahren eine wirkliche Marke und damit Markteintrittsbarrieren für Konkurrenten aufzubauen. • Die Wahl einer geeigneten Preisstrategie erwies sich in der Internet-Ökonomie als besonders schwierig, da die Zahlungsbereitschaft der Kunden gering war.
Partnerschaften	• Die Pionier-Rolle brachte bei der Ansprache potenzieller Partner in der New Economy einen Vorteil. • Die wichtigen Partner aus der Old Economy warteten die Marktentwicklung ab, bevor sie mit den verbliebenen Marktführern verhandelten. • Die Bindung an Partner über langfristige und kapitalbindende Verträge stellte sich für einige Startups als Nachteil heraus.
Controlling	• Es ließ sich kein direkter Zusammenhang zwischen der Ausgestaltung des Rechnungswesens und dem Erfolg der Unternehmungen nachweisen.
Allgemeine Marktcharakteristika	• Alle untersuchten Unternehmungen wurden zwischen Juli 1998 und Juli 2000 gegründet und profitierten von der ersten Phase des Internet-Hypes. • In allen Marktsegmenten fand nach den Kurseinbrüchen an den Börsen im Jahre 2001 eine Marktbereinigung statt. • Die Internet-Technologie wurde zwar erweitert, disruptive Technologiesprünge fanden jedoch nicht statt.
Markteintrittsbarrieren	• Trotz ihrer Pionier-Strategien war es nur einem der untersuchten Startups möglich, Markteintrittsbarrieren aufzubauen. • Transaktionsgebühren und Abonnementmodelle waren bei der Erlösgenerierung am zweckmäßigsten.
Rivalität	• In Internet-Märkten herrschte eine gewisse Paranoia, da jeder Gründer damit rechnete, dass zeitgleich an neuen Ideen und besseren Problemlösungen gearbeitet wurde. • Kein Startup konnte seine Alleinstellung länger als sechs Monate ausnutzen.
Substitutionsprodukte	• Besonders Unternehmungen, die ähnliche Problemlösungen mit anderen Kommunikationstechnologien lieferten, hatten einen erheblichen Einfluss auf die Entwicklung der Internet-Startups.

Tabelle 6.1 (Fortsetzung 2): Zusammenfassung der Ergebnisse
Quelle: Eigene Darstellung

Marktfaktoren	Ergebnisse der empirischen Studie
Kundenmacht	• Eine hohe Machtposition der Kunden, durch transparente Prozesse im Internet. • Die genaue Definition und gezielte Ansprache der Kunden spielte eine Schlüsselrolle für die Kundenbindung und -akquisition. • Die Kundenwerbungskosten waren sehr hoch, wohingegen die Wechselkosten für die Kunden gering waren. • Mit Hilfe seines Bewertungssystems gelang es einem Internet-Auktionshaus, echte Lock-In-Effekte bei seinen Kunden zu erzeugen, die zu hohen Wechselkosten führten.
Lieferantenmacht	• Es konnte generell kein direkter Zusammenhang zwischen der Abhängigkeit von Lieferanten und dem Erfolg der Unternehmungen nachgewiesen werden.
Wettbewerbsstrategie	• Die Bearbeitung des gesamten Markts barg ein hohes Risiko. • Die Fokusstrategie brachte Vorteile beim Aufbau der Organisation, der Unternehmungsidentität sowie der gezielten Kundenansprache mit sich.
Internationale Expansion	• Alle Businesspläne enthielten Vorgaben für eine Internationalisierung, wobei nur drei Unternehmungen tatsächlich ins Ausland expandierten. • Eine erfolgreiche Unternehmung realisierte ihre internationale Ausweitung durch den Zusammenschluss mit einem ausländischen Wettbewerber. Zwei erfolglose Unternehmungen expandierten aus eigener Kraft ins europäische Ausland. • Die Internationalisierungsstrategien hätte nicht verfolgt werden sollen, bevor die Unternehmungen im Inland eine starke Marktposition aufgebaut hatten.

Tabelle 6.1 (Fortsetzung 3): Zusammenfassung der Ergebnisse
Quelle: Eigene Darstellung

7 Diskussion und Implikationen

Die vorliegende Untersuchung verfolgt mehrere Ziele. Zum einen sollte der bislang unzureichenden wissenschaftlichen Erkenntnisstand zu Pionier-Strategien in der Internet-Ökonomie erweitert werden. Dazu erfolgt in diesem Kapitel zunächst eine Verdichtung der Ergebnisse aus Kapitel sechs und ein Abgleich mit den in Kapitel vier hergeleiteten vermuteten Wirkungszusammenhängen. Mit Hilfe dieses Vergleichs lassen sich Aussagen über die Wirkung bestimmter Pionier-Mechanismen in der Internet-Ökonomie treffen. Die Ergebnisse aus der Befragung erfolgloser Pioniere bereichern dabei das Wissen zu Pionier-Nachteilen. Anschließend werden die kritischen Erfolgsfaktoren von Internet-Pionieren diskutiert, die sich anhand der empirischen Untersuchung ergeben haben und deren besonderer Einfluss auf den Erfolg der Pionier-Strategie nachgewiesen werden konnte.

Ein weiteres Ziel der Arbeit war es, **Lücken in der empirischen Pionier-Forschung** zu schließen und den bisher weitgehend fehlenden Bezug des Pionier-Ansatzes zu **theoretischen Konzepten** herzustellen. In Abschnitt 7.3 soll daher demonstriert werden, inwieweit die vorliegende Studie ihrem Anspruch gerecht werden konnte, einen Beitrag in Bezug auf die empirische und theoretische Pionier-Forschung zu leisten.

7.1 Pionier-Strategien in der Internet-Ökonomie

Der folgende Abschnitt dient der Gegenüberstellung der vermuteten Pionier-Mechanismen und der Daten der untersuchten Internet-Startups. Es wird dabei überprüft, inwieweit die Ergebnisse mit den vermuteten Wirkungszusammenhängen übereinstimmen oder ihnen widersprechen.

7.1.1 Angebotsbezogene Pionier-Vorteile in der Internet-Ökonomie

7.1.1.1 Technologische Führerschaft

Keinem der untersuchten Startups gelang es, nachhaltige Pionier-Vorteile aufgrund einer technologischen Führerschaft zu generieren. Dies ist vor allem darauf zurückzuführen, dass die hohe Markttransparenz die Imitation der Geschäftsmodelle begünstigte.

Economies of Scale

Die Geschäftsmodelle aller untersuchten Startups waren auf gut skalierbare Produkte ausgelegt. Nach hohen Anfangsinvestitionen in die Technologieerstellung sollten nur geringe variable Kosten entstehen. Die Art der Herstellung (intern oder extern) hatte dabei keinen Einfluss auf die Höhe der Investitionen. Trotz der grundsätzlichen Eignung der Produkte für Skaleneffekte konnte nur eine einzige Unternehmung die nötige kritische Masse an Kunden erreichen und damit Markteintrittsbarrieren aufgrund von EOS vor ihren Folgern aufbauen. EOS begründeten für Internet-Startups in der New Economy somit überwiegend keine Pionier-Vorteile.

Der Weg der Kundengewinnung über **Partnerschaften** brachte ebenfalls nicht den erhofften Zuwachs an Kunden mit sich. Zwar versperrten frühe Verträge der Pioniere anderen Wettbewerbern den Zugang zu bestimmten Partnern, jedoch waren gerade diese Verträge mit hohen Fixkosten für die Pioniere verbunden, die nicht amortisiert werden konnten, da sie in der Regel nicht mit einer höheren Kundenzahl einhergingen.

Erfahrungskurveneffekte

Pionier-Vorteile durch Erfahrungskurveneffekte waren in der Internet-Ökonomie nicht erwartet worden. Diese Vermutung bestätigte sich in der Untersuchung. Die hohe **Markttransparenz** und die **kurze Alleinstellungszeit** gaben den Pionieren nicht die Möglichkeit, nachhaltige Erfahrungen vor ihren Folgern zu sammeln. Vielmehr war die **Marktunsicherheit** sehr hoch und die Internet-Technologie noch so wenig ausgereift, dass alle Startups ihre Technologie ständig verändern und erweitern sowie an neue Entwicklungen (wie z. B. an die Integration von Zahlungsmöglichkeiten) anpassen mussten.[1215] Auch wenn es sich dabei nicht um disruptive Technologiesprünge handelte, konnten keine Erfahrungskurveneffekte realisiert werden.

Forschungserfolge und Patente

Die große Transparenz der Produkte im Internet und die geringen Wechselkosten der Kunden stellten für alle untersuchten Internet-Pioniere ein hohes Überlebensrisiko dar. Alle Geschäftsmodelle bzw. die dahinter stehenden Ideen wurden **innerhalb kürzester Zeit von Folgern imitiert**. Aufgrund des deutschen Patentrechts konnte keine Unternehmung ein Patent anmelden. Dennoch stimmen die Untersuchungs-

---

[1215] Zwei Unternehmungen gaben sogar an, ihre Technologie niemals wirklich fertig gestellt zu haben; sie sei im Grunde genommen immer in einer Test-Phase geblieben.

ergebnisse mit Lieberman überein, der Pionieren zumindest eine geringe Schutzwirkung durch Patente und Forschungserfolge zubilligte.[1216]

Die Forschungserfolge von Internet-Startups lassen sich in zwei Bereiche einteilen: Während der auf der **Internet-Seite** sichtbare Inhalt und die Benutzeroberfläche durch geschickte Programmierer innerhalb kurzer Zeit imitiert werden konnte, waren Datenbanken und interne **Prozesse**, die sich dahinter verbargen, nicht so einfach zu durchschauen. In Übereinstimmung mit Lieberman waren auch hier Pionier-Vorteile im Bereich von Geschäftsprozessen festzustellen (z. B. die Vermittlung von Dienstleistungen oder die Sicherheitssoftware der Kinder-Webseite).[1217] Die Wirkung vollwertiger Markteintrittsbarrieren entfalteten die verborgenen Geschäftsprozesse jedoch nicht.

Einer der erfolgreichen Internet-Pioniere konnte ferner durch einen **Forschungserfolg** längerfristige Wettbewerbsvorteile generieren, da es ihm gelang, sein Produkt zu lizenzieren und über geschickte Partnerschaften zu vertreiben. Hierdurch flossen der Unternehmung regelmäßige Einnahmen in Form von Lizenzgebühren zu. Insgesamt kann die Wirkung von Patenten beim Aufbau von Pionier-Vorteilen jedoch als enttäuschend bezeichnet werden.

7.1.1.2 Besetzung knapper Ressourcen

Aufgrund der Struktur von Internet-Startups sind hier unter knappen Ressourcen vor allem Human-, Finanz- und Technologieressourcen zu verstehen. Eine weitere wichtige Ressource stellt die Wahrnehmung des Angebots durch die Kunden dar.

Zugang zu Inputfaktoren

Die Akquisition und langfristige Bindung **guter Mitarbeiter** wurde von allen untersuchten Internet-Startups als große Herausforderung angesehen, da zum Gründungszeitpunkt hohe Unsicherheit bezüglich der Personalplanung und -entwicklung vorlag. Gleichzeitig gab es auf den entsprechenden Arbeitsmärkten nur wenige Personen, die über entsprechende Programmierkenntnisse verfügten bzw. das erforderliche Verständnis für die Internet-Technologie mitbrachten. Dies ist umso bedeutender, als Startups im Vergleich zu Folgern aus der Old Economy nur geringere Gehälter zahlen konnten.

1216 Vgl. Lieberman (2002), S. 4f.
1217 Vgl. Lieberman (2002), S. 5 + 17.

Die erfolglosen Startups gaben im Rückblick an, hier falsche Strategien verfolgt zu haben. Ihre Personalplanung sei fehlerhaft und vor allem überdimensioniert gewesen. So hätten sie inadäquate Strategien bei Personalauswahl und -einsatz verfolgt und vor allem dem Druck der Venture Capitalisten bezüglich des schnellen Mitarbeiterwachstums zu leicht nachgegeben.

Zwei erfolgreiche Unternehmungen konnten ihren Pionier-Status ausnutzen und bereits zum Gründungszeitpunkt qualifizierte Mitarbeiter einstellen. Ferner gelang es diesen Unternehmungen, ihre Mitarbeiter durch interessante Arbeitsinhalte und Mitarbeiterbeteiligungsprogramme zu motivieren und langfristig an sich zu binden. Dadurch schränkten sie die Mobilität der Humanressourcen nachhaltig ein. Hier ließen sich zumindest teilweise Pionier-Vorteile durch den frühen Zugang zu Humanressourcen nachweisen.

In Bezug auf die **Kapitalbeschaffung** gaben alle untersuchten Unternehmungen an, aufgrund ihrer Pionier-Rolle leichter Finanzzusagen von Risikokapitalgebern erhalten zu haben. Hinsichtlich des Zugangs zu Finanzressourcen konnten sie somit eindeutige Pionier-Vorteile verzeichnen.[1218]

Zugang zu Lokalitäten in geographischer und produktcharakteristischer Hinsicht

Auch durch den Zugang zu Lokalitäten konnten die Pioniere gewisse Vorteile erringen. Diese fielen jedoch aufgrund der virtuellen Strukturen der Internet-Ökonomie geringer aus als in traditionellen Branchen.

Der **Domain-Name** wurde von keinem Gründer als Erfolgsfaktor bezeichnet. Es handelte sich hierbei um einprägsame Phantasienamen oder Anglizismen, die im Falle einer Internationalisierung Wiedererkennungsvorteile mit sich bringen sollten. Die **Ansiedelung in Großstädten** war für die Pionier-Startups insofern von Vorteil, als sie den Zugang zu den benötigten Humanressourcen erleichterte. Insgesamt ergab sich aber auch hieraus kein nachhaltiger Vorteil der Pioniere gegenüber ihren Folgern.

Als bedeutsam wurde dagegen der frühe Zugang zu **Kooperationspartnern** bezeichnet. Einerseits gelang es den Pionieren so, vor ihren Folgern Kooperationsverträge sowohl mit wichtigen Internet-Partnern, wie z. B. Suchmaschinen oder Email-Diensten, als auch mit Offline-Partnern, wie Verlagen oder Handwerksinnungen,

---

[1218] Alle befragten Gründer betonten jedoch, dass die Akquisition von Risikokapital nicht so einfach gewesen sei, wie vielfach in der Boulevardpresse dargestellt.

abzuschließen, was ihnen eine gewisse Exklusivität sicherte. Andererseits trugen die bereits erwähnten hohen Fixkosten bei mindestens einem der untersuchten Pioniere zum Scheitern der Unternehmung bei. Das Eingehen von Partnerschaften stellte sich damit als ein doppelseitiges Schwert heraus, bei dem die Unternehmungen vor allem durch eine flexible Ausgestaltung der Zusammenarbeit Erfolge erzielen konnten.

Abschreckung durch Investitionsankündigungen

Durch die Ankündigung einer Finanzzusage, der Akquisition von Wettbewerbern oder der Ausweitung des Geschäftsmodells konnten die untersuchten Internet-Startups **keine Pionier-Vorteile** realisieren. Entsprechende Nachrichten wurde zwar gerade zu Beginn der Internet-Ökonomie von der Presse mit großem Interesse aufgenommen, führten jedoch aufgrund der Vielzahl der Mitteilungen (Information Overload) nicht zum Aufbau von Markteintrittsbarrieren gegenüber Folgern.[1219]

Preisgestaltung

Die Preisgestaltung der Internet-Pioniere wurde von der **Follow the Free-Strategie** geprägt. In der Markteinführungsphase mussten die Produkte kostenlos angeboten werden; es konnten also keine Einnahmen generiert werden. Die anschließende kurze Alleinstellungsphase reichte für den Aufbau von Kundenloyalität und Wechselkosten nicht aus, so dass die darauf folgende Einführung verschiedener Gebührenmodelle auf geringe Zahlungsbereitschaft der Kunden traf. Nur eine Unternehmung erreichte mit ihrem Geschäftsmodell die kritische Masse an Kunden und den Break-Even-Point der Kosten.

Fünf Gründerteams stellten in Bezug auf ihre Preisgestaltung rückwirkend fest, dass die Umsätze zu optimistisch kalkuliert worden waren. **Einnahmenausfälle** sowie die geringen Kapitalrücklagen verhinderten das langfristige Überleben. Zwei Unternehmungen konnten sich nur durch die Umstellung ihres Geschäftsmodells und die Erschließung neuer Gewinnquellen vor der Insolvenz retten.

[1219] Damit widersprechen die Ergebnisse dieser Arbeit der Studie von Green et al., in welcher ein linearer Zusammenhang zwischen der langfristigen Performance und dem Grad an Presse-Berichterstattung in der Einführungsphase des Produktes festgestellt wurde; vgl. Green/Barclay/Ryans (1995), S. 11.

7.1.2 Nachfragebezogene Pionier-Vorteile in der Internet-Ökonomie

Die vielfach betonte elementare Rolle von Wechselkosten und dem Erreichen einer kritischen Masse legt nahe, dass nachfragebezogenen Pionier-Vorteilen in der Internet-Ökonomie eine besondere Bedeutung beigemessen werden muss.

7.1.2.1 Produktdifferenzierung

Einige Unternehmungen verfolgten zwar eine Strategie der Produktdifferenzierung mit Hilfe der Individualisierung, diese enttäuschte jedoch in ihrer Wirkung. Durch die Individualisierung konnten weder Loyalität noch emotionale Bindung bei den Kunden aufgebaut werden.

Zur Differenzierung von Konkurrenzprodukten wählten die erfolgreichen Internet-Pioniere unterschiedliche Wege, die sich jedoch in ihrer Grundausrichtung ähnelten. Sie begannen ihre Geschäftstätigkeit in einer **Nische** bzw. mit einem klar festgelegten Fokus auf eine bestimmte Zielgruppe (z. B. Kinder, KMU).[1220] Erst mit wachsender Kundenzahl und zunehmenden Erfahrungen wurde das Geschäftsmodell um weitere Zielgruppen, Kategorien, Funktionen oder Regionen erweitert. Die erfolgreichen Pionier-Unternehmungen starteten damit im Sinne von Porter mit einer differenzierten Nischenstrategie. Gleichzeitig suchten sie die **regelmäßige Kommunikation mit ihrer Zielgruppe**, um für diese ein möglichst passendes Angebot zu erstellen und sich so von der Konkurrenz abzuheben. Diese Strategie verhalf den Unternehmungen zu Pionier-Vorteilen.

7.1.2.2 Asymmetrisches Marketing

Alle Startups investierten zu Beginn hohe Beträge in ihr Marketing und den Aufbau einer **Marke**. Aufgrund ihrer fehlenden physischen Präsenz griffen die Pioniere dabei auch auf Marketinginstrumente zurück, deren Erfolgswirkung teilweise noch unerforscht war (z. B. Bannerwerbung). Ferner entstanden bei der Nutzung klassischer Werbemaßnahmen hohe Streuverluste (beispielsweise bei der TV- oder Printwerbung), weil die relevante Zielgruppe oftmals nicht erreicht wurde.[1221] Die erfolgreichen Unternehmungen erkannten dieses Problem schneller und stoppten entsprechende Marketinginvestitionen. Sie verließen sich eher auf **Öffentlichkeitsarbeit**,

---

1220 Ein erfolgloses Startup fokussierte zwar auch auf eine Zielgruppe, versuchte hierbei jedoch, diese in ihrer gesamten Breite zu bearbeiten, was zu einer „Zerfaserung" der Ressourcen führte.
1221 Dies führte bspw. dazu, dass zwei erfolglose Internet-Pioniere vergleichsweise starke Markenbekanntheit erlangten, diese jedoch niemals in eine reale Nachfrage auf ihrer Webseite umwandeln konnten.

Partnerschaften und kreative Wege zur emotionalen Kundenbindung (z. B. die Beteiligung der Zielgruppe an der Produktentwicklung). Dadurch konnten sie auch zunächst skeptische Kunden gewinnen.

Internet-Startups bot sich keine Möglichkeit, beim Aufbau von Vorteilen durch asymmetrisches Marketing auf traditionelle Marketinginstrumente zurück zu greifen. Vielmehr mussten sie andere Wege zur Kundengewinnung finden, um die Internet-Nutzer anzusprechen und ihnen den Wert der Geschäftsidee zu vermitteln.

7.1.2.3 Wechselkosten

Die bisherigen Ausführungen haben gezeigt, dass bei vielen Geschäftsmodellen im Internet nur **geringe Wechselkosten** für die Kunden bestanden. Die Nutzung einer Internet-Seite war für die Kunden selten mit hohen Anfangsinvestitionen verbunden. Ein Wechsel war aufgrund der Ähnlichkeit der Internet-Angebote problemlos möglich. Darüber hinaus konnten die Pioniere aufgrund ihrer kurzen Alleinstellungszeit keine Lock-In-Effekte bei ihren Kunden erzeugen, da diese meist nur wenig Zeit für das Erlernen des Produktes investiert hatten und nur eine geringe Gewöhnung vorlag. Auch die empfohlene Follow the Free-Strategie verhalf den Pionier-Unternehmungen nicht zum schnellen Aufbau von Wechselkosten und zur Diffusion ihrer Technologie.

Zwei erfolgreichen Unternehmungen gelang dennoch der Aufbau von Wechselkosten zu einem späteren Zeitpunkt. Nachdem sie eine gewisse Menge an Kunden für ihr kostenloses Produkt begeistert hatten, führten diese Startups **Gebührenmodelle** ein, deren Vertragsgestaltung und Kündigungsfristen den Wechsel zu anderen Wettbewerbern für die Kunden erschwerten.

Die nachhaltigsten Wechselkosten entstanden durch ein **Ratingsystem** des erfolgreichen Internet-Auktionshauses zur gegenseitigen Bewertung der Geschäftspartner. Durch die Offenlegung der Bewertungen sank für potenzielle Kunden das Transaktionsrisiko, was zu steigendem Vertrauen in das Produkt und zu wachsenden Mitgliederzahlen führte. Der drohende Verlust positiver Bewertungen beim Wechsel zu einem anderen Anbieter führte zu nachhaltigen Lock-In-Effekten und zu überragenden Pionier-Vorteilen.[1222]

1222 Einige erfolglose Unternehmungen versuchten, ebenfalls Ratingsysteme einzuführen. Diese wurden jedoch nur halbherzig implementiert und führten daher nicht zum erwünschten Erfolg.

Andere Wege zum Aufbau von Wechselkosten, z. B. durch Internet-Communities oder Loyalty-Programme (beispielsweise Payback), waren nicht erfolgreich. Dabei ist auch zu beachten, dass sich nicht alle Geschäftsideen gleichermaßen für den Aufbau von Wechselkosten eignen.[1223]

7.1.2.4 Qualitätsunsicherheiten

Die **unsichere Rechtslage** in der Internet-Ökonomie traf die Pioniere ebenso wie ihre frühen Folger. Selbst zum Untersuchungszeitpunkt bestanden noch erhebliche Probleme hinsichtlich der vertrauenswürdigen Übermittlung von Daten sowie der sicheren Abwicklung des Zahlungsverkehrs im Internet.

Die Pionier-Startups hatten zwar die Chance, von den positiven Erfahrungen ihrer Nutzer zu profitieren, die Follow the Free-Strategie sowie die geringen Wechselkosten führten jedoch dazu, dass es für die Kunden nur ein geringes Risiko bedeutete, auch Angebote der Wettbewerber auszuprobieren. Während ihrer kurzen Alleinstellungszeit hatten die Pioniere nicht die Möglichkeit, **Qualitätsunsicherheiten** zu beseitigen und dadurch Vorteile gegenüber ihren Folgern zu generieren. Erst nach der Pionier-Phase konnte eine Unternehmung aufgrund des starken Interesses in der Presse, der Einführung eines Qualitätszertifikats für Internet-Unternehmungen und guter Ergebnisse in unabhängigen Tests (z. B. Stiftung Warentest) Wettbewerbsvorteile durch den Abbau von Qualitätsunsicherheit aufbauen.

7.1.2.5 Psychologische Wettbewerbsvorteile

Die Follow the Free-Strategie erleichterte zwar die Akquisition von Erstnutzern, diese Kunden ließen sich aber nicht langfristig binden. In ihrer kurzen Alleinstellungsphase konnten die Pioniere **keine Lernvorsprünge** realisieren oder eine positive Reputation aufbauen. Die Erwartungen der Kunden wurden vielfach nicht vom Pionier-Produkt, sondern vielmehr vom amerikanischen Marktführer oder erfolgreichen Unternehmungen anderer Branchen geprägt (z. B. Übertragung des Ratingsystems von eBay in den Dienstleistungsbereich).

Die Pioniere trafen auf reges Interesse in den Medien sowie auf eine größere **Kooperationsbereitschaft** möglicher Partner. Inwieweit sich dadurch auch Vorteile beim Aufbau des Kundenstamms ergaben, vermochten die erfolgreichen Gründer nicht

---

1223 Bei zielgruppenspezifischen Geschäftsideen ist die Wirkung von Wechselkosten fraglich. Sowohl Online-Auktionen als auch Dienstleistungsvermittlungen sind jedoch gut dafür geeignet.

abzuschätzen. Daher kann die Auswirkung psychologischer Wettbewerbsvorteile nicht vollständig erfasst werden. Sie wird jedoch aufgrund der oben dargestellten Situation eher als gering eingestuft.

7.1.2.6 Dominantes Design (Standard)

Die untersuchten Pioniere konnten mit ihren Geschäftsmodellen **kein dominantes Design** bzw. einen Standard einführen. Dies lag vor allem am fehlenden Erreichen der kritischen Masse. Lediglich einer Unternehmung gelang es, nach dem Ausscheiden ihrer Konkurrenten eine dominante Marktposition zu erreichen und sich als Standard zu etablieren.

7.1.2.7 Netzeffekte

Die Geschäftsmodelle der untersuchten Pioniere waren darauf ausgerichtet, eine kritische Masse zu erreichen und Netzeffekte aufzubauen.[1224] Das kostenlose Angebot der Produkte deutete zunächst auf die Existenz von Netzeffekten, z. B. in der Dienstleistungsvermittlung, hin. Inwieweit diese Netzeffekte sich zu Lock-In-Mechanismen für die Kunden entwickeln würden, zeigte sich bei der **Implementierung von Gebührenmodellen**. Sowohl die zielgruppenspezifischen Startups als auch die Dienstleistungsvermittler konnten mit ihrem Geschäftsmodell keine kritische Masse erreichen, die ausgereicht hätte, kostendeckende Einnahmen für die Unternehmung zu generieren. Aus diesem Grunde erweiterten die beiden erfolgreichen Startups ihre Geschäftsmodelle bzw. setzten auf die Kooperation mit Vertriebspartnern, um Gewinne zu erzielen. Echte Netzeffekte vermochten diese Pioniere jedoch auch mit ihrem veränderten Geschäftsmodell nicht aufzubauen.

Nur die untersuchten **Internet-Auktionshäuser** gaben an, aufgrund ihrer Geschäftsidee besonders von Netzeffekten profitiert und eine kritische Masse an Kunden gewonnen zu haben, da sich sowohl das Warenangebot mit steigender Verkäuferzahl erhöhte als auch die Anzahl potenzieller Käufer stieg. Obwohl beide Unternehmungen im Jahr 2000 eine starke Position innehatten, setzte eines der Startups eine bessere Strategie um. Nachdem es den Kunden den Mehrwert des Produktes nahe gebracht hatte, verzeichnete dieses Auktionshaus die langfristige Zahlungsbereitschaft seiner Nutzer.

1224 Diese sollten z. B. durch ein umfassendes nationales Angebot an Dienstleistungen sowie durch den Aufbau einer Community unter den Nutzern zustande kommen.

Alle anderen Startups konnten mit Hilfe von Netzeffekten keine ausreichenden Rückflüsse für ihre monatlichen Ausgaben generieren. Damit erwies sich die Auswirkung von Netzeffekten in der vorliegenden empirischen Untersuchung als weniger positiv, als dies von Porter und Lieberman angenommen worden war.[1225] Die vorliegenden Ergebnisse stimmen eher mit den Untersuchungsergebnissen von Srinivasan und Kollegen (2004) überein, die die Wirkung von Netzeffekten von Marktgegebenheiten und Unternehmungsmerkmalen abhängig machten.[1226]

7.1.3 Pionier-Nachteile in der Internet-Ökonomie

In der wissenschaftlichen Literatur zur Internet-Ökonomie finden sich bislang keine empirischen Erhebungen zu Auswirkungen von Pionier-Nachteilen. Die Ergebnisse aus der Befragung erfolgloser Pioniere sollen dazu dienen, hier eine Forschungslücke zu schließen.[1227]

7.1.3.1 Kostenbezogene Faktoren (Free-Rider-Effekte)

Die hohe Markttransparenz, die **einfache Imitation** von Internet-Seiten und der zu Beginn einfache Zugang zu Finanzressourcen ermöglichten Folgern nicht nur den schnellen Eintritt in den Markt, sondern auch das Ausnutzen von Free-Rider-Effekten. Insbesondere von den Investitionen der Pioniere im Bereich der Technologieherstellung, der Infrastruktur (z. B. Zahlungsabwicklung) sowie der allgemeinen Bekanntmachung des Produkts und seines Nutzens konnten die Folger profitieren. Zwar war das generelle Misstrauen der Kunden in die Sicherheit des Internets noch nicht völlig überwunden, jedoch hatten erste positive Erfahrungen mit dem Pionier-Produkt die Besorgnis erheblich reduziert, was den Folgern zum Vorteil gereichte. Keiner der untersuchten Pioniere konnten sich gegen Free-Rider-Effekte wirkungsvoll schützen.

Die erwartete **Mobilität am Arbeitsmarkt** fand sich bei den untersuchten Unternehmungen nicht. Abgesehen von einer als normal anzusehenden Fluktuation durch den vermehrten Einsatz von Praktikanten gelang es allen Gründern, ihre fest angestellten Mitarbeiter durch geeignete Personalarbeit zu motivieren und an ihre Unternehmung zu binden.[1228]

1225 Vgl. Porter (2001) und Lieberman (2002).
1226 Vgl. Srinivasan/Lilien/Rangaswamy (2004), S. 52ff.
1227 Vgl. Lieberman/Montgomery (1998).
1228 Dies widerspricht Untersuchungen, die eine Fluktuation zwischen Startups konstatierten. Vgl. Rogers/ Larsen (1985), S. 101f.

7.1.3.2 Risikobezogene Faktoren (Auflösung von Ungewissheit)

Die Auflösung von Marktungewissheit führte bei vier Unternehmungen zu der Einsicht, dass sie sich auf ein **unattraktives Marktsegment** fokussiert hatten. Die Kunden- und Umsatzzuwächse entwickelten sich nicht wie erwartet, was dazu führte, dass einige potenzielle Folger ihren Markteintritt verschoben (z. B. blieb der Eintritt der Gelben Seiten in die Dienstleistungsvermittlung bisher aus). Die beiden erfolgreichen Unternehmungen dieser Marktsegmente konnten ihr Überleben nur durch eine **Ausweichstrategie** und die Veränderung ihrer Geschäftsmodelle sicherstellen.

Einzig das Segment der **Internet-Auktionen** scheint ein ausreichendes Marktvolumen zu besitzen, um die hohen Wachstumsprognosen rechtfertigen zu können. Startups und Spin-Offs etablierter Unternehmungen (z. B. Andsold von Bertelsmann) folgten in den Markt und konnten von der Auflösung von Ungewissheit, d. h. von den Erfahrungen und Investitionen des Pioniers profitieren.

Im Bereich der **Technologie** mussten die Pioniere im Zeitablauf zwar Anpassungen vornehmen und einige Entwicklungen, wie beispielsweise mobile Dienste, in ihr Produktangebot aufnehmen. Jedoch verzeichneten alle untersuchten Marktsegmente bis zum Untersuchungszeitpunkt insgesamt **keine revolutionären Entwicklungen,** die die Pioniere vor das Problem einer veralteten Technologie gestellt hätten.

7.1.3.3 Lerneffekte bzw. Trägheit des Pioniers

Die untersuchten Startups leisteten nicht nur die Vorarbeit im Bereich der Markterschließung und des grundsätzlichen Verständnisses von Internet-Angeboten. Ihre Folger konnten außerdem von den Fehlern der Pioniere lernen. Diese zeigten sich insbesondere im Bereich des **Marketings**. Die Folger beschränkten ihre Werbeaktivitäten auf Öffentlichkeitsarbeit sowie Online-Werbung, nachdem die Pioniere mit TV- und Printwerbung keine Erfolge verzeichnet hatten. Zwei erfolglose Pioniere stellten darüber hinaus durch ihr Beispiel einer übereilten **Internationalisierung** eine Warnung für ihre Folger dar.

Fünf der untersuchten Startups scheiterten mit ihrer Geschäftsidee, da sie die kritische Masse nicht erreichten. Zwei Unternehmungen zeigten jedoch große Flexibilität, indem sie ihr Geschäftsmodell veränderten. Diese Unternehmungen besannen sich auf ihre Stärken bzw. Kernkompetenzen und nutzten diese zur Erfüllung der Kundenbedürfnisse, auch wenn sie dadurch ihr eigentliches Produkt einer **Kannibalisierung** unterzogen. Die erfolglosen Unternehmungen dagegen hielten an ihrer Strategie und Positionierung fest, da sie ihre Investitionen in Technologie und Marktentwicklung nicht aufgeben wollten. Damit wiesen diese Unternehmungen eindeutige Merkmale der Trägheit des Pioniers auf.

Die vorliegende Untersuchung bestätigt somit die Vermutung, dass die „Incumbent Inertia" auch in der Internet-Ökonomie existiert. Wichtig für die Pionier-Startups war ihre Fähigkeit, Technologie und Kundenwünsche als Herausforderungen zu erkennen und aus möglichen Misserfolgen schnell zu lernen. Die Wahrscheinlichkeit, ein Produkt auf Anhieb völlig richtig zu positionieren, wurde bereits von anderen Autoren als äußerst gering bezeichnet.[1229] Damit wird das **Verständnis für den Markt** zu einem wesentlichen Erfolgsfaktor, der dabei helfen kann, den sich weiterentwickelnden Ansprüchen der Abnehmer gerecht zu werden.[1230]

7.1.4 Fazit zu den Pionier-Mechanismen in der Internet-Ökonomie

Der Vergleich der vermuteten Wirkungszusammenhänge von Pionier-Mechanismen mit den in der Empirie ermittelten Ergebnissen wird in Tabelle 7.1 zusammengefasst. Diese Übersicht verdeutlicht, dass die angebotsbezogenen Pionier-Vorteile in der Internet-Ökonomie vor allem aus der Besetzung knapper Ressourcen in den Bereichen Mitarbeiter, Kapital und dem Zugang zu attraktiven Kooperationspartnern entstanden.[1231] Nachfragebezogene Pionier-Vorteile resultierten vor allem aus der klaren Produktdifferenzierung mit einer Nischenstrategie sowie aus der starken Einbeziehung der Kunden in die Produktentwicklung. Einzelne Startups erzielten auch durch Marketingstrategien, die auf Öffentlichkeitsarbeit und der Zusammenarbeit mit Vertriebspartnern beruhten, Erfolge. Eine kritische Masse erreichte allerdings nur ein Startup, weshalb Netzeffekte und echte Wechselkosten für Kunden nur begrenzt nachgewiesen werden konnten.

1229 Vgl. hierzu auch Rosenbloom/Cusumano (1987), S. 51f.; Oelsnitz (1996a), S. 186; Nault/Vandenbosch (1996), S. 342ff.
1230 Vgl. Bayus/Jain/Rao (1997), S. 59.
1231 Auf die negativen Auswirkungen dieser Kooperationen im Sinne hoher vertraglicher Fixkosten für die Pioniere wurde bereits verschiedentlich hingewiesen.

Pionier-Mechanismus	Ergebnisse
Technologische Führerschaft	
Economies of Scale	• Trotz geeigneter Produkte konnte keine kritische Masse und damit kein Pionier-Vorteil durch EOS erreicht werden.
Erfahrungskurveneffekte	• Durch die kurze Alleinstellungsphase und die hohe Markttransparenz wurden keine Pionier-Vorteile durch Erfahrungskurveneffekte generiert.
Forschungserfolge und Patente	• Webseiten wurden durch Konkurrenten schnell imitiert. Einzig die dahinter liegenden Prozesse blieben verborgen. • Eine Unternehmung konnte ihre Technologie lizenzieren und erlangte dadurch einen Pionier-Vorteil.
Besetzung knapper Ressourcen	
Zugang zu Inputfaktoren	• Die Mitarbeitergewinnung hatte in allen Unternehmungen höchste Priorität. Die Mobilität der Mitarbeiter wirkte sich nicht negativ aus. • Erfolglose Unternehmungen verfolgten eine überdimensionierte Personalplanung. • Alle Startups erlangten Vorteile aufgrund ihrer Pionier-Stellung beim Zugang zu Venture Capital.
Zugang zu Lokalitäten in geografischer und produktcharakteristischer Hinsicht	• Die Pioniere erreichten durch ihren frühen Zugang zu Kooperationspartnern und die Ansiedelung in Großstädten Vorteile. • Für einen erfolglosen Pionier gingen die Kooperationsverträge mit sehr hohen monatlichen Verbindlichkeiten einher.
Abschreckung durch Investitionsankündigungen	• Keine Pionier-Vorteile trotz großem Interesse der Presse wegen eines Information Overload bei der Informationsaufnahme potenzieller Kunden.
Preisgestaltung	• Die Follow the Free-Strategie und die mangelnde Zahlungsbereitschaft machten Pionier-Vorteile durch eine besondere Preisgestaltung unmöglich.

(Angebotsbezogene Pionier-Vorteile)

Tabelle 7.1: Wirkung von Pionier-Mechanismen in der Internet-Ökonomie
Quelle: Eigene Darstellung

Pionier-Mechanismus		Ergebnisse
Nachfragebezogene Pionier-Vorteile	Produktdifferenzierung	• Die Individualisierung brachte keine Pionier-Vorteile. • Erfolgreiche Startups fokussierten sich auf eine spezielle Zielgruppe oder Nische.
	Asymmetrisches Marketing	• Alle Startups tätigten hohe Investitionen in klassische Marketing-Instrumente, ohne dadurch eine nachhaltige Marke oder Reputation aufbauen zu können. • Die kurze Alleinstellung und die geringe Kundenloyalität erschwerten asymmetrische Marketingvorteile. • Nur Öffentlichkeitsarbeit und Partnerschaften halfen bei der Steigerung der Bekanntheit.
	Wechselkosten	• Nur ein Startup konnte wirksame Wechselkosten durch ein Ratingsystem aufbauen. Andere Wege versagten. • Nicht alle Geschäftsmodelle eigneten sich für den Aufbau von Wechselkosten.
	Qualitätsunsicherheiten	• Die unsichere Rechtslage traf Pioniere und frühe Folger. • Keine Vorteile in Bezug auf die Qualität des Pionier-Produkts wegen einer zu kurzen Alleinstellungsphase.
	Psychologische Wettbewerbsvorteile	• Die geringe Kundenloyalität und die kurze Pionier-Phase reichten nicht für den Aufbau psychologischer Wettbewerbsvorteile.
	Dominantes Design (Standard)	• Die untersuchten Pioniere konnten mit ihren Geschäftsmodellen weder ein dominantes Designs noch Standards einführen.
	Netzeffekte	• Auch wenn alle Geschäftsideen auf Netzeffekten aufbauten, konnte nur eine Unternehmung die kritische Masse erreichen und damit Pionier-Vorteile durch Netzeffekte ausnutzen.

Tabelle 7.1 (Fortsetzung 1): Wirkung von Pionier-Mechanismen in der Internet-Ökonomie
Quelle: Eigene Darstellung

Pionier-Mechanismus		Ergebnisse
Pionier-Nachteile	Kostenbezogene Faktoren (Free-Rider-Effekte)	• Durch die einfache Imitation von Webseiten, die hohe Markttransparenz und ihre kostenintensive Marktaufbauleistung erlitten die Pioniere Nachteile. • Free-Rider-Effekte am Arbeitsmarkt zeigten sich nicht.
	Risikobezogene Faktoren (Auflösung von Ungewissheit)	• Vier Geschäftmodelle waren auf ein eher unattraktives Marktsegment ausgelegt und wurden von der Marktentwicklung enttäuscht. • Disruptive Technologiesprünge wurden nicht festgestellt.
	Lerneffekte bzw. Trägheit des Pioniers	• Folger konnten von den Fehlern der Pioniere beim Einsatz klassischer Marketinginstrumente und der Durchführung einer übereilten Expansion lernen. • Zwei erfolgreiche Pioniere scheiterten zunächst mit ihrem Geschäftsmodell, passten dieses dann aber an die Marktentwicklung und die Unternehmungsressourcen an. Sie erlagen somit nicht der Trägheit.

Tabelle 7.1 (Fortsetzung 2): Wirkung von Pionier-Mechanismen in der Internet-Ökonomie
Quelle: Eigene Darstellung

Die Pionier-Nachteile wirkten sich bei allen untersuchten Startups gravierend aus. Durch die einfache Imitation der Geschäftsmodelle konnten Folger Free-Rider-Effekte in der Technologie- und Infrastrukturentwicklung sowie im Marketing realisieren. Die Auflösung von Marktungewissheit führte in zwei Fällen zu Ausweichstrategien der Folger. Diese konnten außerdem Lerneffekte nutzen, d. h. in den Bereichen Marketing- und Internationalisierungsstrategie aus den Fehlern der Pioniere lernen. Besonders hervorzuheben ist jedoch die Trägheit der Pioniere, die sich als starker Pionier-Nachteil herausstellte. Die erfolgreichen Pioniere zeigten dagegen eine größere Flexibilität durch ihre Anpassung an die Marktentwicklung.

Zwar entfalteten im Zusammenhang mit der Internet-Ökonomie nicht alle Pionier-Mechanismen ihre volle Wirkung, so dass die Pioniere beispielsweise in ihrer Monopolphase selten wirkungsvolle Markteintrittsbarrieren aufbauen konnten. Insgesamt lässt sich aber vor allem eine situationsabhängige Wirkung einzelner Mechanismen feststellen. So konnten Netzeffekte allein im Marktsegment Internet-Auktionen nachgewiesen werden. Technologische Pionier-Mechanismen zeigten aufgrund des Marktvolumens in keinem Fall die erwartete Wirkung. Damit konnte empirisch belegt werden, dass Pionier-Vorteile in der Internet-Ökonomie kein Mythos sind, sondern in einigen Fällen tatsächlich ausgenutzt werden konnten.

Mit Hilfe der empirischen Untersuchung wurden neben den Pionier-Mechanismen auch weitere Faktoren aus den Bereichen Markt- und interne Unternehmungscharakteristika ermittelt, die über Erfolg oder Misserfolg der Internet-Pioniere entscheiden. Eine detaillierte Darstellung dieser Faktoren soll im Folgenden gegeben werden.

7.2 Faktoren für den Erfolg von Internet-Pionieren

Die in Kapitel 7.1 dargestellten Ergebnisse entsprechen einigen der in Kapitel vier vermuteten Wirkungszusammenhänge. Es ergaben sich jedoch auch Widersprüche im Vergleich zur Literatur angrenzender Themengebiete.[1232] So zeigten sich Diskrepanzen zur bisherigen Entrepreneurship-Forschung ebenso wie zur Literatur der Internet-Ökonomie und der Pionier-Forschung. Im Folgenden soll auf die Erfolgs- und Misserfolgsfaktoren von Internet-Pionieren näher eingegangen werden, wobei sich diese Betrachtung aufgrund der Komplexität der Zusammenhänge auf wesentliche Einflussgrößen des Erfolgs beschränken wird.[1233]

Die hier ermittelten, essentiellen Erfolgsfaktoren ergaben sich sowohl aus einer Verdichtung der Ergebnisse des Kapitels sechs und den empirisch nachgewiesenen Pionier-Mechanismen in der Internet-Ökonomie als auch konkret aus den Interviews mit Gründern und Experten. Dafür wurde die grundsätzliche Frage thematisiert, welche Faktoren – losgelöst von den direkten Auswirkungen potenzieller Pionier-Mechanismen – einen wesentlichen Einfluss auf den Erfolg oder Misserfolg der jeweiligen Startups ausgeübt hatten. Die wesentlichen Einflussgrößen ließen sich anschließend als moderierende Variablen auf die Beziehung zwischen der Markteintrittsstrategie und dem Erfolg der Internet-Pioniere konstruieren.

Abbildung 7.1 stellt die in der empirischen Untersuchung herausgefilterten Erfolgsfaktoren dar. Dabei wird in Anlehnung an andere empirische Studien der Pionier-Forschung eine Unterteilung dieser Faktoren in die Bereiche Ressourcen der Unternehmung, Produkt-Markt-Charakteristika und Wettbewerbsstrategie vorgenom-

---

[1232] Der Vergleich der Ergebnisse mit entsprechender Literatur folgt den Empfehlungen von Eisenhardt.
[1233] Vgl. zur Erfolgsfaktorenforschung die Ausführungen in Kapitel drei.

men.[1234] Eine detaillierte Beschreibung der einzelnen Faktoren schließt sich in den folgenden Abschnitten an.

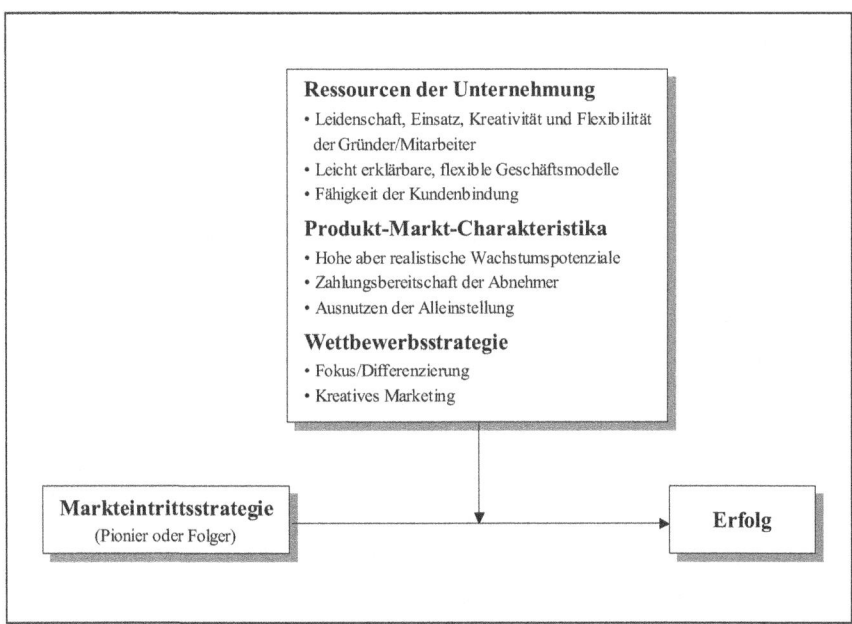

Abbildung 7.1: Erfolgsfaktoren von Pionieren in der Internet-Ökonomie
Quelle: Eigene Darstellung

7.2.1 Ressourcen der Unternehmung

7.2.1.1 Eigenschaften der Gründer und Mitarbeiter

Auf die Schwerpunkte der Gründungsforschung, die die Eigenschaften von Gründern als besonders erfolgskritisch herausstellt, wurde bereits in Kapitel 4.5.1 hingewiesen.[1235] Aufgrund der oft fehlenden Organisationsstruktur in den Startups und die Mitwirkung der Gründer in diversen operativen Aufgaben beziehen sich die folgenden Ausführungen vielfach auch auf Eigenschaften und Fähigkeiten von leitenden Mitarbeitern.

1234 Vgl. die Ausführungen zur empirischen Pionierforschung in Abschnitt 3.1.1.3.
1235 Vgl. die Ausführungen in Kapitel 4.5.1 zu den Widersprüchen und Problemen in der Datenerhebung.

Während in der vorliegenden Untersuchung weder das **Alter** noch die **Führungs- oder Gründungserfahrung** der Internet-Gründer als Erfolgsfaktoren nachgewiesen wurden, ließ sich ein deutlicher Einfluss bestimmter Persönlichkeitsmerkmale auf den Erfolg ausmachen. Damit wird die Studie von Opitz (1990) bestätigt, der das **Persönlichkeitsprofil** der Gründer für wichtiger hält als deren Erfahrung und somit psychologische Faktoren ins Zentrum der Betrachtung rückt.[1236]

Beim Vergleich der erfolgreichen mit den nicht erfolgreichen Internet-Startups unterschieden sich die Gründer durch die **Leidenschaft**, die sie für ihre Idee und das Thema Internet entwickelten. Die erfolgreichen Teams arbeiteten mit hohem Einsatz und großer Begeisterung an der Verwirklichung ihrer Idee. Besonders wichtig für den Unternehmungserfolg war dabei auch die Bereitschaft zu regelmäßigem **Austausch mit der Zielgruppe**.[1237]

Die erfolglosen Gründer dieser Studie wurden von ihren Mitarbeitern bzw. von Experten als weniger enthusiastisch und vielmehr vorgeprägt durch ihre bisherigen Erfahrungen beschrieben. Beispielsweise waren einige dieser Gründer kaum bereit, auf bestimmte Statussymbole zu verzichten, wofür umfangreiche Ressourcen eingesetzt wurden. Oder sie hielten aufgrund ihrer bisherigen Erfahrung an bestimmten Marketingstrategien fest, obwohl sich diese im Internet bereits als ineffizient erwiesen hatten.

Besonders bemerkenswert war auch die **Kreativität und Flexibilität,** die zwei erfolgreiche Gründerteams bewiesen, nachdem ihre Erwartungen zur Markt- und Umsatzentwicklung sich nicht erfüllt hatten. Diese Teams waren in der Lage, ihre eigenen Kernkompetenzen zu identifizieren und zeigten die Bereitschaft, ihr Geschäftsmodell grundlegend zu verändern.[1238] Damit hatten diese Unternehmungen aus ihren Fehlern gelernt und die Trägheit des Pioniers vermieden.

7.2.1.2 Merkmale des Geschäftsmodells

Die Ausführungen in den Abschnitten 4.5.2 und 6.2.2 deuteten bereits auf die besondere Rolle des Geschäftsmodells für den Unternehmungserfolg hin. In der vorliegenden Untersuchung erwiesen sich vor allem **leicht erklärbare Geschäftsmodelle** als erfolgreich. Gerade in einer frühen Phase der Internet-Ökonomie musste das neue

---

1236 Vgl. Opitz (1990), S. 134.
1237 Vgl. hierzu auch die Ausführungen in Abschnitt 6.2.1 zur Kundeneinbindung.
1238 Vgl. die Arbeit von Nault/Vandenbosch (1996), S. 342ff., zur Notwendigkeit einer Kannibalisierung des eigenen Produktes in hypercompetitiven Umwelten.

Medium seinen potenziellen Nutzern erst nahe gebracht werden. Erfolgreiche Pionier-Produkte zeichneten sich dadurch aus, dass sie gut nachvollziehbar und für den täglichen Gebrauch nützlich waren.

Ferner wurde aufgrund des rasanten Wachstums in der Internet-Ökonomie empfohlen, **flexible Bestandteile** in das Geschäftsmodell einzubauen, um auf eventuelle Chancen oder Bedrohungen reagieren zu können.[1239] Beide Dienstleistungsvermittlungen im Internet scheiterten z. B. wegen der geringen Nachfrage der Kunden. Privatpersonen haben keinen täglichen Bedarf an Dienstleistungen, so dass eine Nutzung dieser Internet-Seiten eher selten erfolgte. Auch die Internet-Seite, die die Bedürfnisse älterer Kunden bedienen wollte, musste sich mit dem fehlenden Interesse und dem mangelnden Zugang seiner Zielgruppe zum Internet abfinden. Die Kinder-Internet-Seite dagegen stand mit zu vielen kostenfreien Internet-Seiten im Wettbewerb und konnte daher ihre Nutzer nicht für ein kostenpflichtiges Abonnement gewinnen. Einzig für die Internet-Auktionen erfüllten sich die Wachstumserwartungen, was zur Etablierung eines hoch frequentierten neuen Marktsegments im Internet führte.

Zwei Gründerteams erkannten, dass die von ihnen geplante Unternehmungsentwicklung mit ihren Geschäftsideen nicht realisierbar sein würde. Gleichzeitig boten ihre Geschäftsmodelle jedoch **Anpassungsmöglichkeiten**. Der Erfolg dieser beiden Start-ups ist folglich auf die Bereitschaft der Gründer zum Wandel ihres Unternehmungsgegenstandes sowie auf die **Flexibilität der Geschäftsmodelle** und ihre Ausbaufähigkeit zurückzuführen.

7.2.1.3 Fähigkeit der Kundenbindung

Eine starke **Kundenorientierung** und eine **nachhaltige Kundenbindung** wurden in der Gründungsforschung als wesentliche Erfolgsfaktoren identifiziert. Darunter fallen Informationen über Kundenbedürfnisse, die Integration des Kunden in die Produktgestaltung sowie die Sicherstellung der Kundenzufriedenheit.[1240]

Während in der frühen Phase der Internet-Ökonomie noch **keine gesicherten Erkenntnisse über Kundenbedürfnisse** vorlagen und die Strategie einer Individualisierung des Angebots kaum einträglich war, ließ sich die **Kundenintegration**[1241] im Sinne einer Mitwirkung und Einbindung von Kunden in die Entwicklung der

---

1239 Vgl. Lammerskötter/Klein (2001), S. 59.
1240 Vgl. Müller (2003), S. 96ff. + 104. Homburg konnte die Nähe zum Kunden als besonders wichtigen Aspekt der Unternehmensführung empirisch nachweisen; vgl. Homburg (1998).
1241 Vgl. Kleinaltenkamp (1996), S. 15.

Leistungen von den untersuchten Startups durchaus realisieren. Die erfolgreichen Internet-Pioniere forcierten die Integration ihrer Kunden bereits in der Entwicklungsphase.[1242] Statt teurer Marketingkampagnen suchten sie den direkten Austausch mit ihrer Zielgruppe und bauten eine intensive emotionale Beziehung mit ihren Kunden auf, so dass auch Innovationen eines späteren Folgers kaum als Nutzenverbesserungen angesehen wurden und die Kunden an das Pionier-Produkt gebunden blieben.[1243] Auch in der Wachstumsphase verfolgten die erfolgreichen Unternehmungen eine konsequente Kundenintegration, indem sie z. B. alle neuen Produkte von ausgewählten Pilotkunden[1244] testen ließen und regelmäßiges **Feedback** einholten. Die Pionier-Unternehmungen minimierten damit die Gefahr kostenintensiver Fehl- bzw. Mehrentwicklungen, die am Markt nicht angenommen würden.[1245] Gleichzeitig erhöhten sich die emotionalen Wechselkosten der eingebundenen Kunden, so dass trotz ähnlicher Folgerprodukte eine größere Loyalität zu dem jeweiligen Pionier-Produkt entstand.[1246]

Gerade die in Kapitel vier dargestellte **hohe Machtposition der Kunden** in der Internet-Ökonomie erforderte eine besonders intensive Berücksichtigung der Kundenwünsche. So stellte auch Müller (2003) in seiner Studie zu Software-Unternehmungen der New Economy fest, dass gerade in dynamischen Märkten die Kundenorientierung und -bindung an Bedeutung gewinne. Die konsequente und vollständige Umsetzung der Kundenorientierung wirke sich positiv auf den Unternehmungserfolg aus, auch wenn dies u. a. die Bereitstellung von Ressourcen erfordere, die in jungen Unternehmungen häufig begrenzt seien.[1247]

7.2.2 Produkt-Markt-Charakteristika

7.2.2.1 Wachstumspotenzial der Marktsegmente

Im Bereich der Produkt-Markt-Charakteristika war besonders ein hohes Wachstumspotenzial der jeweiligen Marktsegmente für den Erfolg der Pionier-Unternehmungen

---

1242 Dies entspricht auch den Ergebnissen von Werner, der empirisch nachwies, dass erfolgreiche Unternehmungen sich durch intensive Kundenkontakte während der F&E-Phase auszeichneten; vgl. Werner (2000), S. 123.
1243 Vgl. Remmerbach (1988), S. 123 sowie die Ausführungen zum kreativen Marketing in 7.2.3.2.
1244 Pilotkunden sind Kunden, die maßgeblich von dem innovativen Vorhaben profitieren und gleichzeitig innovativen Entwicklungen gegenüber aufgeschlossen sind und als Referenz im Markt gelten; vgl. Werner (2000), S. 26; Hippel (1986), S. 791ff.
1245 Vgl. Picot/Laub/Schneider (1989), S. 143f.; Gemünden/Konrad (2000), S. 257; Knecht (2002), S. 123.
1246 Dies stellte auch Smith in seiner Betrachtung von eBay und Amazon fest; vgl. Smith (1999), S. 111f.
1247 Vgl. Müller (2003), S. 206ff.

von Bedeutung. Die optimistischen Wachstumsraten erfüllten sich in der vorliegenden Untersuchung nur für das Marktsegment der Internet-Auktionen.

Gleichsam räumten einige Gründer in den Interviews ein, dass vielfach **überzogene Wachstumsprognosen** der Zielmärkte in den Businessplänen festgeschrieben wurden, um potenzielle Kapitalgeber von dem Geschäftsmodell zu überzeugen.[1248] Das wirkliche Potenzial der jeweiligen Märkte offenbarte sich mit der Einführung von Gebührenmodellen, bei der die Zahlungsbereitschaft der Abnehmer zur kritischen Größe avancierte.

7.2.2.2 Zahlungsbereitschaft der Abnehmer

Ein weiterer, wichtiger Einflussfaktor auf den Erfolg von Internet-Pionieren war die starke Position ihrer Abnehmer und deren geringe Zahlungsbereitschaft für Internet-Produkte. Die in Kapitel vier beschriebenen Gründe für die steigende Verhandlungsmacht der Kunden hatten schwerwiegende Auswirkungen auf die Entwicklung der untersuchten Internet-Pioniere. Die **geringen Wechselkosten** und die damit verbundene niedrige **Loyalität der Abnehmer** gegenüber dem Pionier-Produkt waren hierfür ebenso ausschlaggebend wie deren Erwartung kostenloser Internet-Leistungen, die durch die **Follow the Free-Strategie** vieler Internet-Unternehmungen geschürt wurde. Porter verwies darauf, dass viele Startups den derzeitigen Preiswettbewerb selbst verschuldet hätten, da sie bei der Wahl ihrer Wettbewerbsstrategie nicht berücksichtigt hatten, dass sie kaum über Kosteneinsparpotenziale verfügten.[1249]

Obwohl vergleichbare Produkte oder Dienstleistungen im Internet kostenfrei angeboten wurden, konnten die hier untersuchten erfolgreichen Internet-Pioniere eine Zahlungsbereitschaft bei ihren Abnehmern erzielen. Dies ging in der Regel damit einher, dass sie den Nutzen ihrer Produkte durch kreative Marketing-Maßnahmen geschickt vermittelt hatten und/oder mit ihrem Geschäftsmodell einen elementaren Mehrwert gegenüber Konkurrenzprodukten bieten konnten.[1250]

[1248] Bspw. ergab eine Studie von Opitz, dass für Venture Capitalisten das Wachstum des Marktes eines der wichtigsten Entscheidungskriterien für eine Unternehmungsbeteiligung war; vgl. Opitz (1990), S. 135f.
[1249] Vgl. Porter (2001), S. 64f.
[1250] Vgl. hierzu die Ausführungen zu den beiden Erfolgsfaktoren in 7.2.1.2 und 7.2.3.2.

7.2.2.3 Ausnutzen der Alleinstellung

Das größte Problem der Internet-Pioniere bestand in der **kurzen Phase ihrer Alleinstellung** (Leadtime) am Markt. Diese Monopolphase, in der sie die exklusive Aufmerksamkeit der Öffentlichkeit genossen, Lernprozesse durchliefen oder Wechselkosten aufbauen konnten, war für die Startups zu kurz, so dass viele Mechanismen der Pionier-Vorteile nicht ihre volle Wirkung entfalten konnten. Ein gewisses „paranoides Verhalten" vieler Internet-Gründer, wie es z. B. auch im Silicon Valley beobachtet wurde,[1251] hatte daher durchaus seine Berechtigung.

Während Golder und Tellis (1993) noch von einer Alleinstellung von zehn Jahren in traditionellen Branchen ausgingen,[1252] betrug sie in einer Untersuchung der Internet-Branche von Hidding und Williams (2003) nur noch zwei bis vier Jahre.[1253] Die in dieser Arbeit untersuchten Pionier-Startups konnten eine maximale Alleinstellung von **sechs Monaten** verzeichnen, da aufgrund der hohen Markttransparenz und den geringen Eintrittsbarrieren schnell Folger in die Marktsegmente eintraten.

Der Leadtime wurde bereits in diversen empirischen Untersuchungen ein entscheidender Einfluss auf die Überlebenswahrscheinlichkeit der Pioniere attestiert.[1254] So stellten Brown und Lattin (1994) fest, dass der Pionier-Vorteil in Bezug auf einen dominanten **Marktanteil** von der Marktentwicklung abhängt. Je länger eine Unternehmung allein am Markt agiert, desto größer ist der Marktanteilsvorsprung.[1255] Auch die **Switching Costs** der Kunden steigen mit zunehmender Leadtime,[1256] denn der Kunde benötigt eine gewisse Zeit, um sich Wissen über ein Produkt anzueignen. Solange nur das Pionier-Produkt am Markt vorhanden ist, wird er sein Wissen allein an diesem Produkt ausrichten.[1257]

Aus diesem Grund wird die Leadtime oft auch als **Window of Opportunity**[1258] bezeichnet, in dem der Pionier mit Hilfe seiner Monopolstellung neue Kunden

---

[1251] Vgl. Vlamis/Smith (2001), S. 224. Aus Angst vor schnellen Folgern mit besseren Produkten oder höherer Kapitalausstattung befanden sich die Gründer permanent unter Zeit- und Leistungsdruck. Dies hatte massive Auswirkungen auf die Unternehmungskultur.
[1252] Vgl. Golder/Tellis (1993), S. 163ff.
[1253] Die Autoren begründeten diese Reduzierung mit der Intensivierung des Wettbewerbs seit Beginn der Herstellung von Technologieprodukten in den 70er Jahren, wodurch sich auch die Dauer entsprechender Wettbewerbsvorteile verringerte. Vgl. Hidding/Williams (2003), S. 6.
[1254] Vgl. z. B. Hurwitz/Caves (1988), S. 317f.; Huff/Robinson (1994), S. 1376; Robinson/Min (2002), S. 120ff. Zu einer dem widersprechenden Ansicht vgl. Fershtman/Mahajan/Muller (1990), S. 913.
[1255] Vgl. Brown/Lattin (1994), S. 1368.
[1256] Vgl. Karakaya/Stahl (1989), S. 88.
[1257] Vgl. Capenter/Nakamoto (1989) sowie die Ausführungen zu psychologischen Wettbewerbsvorteilen.
[1258] Vgl. Huff/Robinson (1994), S. 1372ff.; hier allerdings anders definiert als bei Abell (1978).

akquirieren und binden kann. Dabei werden die größten Vorteile innovativen Unternehmungen zugesprochen, die sowohl als erste im Markt waren als auch ihren Innovationsvorsprung über lange Zeit aufrechterhalten konnten.

Ein **innovatives Verhalten** der hier untersuchten Pionier-Startups in der Alleinstellungszeit wurde ebenfalls belohnt. So nutzten die erfolgreichen Unternehmungen diese Zeit aus, um mit Hilfe kreativer Marketingmaßnahmen Kunden zu gewinnen und durch Öffentlichkeitsarbeit eine allgemeine Bekanntheit zu erlangen. Einige Pioniere konnten sich in der Leadtime ferner einen Zugang zu qualifizierten Mitarbeitern und wichtigen Kooperationspartnern verschaffen.

7.2.3 Wettbewerbsstrategie

7.2.3.1 Fokus/Differenzierung

Die vorliegende Untersuchung von Internet-Pionieren hat gezeigt, dass das Verfolgen einer **Fokus- bzw. Differenzierungsstrategie** in der Pionier-Phase besonders Erfolg versprechend war. Diejenigen Startups, die sich zu Beginn auf eine Zielgruppe, ein Interaktionsmuster (z. B. B2B), eine Region oder ein begrenztes Angebot (z. B. Internet-Shop oder -Magazin) fokussiert hatten, konnten bessere Ressourcen und Fähigkeiten entwickeln. Die erfolglosen Unternehmungen dagegen starteten mit einem zu großen Angebotsspektrum und „verzettelten" sich in der Aufgabenerfüllung.

Auch in der wissenschaftlichen Literatur wird das Verfolgen einer Nischenstrategie für Unternehmungsgründungen empfohlen.[1259] Dabei haben sich für kleine Unternehmungen Fokusstrategien unabhängig vom Markteintrittszeitpunkt als sinnvoll erwiesen, da diesen Unternehmungen zu Beginn das Potenzial fehlt, Kundenbedürfnisse in mehreren Segmenten zu erfüllen.[1260] Dieser Auffassung widerspricht allerdings Werner (2000), der von einem positiven Zusammenhang zwischen dem Unternehmungserfolg und der steigenden Komplexität des angebotenen Produkts ausgeht. Werner vertritt die Meinung, dass die Gefahr der „Verzettelung" durch die Vorteile hoher Komplexität aufgewogen wird. Diese garantiere zum einen wachsenden Schutz vor Nachahmung und beinhalte zum anderen die Möglichkeit, durch die modulare Gestaltung einer komplexen Lösung flexibel auf Anwenderwünsche zu reagieren.[1261]

1259 Vgl. Knecht (2002), S. 123; Albers/Panten/Schäfers (2002c), S. 228; Porter (2001), S. 76f.
1260 Vgl. Boersch/Elschen (2002), S. 277; Wernerfelt/Karnani (1987), S. 193; Meffert/Remmerbach (1988), S. 338.
1261 Vgl. Werner (2000), S. 123.

Ein nachweislicher Beleg für das Versagen unfokussierter Strategien war der Misserfolg der **frühen Expansion**. Die Unterschiede, die sich aufgrund nationaler Besonderheiten in den einzelnen Ländern ergaben, konnten von den Pionieren nicht zentral bearbeitet werden, was zu einer „Zerfaserung" der vorhandenen Ressourcen führte. Die gescheiterten Gründer erkannten im Rückblick, dass die Internationalisierungsstrategie ein schwerwiegender Fehler war, vor allem deshalb, weil ihre Unternehmungen zum Expansionszeitpunkt noch nicht einmal auf dem Heimatmarkt eine wesentliche Position eingenommen hatten. Aber nicht nur das Expansionstempo war in den vorliegenden Fällen übereilt. Viele Internet-Startups scheiterten, weil der zeitgleiche Start in mehreren Märkten organisatorisch für sie nicht zu bewältigen war.

7.2.3.2 Kreatives Marketing

Die Bedeutung einer kreativen Marketingstrategie wurde bereits im Zusammenhang mit den Erfolgsfaktoren „Fähigkeit der Kundenbindung", „Zahlungsbereitschaft der Abnehmer" und „Ausnutzung der Alleinstellung" hingewiesen.

Die Kapitalausstattung der Startup-Unternehmungen ließ keine aufwändigen Print- und TV-Kampagnen zu. Von den klassischen Marketing-Instrumenten brachte einzig die **Öffentlichkeitsarbeit** positive Effekte mit sich. Die erfolgreichen Pionier-Unternehmungen zeichneten sich vor allem dadurch aus, dass sie **ungewöhnliche Wege zur Steigerung der Bekanntheit** und zur Kundengewinnung einschlugen. Besonders Vertriebs-Partnerschaften, Direkt-Marketing und in einem Fall sogar Guerilla-Marketing-Strategien brachten Kundenzuwächse mit sich.[1262] Ferner suchten diese Pioniere die Nähe und den Austausch zu ihrer Zielgruppe ständig, um die Produkte an den Bedürfnissen ihrer Abnehmer auszurichten und sie so langfristig an sich zu binden. D. h. es war vor allem die Kundenorientierung der erfolgreichen Unternehmungen, die in der Rivalität mit den Folgern ausschlaggebend war.

7.2.4 Fazit zu den Erfolgsfaktoren

Die Ausführungen in Abschnitt 7.2 haben gezeigt, dass neben der Wirkung der untersuchten Pionier-Mechanismen auch bestimmte Ressourcen der Unternehmung, Produkt-Markt-Charakteristika sowie die Ausgestaltung der Wettbewerbsstrategie einen maßgeblichen Einfluss auf den Erfolg der Internet-Pioniere ausübten.[1263] So

---

1262 Vgl. auch die detailliertere Darstellung der Marketingstrategien in Kapitel 6.2.3.7.
1263 Eine ähnliche Unterteilung findet sich bspw. bei Green/Barclay/Ryans (1995); Szymanski/Troy/Bharadwaj (1995).

zeichneten sich die erfolgreichen Startups durch leidenschaftliche, einsatzbereite, kreative und flexible Gründer und Mitarbeiter aus. Ferner ließen sich ihre Geschäftsmodelle leicht erklären und auf unerwartete Marktentwicklungen flexibel anpassen. Die Fähigkeit der Kundengewinnung und -bindung wurde zu einer der wichtigsten Ressourcen dieser Unternehmungen.

Auf Seiten der Produkt-Markt-Charakteristika wiesen erfolgreiche Märkte hohe Wachstumspotenziale auf. Im Idealfall erlaubte eine realistische Planung der Marktentwicklung den Gründern, ihre kurze Alleinstellungszeit optimal auszunutzen und so Mitarbeiter, Kooperationspartner und Kunden für sich zu begeistern. Gerade die Begeisterung der Kunden war dabei essentiell, da sie eine Zahlungsbereitschaft für das Produkt hervorbrachte, die die Überlebensfähigkeit der Internet-Startups nach Einführung von Gebührenmodellen nachhaltig festigte. Eine erfolgreiche Wettbewerbsstrategie schließlich war gekennzeichnet durch eine klare Fokussierung bzw. Differenzierung auf bestimmte Zielgruppen oder Leistungen sowie den Einsatz kreativer Marketinginstrumente.

Zur Darstellung der kritischen Erfolgsfaktoren in dieser Arbeit ist abschließend anzumerken, dass die nachgewiesene Wirkung der ermittelten Einflussfaktoren in den untersuchten Startups unterschiedlich intensiv auftrat. So war z. B. die Dauer der Alleinstellung bei Internet-Auktionen wesentlich bedeutender als in der Dienstleistungsvermittlung. Daraus lässt sich die Schlussfolgerung ziehen, dass es nicht möglich ist, eine allgemeingültige Aussage zur Auswirkung bestimmter Erfolgsdeterminanten für Pioniere zu treffen. Vielmehr existieren immer auch **situative Unterschiede** und ergänzende (interne und externe) Rahmenbedingungen des Markteintritts, die die Wirkung der Pionier-Mechanismen letztlich mitbestimmen. Vor diesem Hintergrund erscheint es sinnvoll, eine Pionier- oder auch Folgerstrategie jeweils in Abhängigkeit vom **Fit** zwischen der spezifischen Marktsituation und den Ressourcen der Unternehmung zu wählen.[1264]

7.3 Beitrag der vorliegenden Arbeit für die Pionier-Forschung

Neben der Untersuchung von Pionier-Strategien in der Internet-Ökonomie und der Erfolgsfaktoren von Internet-Startups bestanden die weiteren Ziele der vorliegenden

---

1264 Vgl. hierzu auch die Aussagen zu Kontingenzen bei Remmerbach (1988); Bresser/Heuskel/Nixon (2000); Oelsnitz (1996a), S. 183ff.

Beitrag der vorliegenden Arbeit für die Pionier-Forschung 283

Untersuchung darin, Lücken in der empirischen Pionier-Forschung zu schließen und den bisher weitgehend fehlenden Bezug des Pionier-Ansatzes zu bestehenden theoretischen Konzepten herzustellen.

Dazu werden die Ergebnisse dieser Untersuchung zunächst in die Methoden- und Forschungsströme der empirischen Pionier-Forschung eingeordnet, um anschließend mit den in Kapitel drei gewählten Theorien verknüpft zu werden. Zum Abschluss erfolgt ein Ausblick auf weiteren Forschungsbedarf.

7.3.1 Einordnung der erzielten Ergebnisse in die empirische Pionier-Forschung

In Kapitel drei konnte gezeigt werden, dass es in der Pionier-Forschung weder eine einheitliche Forschungsrichtung noch einheitliche empirische Forschungsmethoden gibt, die zur Erklärung des komplexen Phänomens der Pionier-Vorteile herangezogen werden könnten. Gleichzeitig mangelt es an Studien, die unternehmungsinterne Faktoren als Ursache für First-Mover-Advantages identifizieren. In jüngeren empirischen Untersuchungen wird auf die Bedeutung sowohl **markt-** als auch **ressourcenbasierter Variablen** der Pionier-Stratege hingewiesen.[1265] Auch die Übersicht der Erfolgsfaktoren von Internet-Startups im Abschnitt 7.2 zeigt, dass in der Internet-Ökonomie sowohl unternehmungsinterne (ressourcenbezogene) als auch marktbezogene Faktoren einen Einfluss auf den Erfolg der Pionier-Strategie ausübten. Damit lässt sich die vorliegende Untersuchung diesem Strom der Pionier-Forschung zuordnen.

Als **Untersuchungsmethode** für die vorliegende Arbeit wurde die Fallstudienmethode nach Eisenhardt gewählt, da sich diese besonders in frühen Phasen der Erforschung von Fragestellungen, wie der nach den Erfolgsfaktoren von Pionier-Strategien, anbietet.[1266] Ferner dient die Wahl dieser Methode der Bereicherung der empirischen Forschung insgesamt sowie der gleichzeitigen Berücksichtigung der Kritik an der PIMS-Forschung. Bei der Auswahl der **Untersuchungsgegenstände** wurden die von Lieberman und Montgomery (1998) kritisierten Defizite in der empirischen Pionier-Forschung berücksichtigt.[1267] Es handelt sich bei der vorliegenden Arbeit um eine Untersuchung außerhalb der USA, bei der neu gegründete Startup-Unternehmungen über einen Zeitraum von ca. drei Jahren betrachtet wurden.[1268] Schließlich ist auch

---

1265 Vgl. Abschnitt 3.1.1.3.
1266 Vgl. Eisenhardt (1989), S. 548.
1267 Vgl. Lieberman/Montgomery (1998), S. 1114 + 1122.
1268 Der angegebene Zeitraum ist abhängig vom Bestehen der Unternehmungen.

hervorzuheben, dass diese Arbeit mit der Studie gescheiterter Pioniere auch dem Aufruf zur **Erforschung von Pionier-Nachteilen** folgt.

7.3.2 Verknüpfung der Ergebnisse mit vorhandenen theoretischen Konzepten

Die **theoretische Auseinandersetzung** mit dem Phänomen der Pionier-Vorteile lässt sich ebenfalls keiner einheitlichen Forschungsrichtung zuordnen und ist eher **zersplittert**.[1269] Auch an dieser Stelle will die vorliegende Arbeit einen Beitrag leisten, indem sie die aus der Untersuchung von Internet-Pionieren gewonnenen Erkenntnisse mit vorhandenen theoretischen Konzepten in Zusammenhang bringt und entsprechende Verknüpfungsmöglichkeiten aufzeigt.

In Anlehnung an die frühe Pionier-Forschung wurde in dieser Arbeit zunächst das **Marktumfeld** (MBV) der Pionier-Unternehmungen betrachtet.[1270] Unter den möglichen Veränderungen der **generellen Umwelt** sahen die Pioniere insbesondere in disruptiven Technologieveränderungen eine Existenzbedrohung, da Technologiesprünge Investitionen in die Technologieherstellung obsolet werden lassen. Im Zeitraum zwischen der Gründung der betrachteten Startups und dem Untersuchungszeitpunkt hatte es zwar einige Erweiterungen der Internet-Technologie gegeben, eine disruptive Veränderung im Sinne von Christensen (1997) hatte jedoch nicht stattgefunden.[1271] Daher ergaben sich für die Startups keine Pionier-Nachteile durch risikobezogene Technologieveränderungen.

Während sich somit technologiebedingte Ungewissheiten kaum auf den Erfolg der Pionier-Unternehmungen auswirkten, stellte die unsichere **Markt- bzw. Branchenentwicklung** ein großes Risiko für die Startups dar. Aus diesem Grund wurde eine Branchenstrukturanalyse der Internet-Ökonomie durchgeführt, um die spezifischen Charakteristika der Branche besser evaluieren zu können. Im Zentrum der Analyse standen **Markteintrittsbarrieren**, da sie als Quelle möglicher Pionier-Vorteile gelten. Die Analyse ergab, dass in der Internet-Ökonomie bisher nur wenige Unternehmungen nachhaltige Markteintrittsbarrieren errichten konnten. Die Ursachen sind in der Markttransparenz, den engen Grenzen der Branche und in der fehlenden Patentierungsmöglichkeit zu sehen. Darüber hinaus stieg die Zahl potenzieller **Konkurrenten**

1269 Vgl. Lieberman/Montgomery (1998), S. 1111f.
1270 Vgl. Urban et al. (1986), S. 645ff.; Clement/Litfin/Vanini (1998), S. 211 sowie die Ausführungen in Abschnitt 3.1.1.
1271 Vgl. Christensen (1997). Einige Autoren bezeichnen selbst das eigentliche „Internet" nicht als disruptive Technologie. Vgl. z. B. Hidding/Williams (2003), S. 7.

aufgrund der zunehmend einfacheren Finanzierung durch Venture Capitalisten und des Markteintritts etablierter Unternehmungen. Die Internet-Pioniere konnten daher ihre **Monopolstellung** nur kurze Zeit ausnutzen.

Insgesamt mussten sich alle Internet-Pioniere mit einer Machtverschiebung zugunsten der **Kunden** auseinandersetzen, bei der diese über wesentliche Anforderungen der Produktentwicklung und damit auch über den Erfolg der Pioniere bestimmen konnten. Aufgrund der geringen Wechselkosten der Kunden war es essenziell, einen hohen Kundennutzen nicht nur zu stiften, sondern auch an die Kunden zu kommunizieren.[1272] Dies mag ebenfalls ein Grund dafür sein, dass sich eine **Konzentrationsstrategie** (Nische) für die Internet-Pioniere als besonders geeignet erwies.

Die besondere Rolle der Kundengewinnung und -bindung in der Internet-Ökonomie überschneidet sich sowohl mit Aspekten des MBV als auch mit solchen des RBV. Zum einen entspricht die Verhandlungsmacht der Kunden einer der Wettbewerbskräfte in Porters Branchenstrukturanalyse, die in der Internet-Ökonomie von besonderer Bedeutung war. Auf der anderen Seite stellen die Fähigkeit, Kunden zu binden, sowie das spezielle Wissen über bestimmte Zielgruppen erfolgskritische Ressourcen von Internet-Startups dar.

Schon vor Lieberman und Montgomery (1998) gab es Untersuchungen, die das Vorliegen bzw. den Aufbau **spezifischer Ressourcen** als zentrale Voraussetzung für den Erfolg einer Pionier-Unternehmung herausstellten.[1273] Dass in der Internet-Ökonomie besondere Ressourcen für den Erfolg der Pioniere relevant sein müssen, verdeutlichten bereits die Ausführungen in Abschnitt 4.5. Die erwartete Ressourcenansammlung war bei den untersuchten Internet-Pionieren jedoch aufgrund ihrer kurzen Alleinstellungszeit geringer als in anderen Märkten. Gleichzeitig wurden aufgrund der hohen Unsicherheit der marktlichen und technologischen Entwicklung in einigen Fällen falsche Ressourcen akquiriert, überdimensionierte Kooperationsverträge abgeschlossen, unangemessene Personalplanung betrieben und eine verfrühte Expansion durchgeführt.

Die **Einbindung der Kunden** in die Produktentwicklung und damit der Aufbau einer engen Beziehung zwischen Abnehmern und Pionier stellte sich als einer der wesentlichsten Erfolgsfaktoren heraus. Durch eine starke Kundenorientierung konnten sich

---

1272 Vgl. Finkelstein (2001), S. 19.
1273 Vgl. bspw. Lilien/Yoon (1990), S. 578ff.; Robinson/Fornell/Sullivan, (1992), S. 609ff.; Kalyanaram/Robinson/Urban (1995), S. G217.

die erfolgreichen Pioniere Spezialwissen über ihre Kunden aneignen, das als besondere Fähigkeit (**Kompetenz**) dieser Unternehmungen anzusehen ist.

Da sich die Ressourcen und Fähigkeiten junger Unternehmungen besonders in den **Mitarbeitern** widerspiegeln, lag eine große Gefahr für die Internet-Pioniere in der Mobilität ihrer Mitarbeiter und deren Möglichkeit, zu Folger-Unternehmungen zu wechseln. Diese Befürchtung konnte empirisch nicht bestätigt werden, da zwar naturgemäß viele Praktikanten die Unternehmungen regelmäßig verließen, ein Wechsel fest angestellter Mitarbeiter zur Konkurrenz jedoch ausblieb.

Von den Stärken und Schwächen der Unternehmung sollte Lieberman und Montgomery (1998) zufolge auch die Markteintrittsstrategie bzw. der **optimale Markteintrittszeitpunkt** abhängig gemacht werden.[1274] Die Autoren empfehlen bei überlegenen Marketing- und Verarbeitungsfähigkeiten den Einstieg als Folger, sollten wichtige Ressourcen in der Produktentwicklung liegen, dagegen die Wahl einer Pionier-Strategie. Auch wenn nicht alle Internet-Pioniere eine innovative Idee entwickelt, sondern teilweise nur ein erfolgreiches Geschäftsmodell aus den USA imitiert hatten, ließen sich bei allen technologische und **produktspezifische Fähigkeiten** nachweisen. Obwohl sich die Technologie der jungen Unternehmungen nicht patentieren ließ, konnten zumindest die erfolgreichen Pioniere Produkte und Prozesse erstellen, deren Imitation für Folger nicht ohne weiteres möglich war.

Der Zusammenhang zwischen **Unternehmungsgröße** und Markteintrittszeitpunkt wurde bereits von vielen Autoren diskutiert. D'Aveni (1994) beispielsweise sieht für Großunternehmungen in hypercompetitiven Märkten Vorteile bei einem frühen Markteintritt, da sie über größere finanzielle Stärke, höhere Fehlertoleranz, globalere Reichweite und mehr politische Macht verfügen.[1275] Für Startups sei ein später Markteintritt sicherer, da sie auf eine Außenfinanzierung angewiesen seien und häufig an den Pionier-Risiken scheiterten.[1276] Im Rahmen der vorliegenden Arbeit konnte diese Ansicht nicht bestätigt werden. Vielmehr zeigte sich, dass es nicht möglich ist, eine pauschale Aussage über den Zusammenhang von Unternehmungsgröße und der Eignung für eine Pionier-Strategie zu machen. Einige Neugründungen scheiterten, während andere Startups eine sehr erfolgreiche Pionier-Strategie implementieren konnten.

1274 Vgl. Lieberman/Montgomery (1998), S. 1113.
1275 Vgl. D'Aveni (1994), S. 84ff.
1276 Vgl. Boersch/Elschen (2002), S. 285.

Zur Frage nach dem **optimalen Markteintrittszeitpunkt für ein junges Startup** ergab die Untersuchung, dass zu Beginn der Internet-Ökonomie eine Pionier-Strategie für junge Unternehmungen die einzig realistische Chance auf eine Marktführerposition war. Zu einem späteren Zeitpunkt hätten diese Unternehmungen keine Finanzierung erhalten, erhebliche Nachteile in den Bereichen Rekruiting und Kooperationen hinnehmen müssen und keinerlei Aufmerksamkeit von der Presse oder potenziellen Kunden aufgrund ihrer Neuheit erhalten. Cooper stellte heraus, dass zu Beginn eines neuen Marktes innovative Startups häufig eine wichtige Rolle spielten. Später machten sie meist nur ca. 10 % des Umsatzes aus.[1277] Auch Robinson (1990) schätzte die Erfolgschancen von Startups mit einer Pionier- oder sehr frühen Folgerstrategie trotz eventuell höherer Kosten am höchsten ein.[1278] Ferner seien junge Unternehmungen besser für die Führung in Märkten mit neuen Technologien und Marktinnovationen geeignet, da sich bei ihnen noch keine schwerfällige interne Infrastruktur herausgebildet habe und sie sich daher dynamisch und anpassungsfähig verhalten könnten.[1279] Dass für jeden Pionier aber immer die Gefahr besteht, dass die Erwartungen der Märkte sich nicht erfüllen und dadurch der Vorteil kleiner Unternehmungen sowie deren Ressourcen verloren gehen, bewiesen die erfolglosen Pionier-Startups dieser Untersuchung.

Die Gefahr innovativer, besserer Folgerprodukte betrachteten die Gründer als geringeres Risiko als die enttäuschende Marktentwicklung in einigen Marktsegmenten. Bis auf die Online-Auktionshäuser erreichte kein untersuchtes Marktsegment die erwarteten Wachstumsraten. Nur die Unternehmungen, die ihre Ressourcenbasis flexibel den Marktgegebenheiten anpassen konnten, waren erfolgreich. Die anderen Unternehmungen unterlagen der „**Incumbent Inertia**".[1280]

Mit den Überlegungen zur Trägheit der Pioniere stößt die Untersuchung auf ein Defizit des RBV: die Betonung **dauerhafter statt temporärer Wettbewerbsvorteile**.[1281] Gerade die hohe Marktdynamik und die leichte Imitation der Geschäftsideen in der Internet-Ökonomie erlaubten den untersuchten Unternehmungen nur temporäre Wettbewerbsvorteile, wodurch eine ständige innovative Weiterentwicklung des Angebots unerlässlich wurde. Um dem geschilderten Defizit zu begegnen, wurde die

---

1277 Vgl. Cooper (2001), S. 155.
1278 Vgl. Robinson (1990), S. 1288.
1279 Vgl. Remmernbach (1988), S. 169; Yoffie/Cusumano (1999).
1280 Vgl. die Ausführungen in Abschnitt 2.4.3 zur Trägheit des Marktpioniers.
1281 Vgl. Bresser (1998), S. 307; D´Aveni (1994).

ressourcenbasierte Theorie durch Elemente der **Österreichischen Schule der Ökonomie** erweitert.

Das permanente Streben nach neuen Produkten oder Verbesserungen des bisherigen Angebots ist ein erfolgsrelevanter Faktor in Marktumfeldern, wie der Internet-Ökonomie, die von Hyperwettbewerb, Unsicherheit und Dynamik geprägt sind. Der langfristige Erfolg jedes Internet-Pioniers ist daher auch eine Frage des **Innovationsmanagements** im Sinne einer Sicherung der Innovationsbereitschaft und -fähigkeit sowie der zielbezogenen Steuerung und Kontrolle von Innovationsprozessen.[1282] Diese permanente Sicherstellung der Innovationsbereitschaft und damit das Streben nach temporären Wettbewerbsvorteilen gehörte bei den untersuchten Internet-Pionieren zu den Aufgaben des **Unternehmers (Entrepreneurs)**.

Neben der Innovation spielte auch die Adaption des Leistungsangebots eine wichtige Rolle. Eine Anpassung an die Marktdynamik kann nur dann erfolgen, wenn die Gründer selbst **flexibel** und dynamisch auf die sich verändernde Umwelt reagieren. Umgekehrt gilt auch, dass die mangelnde Berücksichtigung der Entscheidungsflexibilität zwangsläufig zu einer Kurzfristigkeit unternehmerischen Handelns führt. Die zukünftigen Erfolge einer Unternehmung sind somit in starkem Maße von der Geschäftsführung, d. h. den Entrepreneuren abhängig.[1283]

Diese Anforderungen an die Flexibilität der Gründer und die Anpassungsfähigkeit des Geschäftsmodells weisen Ähnlichkeiten mit der von Yoffie und Cusumano (1999) entwickelten **Judo-Strategie** auf, deren Einsatz insbesondere in der Internet-Ökonomie empfohlen wurde. Bei dieser Strategie sind drei Elemente entscheidend: schnelle Bewegung, Flexibilität und Hebelkraft.[1284] Die „schnelle Bewegung" beinhaltet den frühen Vorstoß in neue Märkte, das Aufspüren neuer Produkt- oder Wettbewerbsräume und – soweit möglich – eine First-Mover-Strategie, um der frontalen Auseinandersetzung mit den Wettbewerbern bei einem späteren Markteintritt aus dem Weg zu gehen. Durch seine „Flexibilität" weicht der Akteur anderen Wettbewerbern bei deren Angriffen im Marktsegment aus. Die „Hebelkraft" schließlich setzt der Pionier ein, um das Gewicht und die Stärke seiner Gegner gegen diese selbst zu richten. Denn auch für den Folger besteht die Gefahr, dass getätigte Investitionen seine Flexibilität hemmen und einer Trägheit unterliegt.

[1282] Vgl. Wamser (2001), S. 65; D´Aveni (1994).
[1283] Vgl. Schmeisser/Krimphove/Grothe (2001), S. 6
[1284] Vgl. Yoffie/Cusumano (1999), S. 72ff. Die Autoren führen als Beispiel die Verteilungskämpfe zwischen Barnes & Noble gegen Amazon oder Microsoft gegen Netscape an.

Sowohl die Österreichische Schule der Ökonomie als auch die Verfechter der Judo-Strategie sehen in dynamischen Entrepreneuren und in kleinen innovativen Unternehmungen die eigentlichen Motoren des Marktprozesses. Gleichzeitig betonen beide die Bedeutung kontinuierlicher Innovationen und gehen von einem fortwährenden Aufbau temporärer Wettbewerbsvorteile aus. In diesem Zusammenhang stellt eine Pionier-Strategie den ersten Schritt zur Erzeugung eines Ungleichgewichts in einem Marktumfeld dar. In der Folgezeit gewinnen dann auch der Aufbau spezifischer Ressourcen, die sorgfältige Marktanalyse und die ständige Weiterentwicklung der eigenen Produkte an Gewicht. Die Vorteilhaftigkeit einer bestimmten Markteintrittsstrategie lässt sich daher nicht allgemeingültig formulieren, sondern ist vielmehr eine Folge situativer Gegebenheiten. Die Pionier-Strategie bietet zwar vielfältige Chancen zum Aufbau von Ressourcen und zur optimalen Positionierung in einem Marktumfeld, sie ist aber kein Garant für dauerhafte, statische Vorteile, auf denen sich ein Pionier „ausruhen" darf. Vielmehr gilt es, unabhängig von der Unternehmungsgröße und dem Marktsegment nach permanenten Verbesserungen zu streben.

7.3.3 Weiterer Forschungsbedarf

Die Ergebnisse dieser Studie leisten einen substanziellen Beitrag zur wissenschaftlichen Auseinandersetzung mit der Pionier-Strategie in der Internet-Ökonomie. Es konnte gezeigt werden, dass es zwar keine generellen Pionier-Vorteile für Startups im Internet gab, dass Pionier-Vorteile jedoch mehr als nur ein „Mythos" sind, denn sie waren in den untersuchten Fällen in unterschiedlicher Ausprägung nachweisbar.

Bereits in der Darstellung des Forschungsstands zu Pionier-Vorteilen (Kapitel drei) wurde auf Probleme bisheriger empirischer Untersuchungen sowie auf offene Fragen der theoretischen Pionier-Forschung hingewiesen. Die vorliegende Arbeit erhebt nicht den Anspruch, diese Defizite vollständig zu beseitigen, konnte jedoch dazu beitragen, Forschungslücken in einigen Punkten zu schließen.[1285] Von daher besteht weiterer **Forschungsbedarf** insbesondere **in drei Richtungen**:

1. Es sind weitere, ggf. **quantitative Studien** in der Internet-Ökonomie zur Überprüfung der erzielten Ergebnisse durchzuführen.

2. Zusätzlich sind Studien zur Übertragung der Ergebnisse auf **andere Märkte** erforderlich.

1285 Vgl. die Ausführungen in Kapitel fünf sowie in Abschnitt 7.3.1.

3. Die **Verknüpfung** des Pionier-Konzeptes **mit weiteren theoretischen Konstrukten** wie z. B. der neoinstitutionalistischen Organisationstheorie oder der Evolutionstheorie sollte weiter verfolgt werden.

Da die vorliegende Analyse – wie jede qualitative Studie – einer gewissen Selektivität der Betrachtung unterliegt, sind weitere Untersuchungen zur Pionier-Strategie in der Internet-Ökonomie nötig, um auf dieser Basis die Verlässlichkeit und Generalisierbarkeit der erzielten Ergebnisse zu überprüfen.[1286] Nachdem die Fallstudienmethode in der Phase der Theoriebildung ein nützliches Instrument war, bieten sich aufbauend auf den Ergebnissen dieser Studie nun auch **quantitative Erhebungen** an, um einen breiteren Erkenntnisstand zu Pionier-Vorteilen in der Internet-Ökonomie zu gewinnen.

Zu den in den Abschnitten 7.1 und 7.2 identifizierten wesentlichen Erfolgsfaktoren von Internet-Startups bietet sich für die zukünftige Forschung auch eine Überprüfung in Pionier-Unternehmungen **anderer Märkte** (z. B. Biotechnologie-Startups bzw. Internet-Startups außerhalb Deutschlands) an, um entweder eine breite Generalisierbarkeit oder die Falsifizierung der erzielten Ergebnisse herbeizuführen. Die Erkenntnisse der vorliegenden Studie könnten dabei aufgrund einer ähnlichen Marktstruktur besonders in Hoch-Technologie-Märkten von Nutzen sein.

In beiden Fällen sollten die in Kapitel drei aufgezeigten Defizite des bisherigen Forschungsstandes berücksichtigt werden. Ferner ist es wichtig, die Betrachtung nicht erfolgreicher Pioniere in die Forschung einzubeziehen, da sich gerade aus diesen Informationen wichtige Erkenntnisse zum Scheitern von Pionieren erzielen lassen.

Losgelöst von der Empirie sollte auch die **theoretische Auseinandersetzung** mit der Pionier-Strategie weiter vorangetrieben werden. Gerade der von Lieberman und Montgomery (1998) empfohlene Bezug zum RBV und die gegenseitige Bereicherung beider Konzepte lassen weitere interessante Einsichten erwarten. Aber auch die Verknüpfung mit Theorien, die außerhalb der hier gewählten Erklärungsansätze liegen (z. B. dem Institutionalismus), könnte die Pionier-Diskussion erheblich fördern.

1286 Vgl. Gummesson (1991), S. 1ff. + 74ff.; Lamnek (1988), S. 134ff.; Piore (1979), S. 560ff.; Soy (2001), S. 1.

7.4 Zusammenfassung der Ergebnisse zu Pionier-Vorteilen in der Internet-Ökonomie

Die Ergebnisse der vorliegenden Untersuchung haben deutlich gezeigt, dass das Konzept der First-Mover-Advantages auch in der Internet-Ökonomie gilt. Die Mechanismen, die einer Pionier-Strategie innewohnen, sind kein „Mythos",[1287] sondern entfalteten ihre Wirkung auch in der New Economy. Die kurze Alleinstellungszeit der Internet-Pioniere in ihren Marktsegmenten führte allerdings dazu, dass einige Ausprägungen der Pionier-Vorteile weniger signifikant waren.

So konnte im Bereich der angebotsbezogenen Pionier-Mechanismen eine technologische Führerschaft aufgrund der fehlenden kritischen Masse an Kunden und der geringen Markteintritts- bzw. Imitationsbarrieren nicht erlangt werden, während es einigen Unternehmungen gelang, bei der Besetzung knapper Ressourcen Vorteile zu verzeichnen. Wegen der starken Position der Kunden in der Internet-Ökonomie waren die nachfragebezogenen Pionier-Mechanismen besonders erfolgskritisch. Die Einbeziehung der Kunden in die Produktentwicklung und die klare Differenzierung, z. B. mit einer Nischenstrategie, unterstützten den Aufbau von Wechselkosten.

Anhand der Ergebnisse der vorliegenden Untersuchung ließen sich auch die Erfolgsfaktoren von Internet-Pionieren identifizieren. Ein Erfolgsfaktor im Hinblick auf die so wichtige Kundengewinnung und -bindung bestand beispielsweise darin, dass das Managementteam selbst große Begeisterung für das Internet ausstrahlte. Ein anderer lag in der Fähigkeit einiger Teams, auf unerwartete Marktenwicklungen schnell und flexibel reagieren zu können.

Aber auch Pionier-Nachteile konnten mit Hilfe der vorliegenden Studie nachgewiesen werden. Durch die einfache Imitation der Geschäftsmodelle mussten alle Pioniere Free-Rider-Effekte ihrer Folger hinnehmen. Gleichzeitig lernten die Newcomer von den Fehlern der Pioniere, z. B. im Bereich Marketing. Signifikante Technologiesprünge traten in der Internet-Ökonomie zwar nicht auf, die Marktentwicklung entsprach aber in vielen Fällen nicht den Erwartungen, so dass einige Geschäftsmodelle scheiterten. Nur wenige erfolgreiche Gründer verfielen nicht in die Trägheit des Pioniers, sondern suchten nach neuen Wegen der Marktbearbeitung bzw. Kundengewinnung, die ihr Überleben sicherten.

1287 Vgl. Hamel (2001), S. 191.

Die Ausführungen zur Einordnung dieser Studie in die empirische Pionier-Forschung machen deutlich, dass hiermit ein erheblicher Beitrag zur Erforschung bestimmter Phänomene in der New Economy in Deutschland geleistet wurde, da die wissenschaftliche Untersuchung von Pionier-Strategien in diesem Markt bisher weitgehend vernachlässigt wurde. Die Ergebnisse sollen zu quantitativen Erweiterungen und breiter Überprüfung in anderen Märkten anregen. Hier wäre vor allem eine langfristige Betrachtung wünschenswert, inwieweit es Internet-Pionieren gelingen kann, auch nach dem Markteintritt etablierter Unternehmungen durch zusätzliche Innovationen temporäre Wettbewerbsvorteile zu generieren. Hinweise zur gesamtwirtschaftlichen Bedeutung dieser Arbeit und der Pionier-Forschung im Allgemeinen sollen im zusammenfassenden Kapitel acht gegeben werden.

8 Zusammenfassung und Ausblick

Ausgangspunkt der vorliegenden Arbeit war die in Theorie und Praxis geführte kontroverse Diskussion über die Bedeutung von Timing-Strategien in der Internet-Ökonomie. Nachdem Ende der 90er Jahre zu Beginn der Internet-Begeisterung in Deutschland Beobachtungen darauf hindeuteten, dass die Vorteilhaftigkeit von Pionier-Strategien in diesem Bereich generell als erwiesen gelten könne, da vor allem Pionier-Startups eines Marktsegments hohe Wachstumsraten aufwiesen,[1288] änderte sich diese Meinung mit den Kursrückgängen der Technologie-Unternehmungen an den internationalen Börsen. Als Ende des Jahres 2001 in vielen Marktsegmenten Startups Insolvenz anmelden mussten oder von Großunternehmungen der Old Economy zu günstigen Konditionen aufgekauft wurden, ging man dazu über, First-Mover-Advantages für Internet-Startups übereilt als „Mythos" zu bezeichnen.[1289]

Aus dem dringenden Anliegen, der pauschalen Ablehnung von Pionier-Strategien in der jüngeren Literatur zu begegnen und dabei gleichzeitig den wissenschaftlichen Erkenntnisstand zu Timing-Strategien in der Internet-Ökonomie zu bereichern, entstand diese Arbeit. Dabei ergaben sich mehrere Teilziele: Zum einen sollten durch eine eigene empirische Untersuchung von Pionier-Startups Lücken in der bisherigen empirischen Pionier-Forschung geschlossen werden, zum anderen war beabsichtigt, die fehlende Verknüpfung des Pionier-Konzeptes mit bestehenden theoretischen Ansätzen vorzunehmen.

Gemäß dieser Zielsetzungen erfolgte zunächst die Einordnung des Phänomens der Pionier-Vorteile in die Disziplin des Strategischen Managements, da die Wahl des Markteintrittszeitpunkts eine der wesentlichen strategischen Entscheidungen bei der Markteintrittsplanung ist. Neben der grundsätzlichen Entscheidung, in welchen Markt eine Unternehmung mit welcher Strategie und zu welchem Zeitpunkt einzutreten beabsichtigt, existieren unterschiedliche Timing-Strategien für den Markteintritt, die jeweils mit entsprechenden Vor- und Nachteilen einhergehen. Hierbei wurden Pionier- und Folgerstrategien als alternative Markteintrittsstrategien mit ihren besonderen Merkmalen und Auswirkungen unterschieden. In einer Synthese der vorhandenen Literatur ließen sich anschließend die wesentlichen Mechanismen von Pionier-Vorteilen herausarbeiten. Diese konnten in angebots- bzw. nachfragebezogene

---

1288 Vgl. Shapiro/Varian (1999), S. 139ff.; Finger/Samwer (1998), S. 26; Coltman et al. (2001), S. 57ff.
1289 Vgl. Odlyzko (2001), S. 92f.; Albers/Panten/Schäfers (2002b), S. 35; Meffert/Böing (2001), S. 453ff.

Faktoren unterteilt werden. Ein weiterer Teil der Arbeit bestand in der Beschreibung der Mechanismen, die den Pionier-Nachteilen zugrunde liegen.

Anschließend folgte eine Aufarbeitung des Forschungsstands zu Pionier-Vorteilen. Dabei ergaben sich sowohl für die Empirie als auch hinsichtlich der bisher gewählten Forschungsmethoden offene Fragen und Probleme, die in der eigenen empirischen Studie berücksichtigt werden konnten. Auch ein Bezug zu theoretischen Ansätzen wurde in der Pionier-Diskussion bisher nur vereinzelt hergestellt. Zwar lagen einige spieltheoretische Arbeiten vor, in denen die Thematik des Pionier-Folger-Wettstreits mathematisch erfasst wurde, eine ausdrückliche Verknüpfung des First-Mover-Konzeptes mit dominierenden Theorien des Strategischen Managements fehlte hingegen. Für eine derartige Verbindung boten sich der MBV aufgrund seiner Betonung von Markteintrittsbarrieren, der RBV durch die zentrale Stellung von unternehmungsinternen Ressourcen und Imitationsbarrieren sowie die Österreichische Schule der Ökonomie wegen ihrer dynamischen Sicht des Marktprozesses und der elementaren Rolle des Unternehmers besonders an. Entsprechend einem durch diese Theorien vorgegebenen Ordnungsschema konnten anschließend die in der Literatur aufgezeigten Besonderheiten des Internet-Markts sowie wichtige Ressourcenfaktoren von Internet-Startups (insb. auch die Rolle der Gründer) identifiziert werden. Die Analyse der Literatur zu diesem Forschungsgebiet führte zu Vermutungen hinsichtlich der Wirkungszusammenhänge einzelner Pionier-Mechanismen in der Internet-Ökonomie, die anschließend in der empirischen Studie zu überprüfen waren.

Im empirischen Teil der Arbeit wurden zunächst gängige empirische Forschungsmethoden vorgestellt und sodann die Wahl der eigenen Untersuchungsmethode begründet. Angesichts der Kritik an den PIMS-Studien, die die empirische Pionier-Forschung in den letzten 20 Jahren dominiert hatten, erschien die Fallstudienmethode von Eisenhardt, die vor allem für Untersuchungen in neuen Forschungsgebieten empfohlen wird, wesentlich geeigneter. Untersuchungsobjekt waren sechs neu gegründete Startups, die zwischen 1998 und 2000 als Pioniere in eines von drei betrachteten Marktsegmenten der Internet-Ökonomie in Deutschland eingetreten waren.[1290] Aufgrund der von der Fallstudienmethode unterstützten bewussten Auswahl von Unternehmungen konnte jeweils eine erfolgreiche und eine nicht erfolgreiche Pionier-

---

1290 Damit wurden einige der offenen Forschungsfragen der Pionier-Forschung thematisiert. Dies betraf sowohl die Untersuchung deutscher Unternehmungen als auch die Betrachtung von Unternehmungsgründungen. Vgl. hierzu die Ausführungen in Kapitel eins sowie Lieberman/Montgomery (1998), S. 1122.

Unternehmung in ähnlichen Marktsegmenten untersucht werden. Die Betrachtung erfolgloser Pioniere stellte dabei nicht nur eine Bereicherung der bisherigen Forschung dar, sondern führte auch zu neuen Erkenntnissen über die Auswirkung von Pionier-Nachteilen.

Die Diskussion der Ergebnisse machte deutlich, dass auch in der Internet-Ökonomie die Wirkung von First-Mover-Advantages unbestreitbar vorhanden ist. Wie erwartet, konnte damit allerdings die generelle Vorteilhaftigkeit von Pionier-Strategien ebenso wenig bestätigt werden, wie die Unterstellung, dass Pioniere – und insbesondere Neugründungen – in der Internet-Ökonomie keinerlei Nutzen aus dem Zeitpunkt ihres Markteintritts ziehen können. Zwar ließen sich insbesondere angebotsbezogene Pionier-Mechanismen aufgrund der fehlenden kritischen Masse an Kunden und der geringen Markteintritts- bzw. Imitationsbarrieren nur bedingt nachweisen. Dennoch gelang es einigen Startups, im Bereich Personalrekruiting und bei der Suche nach Kooperationspartnern knappe Ressourcen vor ihren Folgern zu besetzen. Wegen der starken Position der Kunden und der geringen Wechselkosten in der Internet-Ökonomie waren die nachfragebezogenen Pionier-Mechanismen besonders erfolgskritisch. Die Einbeziehung der Zielgruppe in die Produktentwicklung und die klare Differenzierung, z. B. mit einer Nischenstrategie, unterstützten den Aufbau von Wechselkosten. Die in der Internet-Ökonomie erhofften Netzeffekte konnte nur eine Unternehmung erzielen.

Vor allem die kurze Alleinstellungszeit vieler Internet-Pioniere in ihren Marktsegmenten hatte zur Folge, dass nicht alle Pionier-Mechanismen gleichermaßen zum Tragen kamen. So lieferten weder psychologische Wettbewerbsvorteile oder Qualitätsunsicherheiten noch ein dominantes Design bzw. Standards signifikante Pionier-Vorteile. Die Untersuchung wies auch auf erhebliche Pionier-Nachteile in der Internet-Ökonomie hin, indem Folger beispielsweise von der Marktaufbauleistung der Pioniere profitieren konnten. Die unsichere Marktentwicklung führte zudem dazu, dass einige Pioniere Fehler begingen, aus denen ihre Folger lernen konnten. Besonders hervorzuheben war das Phänomen der Trägheit der Pioniere, die jedoch einige Gründer durch eine flexible Anpassung ihres Geschäftsmodells umgehen konnten, indem sie neue Wege der Marktbearbeitung bzw. Kundengewinnung einschlugen.

Die Ergebnisse der Untersuchung zeigten deutlich, dass die Timing-Strategie nicht die einzig ausschlaggebende Variable oder eine Garantie für den Unternehmungserfolg war, sondern dass eine Kombination bestimmter situativer Faktoren, d. h. ein Fit zwischen der spezifischen Marktsituation und den Ressourcen der Unternehmung, den

Erfolg der Internet-Pioniere maßgeblich beeinflusst hatte. Damit lagen die Erfolgsfaktoren zum einen in den Unternehmungsressourcen, zum anderen in den Produkt-Markt-Charakteristika und schließlich auch in der Wettbewerbsstrategie.

Wertvolle **Ressourcen** ergaben sich beispielsweise durch ein kreatives, internetbegeistertes Managementteam, das auch auf unerwartete Marktentwicklungen flexibel reagieren konnte und die Kommunikation mit seiner Zielgruppe suchte. Hohe, aber realistische Marktprognosen und die Ausnutzung der Alleinstellung bestimmten den Erfolg der Pioniere in Bezug auf die **Produkt-Markt-Charakteristika**. Hierbei stellten sich die Macht der Kunden sowie ihre mangelnde Zahlungsbereitschaft als besonders kritische Faktoren für den Erfolg der Pioniere heraus. Im Bereich der **Wettbewerbsstrategie** erwiesen sich eine Nischenstrategie sowie der Einsatz kreativer Marketinginstrumente von Vorteil. Die zu frühe Ausweitung der Marktbearbeitung sowie eine internationale Expansion führten dagegen zu erheblichen Nachteilen.

In der abschließenden Einordnung der Studie wurde der empirische und theoretische Beitrag, den die vorliegende Arbeit zur wissenschaftlichen Auseinandersetzung mit der Pionier-Strategie in der Internet-Ökonomie leisten konnte, verdeutlicht und gleichzeitig zu weiterführender, insbesondere quantitativer Forschung in anderen Marktumfeldern aufgefordert.

Ein weiteres Anliegen dieser Arbeit bestand darin, die negative Einstellung vieler Stakeholder gegenüber der Internet-Technologie und den Internet-Startups zu verbessern und durch den Nachweis der Existenz erfolgreicher Pionier-Startups die allgemeine Unsicherheit bezüglich der Eintrittsstrategie in neue Technologiemärkte zu reduzieren.

Nachdem zu Zeiten des „Internet-Hypes" zunächst euphorisch über Internet-Startups berichtet worden war, sorgten die anschließenden Rückgänge an den Börsen dafür, dass ihnen in der Folge keinerlei Erfolgchancen mehr zugesprochen wurden. Diese Auffassung hatte gravierende Auswirkungen auf die Stimmung potenzieller Unternehmer und ihrer Kapitalgeber. Gelder wurden zurückgehalten, technologische Forschung und Entwicklung abgebrochen, und die Begeisterung für Unternehmungsgründungen sank stark. Dass diese Haltung für die wirtschaftliche Entwicklung Deutschlands schwerwiegende Auswirkungen haben musste, wurde inzwischen von mehreren Autoren hervorgehoben. Gerade in Deutschland solle besonderer Wert auf ständige Innovationen in der Wirtschaft gelegt werden, um als hochindustrielle und exportintensive Nation die Stellung im internationalen Wettbewerb erhalten bzw. ausbauen zu können. Insbesondere in der aktuellen Situation nach dem Internet-Boom

– mit geringem Wirtschaftswachstum und hoher Arbeitslosigkeit – sei die Innovationsproblematik brisant. Eine Schlüsselrolle nähmen dabei insbesondere junge innovative Unternehmungen der Technologiebranche ein. Bei diesen bestehe die Hoffnung, dass sie den Wettbewerb beleben, Innovationen hervorbringen, den Strukturwandel beschleunigen und so einen Wachstums- und Beschäftigungsschub auslösen könnten.[1291]

Trotz der Rückschläge der letzten Jahre belegen inzwischen auch verschiedene Beispiele, dass die Internet-Technologie zunehmend an Bedeutung gewinnt. Gerade etablierte Branchen profitieren von den Innovationen der Internet-Technologie. Diese bietet Möglichkeiten zu effizienteren neuen Prozessen und zu einer branchenübergreifenden Verbreitung von Innovationen. Durch die stärkere Nutzung des Internets vervielfachte sich darüber hinaus die Leistung in einigen Branchen (Netzeffekte).

Selbst die private Nutzung der Internet-Technologie nimmt stetig zu. Weltweit waren im Jahre 2003 430 Mio. Menschen online, davon 41 % in den USA und Kanada. In Deutschland bestand im Jahre 2003 eine Internet-Durchdringung in Höhe von ca. 44 % der privaten Haushalte.[1292]

Auch der Gründergeist im Zusammenhang mit dem E-Business ist noch vorhanden. Inzwischen steigen die Teilnehmerzahlen bei Businessplan-Wettbewerben wieder an.[1293] Für die erfolgreiche Umsetzung der entsprechenden Geschäftsmodelle ist es allerdings erforderlich, aus den Erfahrungen der ersten Internet-Pioniere zu lernen und hieraus Handlungsempfehlungen für künftige Gründer in neuen Marktsegmenten der Internet-Ökonomie abzuleiten. Dabei rückt die Frage der Profitabilität ins Zentrum der Wirtschaftlichkeitsprüfung der Kapitalgeber.

Während in vielen Geschäftsmodellen Ende der 90er Jahre die Einnahmengenerierung und Schaffung echter wirtschaftlicher Werte zugunsten eines schnellen Umsatzwachstums und eines ebenso zügigen Börsengangs vernachlässigt wurden,[1294] steht bei aktuellen Gründungen von Internet-Unternehmungen die Profitabilität im Vordergrund.[1295] Hierzu ist zu bedenken, dass Internet-Unternehmungen bei reinen Preiswettbewerben, wie sie von der Follow the Free-Strategie heraufbeschworen wurden,

---

[1291] Vgl. Werner (2000), S. 1; Schmeisser/Krimphove/Grothe (2001), S. 1.
[1292] Vgl. Holtrop/Döpfner/Wirtz (2004), S. 12f.
[1293] Vgl. Kollmann (2003), S. 60.
[1294] Porter spricht hier sogar von „künstlichen Geschäften" vieler Startups. Diese konkurrierten mit künstlichen Mitteln, da sie leichten Zugang zu Finanzressourcen hatten, während sie die Schaffung echter wirtschaftlicher Werte vernachlässigten; vgl. Porter (2001), S. 65.
[1295] Vgl. Earle/Keen (2000), S. 19; Cooper (2001), S. 161.

langfristig nicht überleben können, da ihre Einnahmen unterhalb der Kostenposition liegen bzw. sie keine Rückflüsse aus ihrer Geschäftstätigkeit verzeichnen können.[1296]

Dass nachhaltige Profitabilität und anhaltendes Wachstum auch bei Startups miteinander vereinbar sind, bestätigen auch Albers und Kollegen (2002) in ihrer Betrachtung der „E-Commerce-Gewinner".[1297] Allerdings wurde dabei keine Branche als besonders erfolgreich bezeichnet, da die Geschäfts- und Erlösmodelle sich erheblich voneinander unterschieden. Nach Ansicht Hamels (2001) scheiterten die meisten Internet-Pioniere nicht aufgrund ihrer Pionier-Rolle, sondern weil sie ihr Timing falsch eingeschätzt, zu viel für ihren Marktanteil bezahlt und ihren Kundenkreis nicht genau genug analysiert hatten.[1298] Porter (2001) beispielsweise machte deutlich, dass Startups auch im Internet zu den Gewinnern zählen könnten, wenn es ihnen gelänge, unverwechselbare Strategien zu entwickeln. Durch das Internet kommt seiner Meinung nach der Wahl der richtigen Strategie eine entscheidende Bedeutung zu.[1299]

Damit erübrigt sich auch die Frage, ob das Internet als neues Paradigma der Wirtschaft mit neuen ökonomischen Gesetzmäßigkeiten angesehen werden muss. Unabhängig davon, ob man das Internet als Auslöser eines weiteren Kondratieff-Zyklus betrachtet, bei dem von einer Basisinnovation weit reichende Wirkungen auf die gesamten Wirtschaft ausgingen,[1300] stimmen inzwischen viele Autoren darin überein, dass das Internet keine völlig neuen ökonomischen Regeln entstehen ließ; vielmehr wurden vorhandene Regeln lediglich neu kombiniert. Das Internet schuf damit eine neuartige Infrastruktur für Kommunikation, Produktion, interne und externe Zusammenarbeit sowie den Vertrieb.[1301] Folgt man der Zyklustheorie, so stellen der Börsencrash und die folgende Welle von Insolvenzen in der Internet-Ökonomie lediglich eine natürliche Zyklusbewegung dar, die jedoch unter keinen Umständen als Ende der Internet-Ökonomie angesehen werden darf.

1296 Vgl. Porter (2001).
1297 Vgl. Albers/Panten/Schäfers (2002c), S. 215.
1298 Vgl. Hamel (2001), S. 191.
1299 Vgl. Porter (2001), S. 64.
1300 Vgl. Holtrop/Döpfner/Wirtz (2004), S. 9.
1301 Vgl. Picot/Neuburger (2001), S. 26.

Literaturverzeichnis

Aaker, D./Day, G. (1986): The Perils of High-growth Markets, in: Strategic Management Journal, Jg. 7, Nr. 5, S. 409-421.

Abell, D. (1978): Strategic Windows, in: Journal of Marketing, Jg. 42, Nr. 3, S. 21-26.

Abernathy, W./Wayne, K. (1974): Limits of the Learning Curve, in: Harvard Business Review, Jg. 52, Nr. 5, S. 109-119.

Agarwal, R. (1997): Survival of Firms over the Product Life Cycles, in: Southern Economic Journal, Jg. 63, Nr. 3, S. 571-584.

Alba, J./Hutchinson, J. (1987): Dimensions of consumer expertise, in: Journal of Consumer Research, Jg. 13, S. 411-454.

Albach, H. (1976): Kritische Wachstumsschwellen in der Unternehmensentwicklung, in: Zeitschrift für Betriebswirtschaft, Jg. 46, Nr. 10, S. 681-696.

Albers, S. (1998): Besonderheiten des Marketing für interaktive Medien, in: Albers, S./Clement, M./Peters, K. (Hrsg.): Marketing mit interaktiven Medien: Strategien zum Markterfolg, Frankfurt/Main, S. 7-18.

Albers, S./Bachem, C./Clement, M./Peters, K. (1998): Marketing-Instrumente: Produkte und Inhalte, in: Albers, S./Clement, M./Peters, K. (Hrsg.): Marketing mit interaktiven Medien: Strategien zum Markterfolg, Frankfurt/Main, S. 267-282.

Albers, S./Panten, G./Schäfers, B. (2002a): Wer sind die eCommerce-Gewinner?, in: Albers, S./Panten, G./Schäfers, B.: Die eCommerce-Gewinner, Frankfurt/Main, S. 11-21.

Albers, S./Panten, G./Schäfers, B. (2002b): Marktumfeld für eCommerce-Gewinner – gestern und heute, in: Albers, S./Panten, G./Schäfers, B.: Die eCommerce-Gewinner, Frankfurt/Main, S. 23-53.

Albers, S./Panten, G./Schäfers, B. (2002c): Botschaften der eCommerce-Gewinner, in: Albers, S./Panten, G./Schäfers, B.: Die eCommerce-Gewinner, Frankfurt/Main, S. 213-232.

Alpert, F./Kamins, M./Graham, J. (1992): An examination of reseller buyer attitudes toward order of brand entry, in: Journal of Marketing, Jg. 56, Nr. 3, S. 25-37.

Alpert, F./Kamins, M. (1995): An empirical Investigation of Consumer Memory, Attitude, and Perceptions toward Pioneer and Follower Brands, in: Journal of Marketing, Jg. 59, Nr. 4, S. 34-45.

Altobelli, C./Sander, M. (2002): Markenaufbau von Internet-Startups, in: Berndt, R. (Hrsg.): Management-Konzepte für die New Economy, Berlin, S. 183-202.

Alvarez, S./Busenitz, L. (2001): The Entrepreneurship of Resource-based Theory, in: Journal of Management, Jg. 27, Summer (Special Issue), S. 755-775.

Amit, R./Schoemaker, P. (1993): Strategic Assets and Organizational Rent, in: Strategic Management Journal, Jg. 14, S. 33-46.

Amit, R./Zott, C. (2001): Value Creation in E-Business, in: Strategic Management Journal, Jg. 22, Summer (Special Issue), S. 493-520.

Anderson, C./Paine, F. (1978): PIMS: A Reexamination, in: Academy of Management Review, Jg. 3, S. 602-612.

Andrews, K. (1987): The Concept of Corporate Strategy, 3. Aufl., Homewood Illinois.

Argyres, N./McGahan, A. (2002): An Interview with Michael Porter, in: Academy of Management Executive, Jg. 16, Nr. 2, S. 43-52.

Arthur, W. (1989): Competing Technologies, Increasing Returns, and Lock-in by historical Events, in: Economic Journal, Jg. 99, Nr. 394, S. 116-131.

Arthur, W. (1996): Increasing Return and the New World of Business, in: Harvard Business Review, Jg. 74, Nr. 4, S. 100-109.

Axhausen, M./Thiele, H. (2002): Facts or fiction? – Betriebswirtschaftliches Turnaround-Management in der New Economy, in: Roselieb, F. (Hrsg.): Die Krise managen: Fünf wertsteigernde Strategien für die Internetwirtschaft, Frankfurt/Main, S. 207-228.

Bain, J. (1956): Barriers to New Competition, Cambridge.

Baldwin, W./Childs, G. (1969): The Fast Second and Rivalry in Research and Development, in: Southern Economic Journal, Jg. 36, S. 18-24.

Balzer, K. (2000): Die Bedeutung von Venture Capital für innovative Unternehmen, Aachen.

Bamberger, I./Wrona, T. (1996): Der Ressourcenansatz und seine Bedeutung für die Strategische Unternehmensführung, in: Zeitschrift für betriebswirtschaftliche Forschung, Jg. 48, Nr. 2, S. 130-153.

Barney, J. (1986a): Strategic Factor Markets: Expectations, Luck, and Business Strategy, in: Management Science, Jg. 32, Nr.10, S. 1231-1241.

Barney, J. (1986b): Types of Competition and the Theory of Strategy: Toward an Integrative Framework, in: Academy of Management Review, Jg. 11, Nr. 4, S. 791-800.

Barney, J. (1991): Firm Resources and Sustained Competitive Advantage, in: Journal of Management, Jg. 17, Nr. 1, S. 99-120.

Barney, J. (1997): Gaining and Sustaining Competitive Advantage, Massachusetts.

Barney, J. (2001): Is the Resource-based "View" a Useful Perspective for Strategic Management Research? Yes, in: Academy of Management Review, Jg. 26, Nr. 1, S. 41-56.

Barney, J./Wright, M./Ketchen, D. (2001): The Resource-based View of the Firm: Ten years after 1991, in: Journal of Management, Jg. 27, Summer (Special Issue), S. 625-641.

Barzen, D./Wahle, P. (1990): Das PIMS-Programm – was es wirklich wert ist, in: Harvard Business Manager, Jg. 12, Nr. 1, S. 100-109.

Bass, H. (1998): J.A. Schumpeter. Eine Einführung, Universität Bremen.

Bates, K./Flynn, J. (1995): Innovation History and Competitive Advantage: A Resource-based View Analysis of Manufacturing Technology Innovations, in: Academy of Management Best Paper Proceedings, S. 235-239.

Bayus, B./Jain, S./Rao, A. (1997): Too little, too early: Introduction Timing and new Product Performance, in the Personal digital assistant Industry, in: Journal of Marketing Research, Jg. 34, Nr. 1, S. 50-63.

BBDO Group Germany (2000): E-commerce: Summary wichtiger Trends, Erfolgsfaktoren und Fehler von dot-com-Unternehmen, Arbeitspapier, Juli 2000.

Beck, H./Prinz, A. (1999): Ökonomie des Internet: eine Einführung, Frankfurt/Main/New York.

Berliner Wochenblatt (11.04.2001): Zeichentrickstorch im Röntgenbild, o. S.

Bettis, R. (1998): SMJ 1996 Best Paper Price to Marvin B. Lieberman and David B. Montgomery, in: Strategic Management Journal, Jg. 19, Nr. 12, S. 1109.

Bettis, R./Hitt, M. (1995): The new Competitive Landscape, in: Strategic Management Journal, Jg. 16, Summer (Special Issue), S. 7-19.

Bloch, M./Pigneur, Y./Segev, A. (1996): On the road of electronic commerce – a business value framework, gaining competitive advantage and some research issues, Arbeitspapier unter http://is-2.stern.nyu-du/~mbloch/docs/roadtoec/ec.htm, Ausdruck vom 19.07.2003.

Börner, C. (2000): Strategisches Bankmanagement, München/Wien.

Boersch, C./Elschen, R. (2002): Erster Eintritt in den Markt, in: Hommel, U./Knecht, T. (Hrsg.): Wertorientiertes Start-Up-Management, München, S. 272-291.

Börsenzeitung (15.07.1999): Ricardo.de verlangt einen hohen Preis, Nr. 133, o. S.

Börsenzeitung (17.05.2000): Ricardo fusioniert mit QXL, Nr. 114, S. 16.

Bond, R./Lean, D. (1977): Sales Promotion and Product Differentiation in two Prescription Drug Markets, U.S. Federal Trade Commission Economic Report, Washington.

Bonß, W./Hartmann, H. (1985): Konstruierte Gesellschaft, rationale Deutung, in: Bonß, W./Hartmann, H. (Hrsg.): Entzauberte Wissenschaft: Zur Relativität und Geltung soziologischer Forschung, Soziale Welt, Sonderband 3, Göttingen.

Booz Allen & Hamilton (Hrsg.) (2001): 10 Erfolgsfaktoren im e-business, 2. Aufl., Frankfurt/Main.

Boulding, W./Christen, M. (2001): First-Mover Disadvantage, in: Harvard Business Review, Jg. 79, Nr. 9, S. 20-21.

Boulding, W./Staelin, R. (1990): Environment, Market Share, and Market Power, in: Management Science, Jg. 36, Nr. 10, S. 1160-1177.

Bourgeois, L./Eisenhardt, K. (1988): Strategic Decision processes in high velocity environments: Four cases in the microcomputer industry, in: Management Science, Jg. 34, S. 816-835.

Bowman, D./Gatignon, H. (1996): Order of entry as a moderator of the effect of the marketing mix on market share, in: Marketing Science, Jg. 15, Nr. 3, S. 222-242.

Bresser, R. (1998): Strategische Managementtheorie, Berlin/New York.

Bresser, R./Eschen, E./Millonig, K. (2001): Internet-Banking verdirbt Filialbanken das Geschäft, in: Harvard Business Manager, Jg. 23, Nr. 3, S. 28-39.

Bresser, R./Heuskel, D./Nixon, R. (2000): The deconstruction of integrated value chains: Practical and conceptual challenges, in: Bresser, R./Hitt, M./Nixon, R./Heuskel, D. (Hrsg.): Winning Strategies in a deconstructing world, New York, S. 1-21.

Brettel, M./Jaugey, C./Rost, C. (2000): Wie Business Angels Unternehmensgründern helfen können, in Ludewig, C./Buschmann, D./Herbrand, N.: Silicon Valley Made in Germany: Was Sie von erfolgreichen Unternehmen der New Economy lernen können, Wiesbaden, S. 49-76.

Brockhoff, K. (1995): Innovationsmanagement, in: Tietz, B./Köhler, R./Zentes, J. (Hrsg.): Handwörterbuch des Marketing, 2. Aufl., Stuttgart, Sp. 981-995.

Bronner, R./Mellewigt, T./Späth, J. (2001): Gründungsmanagement, in: Die Betriebswirtschaft, Jg. 65, S 581-599.

Brown, C./Lattin, J. (1994): Investigating the Relationship between Time in Market and Pioneering Advantage, in: Management Science, Jg. 40, Nr. 10, S. 1361-1369.

Bruhn, M. (1997): Hyperwettbewerb – Merkmale, treibende Kräfte und Management einer neuen Wettbewerbsdimension, in: Die Unternehmung, Jg. 51, S. 339-357.

Bruns, W. (1989): A Review of Robert K. Yin´s Case Study Research: Design and methods, in: Journal of Management Accounting Research, Jg. 1, S. 157-163.

Brüderl, J./Preisendörfer, P./Ziegler, R. (1996): Der Erfolg neugegründeter Betriebe: Eine empirische Studie zu den Chancen und Risiken von Unternehmensgründungen, Berlin.

Bryman, A. (1997): Animating the Pioneer versus Late Entrant Debate: A historical Case Study, in: Journal of Management Studies, Jg. 34, Nr. 3, S. 415-449.

Brynjolfsson, E./Smith, M.D. (2000): Frictionless Commerce? A Comparison of Internet and Conventional Retailers, in: Management Science, Jg. 46, Nr. 4, S. 563-585.

Bücker, M. (2002): Rubrik Marketing Business: Schwerpunkt Senioren, in: Absatzwirtschaft, Nr. 7, S. 67-76.

Burns, T/Stalker, G. (1961): The Management of Innovation, London.

Busch, C. (2001a): Portale, in: Müller-Grote, D./Reydt, F./Schmid, C. (Hrsg.): eBusiness: Wie man´s macht und was es kostet, Neuwied, S. 255-296.

Busch, S. (2001b): Wachstumsschwellen in der New Economy – Eine empirische Untersuchung der Pionierkrise in Internet-Startups, unveröffentlichte Diplomarbeit des Fachbereichs Wirtschaftswissenschaft der Freien Universität Berlin.

Buschmann, D./Herbrand, N. (2000): Goldene Zeiten!? Zukünftige Rahmenbedingungen für eBusiness-Startups, in: Ludewig, C./Buschmann, D./Herbrand, N.: Silicon Valley Made in Germany: Was Sie von erfolgreichen Unternehmen der New Economy lernen können, Wiesbaden, S. 257-284.

Buzzel, R./Gale, B. (1989): Das PIMS-Programm: Strategien und Unternehmenserfolg, Wiesbaden.

Buzzel, R./Gale, B./Sultan, R. (1975): Market Share – A key to Profitability, in: Harvard Business Review, Jg. 53, Nr. 1, S. 97-106.

Bygrave, W. (1989): The Entrepreneurship Paradigm (I): A philosophical Look at its Research Methodologies, in: Entrepreneurship: Theory and Practice, Jg. 14, Nr. 1, S. 7-26.

Camerer, C. (1991): Does Strategy Research need Game Theory?, in: Strategic Management Journal, Jg. 12, Winter (Special Issue), S. 137-152.

Carpenter, G./Nakamoto, K. (1989): Consumer Preference Formation and Pioneering Advantages, in: Journal of Marketing Research, Jg. 26, Nr. 8, S. 285-298.

Carpenter, G./Nakamoto, K. (1990): Competitive Strategies for Late Entry into a Market with a Dominant Brand, in: Management Science, Jg. 36, Nr. 10, S. 1268-1278.

Castanias, R./Helfat, C. (1991): Managerial Resources and Rents, in: Journal of Management, Jg. 17, Nr. 1, S. 155-171.

Caves, R. (1984): Economic Analysis and the Quest for Competitive Advantage, in: American Economic Review, Jg. 74, Nr. 2, S. 127-132.

Caves, R. (1998): Industrial Organization and new Findings on the Turnover and Mobility of Firms, in: Journal of Economic Literature, Jg. 36, Nr. 4, S. 1947-1982.

Caves, R./Ghemawat, P. (1992): Identifying Mobility Barriers, in: Strategic Management Journal, Jg. 13, Nr. 1, S. 1-12.

Caves, R./Porter, M. (1977): From Entry Barriers to Mobility Barriers: Conjectural Decision and Contrived Deterrence to New Competition, in: Quarterly Journal of Economics, Jg. 91, S. 241-261.

Chappell, C./Feindt, S./Gutmann, K. (2001): Spezifische Erfolgsfaktoren für KMUs, in: Gora, W./Mann, E. (Hrsg.): Handbuch Electronic Commerce: Kompendium zum elektronischen Handel, 2. Aufl., Berlin, S. 408-418.

Chetty, S. (1996): The Case Study Method for Research in Small- and Medium-sized Firms, in: International small business Journal, Jg. 15, Nr. 1, S. 73-86.

Christensen, C. (1997): The Innovators Dilemma, NewYork/Boston.

Christensen, C./Bower, J. (1996): Customer Power, Strategic Investment, and the Failure of Leading Firms, in: Strategic Management Journal, Jg. 17, Nr. 3, S. 197-218.

Christensen, C./Overdorf, M. (2000): Meeting the Challenge of Disruptive Change, in: Harvard Business Review, Jg. 78, Nr. 2, S. 66-76.

Christensen, C./Suarez, F./Utterback, J. (1998): Strategies for Survival in Fast-changing Industries, in: Management Science, Jg. 44, Nr. 12, S. 207-221.

Cirillo, R. (2000): Be quick or be dead, in: VARBusiness, Jg. 16, Nr. 6, 03/20/2000, S. 18.

Clement, M./Litfin, T./Peters, K. (1998): Netzeffekte und kritische Masse, in: Albers, S./Clement, M./Peters, K. (Hrsg.): Marketing mit interaktiven Medien: Strategien zum Markterfolg, Frankfurt/Main, S. 81-94.

Clement, M./Litfin, T./Vanini, S. (1998): Ist die Pionierrolle ein Erfolgsfaktor?, in: Zeitschrift für Betriebswirtschaft, Jg. 68, Nr. 2, S. 205-226.

Clement, M./Peters, K./Preiß, F. (1998): Electronic Commerce, in: Albers, S./ Clement, M./Peters, K. (Hrsg.): Marketing mit interaktiven Medien: Strategien zum Markterfolg, Frankfurt/Main, S. 49-64.

Collis, D. (1994): How valuable are Organizational Capabilities?, in: Strategic Management Journal, Jg. 15, Winter (Special Issue), S. 143-152.

Collis, D./Montgomery, C. (1995): Competing on Resources: Strategy in the 1990s, in: Harvard Business Review, Jg. 73, Nr. 4, S. 118-128.

Collis, D./Montgomery, C. (1997): Corporate Strategy: Resources and the Scope of the Firm, Chicago.

Coltman, T./Devinney, T./Latukefu, A./Midgley, D. (2001): E-Business: Revolution, Evolution, or Hype?, in: California Management Review, Jg. 44, Nr. 1, S. 57-86.

Computerwoche (25.06.1999): Ebay kauft deutschen Auktionator Alando, Nr. 24, o. S.

Computerwoche (03.09.1999): Rechtsunsicherheit macht Ricardo.de zu schaffen, Nr. 35, o. S.

Computerwoche (03.11.2000): Computerwoche im Gespräch mit dem Online-Auktionshaus Ricardo, Nr. 44, S. 184.

Computerwoche (01.06.2001): Angriff auf die Wohnzimmer-Surfer, Nr. 20, S. 90.

Conner, K. (1988): Strategies for Product Cannibalism, in: Strategic Management Journal, Jg. 9, Special Issue, S. 9-26.

Conner, K. (1991): A historical Comparison of Resource-based Theory and five Schools of Thought within Industrial Organization Economics: Do we have a new Theory of the Firm?, in: Journal of Management, Jg. 17, Nr. 1, S. 121-154.

Conrad, C. (1983): The Advantage of being first and Competitive between Forms, in: International Journal of Industrial Organization, Jg. 1, S. 353-364.

Cooper, A./Smith, C. (1992): How established Firms respond to Threatening Technologies, in: Academy of Management Executive, Jg. 6, Nr. 2, S. 55-70.

Cooper, S. (2001): Riding the Wave, Prentice Hall/New Jersey.

Cowan, R./Gunby, P. (1996): Sprayed to Death: Path Dependence, Lock-In and Pest Control Strategies, in: Economic Journal, Jg. 106, Nr. 436, S. 521-542.

Daniel, R. (1961): Management Information Crisis, in: Harvard Business Review, Jg. 39, Nr. 5, S. 111-121.

Danneels, E. (2002): The Dynamics of Product Innovation and Firm Competences, in: Strategic Management Journal, Jg. 23, Nr. 12, S. 1095-1121.

Daschmann, H.-A. (1994): Erfolgsfaktoren mittelständischer Unternehmen: Ein Beitrag zur Erfolgsfaktorenforschung, Stuttgart.

D'Aveni, R. (1994): Hypercompetition: Managing the Dynamics of Strategic Maneuvering, New York.

Davidson, J. (1976): Why most new Consumer Brands fail, in: Harvard Business Review, Jg. 54, Nr. 2, S. 117-121.

Dean, J. (1969): Pricing Pioneering Products, in: Journal of industrial Economics, Jg. 17, S. 165-179.

Deitel, H./Deitel, P./Steinbuhler, K. (2001): e-Business and e-Commerce for Managers, Prentice Hall.

Demsetz, H. (1982): Barriers to Entry, in: American Economic Review, Jg. 72, S. 47-57.

Dholakia, N./Dholakia, R./Zwick, D./Laub, M. (2001): Electronic Commerce und die Transformation des Marketing, in: Fritz, W. (Hrsg.): Internet-Marketing: Marktorientiertes E-Business in Deutschland und den USA, 2. Aufl., Stuttgart, S. 61-96.

Dierickx, I./Cool, K. (1989): Asset Stock Accumulation and Sustainability of Competitive Advantage, in: Management Science, Jg. 35, Nr. 12, S. 1504-1511.

Dietl, H./Royer, S. (2000): Management virtueller Netzwerkeffekte in der Informationsökonomie, in: Zeitschrift Führung + Organisation, Jg. 69, Nr. 6, S. 324-326.

DiMaggio, P./Powell, W. (1991): The Iron Cage revisited: Institutional Isomorphism and Collective Rationality in Organizational Fields, in: Powell, W./DiMaggio, P. (Hrsg.): The New Institutionalism in Organizational Analysis, Chicago, S. 63-82.

Dixit, A. (1980): The Role of Investment in Entry Deterrence, in: Economic Journal, Jg. 90, Nr. 3, S. 95-106.

Dömer, M. (2002): Ressourcenbasierte Erschließung neuer Märkte, Frankfurt/Main.

Donaldson, L. (2001): The Contingency Theory of Organizations, Thousand Oaks/California.

Dooley, L. (2002): Case Study Research and Theory Building, in: Advances in Developing Human Resources, Jg. 4, Nr. 3, S. 335-354.

Dosi, G./Nelson, R./Winter, S. (Hrsg.) (2000): The Nature and Dynamics of Organizational Capabilities, Oxford.

Downes, L./Mui, C. (1998): Unleashing the Killer App: Digital Strategies for Market Dominance, Boston.

Downey, H./Ireland, D. (1979): Quantitative versus Qualitative: Environmental Assessment in Organizational Studies, in: Administrative Science Quarterly, Jg. 24, S. 631-637.

Duschek, S. (2002): Innovation in Netzwerken: Renten-Relationen-Regeln, Wiesbaden.

Dyer, W./Wilkins, A. (1991): Better Stories, not better Constructs, to generate better Theory: A rejoinder to Eisenhardt, in: Academy of Management Review, Jg. 16, Nr. 3, S. 613-619.

Earle, N./Keen, P. (2000): From .com to .profit: Inventing Business Models that deliver value and profit, San Francisco.

Eaton, C./Ware, R. (1987): A Theory of Market Structure with Sequential Entry, in: Rand Journal of Economics, Jg. 18, Nr. 1, S. 1-16.

Eggers, B./Grewe, A./Busch, S. (2002): Wachstum in der New Economy – die Pionierkrise in Start-up-Unternehmen, in: Keuper, F. (Hrsg.): Electronic Business und Mobile Business: Ansätze, Konzepte und Geschäftsmodelle, Wiesbaden, S. 657-676.

Eggs, H. (2001): Vertrauen im Electronic Commerce: Herausforderungen und Lösungsansätze, Wiesbaden.

Ehrhardt, M. (2001): Netzeffekte, Standardisierung und Wettbewerbsstrategie, Wiesbaden.

Ehrmann, T./Biedermann, R. (2002): Die Markteintrittsstrategie der Selbstbeschränkung und das Warten auf die Wachstumschance: ein Beitrag zur Betriebswirtschaftslehre der Unternehmensgründung, in: Zeitschrift für Betriebswirtschaft, Jg. 72, Nr. 5, S. 497-512.

Eisenhardt, K. (1989): Building Theories from Case Study Research, in: Academy of Management Review, Jg. 14, Nr. 4, S. 532-550.

Eisenhardt, K. (1991): Better Stories and better Constructs: The Case for rigor and comparative Logic, in: Academy of Management Review, Jg. 16, Nr. 3, S. 620-627.

Eisenhardt, K./Martin, J. (2000): Dynamic Capabilities: What are they?, in: Strategic Management Journal, Jg. 21, Winter (Special Issue), S. 1105-1121.

Ergenzinger, R./Krulis-Randa, J. (2002): Das neue Management im Rahmen der New Economy, in: Berndt, R. (Hrsg.): Management-Konzepte für die New Economy, Berlin, S. 81-102.

Eschenbach, R./Kunesch, H. (1994): Strategische Konzepte: Management-Ansätze von Ansoff bis Ulrich, 2.Aufl., Stuttgart.

Ethiraj, S./Guler, I./Singh, H. (2000): The impact of Internet and electronic technologies on firms and its implications for competitive advantage, Working Paper, The Wharton School, S. 1-40.

Evans, P./Wurster, T. (1997): Strategy and the New Economics of Information, in: Harvard Business Review, Jg. 75, Nr. 5, S. 70-82.

Fershtman, C./Mahajan, V./Muller, E. (1990): Market Share Pioneering Approach: A theoretical Approach, in: Management Science, Jg. 36, Nr. 8, S. 900-918.

Fiedler, F. (1967): A Theory of Leadership Effectiveness, New York.

Financial Times Deutschland (21.08.2000): Übernahme von Ricardo durch Auktionshaus QXL vorerst gerettet, Nr. 161, S. 3.

Financial Times Deutschland (22.03.2001): Ebay steigt in den Einzelhandel ein, Nr. 58, S. 5.

Finger, M./Samwer, O. (1998): America's most successful Startups: Lessons for Entrepreneurs, Wiesbaden.

Finkelstein, S. (2001): Internet Startups: so why can't they win?, in: Journal of Business Strategy, Jg. 22, Nr. 4, S. 16-22.

Fiol, C. (1991): Managing Culture as a Competitive Resource: An Identity-based View of Sustainable Competitive Advantage, in: Journal of Management, Jg. 17, Nr. 1, S. 191-211.

Fiol, C. (2001): Revisiting an Identity-based View of Sustainable Competitive Advantage, in: Journal of Management, Jg. 27, Summer (Special Issue), S. 691-699.

Focus (Januar 2000): Internet: günstig wie nie, Nr. 3, S. 181-184.

Foddy, W. (1993): Constructing Questions for Interviews and Questionnaires: Theory and Practice in social Science, Cambridge.

Foss, N./Robertson, P. (2000): Introduction: Resources, Technology and Strategy, in: Foss, N./Robertson, P. (Hrsg.): Resources, Technology and Strategy: Explorations in the resource-based perspective, London/New York, S. 1-10.

Frankfurter Rundschau (20.11.2000): Manchmal lernen auch die Eltern, o. S.

Frankfurter Rundschau (18.07.2002): Der Wahnsinn hat einen Namen, S. 11.

Freedman, D. (2001): Last Guys finish first, in: Business 2.0, Issue May, o. S.

Freiling, J. (2001): Resource-based View und ökonomische Theorie: Grundlagen und Positionierung des Ressourcenansatzes, Wiesbaden.

Frese, E./Stöber, H. (2002): Die neuen Begriffe: E-Business, Internet und Intranet, in: Frese, E./Stöber, H. (Hrsg.): E-Organisation: Strategische und organisatorische Herausforderungen des Internet, Wiesbaden, S. 1-8.

Friedrichs, J. (1980): Methoden empirischer Sozialforschung, 14. Aufl., Opladen.

Fritz, W. (1989): Marketing – Ein Schlüsselfaktor des Unternehmenserfolges?, Arbeitspapier Nr. 72 des Instituts für Marketing Universität Mannheim.

Fritz, W. (2000a): Internet-Marketing und Electronic Commerce, Wiesbaden.

Fritz, W. (2000b): Markteintrittsstrategien in der Internet-Ökonomie, in: Oelsnitz, D. v. d. (Hrsg.): Markteintritts-Management, Stuttgart, S. 223-238.

Fudenberg, D./Gilbert, R./Stiglitz, J./Tirole, J. (1983): Preemption, Leapfrogging and Competition in Patent Races, in: European Economic Review, Jg. 22, S. 3-31.

Gal-Or, E. (1985): First Mover and Second Mover Advantages, in: International Economic Review, Jg. 26, Nr. 3, S. 649-653.

Gal-Or, E. (1987): First Mover Disadvantages with private Information, in: Review of Economic Studies, Jg. 54, Nr. 178, S. 279-290.

Gemünden, H.-G./Konrad, E. (2000): Unternehmerisches Verhalten als ein bedeutender Erfolgsfaktor von technologieorientierten Unternehmensgründungen – eine kritische Würdigung von Erklärungsansätzen verschiedener Erfolgskonstrukte, in: Die Unternehmung, Jg. 54, Nr. 4, S. 247-271.

Ghemawat, P. (1986): Sustainable Advantage, in: Harvard Business Review, Jg. 64, Nr. 5, S. 53-58.

Ghemawat, P./Spence, M. (1985): Learning Curve Spillovers and Market Performance, in: Quarterly Journal of Economics, Jg. 100, Nr. 4, S. 839-852.

Gilbert, R./Newberry, D. (1982): Preemptive Patenting and the Persistence of Monopoly, in: American Economic Review, Jg. 72, S. 514-526.

Girtler, R. (2001): Methoden der Feldforschung, 4. Aufl., Wien.

Glänzer, S./Schäfers, B. (2000): Ricardo.de – The Auction Channel, in: Albers, S./ Clement, M./Peters, K./Skiera, B. (Hrsg.): eCommerce: Einstieg, Strategie und Umsetzung in Unternehmen, 2. Aufl., Frankfurt/Main, S. 229-240.

Glaser, B./Strauss, A. (1998): Grounded Theory: Strategien qualitativer Forschung, Bern.

Glazer, A. (1985): The Advantage of being first, in: American Economic Review, Jg. 75, Nr. 473, S. 473-480.

Golder, P./Tellis, G. (1993): Pioneer Advantage: Marketing logic or Marketing Legend?, in: Journal of Marketing Research, Jg. 30, Nr. 2, S. 158-170.

Gomm, R./Hammersley, M./Foster, P. (2000): Case study method, London.

Gorecki, P. (1986): The Importance of being first: The Case of Prescription Drugs in Canada, in: International Journal of Industrial Organization, Jg. 4, Nr. 4, S. 371-395.

Grant, R (1991): The Resource-based Theory of Competitive Advantage: Implications for Strategy Formulation, in: California Management Review, Jg. 33, Nr. 3, S. 114-135.

Gratl, R. (2002): Management virtueller Unternehmensnetzwerke unter besonderer Berücksichtigung der Erfolgsevaluation von Internet-Strategien, Bamberg.

Graumann, M. (1993): Die Ökonomie von Netzprodukten, in: Zeitschrift für Betriebswirtschaft, Jg. 63, Heft 12, S. 1331-1355.

Green, D./Barclay, D./Ryans, A. (1995): Entry Strategy and Long-Term Performance: Conceptualization and empirical Examination, in: Journal of Marketing, Jg. 59, Nr. 4, S. 1-16.

Green, D./Ryans, A. (1990): Entry Strategies and Market Performance: Causal Modeling of a Business Simulation, in: Journal of Product Innovation Management, Jg. 7, Nr. 1, S. 45-58.

Greiner, L. (1972): Evolution and Revolution as organization grow, in: Harvard Business Review, Jg. 50, Nr. 4, S. 37-46.

Guasch, L./Weiss, A. (1980): Adverse selecting by markets and the advantage of being late, in: The Quarterly Journal of Economics, Jg. 94, S. 453-465.

Gummesson, E. (1991): Qualitative methods in management research: case study research, participant observation, action research/action science, and other "qualitative methods" used in academic research and management consultancy, Newbury Park.

Hack, A./Jost, C./Jost, P.-J. (2001): Erfolgsfaktoren junger Unternehmen in der New Economy, in: Keuper, F. (Hrsg.): Strategic E-Business, Wiesbaden, S. 37-72.

Haertsch, P. (2000): Wettbewerbsstrategien für Electronic Commerce - Eine kritische Überprüfung klassischer Strategiekonzepte, Lohmar-Köln.

Hall, R. (1992): The Strategic Analysis of intangible Resources, in: Strategic Management Journal, Jg. 13, Nr. 2, S. 135-144.

Hall, R. (1993): A Framework linking intangible Resources and Capabilities to sustainable Competitive Advantage, in: Strategic Management Journal, Jg. 14, Nr. 8, S. 607-618.

Hamburger Abendblatt (17.05.2000): Hamburger verkaufen Auktionshaus Ricardo für 1,1 Milliarden Euro, Nr. 114, S. 23.

Hamel, G. (2001): Smart Mover, Dumb Mover, in: Fortune, 9/3/2001, Jg. 144, Nr. 4, S. 191-194.

Hamel, G./Prahalad, C. (1990): Corporate Imagination and expeditionary Marketing, in: Harvard Business Review, Jg. 69, Nr. 4, S. 81-92.

Hamel, J./Dufour, S./Fortin, D. (1993): Case study methods, in: Qualitative Research Methods, Series 32, Newbury Park/Ca.

Handelsblatt (14.06.2000): Berliner Startup Yellout setzt auf interaktive Gelbe Seiten, Nr. 113, S. 64.

Handelsblatt (05.12.2000): Schwieriger Neustart bei Ricardo, Nr. 235, S. 23.

Hartman, A./Sifonis, J./Kador, J. (2001): Net Ready: Strategies for Success in the E-conomy, New York.

Harvey, M./Evans, R. (1995): Strategic Windows in the entrepreneurial Process, in: Journal of Business Venturing, Jg. 10, Nr. 5, S. 331-347.

Hauschildt, J. (1993): Innovationsmanagement, München.

Hayek, F. (1976): Individualismus und wirtschaftliche Ordnung, Salzburg.

Heger, D. (2003): Nachhaltige Wettbewerbsvorteile in der Net Economy: Die Rolle von Handelsintermediären im B-to-B Electronic Commerce, Wiesbaden.

Henderson, B. (1984): Die Erfahrungskurve in der Unternehmungsstrategie, 2. Aufl., Frankfurt/Main.

Hermanns, A./Sauter, M. (2001): E-Commerce – Grundlagen, Einsatzbereiche und aktuelle Tendenzen, in: Hermanns, A./Sauter, M. (Hrsg.): Management-Handbuch Electronic Commerce, 2. Aufl., München, S. 15-32.

Heuskel, D. (1999): Wettbewerb jenseits von Industriegrenzen: Aufbruch zu neuen Wachstumsstrategien, Frankfurt/Main.

Hidding, G./Williams, J. (2003): Are there First-Mover-Advantages in B2B eCommerce Technologies?, in: Proceedings of the 36th Hawaii International Conference of System Sci-ences, Jan. 6-9th 2003, Big Island, Hawaii, USA.

Hilverkus, G./Rosenberg, O. v. (2003): Die Liquidation von Start-up Unternehmen: Rechtliche Grundlagen und Erfahrungen aus der Praxis, in: Zeitschrift für Betriebswirtschaft, Jg. 73, H. 2, Ergänzungsheft: Von der Gründung bis zur Insolvenz, S. 127-143.

Hinkel, K. (2001): Erfolgsfaktoren von Frühfinanzierungen durch Wagniskapitalgesellschaften, Wiesbaden.

Hippel, E. v. (1986): Lead Users: A Source of novel Product Concept, in: Management Science, Jg. 32, Nr. 7, S. 791-805.

Hite, J. (2003): Patterns of multidimensionality among embedded network ties: a typology of relational embeddedness in emerging entrepreneurial firms, in: Strategic Organization, Jg. 1, Nr. 1, S. 9-49.

Hoffmann, F. (1986): Kritische Erfolgsfaktoren – Erfahrungen in großen und mittelständischen Unternehmungen, in: Zeitschrift für betriebswirtschaftliche Forschung, Jg. 38, Nr. 10, S. 831-843.

Hofkurier (August 2003): Kostensenkungsmaschine: Neues Business-Portal für Berlin und Brandenburg, August, S. 1-3.

Holtrop, T./Döpfner, M./Wirtz, B. (2004): Deutschland online: Entwicklungsperspektiven der Medien- und Internetmärkte, 2. Aufl., Wiesbaden.

Homburg, C. (1998): Kundennähe von Industriegüterunternehmen: Konzeption – Erfolgsauswirkungen – Determinanten, 2. Aufl., Wiesbaden.

Hopf, C. (1984): Soziologie und qualitative Sozialforschung, in: Hopf, C./ Weingarten, E. (Hrsg.): Qualitative Sozialforschung, 2. Aufl., Stuttgart.

Horizont (21.03.2002): Web-Auktionen: Ebay führt Festpreisauktionen ein, S. 42.

Horizont (12.09.2002): Media und Mediaplanung 2003: Alt und doch online, S. 102.

Horvath, P./Knust, P./Schindera, F. (2001): Internet-Geschäfte erfordern ein wirksames E-Controlling, in: Harvard Business Manager, Jg. 23, Nr. 5, S. 45-54.

Huff, L./Robinson, W. (1994): The Impact of Leadtime and Years of Competitive Rivalry on Pioneer Market Share Advantages, in: Management Science, Jg. 40, Nr. 10, S. 1370-1377.

Hugl, U. (1995): Qualitative Inhaltsanalyse und Mind-Mapping: Ein neuer Ansatz für Datenauswertung und Organisationsdiagnose, Wiesbaden.

Hurwitz, M./Caves, R. (1988): Persuasion or Information? Promotion the Shares of Brand Name and Generic Pharmaceuticals, in: Journal of Law and Economics, Jg. 31, Nr. 2, S. 299-320.

Hutzschenreuter, T. (2000): Electronic Competition: Branchendynamik durch Entrepreneur-ship im Internet, Wiesbaden.

Hutzschenreuter, T. (2001): Wachstumsstrategien, Wiesbaden.

Ilinitch, A./D´Aveni, R./Lewin, A. (1996): New organizational Forms and Strategies for Managing in hypercompetitive Environments, in: Organization Science, Jg. 7, Nr. 3, S. 211-220.

Internet Standard (20.10.2000): Hier tagt der Zwergenrat, S. 23.

Jacobson, R. (1990): Unobservable Effects and Business Performance, in: Marketing Science, Jg. 9, Nr. 1, S. 74-85.

Jacobson, R. (1992): The "Austrian" School of Strategy, in: Academy of Management Review, Jg. 17, Nr. 4, S. 782-807.

Jacobson, R./Aaker, D. (1985): Is market-share all that it's cracked up to be?, in: Journal of Marketing, Jg. 49, Nr. 4, S. 11-22.

Jarillo, J. (1989): Entrepreneurship and Growth: The Strategic Use of external Resources, in: Journal of Business Venturing, Jg. 4, Nr. 2, S. 133-147.

Jick, T. (1979): Mixing qualitative and quantitative Methods: Triangulation in action, in: Administrative Science Quarterly, Jg. 24, S. 602-611.

Kalyanaram, G./Robinson, W./Urban, G. (1995): Order of Market Entry: Established empirical Generalizations, and future Research, in: Marketing Science, Jg. 14, Nr. 3, S. G212-G221.

Kalyanaram, G./Urban, G. (1992): Dynamic Effects of the Order of Entry on Market Share, Trial Penetration, and Repeat Purchases for frequently purchased Consumer Goods, in: Marketing Science, Jg. 11, Nr. 3, S. 235-250.

Kanter, R. (2001): Wie Traditionsfirmen ihren Einstieg ins Internet sicher verpatzen, in: Harvard Business Manager, Jg. 23, Nr. 4, S. 58-72.

Kaplan, J. (1994): Startup, New York.

Karakaya, F./Stahl, M. (1989): Barriers to Entry and Market Entry Decisions in Consumer and Industrial Goods Markets, in: Journal of Marketing, Jg. 53, Nr. 2, S. 80-91.

Kardes, F./Kalyanaram, G. (1992): Order-of-entry Effects on Consumer Memory and Judgement: An Information Integration Perspective, in: Journal of Marketing Research, Jg. 29, Nr. 3, S. 343-357.

Katz, M./Shapiro, C. (1985): Network Externalities, Competition, and Compatibility, in: American Economic Review, Jg. 75, Nr. 3, S. 424-440.

Katz, M./Shapiro, C. (1992): Product Introduction with Network Externalities, in: Journal of Industrial Economics, Jg. 40, Nr. 1, S. 55-84.

Kelly, K. (1998): New Rules for the New Economy, London.

Kerin, R./Varadarajan, P./Peterson, R. (1992): First-Mover Advantage: A Synthesis, Conceptual Framework, and Research Propositions, in: Journal of Marketing, Jg. 56, Nr. 4, S. 33-52.

Kesting, P. (2003): Schumpeters Theorie der Innovation und der wirtschaftlichen Entwicklung, in: Das Wirtschaftsstudium, Jg. 32, Nr. 1, S. 34-38.

Kieser, A. (2002): Der Situative Ansatz, in: Kieser, A. (Hrsg.): Organisationstheorien, 5. Aufl., Stuttgart/Berlin/Köln, S. 169-198.

KinderCampus AG (15.05.2001): Safe-T ist die Kindersicherheitslösung mit der größten existierenden Positivliste im deutschsprachigen Raum, Pressemitteilung.

KinderCampus AG (24.05.2000): Erster europäischer Edutainment-Kanal mit Sicherheitssoftware für Kinder im Internet, Pressemitteilung, in: http://www.presseportal.de/print.htx?nr=141883, 19.07.2003.

Kirzner, I. (1978): Wettbewerb und Unternehmertum, Tübingen.

Klandt, H. (1984): Aktivität und Erfolg des Unternehmungsgründers: Eine empirische Analyse unter Einbeziehung des mikrosozialen Umfeldes, Bergisch Gladbach.

Kleinaltenkamp, M. (1996): Customer Integration – Kundenintegration als Leitbild des Business-to-Business-Marketing, in: Kleinaltenkamp, M. (Hrsg.): Customer-Integration: von der Kundenorientierung zur Kundenintegration, Wiesbaden, S. 13-24.

Klemperer, P. (1987): The Competitiveness of Markets with Switching Costs, in: Rand Journal of Economics, Jg. 18, Nr. 1, S. 375-394.

Klepper, S./Graddy, E. (1990): The Evolution of New Industries and the Determinants of Market Structure, in: Rand Journal of Economics, Jg. 21, Nr. 1, S. 27-44.

Klodt, H. (2001): Und sie fliegen doch – Wettbewerbsstrategien für die Neue Ökonomie, in: Donges, J./Mai, S./Eckhoff, J. (Hrsg.): Ecommerce und Wirtschaftspolitik, Stuttgart, S. 31-48.

Knecht, T. (2002): Erfolgsfaktoren, Investitionskriterien und Werttreiber, in: Hommel, U./Knecht, T. (Hrsg.): Wertorientiertes Start-Up-Management, München, S. 105-126.

Knyphausen, D. zu (1993): Why are firms different? Der Ressourcenorientierte Ansatz im Mittelpunkt einer aktuellen Kontroverse im Strategischen Management, in: Die Betriebswirtschaft, Jg. 63, Nr. 6, S. 771-792.

Knyphausen-Aufseß, D. zu (1995): Theorie der strategischen Unternehmensführung: State of the art und neue Perspektiven, Wiesbaden.

Knyphausen-Aufseß, D. zu (1997): Auf dem Weg zu einem ressourcenorientierten Paradigma, in: Ordmann, G./Sydow, J./Türk, K. (Hrsg.): Theorien der Organisation, Opladen, S. 452-480.

Kollmann, T. (2003): Reifeprüfung für das Geschäftsmodell, in: Harvard Business Manager, Jg. 25, Nr.1, S. 59-66.

Kotha, S. (1998): Competing on the Internet: How Amazon.com is rewriting the rules of competition, in: Advances in Strategic Management, Jg. 15, S. 239-265.

Kotha, S./Rindova, V./Rajgopal, S. (2001): Reputation Building and firm Performance: An empirical analysis of Top-50 Pure Internet firms, in: European Management Journal, Jg. 19, Nr. 6, S. 571-587.

Kotha, S./Rindova, V./Rothaermel, F. (2001): Identifying firm-specific factors in the internationalization of US internet firms, in: Journal of international Business Studies, Jg. 32, Nr. 4, S. 769-792.

Kotler, P./Bliemel, F. (1999): Marketing-Management: Analyse, Planung, Umsetzung und Steuerung, 9. Aufl., Stuttgart.

Kratochwill, T./Levin, J. (1992): Single-case research design and analysis: new directions for psychology and education, Hillsdale/New Jersey.

Kreuter, A. (1999): Verrechnungspreise in Profit-Center-Organisationen, 2. Aufl., München.

Kröger, F./Neumann, D./Sonnenschein, M./Schmitt, K. (2001): Ne(x)t Economy: Mit digitalen Geschäftsmodellen zum Erfolg, Wiesbaden.

Krüger, W./Schwarz, G. (1990): Konzeptionelle Analyse und praktische Bestimmung von Erfolgsfaktoren und Erfolgspotenzialen, in: Bleicher, K./Gomez, P.: Zukunftsperspektiven der Organisation, Bern, S. 179-209.

Krüger, W. (2002): Auswirkungen des Internet auf Wertketten und Geschäftsmodelle, in: Frese, E./Stöber, H. (Hrsg.): E-Organisation, Wiesbaden, S. 63-89.

Kühn, R. (1995): Markteintritts- und Marktaustrittsstrategien, in: Tietz, B./Köhler, R./Zentes, J. (Hrsg.): Handwörterbuch des Marketing, 2. Aufl., Stuttgart, Sp. 1756-1768.

Küsell, F./Katzschke, R. (2003): Bereitschaft der öffentlichen Hand zur Beschaffung via Internet, in: Innovative Verwaltung, Nr. 6, S. 38-40.

Kuester, S./Homburg, C./Robertson, T. (1999): Retaliatory behavior to new product entry, in: Journal of Marketing, Jg. 63, Nr. 4, S. 90-106.

Kulicke, M. (1993): Chancen und Risiken junger Technologieunternehmen, Heidelberg.

Kuntz, B. (2001): Das Quäntchen mehr Familie, in: Personalwirtschaft, Jg. 28, Nr. 6, S. 90-93.

Lachmann, L. (1984): Marktprozeß und Erwartungen: Studien zur Theorie der Marktwirtschaft, München/Wien.

Lammerskötter, D./Klein, S. (2001): Neuere Entwicklungen auf elektronischen Märkten: Strategische Herausforderungen des E-Commerce, in: Eggers, B./ Hoppen, G. (Hrsg.): Strategisches E-Commerce-Management: Erfolgsfaktoren für die Real Economy, Wiesbaden, S. 45-72.

Lambkin, M. (1988): Order of Entry and Performance in new Markets, in: Strategic Management Journal, Jg. 9, Summer (Special Issue), S. 127-140.

Lambkin, M. (1992): Pioneering new Markets: A Comparison of Market Share Winners and Losers, in: International Journal of Research in Marketing, Jg. 9, Nr. 1, S. 5-22.

Lamnek, S. (1988): Qualitative Sozialforschung, Band 1: Methodologie, München.

Lamnek, S. (1989): Qualitative Sozialforschung, Band 2: Methoden und Techniken, München.

Lang, C./Utikal, H. (2002): Organisatorische Impulse durch Internet-Technologie und Technologieinduzierte Strategien, in: Frese, E./Stöber, H. (Hrsg.): E-Organisation, Wiesbaden, S. 155-189.

Lawrence, P./Lorsch, J. (1967): Organization and environment: Managing differentiation and integration, Boston.

Leonard-Barton, D. (1992): Core Capabilities and Core Rigidities: A Paradox in Managing New Product Development, in: Strategic Management Journal, Jg. 13, Summer (Special Issue), S. 111-125.

Levitt, T. (1965): Exploit the Product Life Cycle, in: Harvard Business Review, Jg. 43, Nr. 6, S. 81-94.

Lieberman, M. (1987): The Learning Curve, Diffusion, and Competitive Strategy, in: Strategic Management Journal, Jg. 8, S. 441-452.

Lieberman, M. (1989): The Learning Curve, Technology Barriers to Entry, and Competitive Survival in the Chemical Processing Industries, in: Strategic Management Journal, Jg. 10, Nr. 5, S. 431-447.

Lieberman, M. (2002): Did First-Mover Advantage survive the Dot-com Crash, Working Paper UCLA, Anderson Graduate School of Management, October 17, 2002.

Lieberman, M./Montgomery, D. (1988): First Mover Advantages, in: Strategic Management Journal, Jg. 9, Summer (Special Issue), S. 41-58.

Lieberman, M./Montgomery, D. (1998): First Mover (Dis)Advantages: Retrospective and Link with the Resource-based View, in: Strategic Management Journal, Jg. 19, Nr. 12, S. 1111-1125.

Lilien, G./Yoon, E. (1990): The timing of competitive market entry: An exploratory study of new industrial products, in: Management Science, Jg. 36, Nr. 5, S. 568-585.

Lippmann, S./Rumelt, R. (1982): Uncertain Imitability: An Analysis of interfirm Differences in Efficiency under Competition, in: Bell Journal of Economics, Jg. 13, Nr. 2, S. 418-438.

MacMillan, I. (1988): Controlling competitive Dynamics by taking strategic Initiative, in: Academy of Management Executive, Jg. 2, Nr. 2, S. 111-118.

Mahoney, J./Pandian, R. (1992): The Resource-based view within the conversation of strategic management, in: Strategic Management Journal, Jg. 13, Nr. 5, S. 363-380.

Mai, S./Oelmann, M. (2001): Elektronischer Handel im Lichte der Bestreitbarkeit von Märkten, in: Donges, J./Mai, S./Eckhoff, J. (Hrsg.): Ecommerce und Wirtschaftspolitik, Stuttgart, S. 49-92.

Makadok, R. (1998): Can first-mover and early-mover advantages be sustained in an industry with low barriers to entry/imitation?, in: Strategic Management Journal, Jg. 19, S. 683-696.

Mangstl, C./Resch, B. (2001): Scout 24 und AutoScout24 – Innovative Konzepte für virtuelle Marktplätze, in: Ringlstetter, M. (Hrsg.): Clicks in E-Business: Perspektiven von Start-Ups und etablierten Konzernen, München, S. 139-150.

Mansfield, E./Schwartz, M./Wagner, S. (1981): Imitation Costs and Patents: An empirical Study, in: Economic Journal, Jg. 91, Nr. 8, S. 907-918.

Market (23.03.2001): e-Commerce: Ein langer Atem ist gefragt, S. 42.

Marks, U. (1994): Neuproduktpositionierung in Wettbewerbsmärkten, Wiesbaden.

Mascarenhas, B. (1992): Research Notes and Communications: First-Mover Effects in multiple dynamic Markets, in: Strategic Management Journal, Jg. 13, Nr. 4, S. 237-243.

Mascarenhas, B./Aaker, D. (1989): Mobility Barriers and Strategic Groups, in: Strategic Management Journal, Jg. 10, Nr. 5, S. 475-485.

Mason, E. (1939): Price and Production Policies of Large-Scale-Enterprises, in: American Economic Review, Jg. 29, Nr. 1, Part 2 – Paper and Proceedings, S. 61-74.

Mattson, B. (1985): Spotting a Market Gap for a new Product, in: Long Range Planning, Jg. 18, Nr. 1, S. 87-93.

Mayring, P. (1990a): Einführung in die qualitative Sozialforschung: Eine Anleitung zu qualitativem Denken, 1. Aufl., München.

Mayring, P. (1990b): Qualitative Inhaltsanalyse: Grundlagen und Techniken, 2. Aufl., Weinheim.

McGahan, A./Porter, M. (1997): How much does industry matter, really?, in: Strategic Management Journal, Jg. 18, Summer (Special Issue), S. 15-30.

McSummit, B./Martin, J. (1990): Die Silicon-Valley Story, München.

McWilliam, G. (2001): Online-Communities geben Marken mehr Schwung, in: Harvard Business Manager, Jg. 23, Nr. 2, S.72-85.

McWilliams, A./Smart, D. (1993): Efficiency v. Structure-Conduct-Performance: Implications for strategy Research and Practice, in: Journal of Management, Jg. 19, Nr. 1, S. 63-78.

Meffert, H./Böing, C. (2001): Erfolgsfaktoren und Eintrittsvoraussetzungen im Business-to-Consumer E-Commerce – ausgewählte Ergebnisse einer empirischen Analyse, in: Fritz, W. (Hrsg.): Internet-Marketing: Marktorientiertes E-Business in Deutschland und den USA, 2. Aufl., Stuttgart, S. 453-480.

Meffert, H./Remmerbach, K. (1988): Marketingstrategien in jungen Märkten – Wettbewerbsorientiertes High-Tech-Marketing, in: Die Betriebswirtschaft, Jg. 48, Nr. 3, S. 331-346.

Mellewigt, T./Späth, J. (2002): Entrepreneurial Teams – A survey of German and US Empirical Studies, in: Zeitschrift für Betriebswirtschaft, Jg. 72, Ergänzungsheft 5, S. 107-125.

Mellewigt, T./Witt, P. (2002): Die Bedeutung des Vorgründungsprozesses für die Evolution von Unternehmen: Stand der empirischen Forschung, in: Zeitschrift für Betriebswirtschaft, Jg. 72, Nr. 1, S. 81-110.

Meschnig, A./Stuhr, M. (2001): www.revolution.de – Die Kultur der New Economy, Hamburg.

Meyer, J./Rowan, B. (1991): Institutionalized Organizations: Formal Structure as Myth and Ceremony, in Powell, W./DiMaggio, P. (Hrsg.): The new institutionalism in Organizational Analysis, Chicago, S. 41-62.

Miles, M./Huberman, A. (1994): Qualitative Data Analysis: an expanded sourcebook, 2. Aufl., Thousand Oaks/London.

Miller, A./Gartner, W./Wilson, R. (1989): Entry Order, Market Share, and Competitive Advantage: A Study of their Relationships in new Corporate Ventures, in: Journal of Business Venturing, Jg. 4, Nr. 3, S. 197-209.

Miller, D./Shamsie, J. (1996): The Resource-based View of the Firm in two Environments: The Hollywood film studios from 1936-1965, in: Academy of Management Journal, Jg. 39, Nr. 3, S. 519-543.

Minderlein, M. (1989): Markteintrittsbarrieren und Unternehmensstrategie: Industrieökonomische Ansätze und eine Fallstudie zum Personal Computer Markt, Wiesbaden.

Minderlein, M. (1990): Markteintrittsbarrieren und strategische Verhaltensweisen, in: Zeitschrift für Betriebswirtschaft, Jg. 60, Nr. 2, S. 155-178.

Minderlein, M. (1993): Industrieökonomik und Strategieforschung, in: Staehle, W./ Sydow, J. (Hrsg.): Managementforschung 3, Berlin, S. 157-203.

Mises, L. v. (1980): Nationalökonomie: Theorie des wirtschaftlichen Handelns, München, (unveränderter Nachdruck von 1940).

Mitchell, W. (1991): Dual Clocks: Entry Order Influences on Incumbent and Newcomer Market Share and Survival when specialized Assets retain their Value, in: Strategic Management Journal, Jg. 12, Nr. 2, S. 85-100.

Moore, J. (2002): The Internet Weather: Balancing continuous change and constant truths, New York.

Moore, M./Boulding, W./Goodstein, R. (1991): Pioneering and Market Share, Is entry Time endogenous and does it matter, in: Journal of Marketing Research, Jg. 28, Nr. 1, S. 97-104.

Mueller, D. (1997): First Mover Advantages and Path Dependence, in: International Journal of Industrial Organization, Jg. 15, Nr. 1, S. 827-850.

Müller, R. (1999): Erfolgsfaktoren kleiner und mittlerer Softwareprodukt-Unternehmen: eine lebenszyklusorientierte Untersuchung von Softwareunternehmen des Produktgeschäfts, Frankfurt/Main.

Müller, T. (2003): Kunden- und Wettbewerbsorientierung neugegründeter Software-Unternehmen, Wiesbaden.

Müller-Böling, D./Klandt, H. (1994): Methoden empirischer Wirtschafts- und Sozialforschung: Eine Einführung mit wirtschaftswissenschaftlichem Schwerpunkt, 2. Aufl., Köln.

Mulzer, D. (1999): Critical Success Factors of High-growth New Ventures, Bamberg.

Murthi, B./Srinivasan, K./Kalyanaram, G. (1996): Controlling for observed and unobserved Managerial Skills in determining First-Mover Market Share Advantages, in: Journal of Marketing Research, Jg. 33, Nr. 3, S. 329-336.

Nault, B./Vandenbosch, M. (1996): Eating your own Lunch: Protection through Preemption, in: Organization Science, Jg. 7, Nr. 3, S. 342-358.

Nelson, P. (1991): Why do Firms differ, and how does it matter?, in: Strategic Management Journal, Jg. 12, Winter (Special Issue), S. 61-74.

Net-Business (16.12.2000): Raritätenkabinett der New Economy, Nr. 15, S. 51-52.

Nevens, T. (1999): The mouse that roared, in: McKinsey Quarterly, 1999, Nr. 1, S. 145-148.

Nicolai, A./Kieser, A. (2002): Trotz Erfolglosigkeit: Die Erfolgsfaktorenforschung weiter auf Erfolgskurs, in: Die Betriebswirtschaft, Jg. 62, Nr. 6, S. 579-596.

Odlyzko, A. (2001): The Myth of Internet Time, in: Technology Review, Jg. 104, Nr. 3, S. 92-94.

Oelsnitz, D. v. d. (1996a): Der Erfolg des Pioniers: Zufall oder Gesetz?, in: der markt, Jg. 35, Nr. 4, S. 181-190.

Oelsnitz, D. v. d. (1996b): Ist der Firstcomer immer der Sieger? Einflußfaktoren für die Wahl des optimalen Markteintrittszeitpunkts, in: Marktforschung und Management, Jg. 40, Nr. 3, S. 108-111.

Oelsnitz, D. v. d. (1998): Als Marktpionier zu dauerhaftem Erfolg, in: Harvard Business Manager, Jg. 20, Nr. 4, S. 24-31.

Oelsnitz, D. v. d. (2000a): Eintrittstiming und Eintrittserfolg: Eine kritische Analyse der empirischen Methodik, in: Die Unternehmung, Jg. 54, Nr. 3, S. 199-213.

Oelsnitz, D. v. d. (2000b): Strategische Interaktion zwischen Eintrittszeitpunkt und Eintrittsbarriere, in: Oelsnitz, D. v. d. (Hrsg.): Markteintritts-Management, Stuttgart, S. 137-160.

Oelsnitz, D. v. d./Heinecke, A. (1997): Auch der Zweite kann gewinnen. Warum ein Abwarten beim Markteintritt manchmal die bessere Lösung ist, in: Management Zeitschrift io, Jg. 66, Nr. 3, S. 35-39.

Oetker, R. (2003): Erfahrungen mit innovativen Start-ups aus Sicht eines Business Angels, in: Zeitschrift für Betriebswirtschaft, Jg. 73, H.2 Ergänzungsheft: Von der Gründung bis zur Insolvenz, S. 85-93.

Oliver, C. (1991): Strategic Responses to institutional Processes, in: Academy of Management Review, Jg. 16, Nr. 1, S. 145-179.

Oliver, C. (1997): Sustainable Competitive Advantage: Combining institutional and resource-based views, in: Strategic Management Journal, Jg. 18, Nr. 9, S. 697-713.

Olleros, F. (1986): Emerging Industries and the burnout of pioneers, in: Journal of Product Innovation Management, Jg. 1, S. 5-18.

Opitz, M. (1990): Venture Capital: Pioniere gesucht, in: Harvard Business Manager, Jg. 12, Nr. 1, S. 132-137.

Oster, S. (1990): Modern competitive analysis, Oxford.

Ovivo AG (04.02.2000): Erstmalig gibt es eine serviceorientierte Internet-Plattform für Menschen ab 40, Pressemitteilung, in: http://www.presseportal.de/print.htx?nr=108945, 19.07.2003.

Ovivo AG (07.11.2000): KLINGEL Gruppe beteiligt sich am Internetangebot ovivo.de, Pressemitteilung, in: http://www.presseportal.de/print.htx?nr=190788, 19.07.2003.

Ovivo AG (24.04.2001): Frischer Wind bei ovivo.de, Pressemitteilung,in: http://www.presseportal.de/print.htx?nr=242752, 19.07.2003.

Ovivo AG (Juni 2001): Vom Klick zur Klingel: GEL managt Fullfillment für ovivo.de, Pressemitteilung.

Pagé, P./Ehring, T. (2001): Electronic Business und New Economy: Den Wandel zu vernetzten Geschäftsprozessen meistern, Berlin/Heidelberg.

Parry, M./Bass, F. (1990): When to lead or follow? It depends, in: Marketing Letters, Jg. 1, Nr. 3, S. 187-198.

Patterson, W. (1993): First-Mover Advantage: The opportunity curve, in: Journal of Management Studies, Jg. 30, Nr. 5, S. 759-776.

Penrose, E. (1995): The theory of the growth of the firm, 3. Aufl., Oxford.

Perillieux, R. (1995): Technologietiming, in: Zahn, E. (Hrsg.): Handbuch Technologiemanagement, Stuttgart, S. 267-284.

Peteraf, M. (1993): The Cornerstones of Competitive Advantage: A Resource-based View, in: Strategic Management Journal, Jg. 14, Nr. 2, S. 179-191.

Peters, T./Waterman, R. (1982): In Search of Excellence – Lessons from America's best-run Companies, New York.

Picot, A./Franck, E. (1988): Die Planung der Unternehmensressource Information (I), in: Das Wirtschaftsstudium, Jg. 17, Nr. 5, S. 544-549.

Picot, A./Laub, U./Schneider, D. (1989): Innovative Unternehmensgründungen: eine ökonomisch-empirische Analyse, Berlin.

Picot, A./Neuburger, R. (2001): Grundsätze und Leitlinien der Internet-Ökonomie in: Eggers, B./Hoppen, G. (Hrsg.): Strategisches E-Commerce-Management: Erfolgsfaktoren für die Real Economy, Wiesbaden, S. 23-44.

Picot, A./Neuburger, R. (2002): Prinzipien der Internet-Ökonomie, in: Schögel, M./ Tomczak, T./Belz, C. (Hrsg.): Roadm@p to E-Business – Wie Unternehmen das Internet erfolgreich nutzen, St. Gallen, S. 92-107.

Picot, A./Scheuble, S. (2000): Hybride Wettbewerbsstrategien in der Informations- und Netzökonomie, in: Welge, M./Al-Laham, S./Kajüter, P. (Hrsg.): Praxis des Strategischen Managements: Konzepte – Erfahrungen – Perspektive, Wiesbaden, S. 239-257.

Piller, F./Schaller, C. (2002): E-Loyalty – Kundenbeziehungen durch Individualisierung im E-Business, in: Keuper, F. (Hrsg.): Electronic Business und Mobile Business: Ansätze, Konzepte und Geschäftsmodelle, Wiesbaden, S. 439-463.

Piore, M. (1979): Qualitative Research techniques in Economics, in: Adminstrative Science Quarterly, Jg. 24, S. 560-569.

Plaschka, G. (1986): Unternehmenserfolg: Eine vergleichende empirische Untersuchung von erfolgreichen und nicht erfolgreichen Unternehmensgründern, Wien.

Pleschak, F./Ossenkopf, B. (2003): Finanzierungskonzepte in den frühen Lebensphasen junger Technologieunternehmen, in: Steinle, C./Schumann, K. (Hrsg.): Gründung von Technologieunternehmen: Merkmale – Erfolg – empirische Ergebnisse, Wiesbaden, S. 147-160.

Ploch, K. (2000): Das große New Economy-Glossar, in: Lotter, W./Sommer, C. (Hrsg.): Neue Wirtschaft: Das Kursbuch für die New Economy, Statusreport 2001, Stuttgart, S. 321-336.

Pörner, R. (2002): Die Net Economy – Besonderheiten und strategische Erfolgsfaktoren, in: Manschwetus, U./Rumler, A. (Hrsg.): Strategisches Internetmarketing: Entwicklungen in der Net Economy, Wiesbaden, S. 29-51.

Porter, M. (1980): Competitive Strategy: Techniques for Analyzing Industries and Competitors, New York.

Porter, M. (1981): The contributions of industrial organization to strategic Management, in: Academy of Management Review, Jg. 6, S. 609-620.

Porter, M. (1985): Competitive Advantage: Creating and Sustaining Superior Performance, New York.

Porter, M. (1991): Towards a Dynamic Theory of Strategy, in: Strategic Management Journal, Jg. 12, Winter (Special Issue), S. 95-117.

Porter, M. (2001): Strategy and the Internet, in: Harvard Business Review, Jg. 79, Nr. 3, S. 62-79.

Prahalad, C./Hamel, G. (1990): The Core Competence of the Corporation, in: Harvard Business Review, Jg. 68, Nr. 3, S. 79-91.

Prescott, M./Visscher, M. (1977): Sequential Location among Firms with Foresight, in: Bell Journal of Economics, Jg. 8, S. 378-393.

Priem, R./Butler, J. (2001): Is the Resource-based „View" a useful Perspective for strategic Management Research?, in: Academy of Management Review, Jg. 26, Nr. 1, S. 22-40.

Pümpin, C./Prange, J. (1991): Management der Unternehmensentwicklung: Phasengerechte Führung und der Umgang mit Krisen, Frankfurt/New York.

Quiring, L./Backmann, C. (2001): Virtuelles Kaufhaus.de – Ein Start-Up zwischen Technik und Geschäftsidee, in: Ringlstetter, M. (Hrsg.): Clicks in E-Business: Perspektiven von Start-Ups und etablierten Konzernen, München, S. 93-116.

Rasche, C. (1994): Wettbewerbsvorteile durch Kernkompetenzen: ein ressourcenorientierter Ansatz, Wiesbaden.

Rasche, C./Wolfrum, B. (1994): Ressourcenorientierte Unternehmensführung, in: Die Betriebswirtschaft, Jg. 54, Nr. 4, S. 501-517.

Rayport, J./Jaworski, B. (2001): e-Commerce, Boston.

Reed, R./DeFilippi, R. (1990): Causal Ambiguity, Barriers to Imitation, and Sustainable Competitive Advantage, in: Academy of Management Review, Jg. 15, Nr. 1, S. 88-102.

Reichheld, F./Schefter, P. (2000): E-Loyalty: Your Secret Weapon on the Web, in: Harvard Business Review, Jg. 78, Nr. 4, S. 105-113.

Remmerbach, K. (1988): Markteintrittsentscheidungen: eine Untersuchung im Rahmen der strategischen Marketingplanung unter besonderer Berücksichtigung des Zeitaspektes, Wiesbaden.

Remmerbach, K. (1989): Integrierte Markteintrittsplanung, in: Marketing Zeitschrift für Forschung und Praxis, Jg. 11, Nr. 3, S. 173-178.

Rheinboldt, J./Guenthert, J. (2002): eBay- Vom Sammlertreff zum weltweit größten Online-Marktplatz, in: Albers, S./Panten, G./Schäfers, B.: Die eCommerce-Gewinner, Frankfurt/Main, S. 56-68.

Ricardo AG (07.01.2000): ricardo.de mit Abstand bekanntestes Online-Auktionshaus in Deutschland, Pressemitteilung.

Ricardo AG (27.03.2000): ricardo.de führt Gebühren für erfolgreich versteigerte Produkte ein, Pressemitteilung.

Ricardo AG (28.11.2000): Unternehmenszusammenschluss von QXL.com plc und ricardo.de AG, Pressemitteilung.

Ricardo AG (18.01.2001): ricardo.de führt Eröffnungsgebühren für Online-Auktionen ein, Pressemitteilung.

Ricardo AG (10.11.2003): Vielen Dank- Ricardo beendet am 17.11.2003 die allgemeinen Auktionen über ricardo.de, Pressemitteilung.

Rigdon, J. (2000): The second-mover Advantage, in: Red Herring, September, S. 462-470.

Rindova, V./Kotha, S. (2000): Building Reputational Stocks through strategic Action Flows: Lessons from Amazon.com and its Competitors in Internet Retailing, Discussion Paper, Juni 2000.

Ringlstetter, M./Oelert, J. (2001): Perspektiven de E-Business, in: Ringlstetter, M. (Hrsg.): Clicks in E-Business: Perspektiven von Start-Ups und etablierten Konzernen, München, S. 3-44.

Robinson, K./McDougall, P. (2001): Entry Barriers and New Venture Performance: A Comparison of universal and contingency Approaches, in: Strategic Management Journal, Jg. 22, Nr. 6/7, S. 659-685.

Robinson, W. (1988): Sources of Market Pioneer Advantages: The Case of Industrial Goods Industries, in: Journal of Marketing Research, Jg. 25, Nr. 1, S. 87-94.

Robinson, W. (1990): Product Innovation and start-up Business Market share performance, in: Management Science, Jg. 36, Nr. 10, S. 1279-1289.

Robinson, W./Fornell, C. (1985): Sources of Market Pioneer Advantages in Consumer Goods Industries, in: Journal of Marketing Research, Jg. 22, Nr. 3, S. 305-317.

Robinson, W./Fornell, C./Sullivan, M. (1992): Are Market Pioneers intrinsically stronger than Later Entrants?, in: Strategic Management Journal, Jg. 13, Nr. 2, S. 609-624.

Robinson, W./Min, S. (2002): Is the first to Market the first to fail? Empirical Evidence for industrial Goods Businesses, in: Journal of Marketing Research, Jg. 34, Nr. 1, S. 120-128.

Rogers, E./Larsen, J. (1985): Silicon Valley Fieber, Berlin.

Roselieb, F. (2002): New Economy = Neue Chancen?- Vom Krisenmanagement zum Chancenmanagement in der New Economy, in: Roselieb, F. (Hrsg.): Die Krise managen: Fünf wertsteigernde Strategien für die Internetwirtschaft, Frankfurt/Main, S. 8-20.

Rosenbloom, R./Cusumano, M. (1987): Technological Pioneering and Competitive Advantage: The Birth of the VCR Industry, in: California Management Review, Jg. 29, Nr. 4, S. 51-76.

Rühli, E. (1994): Die Resourcebased View of Strategy: Ein Impuls für einen Wandel im unternehmenspolitischen Denken und Handeln?, in: Gomez, P./Hahn, D./Müller-Stewens, G./Wunderer, R. (Hrsg.): Unternehmerischer Wandel: Konzepte zur organisatorischen Erneuerung, Wiesbaden, S. 31-57.

Rühli, E. (1996): Strategische Führung bei Hyperwettbewerb, in: Staffelbach, B. v./ Wehrli, H.P. (Hrsg.): Markt- und menschenorientierte Unternehmensführung, Bern, S. 9-30.

Rumelt, R. (1987): Theory, Strategy, and Entrepreneurship, in: Teece, D. (Hrsg.): The competitive Challenge, Cambridge, S. 137-158.

Rumelt, R. (1991): How much does industry matter?, in: Strategic Management Journal, Jg. 12, S. 167-185.

Ruprecht, K. (2000): Rein pragmatisch – was ist ein Startup, in: Net-Investor, Jg. 3, Nr. 10, S. 36-37.

Saloner, G. (1991): Modeling, Game Theory, and strategic Management, in: Strategic Management Journal, Jg. 12, Winter (Special Issue), S. 119-136.

Sampler, J. (1998): Redefining industry structure for the information age, in: Strategic Management Journal, Jg. 19, Nr. 4, S. 343-355.

Sattelberger, T./Hollmüller, M. (2001): David gegen Goliath –Wettbewerb zwischen Konzernen und Start-Ups am Markt für „Unternehmer-Humanressourcen", in: Ringlstetter, M. (Hrsg.): Clicks in E-Business: Perspektiven von Start-Ups und etablierten Konzernen, München, S. 341-368.

Scheer, A.-W./Erbach, F./Thomas, O. (2000): E-Business – Wer geht? Wer bleibt? Wer kommt?, in: Scheer, A.-W. (Hrsg.): E-Business – Wer geht? Wer bleibt? Wer kommt?, Heidelberg, S. 3-45.

Schefczyk, M. (2000): Finanzieren mit Venture Capital: Grundlagen für Investoren, Finanzintermediäre, Unternehmer und Wissenschaftler, Stuttgart.

Schefczyk, M. (2003): Managementqualifikation und Erfolg in jungen Unternehmen, in: Steinle, C./Schumann, K. (Hrsg.): Gründung von Technologieunternehmen: Merkmale – Erfolg – empirische Ergebnisse, Wiesbaden.

Schefczyk, M./Pankotsch, F. (2002): Theoretische und empirische Implikationen wachstumsstarker Start-ups – Stand der Forschung, in: Hommel, U./Knecht, T. (Hrsg.): Wertorientiertes Start-Up-Management, München, S. 21-38.

Schein, E. (1984): Coming to a new Awareness of organizational Culture, in: Sloan Management Review, Jg. 25, Nr. 2, S. 3-16.

Scherer, F./Ross, D. (1990): Industrial Market Structure and economic performance, Boston.

Schewe, G. (1992): Imitationsmanagement: Nachahmung als Option des Technologiemanagements, Stuttgart.

Schmalensee, R. (1978): Entry Deterrence in the Ready-to-eat cereal industry, in: Bell Journal of Economics, Jg. 9, Nr. 5, S. 305-327.

Schmalensee, R. (1982): Product differentiation advantages of pioneering brands, in: The American Economic Review, Jg. 72, Nr. 3, S. 349-365.

Schmeisser, W. (2001): Venture Capital und Neuer Markt als strategische Erfolgsfaktoren der Innovationsförderung für Erfinder und technologieorientierte Unternehmensgründungen, in: Schmeisser, W./Krimphove, D. (Hrsg.): Vom Gründungsmanagement zum neuen Markt, Wiesbaden, S. 227-242.

Schmeisser, W./Krimphove, D./Grothe, J. (2001): Zwischen Gründungsmanagement und Neuem Markt: Eine pragmatische Einführung, in: Schmeisser, W./Krimphove, D. (Hrsg.): Vom Gründungsmanagement zum neuen Markt, Wiesbaden, S. 1-14.

Schmidt, P. (2002): Indikatoren für den Erfolg und Überlebenschancen junger Unternehmen, in: Zeitschrift für Betriebswirtschaft, Jg. 72, Ergänzungsheft 5, S. 21-53.

Schnaars, S. (1986): When entering Growth Markets, are Pioneers better than Poachers?, in: Business Horizons, Jg. 29, Nr. 2, S. 27-36.

Schreyögg, G. (1995): Umwelt, Technologie und Organisationsstruktur: Eine Analyse des kontingenztheoretischen Ansatzes, 3. Aufl., Bern/Stuttgart/Wien.

Schreyögg, G. (1998): Organisation: Grundlagen moderner Organisationsgestaltung, 2. Aufl., Wiesbaden.

Schubert, P./Setz, D./Haertsch, P. (2001): Digital erfolgreich: Fallstudien zu strategischen E-Business-Konzepten, Berlin/Heidelberg.

Schumpeter, J. (1993): Kapitalismus, Sozialismus und Demokratie, 7. Aufl., Tübingen.

Schumpeter, J. (1997): Theorie der wirtschaftlichen Entwicklung: Eine Untersuchung über Unternehmergewinn, Kapital, Kredit, Zins und den Konjunkturzyklus, 9. Aufl., Berlin.

Schuster, P. (1991): Erfolgsorientierte Steuerung kleiner und mittlerer Unternehmen, Berlin/Heidelberg.

Shane, S./Venkataram, S. (2000): The Promise of Entrepreneurship as a Field of Research, in: Academy of Management Review, Jg. 25, Nr. 1, S. 217-226.

Shapiro, C./Varian, H. (1999): Online zum Erfolg: Strategie für das Internet-Business, München.

Simon, H. (1989): Die Zeit als strategischer Erfolgsfaktor, in: Zeitschrift für Betriebswirtschaft, Jg. 59, Nr.1, S. 70-93.

Simon, H./Homburg, C. (1995): Marktbarrieren, in: Tietz, B./Köhler, R./Zentes, J. (Hrsg.): Handwörterbuch des Marketing, 2. Aufl., Stuttgart, Sp. 1744-1756.

Skiera, B. (1998a): Preisdifferenzierung, in: Albers, S./Clement, M./Peters, K. (Hrsg.): Marketing mit interaktiven Medien: Strategien zum Markterfolg, Frankfurt/Main, S. 283-296.

Skiera, B. (1998b): Auktionen, in: Albers, S./Clement, M./Peters, K. (Hrsg.): Marketing mit Interaktiven Medien: Strategien zum Markterfolg, Frankfurt/Main, S. 297-310.

Skiera, B./Lambrecht, A. (2000): Erlösmodelle im Internet, in: Albers, S./Herrmann, A. (Hrsg.): Handbuch Produktmanagement, Wiesbaden, S. 813-831.

Smiley, R. (1988): Empirical Evidence on strategic Entry Deterrence, in: International Journal of Industrial Organization, Jg. 6, Nr. 2, S. 167-180.

Smith, A (1999): Opening new Frontiers: Do Early Entrants really reap long-term Rewards?, in: Academy of Management Executive, Jg. 13, Nr. 1, S. 111-112.

Smith, K./Grimm, C./Gannon, M. (1992): Dynamics of competitive strategy, Newbury Park.

Sorice, A./Hoensbroech, S. (2000): Kopfüber in die Neue Welt, in: Ludewig, C./Buschmann, D./Herbrand, N.: Silicon Valley Made in Germany: Was Sie von erfolgreichen Unternehmen der New Economy lernen können, Wiesbaden, S. 9-20.

Soy, S. (2001): The case study as a research method, retrieved December 1, 2001, from University of Texas, Graduate School of Library and Information Science, Web site:http://gslis.utexas.edu/~ssoy/usesusers/l391d1b.htm, 20.05.2003.

Specht, G./Perillieux, R. (1988): Erfolgsfaktoren technischer Führer- und Folgerpositionen auf Investitionsgütermärkten, in: Zeitschrift für betriebswirtschaftliche Forschung, Jg. 40, Nr. 3, S. 204-226.

Specht, M. (2001): Piniervorteile für Anbieter von Informationsgütern im Electronic Business, München.

Spence, A. (1977): Entry, Capacity, Investment, and Oligopolistic Pricing, in: Bell Journal of Economics, Jg. 8, S. 534-544.

Der Spiegel (28.06.1999): Reich mit Schnäppchen, Nr. 26, o. S.

Srinivasan, R./Lilien, G./Rangaswamy, A. (2004): First in, first out? The Effects of Network Externalities on Pioneer Survival, in: Journal of Marketing, Jg. 68, Nr. 1, S. 41-58.

Staehle, W. (1990): Management: Eine verhaltenswissenschaftliche Perspektive, 5. Aufl., München.

Steinle, C./Schumann, K. (2003): Kooperation, Innovation und Erfolg technologieorientierter Gründungen – Konzept und Ergebnisse einer repräsentativen Studie, in: Steinle, C./Schumann, K. (Hrsg.): Gründung von Technologieunternehmen: Merkmale – Erfolg – empirische Ergebnisse, Wiesbaden, S. 15-66.

Stippel, P. (2002): Beste neue Marke: Wie Ebay in Deutschland den Durchbruch schaffte, in: Absatzwirtschaft, Sonderausgabe Marken, 10.03.2002, 2002, S. 50

Stolpmann, M. (2000): Kundenbindung im E-Business: Loyale Kunden, nachhaltiger Erfolg, Bonn.

Strauss, A./Corbin, J. (1990): Basics of qualitative Research: Grounded Theory Procedures and Techniques, Newbury Park.

Strömer, S. (2001): Aus Amateuren werden Profis, in: Personalwirtschaft, Jg. 28, Nr. 10, S. 104-112.

Suárez, F./Utterback, J. (1995): Dominant Designs and the Survival of Firms, in: Strategic Management Journal, Jg. 16, Nr. 6, S. 415-430.

Sujan, M. (1985): Consumer Knowledge: Effects on Evaluation Strategies Mediating Consumer Judgments, in: Journal of Consumer Research, Jg. 12, Nr. 1, S. 31-46.

Sydow, J. (1981): Der normative Entscheidungsansatz von Vroom/Yetton, in: Die Unternehmung, Jg. 35, Nr. 1, S. 1-17.

Sydow, J. (1992): Strategische Netzwerke: Evolution und Organisation, Wiesbaden.

Szymanski, D./Troy, L./Bharadwaj, S. (1995): Order of entry and business performance: An empirical synthesis and Reexamination, in: Journal of Marketing, Jg. 59, Nr. 4, S. 17-33.

Der Tagesspiegel (07.04.2000): Graumelierte Lebenskenner: Mit Ovivo ist ein Angebot für Menschen ab 40 im Netz, Nr. 17017, S. 34.

Der Tagesspiegel (14.01.2001): Kids-Award für Berliner Webseite. KinderCampus ist die beste deutschsprachige Netz-Adresse, Nr. 17290, S. 30.

Der Tagesspiegel (24.06.2001): Ein Genießer in stürmischen Zeiten, Nr. 17446, S. 23.

Tapscott, D. (1996): Die digitale Revolution, Wiesbaden.

Taylor, D./Terhune, A. (2001): Doing E-Business, New York.

Teece, D. (1984): Economic Analysis and Strategic Management, in: California Management Review, Jg. 26, Nr.3, 1984, S. 87-110.

Teece, D. (1987): Profiting from technological Innovation: Implications for Integration, Collaboration, Licensing, and public Policy, in: Teece, D.: The competitive Challenge, Cambridge, S. 185-220.

Teece, D./Pisano, G./Shuen, A. (1997): Dynamic Capabilities and Strategic Management, in: Strategic Management Journal, Jg. 18, Nr. 7, S. 509-533.

Teege, G. (2001): E-Commerce quo vadis?, in: Eggers, B./Hoppen, G. (Hrsg.): Strategisches E-Commerce-Management: Erfolgsfaktoren für die Real Economy, Wiesbaden, S. 631-642.

Tellis, G./Golder, P. (1996): First to Market, first to fail? Real Causes of enduring Market Leadership, in: Sloan Management Review, Jg. 36, Nr. 2, S. 65-75.

Theuvsen, L. (2002): E-Business und Strategie – Neubewertung von Wettbewerbsvorteilen bei verändertem Branchenstrukturen, in: Frese, E./Stöber, H. (Hrsg.): E-Organisation, Wiesbaden, S. 19-62.

Timmers, P. (1999): Electronic Commerce: Strategies and Models for Business-to-Business Trading, Chichester.

Timmons, J. (1994): New Value Creation: Entrepreneurship for the 21st Century, 4. Aufl., Burr Ridge/Boston/Sydney.

Tomsen, M.-I. (2001): Killer Content: Strategien für das erfolgreiche Content Management im eCommerce, München.

Trommsdorff, V. (1990): Erfolgsfaktorenforschung, Produktinnovation und Schnittstelle Marketing – F&E, Diskussionspapier 143, herhausgegeben von der Wirtschaftswissenschaftlichen Dokumentation, Technische Universität Berlin.

Urban, G./Carter, T./Gaskin, S./Mucha, Z (1986): Market share Rewards to Pioneering Brands: An empirical Analysis and strategic Implications, in: Management Science, Jg. 32, Nr. 6, 1986, S. 645-659.

Utterback, J. (1971): The Process of technological Innovation within the Firm, in: Academy of Management Journal, Jg. 14, S. 75-88.

VanderWerf, P./Mahon, J. (1997): Meta-analysis of the Impact of Research Methods on Findings of First-mover Advantages, in: Management Science, Jg. 43, Nr. 11, S. 1510-1519.

Varian, H. (1991): Grundzüge der Mikroökonomik, 2. Aufl., München/Wien.

VDI nachrichten (22.02.2002): Dot.gone: Gestrauchelte Web-Unternehmer stehen wieder auf, Nr. 8, S. 24.

VDI nachrichten (22.03.2002): Start-up-Portrait: Kindercampus AG, Berlin, bietet Edutainment für Kinder und Konzerne, Nr. 9, S. 32.

Vidal, M. (1993): Wettbewerbsstrategien für Pionierunternehmen, Wiesbaden.

Vidal, M. (1995): Strategische Pioniervorteile, in: Zeitschrift für Betriebswirtschaft, Jg. 65, Ergänzungsheft 1, S. 43-58.

Vlamis, A./Smith, B. (2001): Die Yahoo-Methode: die 10 Erfolgsgeheimnisse des bekanntesten Dienstleistungen im World Wide Web, Frankfurt/Wien.

Vroom, V./Yetton, P. (1973): Leadership and decision-making, Pittsburgh.

Wamser, C. (2001): Strategisches Electronic Commerce: Wettbewerbsvorteile auf elektronischen Märkten, München.

Welge, M./Al-Laham, A. (1999): Strategisches Management: Grundlagen – Prozess – Implementierung, 2. Aufl., Wiesbaden.

Die Welt (31.08.1999): Ebay Deutschland ist zweitgrößter Internet-Marktplatz der Welt, o. S.

Die Welt (18.01.2000): Ricardo.de geht mit Auktionen für Unternehmen an den Start, o. S.

Die Welt (19.06.2000): Yellouts gelbe Internetseiten bringen Dienstleister ins Haus, o. S.

Die Welt (23.08.2000): Wir töten die Gelbe Seiten, o. S.

Die Welt (30.08.2000): Eine Idee, ein Team, ein Name, o. S.

Die Welt (19.09.2000): Surfen und Lernen im virtuellen Kinderzimmer, o. S.

Die Welt (20.09.2000): Kaum Zeit für das Privatleben: Arbeitsalltag im Dot-com, o. S.

Die Welt (23.10.2000): Generationswechsel in der New Economy, o. S.

Die Welt (11.01.2001): Kindercampus erhält Preis für schönste Seite, o. S.

Die Welt (15.05.2001): Die gelben Seiten zu einer Internetplattform ausbauen, o. S.

Die Welt (28.05.2001): Nach der Marktbereinigung ist der Aufschwung wieder in Sicht, o. S.

Die Welt (28.06.2001): Internetunternehmen wollen Nutzer zur Kasse bitten, o. S.

Die Welt (31.08.2001): Mit Beratung und Software aus der Krise, o. S.

Die Welt (21.01.2002): Wenn Dotcom-Entlassene zum Fall für die Suppenküche werden, o. S.

Die Welt am Sonntag (25.05.2003): Die Notbremse gezogen, o. S.

Wensley, R. (1982): PIMS and BCG: new horizons or false dawn, in: Strategic Management Journal, Jg. 3, S. 147-158.

Werben & Verkaufen (09.02.2001): Medien: Die Crux mit dem Alter, S. 90.

Werben & Verkaufen (04.04.2003): Agenturen, S. 47.

Werder, A. v./Reichel, O. (2002): Organisation des E-Business-Managements – Gestaltungsalternativen und Lösungen der Praxis, in: Frese, E./Stöber, H. (Hrsg.): E-Organisation, Wiesbaden, S. 243-257.

Werner, H. (2000): Junge Technologieunternehmen: Entwicklungsverläufe und Erfolgsfaktoren, Wiesbaden.

Wernerfelt, B. (1984): A Resource-based View of the Firm, in: Strategic Management Journal, Jg. 5, Nr. 2, S. 171-180.

Wernerfelt, B. (1991): Brand loyalty and market equilibrium, in: Marketing Science, Jg. 10, Nr. 3, S. 229-245.

Wernerfelt, B. (1995): The Resource-based View of the Firm: 10 years after, in: Strategic Management Journal, Jg. 16, Nr. 3, S. 171-174.

Wernerfelt, B./Karnani, A. (1987): Competitive Strategy under Uncertainty, in: Strategic Management Journal, Jg. 8, Nr. 2, S. 187-194.

Wesner, E. (1977): Die Planung von Marketing-Strategien auf der Grundlage des Modells des Produktlebenszyklus, Berlin.

Wheelen, T./Hunger, J. (2002): Strategic Management and Business Policy, 8. Aufl., New Jersey.

Whitten, I. (1979): Brand Performance in the Cigarette Industry and the Advantage of Early Entry, U.S. Federal Trade Commission Staff Report, Washington.

Whittington, R. (2001): What is Strategy – and does it matter?, 2. Aufl., Padstow/Cornwall.

Wick, D./Kaiser, S. (2001): Cassiopeia – Communities als Erfolgsfaktor im E-Business, in: Ringlstetter, M. (Hrsg.): Clicks in E-Business: Perspektiven von Start-Ups und etablierten Konzernen, München, S. 77-92.

Williamson, O. (1979): Transaction Cost Economics: The Governance of contractual Relations, in: Journal of Law and Economics, Jg. 22, Nr. 2, S. 233-261.

Wirtschaftswoche (14.01.1999): Internetfirmen - Heikle Aufgaben, Nr. 3, S. 46.

Wirtschaftswoche (13.07.2000): True Economy: Heilsamer Schock, Nr. 29, S. 48.

Wirtschaftswoche (13.03.2003): Spezial: Portale, Nr. 12, S. 108.

Wirtz, B. (2001): Electronic Business, 2. Aufl., Wiesbaden.

Wirtz, B./Loscher, B. (2001): ZP-Stichwort: Geschäftsmodelle in der Internetökonomie, in: Zeitschrift für Planung, Jg. 12, S. 451-458.

Witt, U. (1997): „Lock-in" vs. „Critical Masses" - Industrial Change under Network Externalities, in: International Journal of Industrial Organization, Jg. 15, Nr. 6, S. 753-773.

Wölfer, H. (2002): Änderungen im Käuferverhalten in B2C-Märkten, in: Manschwetus, U./Rumler, A. (Hrsg.): Strategisches Internetmarketing: Entwicklungen in der Net Economy, Wiesbaden, S. 95-118.

Wolf, J./Haberstroh, M. (2002): Wertorientierte Komposition und Entwicklung der Unternehmensführung, in: Hommel, U./Knecht, T. (Hrsg.): Wertorientiertes Start-Up-Management, München, S.127-149.

Woodward, J. (1965): Industrial organization: Theory and practice, London.

WorkXL AG (10.10.2000): WorkXL.de schafft Freiräume für Unternehmen, in: http://www.presseportal.de/print.htx?nr=181386, 19.07.2003.

WorkXL AG (16.11.2000): WorkXL Call-Center optimiert Beratungsleistung, in: http://www.presseportal.de/print.htx?nr=193874, 19.07.2003.

Yin, R. (1989): Case Study Research: Design and Methods, Newbury Park/ California.

Yip, G. (1982): Gateways to entry, in: Harvard Business Review, Jg. 60, Nr. 5, S. 85-92.

Yoffie, D./Cusumano, M. (1999): Judo-Strategie: Eine Lektion zur Wettbewerbsdynamik in Zeiten des Internet, in: Harvard Business Manager, Jg. 21, Nr. 5, S. 72-83.

Young, G./Smith, K./Grimm, C. (1996): "Austrian" and Industrial Organization Perspectives on Firm-level Competitive Activity and Performance, in: Organization Science, Jg. 7, Nr. 3, S. 243-254.

Die Zeit (09.11.2000): Klick - und weg, Nr. 46, S. 39.

Zajac, E./Kraatz, M./Bresser, R. (2000): Modeling the Dynamic of Strategic Fit: A normative Approach to Strategic Change, in: Strategic Management Journal, Vol. 21, Nr. 4, S. 429-453.

Zerdick, A. et al. (2001): Die Internet-Ökonomie – Strategien für die digitale Wirtschaft, 3. Aufl., Berlin/Heidelberg.

Zider, B. (1998): „How Venture Capital works", in: Harvard Business Review, Jg. 76, Nr. 6, S. 131-139.

Zucker, L. (1991): The Role of Institutionalization in cultural persistence, in: Powell, W./DiMaggio, P. (Hrsg.): The new institutionalism in Organizational Analysis, Chicago, S. 83-107.

Anhang

Anhang 1: Fragenkatalog für einen Unternehmungsgründer

Anhang 2: Fragenkatalog für einen Mitarbeiter

Anhang 3: Fragenkatalog für einen Venture Capitalisten oder Experten

Anhang 4: Lebenslauf

Anhang 1:

Fragenkatalog für einen Unternehmungsgründer

Ziel der Befragung

Einblick in die Wettbewerbs- und interne Unternehmungssituation zum Markteintrittszeitpunkt
=> Welche Faktoren waren entscheidend für den Erfolg der Unternehmung?

Vorlage der Abbildung mit den Schwerpunktes des Interviews

Fragen zu Ressourcen- und Marktfaktoren

Gründer und Gründungsmotivation

Woher kam die Motivation zur Gründung? Internet, Goldgräberstimmung, Selbständigkeit, gute Idee
Wie war die Idee?
Wer waren die Gründer?
War das Team eher homogen/heterogen?
Wie könnte man die Ressourcen des Managementteams beschreiben?
Was zeichnete das Team gegenüber anderen Teams aus?

Welche **Managementfähigkeiten** und **Erfahrungen** brachten die Gründer mit?
(In Bezug auf das Produkt bzw. die Branche oder auch Gründungs- und Führungserfahrung)
Wurden fehlende Fähigkeiten extern beschafft?
(Technologie, Marketing, PR, Dienstleister, externe Manager)

Geschäftsmodell

Genaue Beschreibung des **Geschäftsmodells**
Wie sollten **Gewinne** bzw. Umsätze erwirtschaftet werden?
Wann sollte die Gewinnschwelle erreicht werden? Wurde sie erreicht?
War dies ein sinnvoller Weg?

Weitere Ressourcen der Unternehmung

Welches waren die ersten geplanten Schritte beim Unternehmungsaufbau?
Wie wichtig war der schnelle Aufbau des **Mitarbeiterstamms**, um das Geschäft zum Laufen zu bringen?
Woher wurden die Mitarbeiter rekrutiert (Rückschluss auf die Ressource Mitarbeiterfähigkeiten)?

Welche Rolle spielte die **Standortwahl** ? (Mitarbeiter, Gründerklima, Netzwerke für den Austausch)

Wie wurden Sie **finanziert**? Venture Capitalist, BA, Eigenkapital, Banken, Förderung, strategische Partner
Wie hoch war das zur Verfügung stehende Kapital zur Gründung und im Zeitablauf?
Reichte das Kapital zur Verwirklichung der Ziele im Businessplan?
Welche möglichen zusätzlichen Hilfen brachte der Venture Capitalist mit sich? (Kontakte, Managementunterstützung, Inkubator)
Welche Vorgaben und Verpflichtungen brachte die Fremdfinanzierung mit sich?

Welche Rolle spielte die **Technologie** für die Realisierung der Geschäftsidee?
Woher kam die Technologie? Inhouse, Outsourcing? War dies ein Vorteil oder Nachteil?
Verloren Sie Zeit durch Anpassungen oder technologischen Wandel?
Würden Sie es noch einmal so machen, um schneller in den Markt zu kommen?
Sind die Kompetenzen inzwischen in der Unternehmung?
Wurden Patente oder Lizenzen für die Technologie aufgebaut, um sie vor Imitation zu schützen?
Konnten Sie eine technologische Führerschaft oder Lerneffekte ausnutzen und neben den Patenten auch Kostenvorteile realisieren?

Welche Rolle spielte das **Marketing** bei Ihnen?
Wie schafften Sie es, schnell eine hohe Markenbekanntheit aufzubauen?
(PR-Aktionen, Netzwerke nutzen, Strategische Partner (Lycos, Yahoo-Banner, Fernsehwerbung))
Welche Rolle spielte die Internet-Domain als Markenname? (geeignet, musste überarbeitet werden, einprägsam)
Habe Sie eine Markenstrategie verfolgt? Konnten Sie eine Marke etablieren?
Wie gingen Sie dabei vor ? Eher aggressiv, Defensiv, kostenbewusst ?

Konnten Sie schnell potenzielle **Kunden** gewinnen?
Wie haben sie das **Vertrauen der Kunden** gewinnen und binden können (Qualität, Service, Zertifizierung)?
Konnten Sie schnell Erfahrungen im Bereich der Kundenbetreuung aufbauen und die organisatorischen Abläufe optimieren?
Wie hoch war der Anteil an Wiederholungskäufern?

Welche Maßnahmen im Bereich der **Produktpolitik** wurden ergriffen?
(hohe Sortimentsbreite, Nische versus Gesamtmarkt, hohe Qualität, Bewertungssystem)

Welche **Preisstrategie** wurde verfolgt? (Kostenführer oder Qualität)
Wie setzten Sie als Pionier einen Preis fest? (Keine Erfahrung mit Reaktion der Kunden)
Welche Rolle spiele die Follow the Free-Strategie anderer Internet-Anbieter?

Welche Rolle spielten **strategische Partnerschaften**?
Woher kamen die Partner (Kapitalmarkt, Wettbewerber, andere Startups, Groß-Unternehmung, Wissenschaft)?
Konnten Sie schnelle Verträge mit strategisch wichtigen Partnern schließen und diese an sich binden
(Wettbewerber, Offline- Anbieter, Suchmaschinen, Payback, ZDF, Springer, Klingel)?

Wie wichtig waren die Aspekte des **Controllings** bei Ihnen?
Konnte von Anfang an eine sinnvolle Kostenkalkulation angefertigt werden?
(niedrige Kosten, sinnvoller Mitteleinsatz)

Fragen mit Fokus auf die Wettbewerbssituation (Umwelterfolgsfaktoren)

Wie sah die Wettbewerbssituation in den **USA** aus?
Konnte man aufgrund der dortigen Entwicklung Rückschlüsse aus den potenziellen Erfolg in Deutschland ziehen?

Konkurrenzsituation

Wie sah das **Marktumfeld** zum Gründungszeitpunkt aus?
Wie hoch war die Prognose in Bezug auf das Marktwachstum und die Marktgröße?
War mit schnellen, weiteren Konkurrenten zu rechnen?
Konnten Sie eine Monopolstellung ausnutzen? Wie lange = Dauer der Monopolstellung (Leadtime)
Welche Konkurrenten kamen zu welchem Zeitpunkt auf den Markt?
Welche Konzepte verfolgten Ihre Folger? Qualität. Content versus Spaßfaktor
Wie waren die Verhältnisse: Wer war Marktführer? Wie waren die Marktanteile?
Woher kam die Konkurrenz (andere Startups, Groß-Unternehmung, USA)?
Wann haben sich Wettbewerbsregeln entwickelt?
Wie war die Einstellung gegenüber der Konkurrenz? (Paranoid, gelassen, MEB bereits errichtet, Feindbild)

Substitutionsprodukte

Gab es eine Gefahr durch Substitutionsprodukte? (Auktionen bei Amazon oder Offline-Auktionen, Dienstleistungen von Handwerkskammer selbst, Zeitschrift, die ins Kinder-Internet geht)

Markteintrittsbarrieren

Wurden bewusst Markteintritts- bzw. Imitationsbarrieren aufgebaut?
Wie sollte die Imitation verhindert werden (Patente, Reputation, Dominantes Design, Markenbekanntheit)?
Welche Rolle spielten Netzeffekte und kritische Masse?
Gab es einen prognostizierten Punkt an dem das Produkt als akzeptiert und „Standard" galt?

Nachfragermacht

Wer waren die Abnehmer/Kunden?
War dies die avisierte Zielgruppe oder hat sich die Kundenzusammensetzung verändert?
Wie groß war die Macht der Abnehmer? Schneller Wechsel zur Konkurrenz möglich?
Welchen Aufwand bedeutete die Nutzung des Produktes für Kunden?
(einmalige Registrierung, Abo-Kosten, bestimmte Programme, Kontodaten eingeben)
Welche Wechselkosten entstanden einem Kunden, der sich für Ihr Produkt entscheidet? (Vertrag, Investitionen)?

Sonstige Abhängigkeiten von Lieferanten i.w.S. (Venture Capitalist, Technologie-Lieferanten):

Wie groß war die Macht der Venture Capitalisten oder Technologie-Lieferanten?
Welchen Einfluss hatte die Venture Capital-Unternehmung?
Entstanden mit der Finanzzusage bestimmte Restriktionen in der Unternehmungsführung?
Gab es sonstige Abhängigkeiten von anderen Lieferanten?

Pioniervorteile/Timing

Gab es einen **Grund für die Wahl der Pionierrolle**? Bewusst oder Zufall?
Konnten Sie Kostenvorteile realisieren oder hatten die Nachfolger leichte Imitationsmöglichkeiten?
Welche Maßnahmen wurden ergriffen, um **Markteintrittsbarrieren** aufzubauen?
Sind Sie insgesamt mit dem Timing Ihres Markteintrittsstrategie zufrieden gewesen oder hätte sich ein andere Markteintrittszeitpunkt als günstig herausgestellt?

Welche **Strategie wählten Ihre Konkurrenten**? Wie ist diese Strategie aus Ihrer Sicht zu beurteilen?
Konnte Ihre Konkurrenz an bestimmte Free-Rider-Effekte bei Ressourcen oder Technologien ausnutzen?
Welche knappen Ressourcen konnten sie schnell besetzen (Physische Ressourcen, Domain, Verträge)?

Wie konnten Sie auf die **Dynamik der Branche** reagieren (Flexibilität der Gründer)?
Wie ist die Marktsituation heute (Konzentration, unübersichtlich, einige Anbieter)?
Hat der Markt an sich die Prognosen erfüllt und sich als groß genug erwiesen?

Allgemeine und spezielle Fragen zu kritischen Punkten der Unternehmungshistorie des jeweiligen Startups

Welche Faktoren und welcher Unternehmungsbereich oder Wettbewerbsbereich (intern-extern) war für den Erfolg der Unternehmung rückblickend am wichtigsten?
Wo lagen die wichtigsten **Stärken** im in der Unternehmung?
Sind dies immer noch die Stärken? Wie hat sich die Unternehmung gewandelt?
Wo lagen die **Schwächen**?
Was haben Sie gemacht, als Sie die Schwächen entdeckten?

Was würden Sie bei einer neuen Gründung wieder so machen?
Was würden Sie bei einer neuen Gründung anders machen?
Wo sehen/hätten Sie Ihre Unternehmung in 2 Jahren /gesehen?

Fazit zur New Economy

Der First-Mover-Advantage in der New Economy: War dies nur ein Mythos?
In welchen Fällen würden Sie einer Unternehmung raten, früh eine Markt zu betreten?
Welche Unternehmungen aus der Praxis haben Ihrer Meinung nach den richtigen Markteintrittszeitpunkt gewählt?

VIELEN DANK !

Anhang 2:

> *Fragenkatalog für einen Mitarbeiter*

Ziel der Befragung

Welche Faktoren waren – aus Mitarbeitersicht – entscheidend für den Erfolg der Unternehmung?

Interne Ressourcen

Welche besonderen Stärken und Fähigkeiten lagen im Startup zu Beginn vor?
Waren diese Fähigkeiten entscheidend für den Erfolg der Unternehmung?
Wo konnten ständig Engpässe verzeichnet werden (Finanzierung fehlte, Marktbekanntheit, Technologie)?
Wie wurden diese Engpässe behoben?

Welche besonderen Fähigkeiten hatte die Unternehmung bzw. das Team gegenüber der Konkurrenz?
Wie haben Sie das Vertrauen der Kunden gewinnen und aufrecht erhalten können? (Kundenbindung, Reputation)

Welche Fragestellung oder Probleme bestimmten die ersten Wochen?
Welche Merkmale prägen die aktuelle Situation der Unternehmung?

Wettbewerbssituation

Wie sah das Marktumfeld zum Gründungszeitpunkt aus? Gab es Konkurrenten?
Wie hat sich die Unternehmung später im Wettbewerbsumfeld positioniert?
Wie war die Einstellung gegenüber der Konkurrenz? (Paranoid, gelassen, Feindbild, Aufbau von MEB)
Welche Stimmung herrschte in der Unternehmung in Bezug auf die Marktentwicklung?
Wie wurde diese kommuniziert?

Spezielle Fragen zu kritischen Punkten der Unternehmungshistorie des jeweiligen Startups

Z. B. Wie änderte sich die Stimmung, als ein Teil der Gründer das Startup verließ?
Z. B. Wie wurde die Umstellung des Geschäftsmodells den Mitarbeitern vermittelt und welche Auswirkungen hatte es für Sie?
Z. B. Wie reagierte die Unternehmungsleitung, als der wichtigste Konkurrent in Deutschland seinen Börsengang durchführte?

Pioniervorteile/Timing

Sind Sie insgesamt mit dem Timing (Zeitpunkt) der Markteintrittsstrategie zufrieden gewesen oder hätte sich ein anderer Markteintrittszeitpunkt als günstiger herausgestellt?
Konnte man einen sog. First-Mover-Advantage realisieren?

Abschluss

Welche Faktoren, welcher Unternehmungs- oder Wettbewerbsbereich (intern-extern) war für den Erfolg des Pioniers rückblickend am wichtigsten?
Wären Sie der CEO des Startups gewesen, was hätten Sie anders gemacht bzw. was würden Sie ebenso machen?
VIELEN DANK !

Anhang 3:

> *Fragenkatalog für einen Venture Capitalisten oder Experten*

Ziel der Befragung

Welche Faktoren sind – aus Sicht eines Venture Capitalisten / Experten – wichtig für den Erfolg eines Internet-Startups?

Einleitung

Zur Venture Capital-Unternehmung: Welche **Anlagestrategie** verfolgen Sie?
Welche Unternehmungen befinden bzw. befanden sich in Ihrem Portfolio?
Inwieweit hat sich im Laufe des New-Economy-Krise Ihr Investitionsverhalten geändert?

Ressourcen der Unternehmung

Welche Faktoren sind für eine Investitionsentscheidung von Bedeutung?
Auf welche **Merkmale** achten Sie bei der Bewertung eines Businessplanes?
(ggf. Bewertungsbogen für Businesspläne beilegen, Vielen Dank!)

Gründer:
Gründungsmotivation, Teamzusammensetzung, formale Ausbildung, Erfahrung, besondere Fähigkeiten, Kontakte, Netzwerke der Gründer.

Idee:
Neuigkeit der Idee, USP, Patentmöglichkeiten, Einsatzmöglichkeiten (z.B. in anderen Märkten, Ländern), Aufbau von Switching costs für Nutzer.

Gewinne:
Welche Geschäftsmodelle bzw. Gewinnquellen halten Sie für sinnvoll?
In welchem Zeithorizont sollte die Gewinnschwelle jeweils erreicht werden? Wurde sie erreicht?

Wettbewerbssituation:
Marktumfeld, Branche, Konkurrenzsituation in Deutschland, Prognose in Bezug auf das Marktwachstum und die Marktgröße, Macht der Abnehmer, Markteintrittsbarrieren.
Welche Rolle spielten Netzeffekte und die kritische Masse?

Finanzierung:
Welche Art der Beteiligung bevorzugten Sie?
Welche Verpflichtungen entstanden daraus für die Unternehmung und den Venture Capitalisten?
Welche möglichen zusätzlichen Hilfen konnten Sie als Venture Capitalist mit sich bringen? (Kontakte, Managementunterstützung, Inkubator)

Sonstige Ressourcen:
Welches sollten die ersten geplanten Schritte beim Unternehmungsaufbau sein?

Welche Rolle spielte die **Technologie**?
Woher kommt die Technologie bei den meisten Unternehmungen Ihres Portfolios? Inhouse, Outsourcing?

Welche Rolle spielte das **Marketing**?
(Schnelle Markenbekanntheit positiv oder als Geldverschwendung angesehen?)

Wie wichtig ist der schnelle Aufbau eines **Mitarbeiterstamms**, um das Geschäft zum Laufen zu bringe?

Welche Rolle spielten **strategische Partnerschaften**?
Woher kamen die Partner (Kapitalmarkt, Wettbewerber, andere Startups, Groß-Unternehmung, Wissenschaft)?

Welche Rolle spielt die **Standortwahl** bei der Finanzierung virtueller Unternehmungen?
(Mitarbeiterzugang, Gründerklima, Netzwerke für den Austausch)

Welche Maßnahmen werden empfohlen, um **Markteintrittsbarrieren** aufzubauen?
(Eher Patente und Technologie oder Markenbildung?)

Spezielle Fragen zu kritischen Punkten der Unternehmungshistorie einzelner Startups oder der Branche allgemein (abhängig vom Interviewpartner)

Z. B. Inwiefern haben Sie Einfluss auf das Management im Startup genommen?
Z. B. Waren Sie zufrieden mit der Strategie der Gründer und ihren Entscheidungen?
Z. B. Wie schätzen Sie die Zukunft des Internets ein? Gibt es eine zweite Welle im Bereich Mobile Commerce?

Pioniervorteile/Timing

Welche Rolle spielt die Pionierrolle bei der Investitionsentscheidung?
Gibt es die generelle Präferenz eines Markteintrittszeitpunkts bei der Investitionsentscheidung?
Welche Faktoren waren für den Erfolg der Unternehmungen am wichtigsten?
Welche Engpässe/Probleme treten erfahrungsgemäß bei Pionieren auf (in Bezug auf Ressourcen und Markt)?
Wie kann man als Venture Capitalist diesen vorbeugen? (Imitationsbarrieren, Marktmacht aufbauen)

Fazit

Der First-Mover-Advantage in der New Economy: War dies nur ein Mythos?
In welchen Fällen würden Sie einer Unternehmung raten, früh eine Markt zu betreten?
Welche Unternehmungen aus der Praxis haben Ihrer Meinung nach den richtigen Markteintrittszeitpunkt gewählt?

VIELEN DANK !